양한사상사兩漢思想史

Intellectual History of the Han Dynasties

【권1 하】

양한사상사兩漢思想史【권1 하】
Intellectual History of the Han Dynasties

—

1판 1쇄 인쇄 2024년 5월 20일
1판 1쇄 발행 2024년 5월 30일

—

저 자 ㅣ 서복관徐復觀
역 자 ㅣ 김선민 · 문정희
발행인 ㅣ 이방원
발행처 ㅣ 세창출판사
       신고번호 · 제1990-000013호
       주소 · 서울 서대문구 경기대로 58 경기빌딩 602호
       전화 · 02-723-8660 팩스 · 02-720-4579
       http://www.sechangpub.co.kr ㅣ e-mail: edit@sechangpub.co.kr

—

ISBN 979-11-6684-091-3 94150
     979-11-6684-088-3 (세트)

—

이 번역도서는 2011년 대한민국 교육부와 한국연구재단의 지원을 받아 수행된 연구임.
(NRF-421-2011-1-A00005)

—

이 책은 한국연구재단의 지원으로 세창출판사가 출판, 유통합니다.
잘못 만들어진 책은 구입하신 서점에서 바꾸어 드립니다.

양한사상사 兩漢思想史

Intellectual History of the Han Dynasties

【권1 하】

― 주·진·한 정치사회구조 연구 ―

서복관徐復觀 저

김선민 · 문정희 역

세창출판사

1. 서복관의 생애

서복관(徐復觀, 1903.1.31.-1982.4.1.)은 호북성 희수현(浠水縣)에서 출생하였다. 본명은 병상(秉常)이고, 자는 처음에 불관(佛觀)이었다가 나중에 웅십력(熊十力)의 권유로 복관(復觀)으로 바꾸었다. 어려서 아버지를 따라 글을 익힌 후 현의 고등학당, 무창(武昌)의 성립(省立)제일사범(무한대학 전신)을 거쳐 국학관(國學館)에서 전통 경전에 대한 훈련을 받았다. 1928년 일본에 유학하여 사회주의를 비롯한 정치·경제·철학 등 새로운 사조를 접하였고 일본육군사관학교에 입교하였으나 1931년 9·18사변(만주사변) 발발로 귀국하여 군에 투신한 후 1937년 산서성 낭자관(娘子關) 전투 및 호북성 무한(武漢) 전투를 지휘하였다. 1943년 항일전쟁기에는 연안(延安)에 머물면서 국민당의 연락 임무를 맡았으며 6개월 후 중경(重慶)으로 돌아가 장개석의 14명 핵심막료의 하나로 기밀에 참여하였다. 1946년 육군 소장을 끝으로 15년간의 군 생활을 마감하였다.

1944년 서복관은 웅십력과의 만남을 계기로 생애에서 중요한 전환기를 맞이한다. "나라를 잃는 자는 항상 그 문화를 먼저 잃는다"라는 스승의 말이 그로 하여금 불혹을 넘긴 나이에 학문 연구를 시작하도록 만들었다. 1949년 홍콩에서 창간한 정치학술이론잡지 『민주평론』은

1950-60년대 대만과 홍콩을 무대로 한 유학의 현대화 운동의 주요 토론장이 되었고 여기서 함께 활동한 당군의(唐君毅), 모종삼(牟宗三) 등과 함께 '현대 신유학(新儒學)'의 대표인물로서 명성을 얻게 된다. 그는 중국의 전통문화, 특히 유가사상과 중국지식인의 성격 및 역사 문제에 관심을 갖고 많은 글을 발표하였다.

1949년 대만으로 이주하여 대중(臺中)에 정착한 서복관은 성립 농학원(農學院)을 거쳐 동해대학(東海大學) 교수로 재직하다가 1968년 동료 교수와의 필전(筆戰) 사건 후 대학 측의 강요로 학교를 퇴직하고 1969년 다시 홍콩으로 거처를 옮기게 된다. 이 때문에『양한사상사』집필에도 큰 타격을 입었다고『양한사상사』제1권 서문에 쓰고 있다. 1982년 4월 위암 투병 끝에 대만에서 서거하였고, 유언에 따라 1987년 고향인 호북성에 유골이 안장되었다.

2.『양한사상사』의 출판 과정

『양한사상사』는 서복관의 만년에 저술되었다. 그의 나이 70세에 제1권 초판을 시작으로 77세 되는 해에 마지막 제3권이 나오기까지 약 8년간에 걸쳐 출판된 대작이다.『양한사상사』가 나오기 이전에 그는 이미『중국인성론사 · 선진편』(1963)『중국예술정신』(1966)을 비롯한 많은 주요 저술들을 발표하였다. 1965년 8월에 쓴『중국예술정신』서문에서 서복관은 "예술사 방면에서의 연구는 여기서 멈추고 이제부터는『양한학술사상사』저술에 전념하여 건가학파(乾嘉學派)의 '한학(漢學)'에 가리어진 이 중대한 역사단계의 학술문화를 세간에 여실히 천명하기를 바란다"라고 썼다.『양한사상사』제1권 서문에서도 1965년을 발분(發奮)의 해로 기록하고 있다. 그러므로 본서는 늦어도 1965년 이전에 구상되었다고 할 수 있다. 발분으로부터 6년이 지난 1972년 『양한사상사』 제1권이 출간되었고, 그 뒤로 1975년에 제2권, 1979년에 마지막으로 제3권이 출간되었다.

제1권의 초판은 1972년 3월 홍콩 신아연구소(新亞研究所)에서 간행되었으며 그때의 제목은 『주 · 진 · 한 정치사회구조 연구[周秦漢政治社會結構之研究]』였다. 이 책에 2편의 글을 추가하여 같은 제목으로 1974년 5월 대만학생서국(臺灣學生書局)에서 다시 출판했는데 이것이 이른바 대만판[臺版]이다. 그런데 제2권의 서문에서 앞서 출간한 『주 · 진 · 한 정치사회구조 연구』를 『양한사상사』 제1권이라 부를 만한 책이라고 소개하자 제1권의 행방을 묻는 독자들의 문의가 쇄도하였고 그 때문에 1978년 4판(臺3판, 대만학생서국)부터는 책의 제목을 바꾸어 "삼판개명 『양한사상사』 권1(三版改名 『兩漢思想史』 卷一)"로 하고 애초의 제목이었던 『주 · 진 · 한 정치사회구조 연구』를 부제로 삼았다. 그 후 1979년 9월 마지막으로 『양한사상사』 제3권이 출간되었다. 1972년 제1권을 시작으로 1979년 제3권을 완간하기까지 8년이 걸렸고 1965년 구상으로부터 계산하면 모두 15년이 걸린 셈이다. 서복관은 이후에도 계속 『양한사상사』 제4권, 제5권을 집필하기를 희망했지만 결국 병마를 이기지 못하고 세상을 떠나고 말았다.

『양한사상사』는 서복관의 나이 63세에 발분하여 77세까지 약 15년에 걸쳐 혼신의 힘을 기울여 완성한 작품이다. 학문의 내공이 쌓일 만큼 쌓인 만년의 나이에 무르익은 사상의 정수를 쏟아부어 빚어낸 일생일대의 역작이 바로 『양한사상사』이다. 사실 그는 중국고대사상 분야에서 많은 저술을 남겼지만 그간의 자료 분석과 저술 활동이 모두『양한사상사』를 위한 기초 작업이었다고 해도 과언이 아닐 정도로 본서는 그의 학문과 사상을 농축한 저술이자 그의 인생을 대변하는 작품이라고 말할 수 있다.

3.『양한사상사』의 구성과 사상적 특징

사상은 그 시대를 떠나서는 이해할 수 없다. 한대 사상의 연구는 당연히 그 사상이 배태되고 성장할 수 있는 토양, 즉 한대의 정치사회구조를 규명하는 작업으로부터 시작한다. 본서의 제1권 전체가 중국고대의 정치사회구조 연구에 할애되고 있는 이유는 그 때문이다. 한(漢)이라는 사회가 탄생하기까지의 전사(前史)로서 서주 종법제도의 역사적 기능, 그에 기초한 봉건제도의 형성과 붕괴, 진(秦) 통일의 기반과 전형적 전제정치의 출현, 진을 계승한 한의 변질된 전제정치, 전제정치와 사회종족세력 간의 갈등관계 등 1권 전체가 고대사회 특히 한대 전제정치의 본질과 구조에 관한 연구로 채워져 있다. 제1권의 초판 제목이『주·진·한 정치사회구조 연구』인 이유도 여기에 있다.

한대 정치사회구조에 대한 이해를 바탕으로 제2권과 제3권에서는 본격적인 사상 해부에 들어간다. 진·한을 대표하는 다양한 사상들의 종합과 조화를 시도한『여씨춘추』,『회남자』등의 대규모 편찬서는 물론이고,『사기』,『한서』등 당대의 역사를 서술한 역사서, 심지어『좌씨전』,『공양전』,『곡량전』과 같이 전승 과정의 불분명 속에 한대인의 가탁이 의심되는 부분까지도 사상 연구의 좋은 재료가 되었다. 구체적 사실과 현상을 객관적 언어로 표현한 문헌뿐만 아니라 상징화된 언어로 사람들에게 영감을 불러일으키는 문학작품 또한 당대인의 정서와 관념이 투영된 귀중한 사상사 재료이다. 그들이 남긴 수많은 시부와 산문은 물론이고 한영(韓嬰)의 『한시외전』이나 유향(劉向)의 『설원』에 반영된 현실 인식도 놓치지 않았다. 이와 함께 육가(陸賈), 가의(賈誼), 동중서(董仲舒), 양웅(揚雄), 왕충(王充) 등 주요 인물들의 행적과 저작을 면밀히 분석하여 각 사상의 본질을 드러내고 사상사적 통찰을 제시한다.

『양한사상사』 내용과 관련하여 여기서는 세 가지 점만 얘기하겠다.

첫째, 『양한사상사』 전체를 통틀어 그 저변을 관류하는 중심 주제가 있다면 그것은 당연히 반전제(反專制) 정신이다. 양한의 여러 인물들 중 서복관이 특히 심혈을 기울인 사상가는 동중서와 사마천이다. 이 두 사람의 주요 공통점의 하나는 중국의 전제정치 역사에서 빼놓을 수 없는 한(漢) 무제(武帝)를 내심 극력 반대하고 비판했다는 점이다. 무제 치하에 몸을 둔 그들로서는 우회적이고 간접적인 방법으로 자신의 입장을 표현할 수밖에 없었는데, 동중서가 전제군주의 자의적인 권력행사를 견제하기 위해 천(天) 철학이라는 방대한 이론체계를 수립하는 철학자의 전략을 취했다면, 사마천은 군주의 치적 기록이라는 명분 하에 무제의 세세한 행적을 저술 곳곳에 교직해 넣음으로써 그의 사치와 잔혹성을 은연중 폭로하고 후세에 길이 전하는 역사가의 전략을 취하였다. 두 사람의 반(反)전제와는 달리 후한의 반고(班固) 부자는 사회 혼란의 책임을 모두 '난신적자(亂臣賊子)' 탓으로 돌리고 이들을 제거하여 전제군주의 지고무상한 지위를 확립하는 것을 지식인의 최우선 과제로 삼았다. 서복관은 사마천과 반고의 우열을 비교하는 글에서 반고의 역사 서술을 역사에 대한 모욕이자 왜곡으로까지 폄하하고 있다.

전제정치에 대한 찬성과 반대, 전제정치에 감연히 맞서 그 폐단을 지적하는 비판정신의 유무를 사상의 장단 및 우열을 비교 평가하는 제일의 기준으로 삼은 점은 『양한사상사』의 일대 특징이다. 서복관의 칼날은 반고에서 그치지 않는다. 지식에 대한 왕성한 탐구욕으로『논어』를 모방한『법언(法言)』을 저술하고『주역』을 모방한『태현경(太玄經)』을 기초하기도 했던 전한 말의 지식인 양웅(揚雄)에 대해 서복관은 그의 순수한 학문적 열정을 높이 사면서도 안정된 생활여건을 위해 현실정치에 시종 냉담한 태도로 일관한 그를 상아탑 지식인의 전형으로 분류하고 있다. 천인감응론(天人感應論)의 허구성을 폭로한『논형(論衡)』을 저술하여 근래 대륙에서 과학적 사고의 소유자로 추앙받는 왕충(王充)에 대해서도 서복관은 오히려 시골 촌구석을 못 벗어난 견문 좁은 말단관리의 자기과시에 불과하다고 혹평한다. 왕충이 관직 생활의 불우함을 깊이 자각하면서도 이를 전제정치의 폐단이나 국정운영의 불합리로 시야를 확대하지 못하고 어떻게든 이름을 알려 중앙으로 진출해 보려는 욕망에서 조정에 맹목적인 칭송과 아첨 일변도의 태도를 보였다는 것이 그 이유였다. 전제정치에 대한 비판 여부로 평가 기준을 삼는 한 전제정치를 비판하지 않으면 그의 사상 전체가 평가절하될 우려도 없지 않으나 '고거(考據)'에 고거를 거듭하는 투철한 논증과정이 해석과 주장의 객관성과 공정성을 충분히 담보하고 있기 때문에 크게 걱정할 일은 아닌 듯하다.

둘째, 서복관의 연구는 철두철미 고거(考據)에 기반하고 있다. 이것은 그가 불혹을 넘긴 나이에 학문으로 인생항로를 선회하게 만든 동기

10

와도 밀접한 관련이 있다. 그의 학문적 발분(發憤)은 현실의 인생, 사회와는 완전히 단절된 오로지 고전 주석에만 집착하는 청대 고증학의 반(反)사상을 거부하면서도 고증이란 이름 아래 중국 수천 년간의 고대 역사를 말살한 고사변파(古史辨派)에 대한 분개심으로부터 출발한다. 그의 사상사 연구는 따라서 '실천' 관념과 불가분의 관계에 있을 뿐 아니라 철저한 '고거(考據)'를 통한 고대사 회복을 최우선과제로 삼고 있다. 자기 역사를 사랑하는 마음이 없다면 불가능한 일이다. 『양한사상사』를 읽다 보면 그가 자기 문화와 역사에 얼마나 깊은 애정을 갖고 있는지 느끼기 어렵지 않다. 하지만 우리가 서복관의 학문적 견해에 공감하고 동의하는 것은 그의 역사에 대한 애정과는 별개의 문제이다. 독자들을 압도하는 그의 설득력은 어디서 나오는 것일까?

서복관은 원래 태도가 분명하고 단호한 사람이어서 고대 역사 중에서도 공자와 동중서, 그리고 사마천에 대한 깊은 존경심을 숨기지 않는다. 공자는 『춘추』를 저술하고 동중서는 『춘추공양전』을 연구하고 사마천은 『사기』를 저술하였으니 3자 모두 역사가로서 사실(史實)을 통해 대의(大義)를 전하고자 했던 자들이다. 『춘추』 저술의 목적이 사실(史實)의 포폄(褒貶)을 통해 정치적·도덕적 규범을 세우고 왕도의 대원칙을 밝히는 데 있음은 재언을 요하지 않는다. 동중서는 『춘추번로』 「유서(兪序)」에서 이렇게 말한다. "공자께서 말씀하셨다. '나는 지난날의 구체적인 사실을 통해 왕자(王者)의 바른 뜻을 가탁하려는 것이니, 공언(空言, 시비·포폄:『사기색은』)의 제시는 그것을 구체적인 사실을 통하여 보이는 것만큼 적절하고도 분명한 방법은 없는 것 같다.'" 동중서로부터 이 말을 직접 들었다는 사마천도 『사기』 「태사공자서」

에서 공자의 말을 반복하고 있다. "공자께서 말씀하셨다. '나는 공언(空言)을 제시하고자 하는데 그것을 구체적인 사실을 통하여 보이는 것만큼 적절하고도 분명한 방법은 없는 것 같다.'" 요컨대 역사적 사건과 인물에 포폄을 가하고 시비를 논단할 때는 정확한 사실적 증거에 의해 뒷받침되어야 하며 그렇지 못할 경우 공허한 이론에 그치고 말 것이다. 그래서 공자는 구체적인 사실에 근거할 때만이 자신의 포폄이 공허한 이론에 그치지 않고 타당성과 견실성을 가질 수 있다고 말했던 것이다. 공자의 이 말은 먼저 동중서가 인용하고 뒤이어 사마천이 「태사공자서」에서 재인용하고 있는 만큼 2인의 저술 태도에 큰 영향을 끼쳤을 뿐만 아니라 서복관 역시 깊은 영감을 받았음에 틀림없다.

그러나 공자와 동중서와 사마천 3인은 모두 당대의 역사를 기록하고 비판하는 위험을 부담하고 있는 이상 사실기록과 시비포폄에서 제약이 따를 수밖에 없고 따라서 3인 모두 '미언대의(微言大義)'에 가탁하는 방법을 취하는 수밖에 없었다. 그에 비하면 서복관은 2천 년 전의 역사를 다룬 점에서 정치권력으로부터 상대적으로 자유로운 몸이었고 학문의 자유를 보장하는 홍콩의 존재도 그에게는 큰 위로처가 되었다. 그 때문인지 역사적 인물 평가에 관한 사마천의 신중함과 조심스러움이 서복관에게는 보이지 않는다. 멀리 양한의 역사 인물로부터 20세기 학술의 대가로 꼽히는 곽말약, 풍우란, 호적, 모종삼 등등에 이르기까지 누구도 그의 무자비한 예봉을 비켜 갈 수는 없었다. 그에게 학계의 권위, 학문과 공생관계에 있는 정치권력의 압력 따위는 전혀 두려움의 대상이 아니었다. 더욱이 서복관은 자료 확보 면에서 사마천보다 훨씬 우위에 있었다. 한대사에 관한 한 무제 후반기부터 후한 말에 이르는 사마천이 살아생전 보지 못한 시대까지, 사마천의 시야가 미치지 못한 역사사건과 사회현상 구석구석까지 서복관은 그때까지 참고할 수 있는 거의 모든 고고·문헌자료들을 입수하고 있다. 고전에 대한 탄탄한 기초와 역사가 특유의 안목으로 자료의 진위와 우열을 가려내는 사료비판에서부터 역사적 사건의 맥락과 의미를 짚어 보고 사상을 재구성하고 인물과 사상을 시비포폄하여 전체 역사 속에 위치시키는 지난한 연구과정이 철두철미 고거(考據)에 입각하여 이루어지고 있다. 그렇게 해야만 비로소 자신의 견해와 입론이 공언(空言)이 되지 않을 수 있다는 것을 잘 알고 있기 때문이다. 근거 없는 억측을 하거나, 단장취의(斷章取義)로 글의 의미를 왜곡하거나, 터무니없는 견강부회(牽强附會)로 허황된 주장을 하는 자를 서복관은 가장 미워하였다. 심지어 자신의 스승인 웅십력에 대해서조차 "공허한 상상을 입론의 근거로 제시하는" 폐단을 보이고 있다고 신랄하게 비판하였다. 그렇게 보면 서복관이야말로 공자의 "구체적 사실에 근거한 시비포폄"을 가장 성공적으로 실현한 역사가로 볼 수 있다. 그의 설득력의 원천은 여기에 있다.

셋째, 서복관이 양한사상을 연구하면서 얻은 결론을 대신하여 동중서와 사마천의 세계관을 간략히 비교해 보고자 한다. 그렇게 하는 이유는 사마천의 『사기』에 찬사를 아끼지 않았던 서복관 자신의 가치관과 역사관이 『사기』에 관한 그의 서술에 고스란히 투영되어 있기 때문이다.

본래 동중서와 사마천 두 사람은 반(反)전제라는 정치적 입장에서는 궤를 같이했지만 그들의 세계관은 본질적으로 큰 차이가 있다. 대체로 동중서 이전의 천(天)은 인간과 상당한 거리를 유지했다. 인간은 도덕의 근원을 천(天)에 두고 있으므로 천과 동질적이고 따라서 천과 평등한 존재라고도 말할 수 있지만, 인간의 형(形)과 기(氣)는 천과 다르기 때문에 형과 기의 구속을 받는 도덕이 천도(天道)에 도달할 가능성은 거의 없었다. 그러나 동중서는 형체와 생리의 관점에서 천(天)과 인간은 완전히 일치한다고 주장하여 일거에 천과 인간 사이의 거리를 없앴을 뿐만 아니라, 『여씨춘추』를 필두로 진·한 초에 성행한 이른바 "물지종동(物之從同)", "유고상소(類固相召)"와 같은 동류(同類) 사물 간의 감응의 논리에 입각하여 천과 인간은 동류이고 따라서 사람의 선악의 행위가 천의 감응을 불러온다고 하는 일대 이론체계를 확립하였다. 이것은 말하자면 화복(禍福)이 발생하는 원인은 모두 인간 자신이 먼저 그것을 일으키고 나서 사물이 동류로써 그에 감응하여 일어나는 것이라고 보는 구조이다. 화복은 자신에게서 먼저 일어난다고 보는 이러한 사고는 바로 화복은 인간 자신에게 책임이 있다는 말이며, 동중서가 "하늘과 인간의 상관관계는 몹시 두려워할 만하다"라고 말한 이유도 여기에 있다. 서복관에 의하면 동중서의 천(天) 철학은 사실상 인간으로부터 하늘을 추론하여 세운 이론체계이다. 인간이 이성적 존재이듯이 하늘도 이성적인 존재이고 하늘이 이성적인 한 인간은 이성을 통해 하늘을 이해하고 해석할 수 있다. 하늘이 보내는 경고에 대해 인간이 자신의 행동을 반성하는 것은 이 때문이다. 동중서의 천인감응론은 바로 이와 같은 인간의 이성으로 해석가능한 천(天)의 이성과 합리성을 전제로 한 이론이었다.

사마천의 하늘[天]은 그와 다르다. "하늘과 사람 간의 관계를 탐구하고[究天人之際]」(「태사공자서」)라는 사마천의 말을 동중서의 천인감응과 같은 것으로 혼동하는 사람들이 있으나 이는 큰 오해이다. 사마천은 오히려 천인감응에 부정적인 시각을 지니고 있었다. 사마천이 볼 때 역사에는 인간의 이성으로 해석할 수 없는 일들이 있는데 예를 들면 진·한의 입국을 들 수 있다. 전통적인 유가 관념에 의하면 인의(仁義)를 가진 자만이 천하의 왕자(王者)가 될 수 있다. 그렇다면 불인(不仁)하고 불의(不義)한 진나라가 천하를 얻을 도리는 없다. 진나라의 6국 병합을 지형과 형세의 유리함에서 찾는 이도 있지만 그것만으로는 천하 획득의 충분한 이유가 되지 못한다. 요컨대 진나라의 천하 통일은 사람의 이성으로는 해석불가능한 일이며 따라서 부득이 신비하고 불가지한 하늘에 그 이유를 돌리는 수밖에 없었다. 그래서 사마천은 진의 천하통일을 "아마도 하늘이 도왔던 것 같다"라고 말한다. 역사에서 인간의 이성으로는 도저히 해석할 수 없는 현상을 그는 하늘[天]이라 불렀다. 그 하늘은 인간의 이성 범위 밖에 존재하며 인간과 감응할 수 있는 통로를 갖고 있지 않다. 한나라의 건국도 마찬가지다. 유방이 도저히 천하를 얻을 이치가 없는데도 그렇게 빨리 천하를 얻은 일을 두고 사마천은 "이 어찌 하늘의 뜻이 아니겠는가! 어찌 하늘의 뜻이 아니겠는가!"라는 말밖에 할 수가 없었다. 그다음에 이어지는 "위대한 성인이 아니라면 누가 이때를 당하여 천명을 받아 황제가 될 수 있었겠는가?"라는 말은 천하를 얻을 이치가 없는데도 천하를 얻은 유방에 대한 폄하의 뜻을 숨겨 놓은 일종의 눈가림에 불과하다고 서복관은 보았다. 그렇게 보면 인의(仁義)와 천하 획득, 선악의 행위와 화복(禍福) 사이에는 아무런 상관관계도 없지 않은가. 하늘에 대한 사마천의 회의감

내지 불가지론은 「백이열전(伯夷列傳)」에서 절정에 달한다.

혹자는 말한다. "천도(天道)는 특별히 친한 자가 없으며 항상 선인(善人)과 함께한다." 백이(伯夷)와 숙제(叔齊) 같은 이는 정말 착한 사람이라고 할 수 있지 않겠는가? 이처럼 인(仁)을 쌓고 깨끗한 행동을 하였는데 굶어 죽고 말다니! … 하늘이 착한 사람에게 보답하여 베푸는 것이 어찌 이럴 수 있는가? 도척(盜跖)은 매일같이 죄 없는 사람을 죽이고 사람의 고기를 먹었으며 흉포한 짓을 제멋대로 하면서 수천의 무리를 모아 천하를 횡행하였지만 결국 천수를 다하였다. 그가 무슨 덕(德)을 따랐기 때문이란 말인가? 이것은 특히 두드러진 명백한 예들이지만, 근세에도 법도에 벗어난 행동을 하고 하지 말아야 할 것만 골라서 하면서도 일생을 편안히 살 뿐 아니라 부귀를 대대로 누리는 자가 있는가 하면, 땅을 가려서 밟고 때가 되어야 말을 하며 샛길로 가지 않고 공정한 일이 아니면 발분하지 않으면서도 재앙을 만나는 사람이 이루 헤아릴 수 없이 많다. 나는 심히 당혹함을 금치 못하겠다. 도대체 이른바 천도(天道)라는 것은 옳은 것인가 그른 것인가?

이것이 어찌 사마천만의 절규이겠는가. 서복관의 마음속을 그대로 표현한 글이 아닌가 한다. 인류 역사의 성패와 화복은 행위의 인과관계로 해석할 수 있는 면도 있고 행위의 인과관계로는 설명할 수 없는 면도 있다. 전자는 "인(人)"에 속하는 영역으로 역사의 필연성이라고 할 수 있는데 이것은 역사학이 성립되는 기본조건이기도 하다. 그러나 역사에는 행위의 인과관계로는 설명되지 않는, 인간의 이성으로는 비추어 볼 수 없는 어두컴컴한 부분도 있다. 이것은 "천(天)"에 속하는 영역이며 역사의 우연성이라고 할 수 있다. 사마천의 이른바 "하늘과 사람 간의 관계를 탐구하고"라는 말은 바로 역사에서 이러한 필연성과 우연성의 경계를 구분 지어 보려는 노력을 가리키며, 이것은 모든 역사가들의 마지막 도착지이기도 하다. 『양한사상사』를 읽다 보면 이것이 사마천의 생각인지 서복관의 생각인지 분간이 안 갈 때가 많은데 그만큼 두 사람은 여러 가지로 의기투합하는 면이 있었다. 다만 거침없고 무자비한 면에서는 『양한사상사』 쪽이 『사기』를 훨씬 능가한다. 이는 시대가 다르고 저술의 성격이 다르기 때문일 것이다.

• • •

솔직히 『양한사상사』의 자료 이용은 은주 시대 갑골문과 청동기 금문, 죽간, 석경(石經), 묘장(墓葬) 등의 고고학 발굴성과를 비롯하여 고대부터 청대 고증학연구에 이르기까지 현존하는 거의 모든 문헌자료들을 망라하고 있다. 그뿐만 아니다. 그 방대한 사료더미를 샅샅이 뒤져 해명과 논증의 근거로 제시하는 연구자로서의 투철한 정신은 누구도 따라올 수 없는 그만의 품격이다. 역자의 당혹감은 여기서 그치지 않는다. 지금껏 생각지 못한 역사에 대한 참신한 시각과 탁월한 통찰력은 경외감을 느낄 정도이다. 그동안 철학자로만 알고 있었던 서복관에게 중국고대사연구의 자리를 송두리째 빼앗겼다는 자괴감에 한숨마저 나올 지경이다.

본서가 나오기까지 많은 분들의 도움이 있었다. 서복관이 인용한 자료들은 우리나라에서 번역된 문헌들도 적지 않고 국내외 많은 주석서들이 나와 있다. 이들의 연구가 없었다면 아마 『양한사상사』 번역은 엄두를 내지 못했을 것이다. 이 자리를 빌려 역주자들께 깊은 감사의

마음을 전한다. 또한 본서에는 서주부터 20세기에 이르기까지 전후 3천
여 년에 걸쳐 활약한 수많은 인물들이 등장한다. 그들의 생존연대와
대략적인 생애를 모르고서는 역사 사건의 맥락을 제대로 이해할 수 없
다는 생각에서 각주에 비교적 상세한 인물소개를 달아 놓았다. 본서
출판의 계기를 마련해 주신 한국연구재단의 아낌없는 지원에도 감사
드리며, 끝으로 역자들의 원고 검토를 독려하여 마무리 짓도록 하고
세심한 교정으로 단아한 책이 나올 수 있도록 애써 주신 세창출판사
정우경, 안효희 편집자께도 진심으로 감사의 마음을 전한다.

『양한사상사』 번역의 족쇄에서 풀려났다는 홀가분함보다는 걱정이
앞선다. 본서의 번역에 있어 저자의 본의를 오해했든 실수에 의한 오
역이든 번역상의 잘못과 부족함은 모두 역자의 책임이다. 아낌없는 질
정을 바랄 뿐이다.

2024년 4월

역자 삼가 씀

차 례

양한사상사 · 권1 하

제5장　전한 지식인이 전제정치로부터 받는 압박감

제6장　중국 성씨의 변천과 사회형식의 형성

부 록

양한사상사 · 권1 상

   ● 역자 서문
   ● 일러두기

서 장

1. 삼판개명 자서(三版改名自序)

2. 중국 은주(殷周)의 사회 성격 문제에 관한 보충의견—대만판 서문을 대신하여

3. 자서(自序)

일러두기 ━━━━━━━━━━━━━━━━━━━━━━━━━━━━━━━━━━

1. 저본으로 제1권은 1972년 초판 이후 1978년에 간행된 "三版改名『兩漢思想史』" 4판 (臺3판, 대만학생서국, 1978)을 사용하였다. 제2권의 초판은 1975년(홍콩중문대학) 에 출간되었으며 본 번역은 1976년 증정(增訂)재판(대만학생서국)을 저본으로 사용 하였다. 제3권의 초판은 1979년(대만학생서국)에 출간되었으며 본 번역에서는 초 판을 저본으로 사용하였다. 아울러 상해 화동사범대학출판사(華東師範大學出版社) 에서 간행한 『兩漢思想史』(전3권, 2001년 초판) 2004년 3쇄본, 북경 구주출판사(九 州出版社)에서 간행한 『兩漢思想史』(전3권, 2014년 초판) 2018년 3쇄본을 함께 참 고하였다.

2. 번역은 저본의 본문 및 각 장 뒤에 붙인 원주(原注)를 모두 완역하였다.

3. 저자가 인용한 자료의 원문은 각주로 옮기고, 본문에서는 한글 번역만 두었다.

4. 저자가 인용한 금석문(金石文)의 석문(釋文) 혹은 문헌자료의 원문이 다른 판본과 차이가 있을 때 저자의 착오나 실수가 명백한 경우 각주에서 원문을 바로잡았다. 그 러나 이설(異說)이 많은 원문에 대해서는 저자의 표기법과 해석을 존중하고 이를 각 주에서 설명하였다.

5. 저자가 인용한 자료의 원문에 생략이 많아 맥락상 이해하기 어렵다고 판단되는 경 우 때로는 생략된 원문을 필요한 범위에서 보충해 넣었다.

6. 자료 인용문의 표점은 저본을 원칙으로 하되 필요한 경우 다른 판본을 참조하였다.

7. 저본에 ( )로 표시된 저자의 보충 설명은 【 】로 표기하였다. 역자의 보충 설명이나 순조로운 문맥을 위해 덧붙인 말은 ( ) 안에 넣었으며, 겹칠 경우 바깥 괄호는 [ ]로 표기하였다. 본문에서 번역문에 해당하는 저본의 원문을 병기할 필요가 있다고 판 단되는 경우 [ ] 안에 원문을 넣어 이해를 돕도록 하였다.

8. 문헌의 서명은 『 』로, 편명은 「 」로 표시하였다. 중국 인명, 지명의 경우 우리 한자 발음으로 읽되 필요한 경우 원어 발음을 병기하였다.

9. 권말의 '서복관의 참고자료'는 저자가 본서 집필에 직접 이용한 자료들을 정리한 것 이다.

제5장

압박감 전한 지식인이 전제정치로부터 받는

1

모든 지식인이 담당하는 문화사상은 그들이 살았던 시대의 반영이라고 할 수 있다. 근 3백 년 동안 시대에서 가장 크고 가장 두드러진 힘은 경제였다. 그러나 우리나라에서 아편전쟁 이전, 심지어 지금까지도 모든 시대를 통틀어 가장 크고 가장 두드러진 힘은 정치였다. 모든 지식인은 문화의 어떤 한 방면에서 무언가를 성취하기를 바라고 정치 사회에서 발언권을 얻고 공헌을 하고 싶어 하지만, 그때마다 그는 먼저 자신의 지향과 자신이 살고 있는 시대, 특히 그 "시대"의 가장 큰 힘인 정치가 일종의 마찰 상태에 있음을 느끼곤 한다. 이러한 마찰 상태에 대해 종종 지식인들은 참을 수 없는 정신적 압박감을 느낀다. 그리고 이러한 압박에 대한 감수성의 깊이로부터 우리는 지식인 자신의 정신적, 인격적 성숙도를 간파할 수 있고 그가 문화사상에 기울인 진실한 노력의 정도를 판단할 수 있다. 개인의 자질과 생활환경, 학문적인 기회와 인연이 다르기 때문에 사람마다 이러한 "압박감"에 대한 반응도 다르게 나타나며, 이로 인해 문화적인 노력의 방향도 달라지게 된다. 그러나 정치적인 문제는 중국 지식인들의 오랜 공통의 문제가 아닐 수 없었다. 이러한 감정이 완전히 결여된 사람은 문화사상을 추구하는 동기가 결여되어 사상 문화적으로 어떠한 성취도 이루지 못하고 심지어 반(反)문화 사상의 작용마저 일어날 수 있다.

전한은 시간적으로 선진과 멀리 떨어져 있지 않다. 선진의 제자백가들이 칠웅(七雄)의 병립 속에서 누린 자유로운 활동과 자유로운 활동중에 강조된 인생 · 사회 · 정치에 관한 다양한 이상들은 한나라가 계승하고 공고화한 대일통 일인전제정치의 상황과 극명한 대조를 이룬다. 예를 들면『전국책』「제책(齊策)」에서는 제나라 선왕(宣王)이 안촉(顔斶)[1]을 인견할 때의 고사를 다음과 같이 전하고 있다. 선왕이 말하기를 "촉(斶)은 앞으로 나오시오"라고 하자 안촉도 말하기를 "왕께서 앞으로 나오시지요"라고 응수하였다. 안촉은 마침내 "살아 있는 왕의 머리가 죽은 선비의 무덤만 못하다"[2]라는 말로 제나라 선왕으로 하여금 "나를 제자로 받아 달라"고 청원하게끔 만들었다고 한다. 비교적 극단적인 예이지만 당시 왕과 선비들 사이의 거리가 비교적 가까웠음을 짐작할 수 있다. 그러나 대일통 일인전제정치로 들어가면서 상황은 완전히 달라진다. 한 문제(文帝)때 가산(賈山)[3]은 「지언(至言)」에서 말

---

1 안촉(顔斶): 전국 시대 제(齊)나라의 고사(高士). 은거하며 벼슬하지 않았다.

2 살아 있는 왕의 머리가 … 무덤만 못하다: "제나라 선왕이 안촉의 명성을 듣고 불러들였는데, 선왕이 가까이 오라고 해도 안촉은 오히려 '왕께서 이리 오시지요'라고 말하였다. … 선왕이 화를 내며 '도대체 군왕이 존귀한가, 선비가 존귀한가'라고 하자 안촉은 다시 '당연히 선비가 군왕보다 존귀합니다'라고 대답하였다. 선왕이 그 근거를 따져 묻자, 안촉은 '옛날에 진(秦)나라가 제나라를 공격할 때, 진나라 왕은 덕망 높았던 선비 유하계(柳下季)의 묘를 보호하기 위하여 그의 묘에서 50보 이내에 있는 초목 하나라도 훼손하는 자가 있으면 누구든지 사형에 처하겠다고 공표하였습니다. 진나라 왕은 또 제나라 왕의 머리를 베어 오는 자에게는 만호후(萬戶侯)라는 벼슬을 내리겠노라고 공표하였습니다. 이로 보면 살아 있는 왕의 머리가 죽은 선비의 묘만 못한 것을 알 수 있습니다'라고 대답하였다고 한다."(『戰國策』「齊策」)

3 가산(賈山, ?-?): 전한 영천(潁川) 사람으로 영음후(潁陰侯) 관영(灌嬰)의 기(騎, 驃從)였다. 문제 때 진(秦)나라의 흥망을 비유로 들어 치란(治亂)의 도리를 언급한 「지언(至言)」이라는 글을 지어 올려 현신(賢臣)을 쓰고 간언(諫言)을 받아들이며 요역과 세금을 경감할 것을 주장하였다. 문제가 백성들이 사사로이 돈을 주조하는 것을 금지하는 도주전령(盜鑄錢令)을 폐지하자 다시 글을 올려 이를 강력히 반대하였다. 그 언사(言辭)가 매우 직설적이고 격렬했는데도 문제는 처벌하지 않고 가납하였다. 그러나 끝내 관리로 등용하지 않아 영음후의 기로 늙고 말았다.

하기를 "천둥과 벼락이 내리치는 곳에는 부러져 꺾이지 않는 것이 없고, 만 균(鈞)의 무게로 짓누르는 곳에는 문드러져 부스러지지 않는 것이 없다고 합니다. 지금 군주의 위엄은 비단 천둥과 벼락 정도일 뿐만이 아니고, 권세의 무거움은 비단 만 균 정도일 뿐만이 아닙니다"[4]라고 하였는데, 이는 전국 시대 선비들의 군주에 대한 그낌과는 천양지차라 할 수 있다. 따라서 전한 지식인들의 대일통 일인전제정치에 대한 압박감도 유달리 강했는데, 이 점에서 후한 지식인이 전한 지식인과 다른 점이 있다면, 전한 지식인의 압박감은 대부분 전제정치 자체에서 비롯된 것으로 그들이 느끼는 압박감은 전면적이다. 반면 후한 지식인들의 경우 그 압박감은 대부분 전제정치에서 가장 암울한 몇몇 현상들, 예컨대 외척이나 환관과 같은 문제에서 비롯되었다. 이것은 전제정치 자신이 이미 양보한 이후의 압박감이며 정치적으로 국지적인 압박감이었다. 양한 지식인의 인격 형태와 양한의 문화사상의 발전 방향, 그리고 그 기본적인 성격은 모두 이러한 압박감 아래 추동되고 형성된 것이다. 물론 그 밖의 다른 요소들도 추가해야 한다. 예컨대 양한의 웬만한 지식인들은 법가에 반대하지 않는 자가 거의 없었는데, 이것은 사상에서 오는 압박감이라고 할 수 있다. 그러나 양한 지식인들의 보편적이고도 깊은 반(反) 법가는 법가사상이 진(秦)의 장기적인 흡수와 실현을 통해 결국 전제정치의 골간이 되었고 한나라에 계승되어 전제정치의 잔혹성을 강화했기 때문이었다. 그러므로 반(反) 법가는

---

4 『漢書』 권51 「賈山傳」, "雷霆之所擊, 無不摧折者, 萬鈞之所壓, 無不糜滅者. 今人主之威, 非特雷霆也, 勢重非特萬鈞也."

사실상 반(反) 한대 전제정치의 골간이며, 이는 여전히 정치에서 오는 압박감이었다. 전한 지식인들은 진(秦)에 반대하지 않는 자가 거의 없었는데, 진에 대한 반대는 사실상 한(漢)에 대한 반대였다는 것은 더 논할 필요도 없다. 내 생각으로는 무엇보다 먼저 양한 지식인들의 이러한 압박감을 파악하지 못한다면 이는 곧 양한의 지식인을 이해하지 못한 것이나 다름없다. 이러한 압박감의 근원 즉 대일통의 일인전제정치와 그러한 정치하의 사회에 대한 정확한 분석과 투시가 이루어지지 않는다면 양한 지식인들의 행위와 언론은 시공간에서 유리되어 둥둥 떠다니는 뿌리 없는 사물이 될 것이고, 그것이 어떤 확실한 의미를 가지고 있는지도 간파할 수 없을 것이다.

각종 불합리한 일들은 시간이 지남에 따라 외부 압력에 대해 발생하는 인간 본성의 자기보존 및 적응 작용에 의해, 그리고 삶의 관성으로 인해 현실의 어떤 존재도 쉽게 타성으로 인정하는 상황에 의해서도 점차 그런 일들이 불합리하다는 사실을 잊게 된다. 동서고금을 막론하고 정치상 극악무도하고 교활한 자들은 모두가 인간이 지닌 이러한 약점에 그들의 야심과 도박을 걸었다. 대일통의 일인전제정치 자체도 이와 마찬가지다. 그것은 이러한 정치에서 오는 압박감을 점차 마비시키고 다른 압박감이 주도적 지위를 차지하게 할 수도 있는데, 이는 우리나라 지식인들의 성격이 역사의 변천에 따라 어떻게 변해 왔는지를 이해하는 큰 관건이 된다. 그럼에도 2천년 넘게 이어진 대일통의 일인전제정치가 지식인에게 가하는 압력은 사실상 끊임없이 축적되는 가운데 더욱 심화되고 있다. 비록 후대의 지식인들은 이에 대해 부분적으로만 느낄 뿐 전면적으로는 느끼지 못하지만, 이 끊임없이 심화되는 압력은 여전히 지식인들에게 부지불식간에 결정적인 역할을 하고 있다. 따라서 양한 지식인들의 시대적 압박감을 파악하고 진일보한 연구를 할 수 있다면 아마도 2천여 년 동안의 지식인들을 이해하는 데도 약간의 도움을 줄 수 있을 것으로 본다. 이러한 압박감을 느꼈던 수많은 사람들이 반드시 모두 이것을 글로 나타낸 것은 아니다. 아래에 이미 글로 표현되고 또 오늘날까지 전해지는 약간의 문장들을 제시하여 명백한 예증으로 삼고자 한다.

2

『이소(離騷)』가 한대 문학에 지대한 영향을 미칠 수 있었던 것은 한편으로는 물론 풍(豐)·패(沛)[5] 출신의 정치집단이 특별히 "초성(楚聲)"의 곡조를 좋아하여[6][원주1] 이를 꾸준히 장려했기 때문이다. 한편 보다 큰 이유로는, 당시의 지식인들이 "신의를 지켰으나 의심을 받았고 충성을 다했으나 비방을 당하니 어찌 원망스럽지 않겠는가?"[7][원주2]라고 읊었던 굴원(屈原)의 "원망[怨]"으로 그들 자신의 "원망[怨]"을 상징하고, "가슴에 돌을 품고 멱라수에 몸을 던져 죽었던"[8][원주3] 굴원의 비극적

---

5 풍(豐)과 패(沛): 풍은 진(秦)나라 때 패현(沛縣)에 속한 읍이었으나 한대에 와서 풍현(豐縣)이 되었으며 지금의 강소성 풍현이다. 패는 지금의 강소성 패현이다. 한나라 고조는 패현 풍읍(豐邑) 중양리(中陽里) 사람이다(『史記』권8「高祖本紀」).

6 『漢書』권22「禮樂志」, "高祖樂楚聲, 故房中樂楚聲也." 지금의 강소성 풍현, 패현이 고향인 한 고조는 초가(楚歌)를 좋아했다고 한다.

7 『史記』권84「屈原賈生列傳」, "信而見疑, 忠而被謗, 能無怨乎."

8 『史記』권84「屈原賈生列傳」, "懷石遂自投汨羅以死."

인 운명으로 그들 자신의 운명을 상징하였기 때문이다. 그 발단의 장
본인은 가의(賈誼)[9]였다. 가의는「조굴원부(弔屈原賦)」라는 시를 지어
통한(痛恨)의 마음을 읊었는데 다음은 그 일부이다.

> 난새와 봉황은 몸을 숨기고
> 부엉이와 올빼미가 날아오르네.
> 어리석고 용렬한 자는 영화를 누리고
> 남을 헐뜯고 아첨하는 자는 뜻을 이루네.
> 현자와 성인들은 내침을 받고
> 반듯하고 올바른 이들은 좌절하네.[10]

그리고 굴원이 그렇게 할 수 있기를 바랐지만 실제로는 자기 자신이
그렇게 할 수 있기를 바라는 마음을 아래와 같이 표현하고 있다.

> 구주(九州)를 두루 돌아 섬길 만한 군주를 섬겼어야지
> 하필 이곳 초나라만 염두에 두셨소.
> 봉황은 천 길 높이 날아올라
> 성군의 덕이 빛남을 보고서야 내려오고

---

9 가의(賈誼, B.C.200-B.C.168): 전한 낙양 사람. 가태부(賈太傅) 또는 가장사(賈長史), 가생
(賈生)으로도 불린다. 타고난 재능으로 약관의 나이에 박사가 되고, 1년 만에 태중대부(太中
大夫)가 되었으나, 주발(周勃)과 관영(灌嬰) 등 고관들의 시기를 받아 장사왕(長沙王)의 태부
(太傅)로 좌천되었다. 재주를 지니고도 불우한 자신의 운명을 굴원(屈原)에 빗대어「복조부
(鵩鳥賦)」와「조굴원부(弔屈原賦)」를 지었다. 4년 뒤 문제의 막내아들 양회왕(梁懷王)의 태
부가 되었으나 왕이 낙마하여 급서하자 상심한 나머지 이듬해 33살로 죽었다. 저서에『신서
(新書)』10권과『가장사집(賈長沙集)』이 있다.
10 『史記』권84「屈原賈生列傳」, '弔屈原賦', "鸞鳳伏竄兮, 鴟鴞翶翔. 闒茸尊顯兮, 讒諛得志. 賢
聖逆曳兮, 方正倒植."

덕이 그다지 탐탁하지 않으면

저 멀리 날개를 치며 날아간다네.[11][원주4]

즉 정치적으로 자유로운 선택을 할 수 있기를 바랐던 것이다. 그러나 굴원이 살았던 열국 병립의 시대에는 이런 일이 가능했을지 모르나 가의가 살았던 대일통의 시대에는 이미 그러한 가능성은 없었다. 그래서 그는 「복부(鵩賦, 鵩鳥賦)」에서 자신의 마음을 이렇게 표현하고 있다.

지혜를 버려두고 형체도 놓아두고

초연히 자기 존재를 잊어버린 채

심원하고 광활한 홀황(忽荒) 사이로

도(道)와 함께 훨훨 날아다니네.[12]

흑백이 도치되고 "선택의 자유"도 없는 이 정치 정세의 정신적 압박에서 벗어나고 싶었던 가의는 장자(莊子) 사상 속에서 그 도피처를 발견하게 된다. 그러나 그는 「조굴원부(吊屈原賦)」에서 비통하게 말한다.

기린을 멍에로 묶어 매어 둔다면,

어찌 개나 양과 다르다고 하겠는가![13]

---

11 『史記』 권84 「屈原賈生列傳」, '弔屈原賦'. "歷九州而相其君兮, 何必懷此都也! 鳳凰翔於千仞兮, 覽德輝而下之. 見細德之險危兮, 遙繫而去之."

12 『史記』 권84 「屈原賈生列傳」, '鵩賦', "釋智遺形兮, 超然自喪 ; 寥廓忽荒兮, 與道翱翔." '홀황(忽荒)'에 대해서는 『文選』 이선(李善) 주에 "寥廓忽荒, 元氣未分之貌"라 하여 원기(元氣)가 분리되지 않은 혼돈 상태를 뜻한다고 하였다.

13 『史記』 권84 「屈原賈生列傳」, '弔屈原賦', "使麒麟可係而羈兮, 豈云異夫犬羊."

「석서(惜誓)」에서 다시 비통하게 말한다.

> 기린을 멍에로 묶어 매어 둔다면
> 개나 양과 무엇이 다르겠는가?[14]

그의 이러한 "개나 양과 무엇이 다르겠는가?"라고 하는 압박감이야말로 그로 하여금 통곡과 눈물 속에 「논시정소(論時政疏)」[원주5]를 지어 올려 그를 짓누르고 있는 당시의 정치를 장구한 안정을 누릴 수 있는 정치로 개변할 것을 요구하도록 만들었던 것이다. 그러나 바로 가산(賈山)이 「지언(至言)」에서 말했듯이 "현사(賢士)들은 집안에서 몸을 닦아 천자의 조정에서 이를 무너뜨린다."[15] 천자의 조정은 바로 선비들의 지조와 절개를 매장하는 무덤이었다. 가의는 천자의 조정에서 도피할 수도 없었고, 또 천자의 조정에서 일어나는 지조와 절개의 매장도 참을 수 없었기에 울면서 요절하는 것으로 생을 마칠 수밖에 없었다.

양(梁) 효왕(孝王)[16]의 동원(東苑)에 초빙된 빈객들은[원주6] 대부분 문학으로 이름난 자들이지만 그들도 같은 압박감을 느끼고 있었다. 엄기

---

14 『楚辭』「惜誓」, "使麒麟可得羈而係兮, 又何以異乎犬羊."

15 『漢書』 권51 「賈鄒枚路傳」 '至言', "士修之於家, 而壞之於天子之廷."

16 양(梁) 효왕(孝王, 劉武, ?-B.C.144): 경제의 동모제(同母弟)로 모친은 두태후(竇太后)이다. B.C.178년(문제 2) 대왕(代王)으로 수봉, B.C.176년 회양왕(淮陽王)으로 개봉(改封)되었다. B.C.168년 양(梁) 회왕(懷王) 유읍(劉揖)이 후사 없이 죽자 유무가 양왕을 계승하였다. 오초 칠국의 난 때 군사를 이끌고 오·초 연합군과 맞서 싸워 양나라 수도 휴양(睢阳, 하남성 商丘)을 사수하고 국도 장안을 호위하는 등 큰 공로를 세웠다. 나중에 두태후의 총애와 양나라의 광대한 영토 및 강성한 병력에 의지하여 경제의 뒤를 이으려 했으나 병사하고 말았다. 양왕이 된 지 24년이다. 유무 사후 양나라는 다섯으로 쪼개져 다섯 아들에게 분봉되었다.

제5장 전한 지식인이 전제정치로부터 받는 압박감

(嚴忌)[17]의 「애시명(哀時命)」에서는 이렇게 말한다.

내 시운(時運)이 옛 사람보다 못함을 슬퍼하노라.
어찌하여 나는 이 불운한 세상에 태어났을까. …
가슴에 맺힌 원망 풀 길 없어
속마음을 시로 적어 풀어 보네. …
혼탁한 세상에 이 몸은 받아들여지지 않고
나가야 할지 물러서야 할지 모르겠네.[18]【원주7】

연회와 유희가 그의 압박감을 덜어 주지는 못하였다. 추양(鄒陽)[19]은
오왕(吳王) 유비(劉濞)[20]의 빈객으로 있을 때 옥중에서 올린 「옥중상서

---

17 엄기(嚴忌, B.C.188년경-B.C.105년경): 전한 회계(會稽) 오현(吳縣) 사람. 사부(辭賦)에 뛰
    어났으나 경제가 이를 좋아하지 않아 뜻을 얻지 못하고, 추양(鄒陽)·매승(枚乘) 등과 함께
    오(吳)나라로 건너가 문장과 논변으로 명성을 얻었다. 뒤에 오왕(吳王) 유비(劉濞)의 반란 음
    모를 알고 간언했지만 소용이 없자 오(吳)를 떠나 양(梁)으로 가서 양효왕(梁孝王) 유무(劉
    武)의 문객으로 후대를 받았다. 현존하는 작품으로 「애시명(哀時命)」 1편이 있다.

18 『楚辭』「哀時命」, "哀時命之不及古人兮, 夫何余生之不遘時 … 志憾恨而不逞兮, 抒中情而屬
    詩 … 身既不容於濁世兮, 不知進退之宜當."

19 추양(鄒陽, B.C.206-B.C.129): 전한 제군(齊郡) 임치(臨淄) 사람으로 문장과 논변으로 명성
    을 얻었다. 경제 때 오왕(吳王) 유비(劉濞) 문하에서 활동하며 오왕에게 모반하지 말 것을 상
    소했으나 받아들여지지 않자 나중에 양효왕(梁孝王)의 문객이 되었다. 당시 경제는 양효왕을
    후사로 삼을 뜻이 있었는데 원앙(爰盎) 등이 반대하자 효왕은 측근인 양승(羊勝), 공손궤(公
    孫詭) 등과 모의하여 원앙 등 10여 명의 조정 대신들을 암살하려 하였다. 추양이 이를 알고 그
    불가함을 아뢰었으나 양승 등의 참소를 받아 투옥되었고 옥중에서 간곡한 상소문을 올려 석
    방되었는데 이것이 그 유명한 「옥중상양왕서(獄中上梁王書)」다.

20 유비(劉濞, B.C.215-B.C.154): 전한 초기 패현(沛縣) 사람. 유방(劉邦)의 형 유중(劉仲)의 아
    들로 고조 12년(B.C.195) 오왕(吳王)에 봉해졌다. 봉국에 망명자들을 불러 모아 동전을 주조
    하고 소금을 구워 막대한 부를 축적하였고 봉국 내 인민의 부역을 경감시키는 등 세력을 확대
    하였다. 문제 때 황태자가 실수로 오(吳)의 태자를 죽였는데, 이에 앙심을 품고 병을 핑계로
    조회에도 나가지 않았다. 경제 때 조조(晁錯)가 제후왕의 봉토를 삭감할 것을 건의하자, 조조

자명(獄中上書自明)」에서 여전히 이렇게 말한다. "지금 천하의 원대한 뜻을 품은 선비들로 하여금 위엄에 찬 권력자에게 농락당하고 위세 높은 권세가들에게 협박당하여, 안면을 바꾸고 품행을 더럽히며, 참소와 아첨을 일삼는 자들을 섬겨 군주 좌우에서 가까이 모실 기회를 구하게 한다면, 선비들은 차라리 암혈과 산림에 은거하며 그곳에서 늙어 죽을 것입니다."21【원주8】

"무릇 인인(仁人)은 그 옳음을 바르게 지키고 그 이익을 도모하지 않으며, 그 도를 밝히고 그 공로를 계산하지 않는다"22라는 말로 유명한 동중서는 "3년 동안이나 채소밭을 돌보지 않았다[三年不窺園]"23【원주9】고 하는데 우리는 그 의미를 다른 각도에서 파악해 보지 않을 수 없다. 그는 「사불우부(士不遇賦)」에서 다음과 같이 말한다.

뜻을 굽혀 남을 따르는 것은 우리들 (할 일이) 못 되네. …

허둥지둥 바쁘게 지내지만 단지 욕됨만 더할 뿐이네.
(숫양이) 힘껏 울타리를 들이받으나 뿔만 다치게 할 뿐24

주류을 명분으로 초(楚), 조(趙) 등 7개국과 연합하여 반란을 일으켰다(吳楚七國의 난). 동월(東越)로 달아났다가 그곳에서 살해되었다.

21 『漢書』 권51 「賈鄒枚路傳」, "今欲使天下寥廓之士, 籠於威重之權, 脅於位勢之貴, 回面汗行, 以事諂諛之人, 而求親近於左右, 則士有伏死堀穴巖藪之中耳."

22 『漢書』 권56 「董仲舒傳」, "夫仁人者正其誼不謀其利, 明其道不計其功."

23 『漢書』 권56 「董仲舒傳」, "少治春秋, 孝景時爲博士, 下帷講誦, 弟子傳以久次相授業, 或莫見其面. 盖三年不窺園, 其精如此."

24 뿔을 다치게 할 뿐이니: "羝羊觸藩, 贏其角"은 『易』 '大壯卦'에 나오는 말이다. "구삼은 … 숫양이 울타리를 들이받아 그 뿔을 다치게 한다[九三 … 羝羊觸藩, 贏其角]." 上六, "숫양이 울타리를 들이받아 물러나지도 나아가지도 못하여 이로운 바가 없다[羝羊觸藩, 不能進, 不能退,

문밖을 나가지 않으면 거의 허물될 일이 없으리로다.[25]
삼대의 성명(聖明)하고 융성한 시대를 만나지 못하고,
삼대의 말세의 타락한 시대를 만났도다. …

비록 하루에 세 번씩 내 몸을 돌아보지만,
'나아가나 물러가나 모두 깊은 골짜기'[26]라는 말만 생각나네. …

문밖을 나가도 사람들과 함께 갈 수 없고,[27]
도구를 간직한들 받아들여지지 않으니 비웃음만 살 뿐이네.[28]
물러나 마음을 닦으며 자신의 부족함을 반성해 보지만[29]
또한 그 따를 바를 알지 못하네.[30]【원주10】

이러한 강렬한 압박감 속에서 그는 「천인삼책(天人三策)」을 지어 올

無攸益]."

25 허물될 일이 없으리로다: "不出戸庭, 無咎"은 『易』 '節卦'에 나오는 말이다. "구이는, 문밖을
   나서지 아니함이라, (문밖을 나가면) 흉하니라[九二, 不出戸庭, 凶]." 절제하면 흉(凶)하지 않
   으나, 절제하지 못하고 문밖을 나가 외부일에 관여하면 아직 때가 아닌데 나갔으므로 탄식할
   일이 생긴다는 말이다.

26 『詩』「大雅」'桑柔', "人亦有言, 進退維谷."

27 문밖을 나가도 사람들과 함께 갈 수 없고: 이 구절은 『易』 '同人卦'에서 따온 말이다. "초구는,
   남과 함께하기를 문밖에서 하니 허물이 없으리라[初九, 同人于門, 无咎]."

28 『易』「繋辭傳」下에 나오는 말이다. "군자가 기물(재능)을 몸에 간직했다가 때를 기다려서
   움직인다면 어찌 이롭지 않음이 있으리요?[君子藏器於身, 待時而動?]"

29 『論語』「公冶長」에 나오는 말이다. 즉 "공자가 말씀하시기를 '너무하는구나. 나는 아직까지
   자기의 허물을 보고 자신을 반성하는 자를 보지 못했느니라'[子曰, 己矣乎. 吾未見能見其過而
   內自訟者也]."

30 『古文苑聚』권3「士不遇賦」, "屈意從人, 非吾徒矣 … 皇皇不寧, 祇增辱矣. 努力觸藩, 徒摧角
   矣. 不出戸庭, 庶無過矣. 生不丁三代之聖隆兮, 而丁三季之末俗. … 雖日三省於吾身兮, 猶懷
   進退之惟谷. … 出門則不可以偕往兮, 藏器又嗤其不容. 退洗心而內訟兮, 亦未知其所從也."

려 덕으로 형벌을 대신하고 교화의 관리로 가혹한 집법(執法)의 관리를 대신하도록 요구하여 당시 대일통 일인전제정치의 내용을 전환하고자 하였다. 최후의 귀착점도 소업(素業, 유학)으로 돌아가는 것뿐이었다.

> 무엇이 본래의 업(業)으로 되돌아가는 것만 하겠는가,
> 세속을 따라서 굴러가지는 말아야지.[31]【원주11】

"유자(儒者)들의 대종(大宗)이 되었다"[32]【원주12】라고 하는 그의 대업은 바로 이러한 압박감 아래서 이루어졌다.

사마천의 「보임소경서(報任少卿書, 임소경에게 보내는 글)」[33]은 이러한 압박에 대한 그의 감분(感憤)을 마음껏 발산한 글이라 할 수 있다. 『사기』는 바로 이러한 감분의 산물일 뿐만 아니라, 그의 의견에 따르면 성현들의 저작은 모두 "마음에 울결(鬱結)된 것이 있으나 그 뜻을 직접 표현할 수 없기 때문에 지난 과거의 일을 서술하여 미래에 그 뜻을 전하고자 했던 것이다."[34]【원주13】 즉 모든 사상 문화적 성취는 시대의 압박

---

31 『古文苑聚』 권3 「士不遇賦」, "孰若返身於素業兮, 莫隨世而輪轉."

32 『漢書』 권27상 「五行志」7상, "漢興, 承秦滅學之後, 景·武之世, 董仲舒治公羊春秋, 始推陰陽, 爲儒者宗."

33 「보임소경서(報任少卿書)」: 이 글은 사마천이 무제 여태자(戾太子)의 반란에 연루되어 사형을 선고받은 친구 임안(任安)에게 보낸 답장 편지이다. 임안은 당시 북군사자호군(北軍死者護軍)으로 재직하던 중 하급관리의 참소로 체포되어 사죄를 받았다. 임안은 친구 사마천에게 구원을 요청하는 편지를 보냈으나 사마천은 답장에서 궁형(宮刑)을 받은 자신에게 그것은 불가능한 일이며 또 자신이 죽지도 못하고 치욕을 참으며 『사기』를 완성하기까지의 울분과 심경을 절절이 토로하였다.

34 『史記』 권130 「太史公自序」, "皆意有所鬱結, 不得通其道也; 故述往事, 思來者."

감에서 나온다고 본 것이다.

3

나는 여기서 특별히 동방삭(東方朔)[35]의 「답객난(答客難)」을 언급하고자 한다. 「답객난」이 지닌 특수한 의미는 한편으로는 그가 대일통 일인전제정치하의 지식인들의 상황과 전국 시대 지식인들의 상황을 명료하게 대비시켜 그 대비 중에 정치선택의 자유가 있을 때와 정치선택의 자유가 없을 때의 두 가지 조건이 지식인들의 운명에 전혀 다른 성질의 영향을 준다는 것을 설명하였고, 이로부터 대일통 일인전제정치가 지식인에게 가하는 속박성을 한층 명료하게 부각시켜 당시 지식인들의 시대에 대한 압박감의 근원을 명확히 해석할 수 있도록 한 점에 있다. 다른 한편으로는, 그는 문학적으로 독특한 장르를 창조했는데 이는 훗날 이러한 압박감을 표현하는 강력한 문학 형식이 되었다. 예를 들면 양웅(揚雄)[36]의 「해조(解嘲)」, 반고(班固)의 「답빈희(答賓戱)」,

35 동방삭(東方朔, B.C.154-B.C.3): 전한 평원(平原) 염차(厭次) 사람으로 자는 만천(曼倩)이다. 무제 때 상시랑(常侍郎)과 태중대부(太中大夫)를 역임하였다. 해학과 변설에 뛰어났다. 일찍이 사부(辭賦)로 무제의 사치를 경계했고, 농업과 군사를 병행한 부국강병책을 올렸지만 채용되지 못했다. 일설에 서왕모의 복숭아를 훔쳐 먹어 죽지 않고 장수했다고 하며 '삼천갑자동방삭(三千甲子東方朔)'은 오래 사는 사람을 비유하는 말로 사용되었다. 사부에 「답객난(答客難)」과 「비유선생전(非有先生傳)」, 「칠간(七諫)」 등이 전한다. 저서에 『동방삭』 20편이 있었으나 산일되었다.

36 양웅(揚雄, 楊雄, B.C.53-18): 전한 촉군(蜀郡) 성도(成都) 사람으로 자는 자운(子雲)이다. 40여 세에 처음으로 경사에 가서 성제를 수행하며 「감천부(甘泉賦)」, 「하동부(河東賦)」, 「우렵부(羽獵賦)」 등을 지었다. 급사황문시랑(給事黃門侍郎)을 거쳐 왕망(王莽) 정권에서도 대부(大夫)의 직함을 얻어 천록각(天祿閣)에서 책을 교정하였다. 자신의 불우한 처지를 「해조(解

장형(張衡)³⁷의 「응간(應間)」, 최실(崔實)³⁸의 「객기(客譏)」, 채옹(蔡邕)³⁹
의 「석회(釋誨)」로부터 한유(韓愈)⁴⁰의 「진학해(進學解)」에 이르기까지
모두가 같은 형식을 계승하고 있다. 지금 「답객난」 중의 한 단락을 아
래에 옮겨 놓는다.

嘲)」와 「해난(解難)」에 담아내었고, 저서로는 각 지방의 언어를 집성한『방언(方言)』,『역경
(易經)』을 모방한『태현경(太玄經)』,『논어』의 문체를 모방한『법언(法言)』,『훈찬편(訓纂
篇)』등이 있다.

37 장형(張衡, 78-139): 후한 남양(南陽) 서악(西鄂, 하남 南召) 사람. 자는 평자(平子)다. 화제
(和帝) 때 효렴(孝廉)으로 천거되어 태학(太學)에서 수학한 뒤, 태사령(太史令), 시중(侍中),
하간(河間)국 상(相)을 역임하고, 천문과 역산에도 조예가 깊어『영헌(靈憲)』,『산망론(算罔
論)』,『혼천의(渾天儀)』등을 저술하였다. 사부로는 「동경부(東京賦)」와 「서경부(西京賦)」,
「응간부(應間賦)」와 「사현부(思玄賦)」등이 있다. 저서에『장하간집(張河間集)』이 있다.

38 최실(崔實, 崔寔, ?-170년경): 후한 탁군(涿郡) 안평(安平) 사람. 자는 자진(子眞)이다. 환제
(桓帝) 때 의랑(議郞), 오원(五原) 및 요동(遼東) 태수를 지냈으며, 상서(尙書)에 올랐다가 병
으로 사직하고 귀향했다.『정론(政論)』을 지어 시정(時政)을 비판하고 시무(時務)를 논하였
다. 또『사민월령(四民月令)』을 지어 사·농·공·상 사민의 연중행사를 기록하였는데 내용
은 제사·종족·농사·가계·교육·도적방어·치병 등에 이른다. 채옹(蔡邕)과 이름을 나
란히 하여 "최채(崔蔡)"로 일컬어졌다.

39 채옹(蔡邕, 132-192): 진류(陳留) 어현(圉縣, 하남 杞縣) 사람으로 자는 백개(伯喈)다. 영제
(靈帝) 때 낭중(郞中)이 되어 동관(東觀)에서 교정에 종사하였으며, 175년 제경(諸經)의 문자
평정(文字平定)을 주청하여 스스로 돌에 새긴 후 태학(太學)의 문 밖에 세웠는데 이것이 '희
평석경(熹平石經)'이다. 환관의 모함으로 유배된 후 대사령(大赦令)을 받았으나 귀향하지 않
고 오(吳)에서 10여 년을 머물렀다. 189년 동탁(董卓)에게 발탁되어 시어사(侍御史), 시중(侍
中), 좌중랑장(左中郞將)까지 올랐으나 동탁 피살 후 투옥되어 옥중에서 사망하였다. 조정의
제도를 기록한『독단(獨斷)』, 시문집『채중랑집(蔡中郞集)』이 있다.

40 한유(韓愈, 768-824): 당 하남 하양(河陽) 사람. 자는 퇴지(退之), 창려선생(昌黎先生)으로도
불린다. 국자박사(國子博士), 중서사인(中書舍人)을 거쳐 원화(元和) 12년(817) 오원제(吳元
濟)의 반란 평정에 공을 세워 형부시랑(刑部侍郞)이 되었지만, 14년(819) 헌종(憲宗)이 불골
(佛骨)을 모신 것을 간하다가 조주자사(潮州刺史)로 좌천되었고, 뒤에 이부시랑(吏部侍郞)과
경조윤(京兆尹)까지 올랐다. 유가를 존중하고 도교와 불교를 배척하였다. 저서에『창려선생
집(昌黎先生集)』40권과『외집(外集)』10권,『유문(遺文)』1권 등이 있다.

제5장 전한 지식인이 전제정치로부터 받는 압박감

객(客)이 동방삭을 비난하여 말했다. "소진(蘇秦)[41]과 장의(張儀)[42]는 만승(萬乘)의 군주를 한번 만나자마자 경상(卿相)의 지위에 올라 그 은덕이 후세에까지 미쳤소. 지금 당신은 선왕의 도술을 닦고 성인의 의로움을 흠모하며 『시』『서』와 백가(百家)의 글을 암송하기를 (이루 다 기록하지 못할 정도요) … (온 힘을 다하고 충성을 바쳐) 성스런 황제를 섬긴 지 오랜 세월이 지났건만 관직은 시랑(侍郎)에 지나지 않고 지위는 집극(執戟)에 지나지 않으니 혹시 좋지 못한 일이라도 있었던 것이오?" … 동방삭 선생이 한숨을 쉬며 장탄식을 하고서 하늘을 보며 대답하여 말했다. "이는 진실로 그대가 알 수 있는 것이 아니오. 그때는 그때, 지금은 지금이니 어찌 같을 수가 있겠소? 대저 소진과 장의가 살았던 시대는 주 왕실의 권위가 크게 무너져 제후가 조회하러 오지 않고 힘으로 권력을 다투며 무력으로 서로를 침략하여 열두 나라로 병합되었으나 아직 우열이 가려지지 않은 시기였소. 인재를 얻는 자는 강성하고 인재를 잃는 자는 망하던 때인지라 유세가들의 말이 행해질 수 있었소. … 지금은 그렇지 않소. 성스러운 황제의 덕이 흘러서 천하가 두려워하고 제후들이 복종하며 … 천하가 가지런해지고 합하여 일가(一家)가 되었소. 일을 행하기가 마치 손바닥에 올려놓은 것처럼 쉬우니 현명함과 불초함에 무슨 차이가 있겠는가? … 그러므로 천자가 편안히 두면 안정되고 흔들어 일으키면 괴로우며, 높이 올려 주면 장군이 되고 아래로 낮추면 노복(奴僕)

---

41 소진(蘇秦, ?-?): 전국 시대 낙양 사람. 자는 계자(季子). 장의(張儀)와 함께 귀곡자(鬼谷子)에게 가르침을 받았다. 당시 진(秦)의 침략을 두려워하던 산동 나라들의 상황을 이용해 연(燕)나라 문후(文侯)에게 6국 합종의 이익을 설득하여 채택된 후 나머지 나라들을 설득하여 B.C.333년 6국의 합종에 성공, 단독으로 6국의 상인(相印, 재상의 인장)을 가지게 되었으나, 장의가 내세운 연형책(連衡策, 連橫策)에 밀려 실패하였다. 그 후 제나라에 출사했으나 제나라 대부(大夫)의 미움을 사 살해당했다.

42 장의(張儀, ?-B.C.309): 전국 시대 위(魏)나라 사람. 소진의 주선으로 진(秦)에서 관직을 얻어 혜문왕(惠文王) 때 재상이 되었다. 연형책을 주창하여 동서[橫]로 잇닿은 6국을 설득, 진(秦)이 6국과 개별로 횡적 동맹을 맺는 데 성공하였고 영토를 확장하게 되었다. 이 공으로 무신군(武信君)에 봉해졌으나, 혜문왕이 죽은 뒤 실각, 진나라를 떠나 위나라로 가서 재상이 되었지만 1년 만에 죽었다.

이 되며, 높이 천거하면 청운의 자리에 앉고 억누르면 깊은 연못 밑으로 가라앉으며, 기용하면 범이 되고 기용하지 않으면 쥐가 되니, 있는 힘을 다해 충성을 바치려 해도 재주를 펼쳐 볼 곳이 있겠는가? … 소진과 장의가 나와 함께 지금 세상에 태어났다면 장고(掌故) 자리도 얻지 못했을 텐데 어찌 감히 상시(常侍)나 시랑(侍郎) 자리를 바랄 수 있다는 말이오? … 그러므로 예로부터 전하는 말에 '시대가 다르면 일도 다르다'고 했소."[43]【원주14】

"그때는 그때" 이는 정치의 자유로운 선택이 있을 때이고, "지금은 지금" 이는 정치의 자유로운 선택이 없는 때이다. "시대가 다르면 일도 다르다"는 말이 어찌 한 개인의 공명(功名)에만 관계될 뿐이겠는가. 실로 전제정치하의 모든 문화 및 학술활동에 적용되는 말일 것이다.

포부와 학문적 성취에서 동방삭은 모두 양웅(揚雄)을 따라잡을 수 없다. 그러나 양웅의 「해조(解嘲)」는 두 가지 다른 정치상황과 그로 인해 지식인들에게 일어나는 두 가지 다른 운명이라는 점에서 오히려 동박삭의 「답객난」과 일치한다. 다만 동방삭이 그의 압박감을 익살과 냉소를 통해 해소했던 것과 달리 양웅의 경우는 "묵묵히 홀로 나의 태현(太玄)을 지킬 뿐이다"[44]【원주15】라고 하며 자신의 이론을 저술로 담아

---

43 『漢書』 권65 「東方朔傳」, "客難東方朔曰, '蘇秦 · 張儀, 一當萬乘之主, 而都卿相之位, 澤及後世. 今子大夫脩先王之術, 慕聖人之義, 諷誦詩書百家之言 … 以事聖帝, 曠日持久, 官不過侍郎, 位不過執戟, 意者尚有遺行邪 …' 東方先生喟然長息, 仰而應之曰, '是固非子之能備知也. 彼一時也, 此一時也, 豈可同哉. 夫蘇秦 · 張儀之時, 周室大壞, 諸侯不朝; 力政爭權, 相擒以兵. 並爲十二國, 未有雌雄; 得士者強, 失士者亡, 故談說行焉. … 今則不然. 聖帝流德, 天下震懾, 諸侯賓服 … 天下平均, 合爲一家; 動發擧事, 猶運之掌, 賢不肖何以異哉. … 故綏之則安, 動之則苦; 尊之則爲將, 卑之則爲虜. 抗之則在青雲之上, 抑之則在深泉之下. 用之則爲虎, 不用則爲鼠. 雖欲盡節效情, 安知前後. … 使蘇秦 · 張儀, 與僕並生於今日之世, 曾不得掌故, 安敢望常侍郎乎. … 故曰時異事異.'"

내는 쪽으로 방향을 선회하였다. 압박감에 대한 반응은 서로 다르지만 압박감의 근원에 대한 파악은 다르지 않았다. 「해조」에서 양웅은 다음과 같이 말한다.

"… 예전에 주 왕실의 정교(政敎)가 해이해지자 여러 제후들이 세력을 다투었는데 열두 나라로 나뉘었다가 합쳐져 예닐곱 나라가 되었고 이들이 사분오열하여 전국의 형세를 이루었습니다. 선비들에게는 고정된 군주가 없었고 나라에는 고정된 신하가 없었습니다. 선비를 얻는 자는 부강해지고 선비를 잃는 자는 빈곤해졌습니다. 새들이 날개를 펼치고 날아올라 자신이 머물 곳을 마음대로 정하는 것처럼 … 그런 까닭에 추연(鄒衍)은 현실에 맞지 않는 이야기로 세상 사람들의 높은 명망을 얻었고 맹가(孟軻)는 어려움을 겪으면서도 만승 군주의 스승이 되었던 것입니다. 지금 위대한 한나라는 동으로는 동해에, 서로는 거수(渠捜)에, 남으로는 번우(番禺)에, 북으로는 도도(陶塗)에 이르렀습니다. 동남에는 1인의 위(尉)를 두었고 서북에는 1인의 후(侯)를 두었습니다. 법률제도로 묶어 놓고 형벌로 제어하며, 예악을 널리 시행하고『시』『서』로써 교화하며 … 벼슬길에 오른 자는 청운(青雲)에 들어가지만 벼슬길이 막힌 자는 구렁텅에 버려집니다. … 무릇 예전의 선비들은 포박을 풀고 재상을 삼기도 하고,45 갈옷을 벗고 스승이 되기도 하며,46 동

---

44 『漢書』「揚雄傳」, "默然獨守吾太玄."

45 제나라 관중(管仲, B.C.719-B.C.645)을 말한다. 제나라에 내란이 일어나자 관중은 공자규(公子糾)를 따라 노(魯)나라로 달아났고, 포숙아(鮑叔牙)는 공자소백(公子小伯, 桓公)을 따라 거(莒)나라로 달아났다. 양공(襄公)이 피살되자 공자규와 공자소백이 군주의 자리를 다투었는데 공자규가 패배하여 살해당하고 관중은 투옥되었다. 환공이 지난날의 원한을 잊고 발탁하여 경(卿)에 오르고 중부(仲父)로 높여 불렀다. 관중은 환공을 도와 부국강병을 꾀하는 동시에 아홉 번의 회맹(會盟)을 통해 제환공에 대한 제후들의 신뢰도를 높여 춘추 오패(五覇)의 한 사람이 되게 하였다.

46 춘추 시대 위(衛)나라 영척(寗戚)이 제(齊)나라에 가서 소에게 꼴을 먹이면서 쇠뿔을 두드리며 노래를 부르자 제나라 환공(桓公)이 소문을 듣고 그를 수레에 태우고 와서 객경(客卿)에

문에 기대어 웃거나,[47] 강을 가로질러 고기를 잡기도 했습니다.[48] 칠십 국을 돌아다니며 유세했으나 불우한 자도 있고,[49] 잠깐 사이에 후(侯)에 봉해진 자도 있습니다.[50] … 이러한 까닭에 선비들은 자못 자신의 혀를 믿고 붓을 떨치며 빈틈을 메우고 실수를 감추면서도 절대 굴복하지 않았습니다. 지금의 현령들은 선비를 청하지 않고 군수들은 스승을 영접하지 않으며, 경(卿)들은 객(客)을 예우하지 않고 장상(將相)들은 눈썹을 낮추어 공경하는 모습을 보이지 않습니다. 기이한 말을 하는 사람은 의심을 받고 특이한 행동을 하는 사람은 징벌을 받습니다. 그러므로 말하고 싶은 사람은 혀를 말고 소리를 내지 않으며, 걷고자 하는 사람은 두 발을 훑어보고 나서야 비로소 발걸음을 내디딥니다. 만일 예전의 선비들이 지금 세상에 처한다면 그들의 대책(對策)은 갑과(甲科)에 들지 못하고, 행실은 효렴(孝廉)에 천거되지 못하고 행동거지는 방정(方正)에 추천되지 못할 것이니, 다만 상소문을 올려 가끔 시비를 논할 수 있을 뿐, 벼슬은 높아 봐야 대조(待詔) 자리를 얻을 것이고 만약 황제를 거슬리게라도 하면 내쳐질 터이니 어찌 높은 지위에 오를 수 있겠습니까? … 누경(婁敬)의 계책[51]을 성주(成周) 시대에 말한다면 잘못일 것

임명했다는 고사가 있다.

47 전국 시대 위(魏)나라 은사(隱士) 후영(侯嬴)이 집이 가난하여 이문(夷門, 동문)의 감자(監者)로 있었는데 위나라 공자(公子) 무기(無忌, 信陵君)가 후영이 어질다는 말을 듣고 몸소 수레를 몰고 이문으로 가서 예를 갖추어 상객(上客)으로 삼았다고 한다.(『史記』권77「魏公子列傳」)

48 태공망(太公望) 여상(呂尙)을 말한다.

49 공자를 일컫는 말로 보인다. 『史記』권121「儒林列傳」, "世以混濁莫能用, 是以仲尼干七十餘君無所遇."

50 우경(虞卿)은 유세가이다. 그는 짚신을 신고 어깨까지 내려오는 삿갓을 쓰고 조(趙)나라 효성왕(孝成王)에게 유세했는데, 효성왕은 그를 한 번 만나 보고 황금 백 일(鎰)과 백벽(白璧) 한 쌍을 하사했으며, 두 번 만나 보고 조나라 상경(上卿)으로 삼아 우경이라고 불렀다.(『史記』권76「平原君虞卿列傳」)

51 누경(婁敬, 劉敬, ?-?): 전한 제(齊) 사람. 본성은 누(婁)인데 뒤에 유씨(劉氏) 성을 하사받아 유경(劉敬)이라 불렸다. 유방이 천하를 평정할 때 장안(長安)으로 도읍을 정할 것을 주장하였

입니다. 범저(范雎)[52] · 채택(蔡澤)[53]의 주장을 김일제(金日磾),[54] 장안세(張安世),[55] 허광한(許廣漢),[56] 사공(史恭),[57] 사고(史高)[58] 사이에서 이야기

고, 유방이 백등(白登)에서 흉노의 모돈선우(冒頓單于)에게 패한 뒤 화친정책을 제안하여 사신으로 가서 조약을 매듭지었다. 6국 귀족들의 후예와 호강대족(豪强大族) 10여만 명을 관중으로 천사시키는 계획을 건의하기도 했다.

52 범저(范雎, ?-B.C.255): 범저(范且) 또는 범수(范睢)라고도 한다. 전국 시대 위(魏)나라 사람. 자는 숙(叔)이다. 변설에 능했다. 제나라에 사신으로 가는 중대부(中大夫) 수가(須賈)를 수행하여 책사(策士)로서의 능력을 발휘했으나 이를 시샘한 수가의 모함으로 옥에 갇히자 탈옥하여 은거하다가 진(秦)나라로 가서 소양왕(昭陽王)을 섬겼다. 원교근공(遠交近攻)의 정책을 제안해 큰 성공을 거두었으며 이는 뒤에 진나라가 6국을 통일하게 되는 기초가 되었다.

53 채택(蔡澤, ?-?): 전국 연(燕)나라 사람으로 변설과 지략이 뛰어나 제후들에게 다니며 유세하였다. 진 소왕(昭王, 昭陽王) 52년 진나라에 들어가 범저의 추천으로 객경(客卿)이 되고 얼마 후 범저를 대신해 재상이 되었다. 서주(西周)를 공격해 멸망시킬 계책을 내놓았으나, 모함하는 자가 있어 즉시 재상에서 물러났다.

54 김일제(金日磾, B.C.134-B.C.86): 전한 흉노 사람으로 자는 옹숙(翁叔)이다. 흉노 휴도왕(休屠王)의 태자였으나, 14세 때 혼야왕(渾邪王)이 휴도왕을 죽인 후 김일제와 무리를 이끌고 한나라에 투항한 후 관노(官奴)가 되어 말을 길렀다. 휴도왕이 금인(金人)으로 하늘에 제사 지내는 것을 보고 무제가 김(金)씨 성을 하사하였다. 시중 · 부마도위 · 광록대부에 올랐고, 무제 암살을 기도한 망하라(莽何羅)를 주살한 공으로 거기장군(車騎將軍)에 임명되고 투후(秺侯)에 봉해졌다. 무제 사후 곽광(霍光)과 함께 유조(遺詔)를 받들어 소제(昭帝)를 보필했다.

55 장안세(張安世, ?-B.C.62): 전한 경조(京兆) 두릉(杜陵) 사람. 자는 자유(子孺), 장탕(張湯)의 아들이다. 무제 때 상서령, 광록대부를 지내고 소제 때 우장군, 광록훈을 지냈다. 소제가 죽자 곽광과 함께 창읍왕(昌邑王) 유하(劉賀)를 맞았으나 곧 폐위하고 다시 선제를 옹립하는 일에 참여했다. 곽광 사후 대사마거기장군에 임명되고 상서(尙書)의 일을 관장하였다. 식읍이 1만 호에 이르고, 가동(家童)이 7백 명에 달했는데 모두 수공업과 생산에 종사하게 하여 부(富)가 곽광보다 앞섰다.

56 허광한(許廣漢, B.C.117-B.C.61): 전한의 환관이자 외척으로, 자는 백(伯)이다. 선제의 황후 허평군(許平君)의 아버지이다. 젊을 때 무제의 감천궁(甘泉宮)행을 수행하던 중 다른 사람 말안장을 자기 것으로 잘못 알고 깔았다가 도둑으로 몰려 사형에 처해지게 되었는데, 궁형(宮刑)을 선택하여 환자(宦者)가 되었다.

57 사공(史恭, ?-B.C.117): 노(魯) 사람. 무제 때 중랑장(中郎將), 양주자사(凉州刺史)를 지냈다. 누이동생 사절(史節)이 무제 아들 여(戾)태자 유거(劉據)의 양제(良娣)로 들어가 유진(劉進)을 낳았는데 사황손(史皇孫)으로 불린다. 사황손이 다시 유병이(劉病已, 劉詢, 宣帝)를 낳았

한다면 미쳤다고 할 것입니다. … 비록 그 사람의 지혜가 풍부하더라도 또한
행할 수 있는 때를 만나야 합니다. …59【원주16】

4

반고(班固)의 사상은 당연히 그의 부친 반표(班彪)[60]의 영향을 받았
다. 반표의 「왕명론(王命論)」[61]은 신화에 부회하고 사실을 과장하여 천

는데, 무제 말년 강충(江充)의 모함으로 여태자의 반란이 일어났을 때 생후 수개월 된 유병이
도 옥에 갇혔다가 5살에 사면되었다. 옥리 병길(丙吉)이 사공(史恭, 이미 사망)의 모친에게
보내 양육케 하였다. 선제는 은혜에 보답하고자 사공을 두릉후(杜陵侯)에 봉하고, 그 아들들
도 후(侯)에 봉하였다.

58 사고(史高, ?-B.C.43): 사공(史恭)의 아들. 선제 때 구은(舊恩)으로 시중(侍中)이 되고, 나중
에 대사마 곽우(霍禹)가 모반을 꾀하는 사실을 폭로해 악릉후(樂陵侯)에 봉해졌다. 선제의 병
이 위중해지자 대사마거기장군이 되어 상서(尙書)의 일을 관장하면서 소망지(蕭望之)와 함
께 유조(遺詔)를 받들어 수행하였다.

59 『漢書』권81하 「揚雄傳」하, '해조(解嘲)', "… 往者周網解結, 群鹿爭逸. 離爲十二, 合爲六七.
四分五剖, 並爲戰國. 士無常君, 國無定臣. 得士者富, 失士者貧. 嬌翼厲翮, 恣意所存 … 是故
鄒衍以頡亢而取世資, 孟軻雖連蹇猶爲萬乘師. 今大漢左東海, 右渠搜; 前番禺, 後陶塗; 東南一
尉, 西北一侯. 徽以糾墨, 制以鑽鐵; 散以禮樂, 風以詩書; … 當塗者入靑雲, 失路者委溝渠 …
夫上世之士, 或解縛而相, 或釋褐而傳; 或倚夷門而笑, 或橫江湖而漁; 或七十說而不遇, 或立談
間而封侯 … 是以頗得信其舌而奮其筆, 窒隙蹈瑕而無所詘也. 當今縣令不請士, 郡守不迎師;
群卿不揖客, 將相不俯眉. 言奇者見疑, 行殊者得辟(刑辟也). 是以欲談者宛(同卷)舌而固聲;欲
行者擬足而投跡. 向使上世之士處乎今, 策非甲科, 行非孝廉, 擧非方正, 獨可抗疏時道是非, 高
得待詔, 下觸聞罷, 又安得靑紫 … 有建婁敬之策於成周之世, 則繆矣. 有談範蔡 之說於金張許
史之間, 則狂矣 … 唯其人之贍知哉, 亦會其時之可爲也. …."

60 반표(班彪, 3-54): 후한 부풍(扶風) 안릉(安陵) 사람으로 자는 숙피(叔皮), 반고(班固)의 아버
지다. 후한 초 무재(茂才)로 천거되어 서령(徐令)에 임명되었으나 병으로 사직하고, 뒤에 망
도장(望都長)이 되었다. 이후 역사 연구에 몰두하여『사기후전(史記後傳)』60여 편을 편찬했
다.『한서』를 편찬하려다 마무리하지 못하고 죽자 아들 반고와 딸 반소(班昭)가 뜻을 이어 완
성했다.

61 반표의 「왕명론(王命論)」: 반표는 "제왕의 권력은 하늘이 명하는 것이지 지력(智力)으로 얻

하가 반드시 유씨(劉氏)에게 귀속된다는 것을 증명하였다. 이러한 사상은 전한 사상가에게는 보기 드문 것으로, 대일통전제정치의 가천하(家天下)를 상징하며 지식인들의 마음속에서 점차 합리적인 지위를 획득하기 시작하였다. 그런데 반표의 설은 역사적 시간 속에서 정치에 대한 지식들의 타성(惰性)을 보여 주고 있지만, 이는 그의 가문과도 관련이 있을 수 있다. 반표의 조부 반황(班況)은 딸이 성제(成帝)의 첩여(婕妤)로 들어갔기 때문에 반표의 부친과 같은 항렬의 집안사람들은 "나가서는 왕씨(王氏, 成帝의 母家)와 허씨(許氏, 성제의 后家)의 자제들과 어울렸고, 집안에서는 비단옷을 걸치고 비단바지를 입었다."62【원주17】 즉 반표의 집안은 한나라 왕실의 외척이나 다름없었다. 반표의 압박감은 "세상에는 난신적자(亂臣賊子)가 많다는"63【원주18】 데서 비롯되었고 이를 해결하기 위해서는 대일통 전제정치의 가천하(家天下)로 돌아가야 한다고 보았는데, 이것은 양한 정치사상 전환의 큰 징표였다.【원주19】 반고 부자의 학술적 노력에 더해, 왕망의 무도한 난정(亂政)을 틈탄 천하 와해의 심각한 고통은 「왕명론」이라는 사상 형태의 발전을 더욱

을 수 있는 것이 아니다"라는 천명론(天命論)에 입각하여 권력은 반드시 유씨(劉氏)에게 돌아가게 되어 있다는 당위론을 폈다. 그는 고조가 나라를 일으킬 수 있었던 이유로 5가지를 들었다. 첫째, 요(堯) 임금의 후예이고, 둘째, 용모에 기이한 점이 많으며, 셋째, 뛰어난 무용은 천명의 징험이며, 넷째, 너그럽고 현명하고 인자하며, 다섯째 사람을 잘 보고 잘 쓸 줄 알았기 때문이다. 여기에 다시 모친 유온(劉媼)이 "꿈에 신과 만난 일"과 "백사(白蛇)가 두 동강 난 일" 그리고 "오성(五星)이 함께 모인 일" 등을 천명의 징험으로 간주하였고, 이로써 고조가 천하를 차지하게 된 것이 "지력으로 얻은" 것이 아님을 증명할 수 있다고 보았다. 『漢書』 권100 「敍傳」.

62 『漢書』 권100상 「叙傳」, "出與王許子弟爲輩, 在於綺襦紈絝之間."

63 『漢書』 권100상 「叙傳」, "悲夫! 此世所以多亂臣賊子者也. 若然者, 豈徒闇於天道哉?"

부추겼다. 그리하여 대일통 전제정치에 대한 지식인들의 전면적인 압박감은 완화로부터 점차 무감각에 이르게 되었다. 반고의 「답빈희(答賓戲)」는 바로 이러한 전환의 과도기적 의미를 담고 있다.

반고는 스스로 이렇게 말한다. "동방삭(東方朔)과 양웅(揚雄)이 자신의 처지를 비유하여 소진, 장의, 범저, 채택의 시대를 만나지 못했기 때문이라고 말한 점에 감동을 받긴 했으나 일찍이 정도(正道)로써 상대방을 설복시키거나 군자가 지켜야 할 바를 밝힌 적이 없으니 잠시 세상 사람들의 조롱에 다시 응답하고자 한다."[64]【원주20】 그가 말하는 정도(正道)란 한가(漢家)의 대일통전제의 절대적 권위를 인정하는 것이며, 지식인들은 그 아래에서 그저 운명에 몸을 맡기기만 하면 될 뿐 다른 머리를 쓰지 말아야 한다. 그는 한실(漢室)의 정권을 다음과 같이 기술한다.

(위대한 한나라의) 기반은 복희(伏羲)나 신농(神農)보다 융성하고 규모는 황제(黃帝)나 요임금보다 광대합니다. 천하에 군림하여 다스림이 태양처럼 밝고 신령처럼 위엄이 있으며, 바다처럼 품어 적셔 주고, 봄과 같이 만물을 길러 줍니다. 이런 까닭으로 온 세상 안이 근원을 같이하고 흐름을 함께하며 현덕(玄德)에 몸을 담그고 태평의 기운을 우러러 받아서 가지처럼 의지하고 잎처럼 붙어삽니다. 비유하면 초목이 산림에 뿌리를 박고 자라며 새와 물고기가 강과 못에서 생육하는 것과 같으니, 기운을 얻는 자는 번성할 것이요 때를 잃는 자는 영락(零落)할 것입니다. 천지의 조화에 참여하여 교화를 베풀고 있거늘 어찌 인사(人事)의 후하고 박함을 운위하겠습니까? 지금 그대

---

64 『漢書』권100상 「叙傳」, "又感東方朔·揚雄, 自論以不遭蘇·張·范·蔡之時, 曾不折之以正道, 明君子之所守, 故聊復應焉."

는 우리 한나라 시대에 살면서 전국 시대를 논하고, 남에게서 들은 것은 밝으면서 직접 보고 있는 것을 의심하니 … 역시 아직 깨닫지 못한 것입니다.[65]【원주21】

반고는 지식인들이 대일통 전제정치 아래 살고 있는 상황을 비유하기를 "초목이 산림에 뿌리를 박고 자라며 새와 물고기가 강과 못에서 생육하는 것과도 같다"고 하였는데, 만물이 각기 제자리를 얻고 각기 그 마땅함을 얻어 살아가듯이 인간사에 후박(厚薄)이라 할 만한 것은 결코 없으며, 따라서 초목과 조수가 그러하듯 인간 역시 반 푼어치의 압박감도 있어서는 안 된다고 보았다. 그가 저술에 종사한 이유는 단지 "죽은 뒤에도 영원히 썩지 않는[沒世不朽]"【원주22】 것을 추구하려는 일념 때문이었다. 자신의 몸이 초목과 함께 썩는다는 것도 일종의 압박감이다. 그러나 반씨 부자가 이러한 압박감 때문에 써 내려간 『한서』는 사학(史學)의 기본정신에서 『사기』와 비교하여 얼마나 많이 후퇴했는지 모른다. 게다가 반고 본인은 결코 산림 속 초목이나 하천의 새와 물고기처럼 자유자재로 생장할 수도 없었다. 왜냐하면 그는 일찍이 두헌 (竇憲)[66]의 막료로 있었는데 두헌이 주살을 당한 후 낙양령(洛陽令) 충

---

65 『漢書』 권100상 「叙傳」 '答賓戱', "基隆於義農, 規廣於黃唐. 其君天下也, 炎之如日, 威之如神, 涵之如海, 養之如春. 是以六合之內, 莫不同源共流, 沐浴玄德; 稟仰太龢, 枝附葉著. 譬猶草木之植山林, 鳥魚之毓川澤. 得氣者蕃滋, 失時者零落. 參天地而施化, 豈云人事之厚薄哉. 今吾子處皇代而論戰國, 曜所聞而疑所覩 … 亦未至也."

66 두헌(竇憲, ?-92): 후한 부풍(扶風) 평릉(平陵) 사람. 자는 백도(伯度), 장제(章帝)의 황후 두씨의 오빠다. 시중(侍中), 호분중랑장(虎賁中郞將)을 역임했다. 영원(永元) 원년(89) 화제(和帝)가 즉위하자 시중이 되어 두태후와 함께 정치를 전횡했다. 나중에 죄를 짓자 스스로 흉노 토벌에 나서 그 공으로 거기장군(車騎將軍), 대장군(大將軍)이 되었으며 일족이 요직을 맡아

긍(种兢)에 의해 개인적인 원한으로 체포되어 옥중에서 죽었기 때문이다.67【원주23】 대일통 전제정치가 지식인들에 끼친 해악과 타락은 후한 시기에 이미 심각한 단계에 이르렀다. 중장통(仲長統)68이 살았던 시기는 후한의 정치 기강이 해이해져 언론이 다소 자유로울 때였는데, 그가 지은『창언(昌言)』「이란편(理亂篇)」에 이 점에 대해 통분하는 서술이 있다.

… (창업 후 시간이 흘러) 제위를 계승할 때가 되면 민심이 안정된다. 하늘 아래 모든 사람들이 나【생각건대 대일통 전제 황제를 말함. 아래도 동일】에 의지하여 생육하고 나로 말미암아 부귀를 얻는다. … 천하가 편안하여 모두 내게 귀부해 온다. 호걸의 마음(처음 호걸로 일어나 천명을 받을 때의 초심)은 이미 끊어지고 사민(土民)의 뜻은 이미 정해졌으며, 부귀는 일정한 가문【생각건대 황가(皇家)를 가리킴】에게 돌아가고 존귀한 자리는 한 사람에게 집중된다. 이러한 때에는 비록 우매한 자가 그 자리(황제)에 있더라도 오히려 그의 은덕을 천지와 같게 하고 그의 위엄을 귀신과 대등하게 할 수 있다. 사나운 폭풍과 빠른 번개라도 그의 성냄을 견주기에는 부족하고, 따뜻한 봄

횡포를 부렸다. 4년(92) 화제가 대장군을 파직하고 친정을 하려고 하자 화제를 죽이려고 꾀하다 발각되어 자살했다.

67 『後漢書』권70「班固列傳」, "固不敎學諸子, 諸子多不遵法度, 吏人苦之. 初, 洛陽令种兢嘗行, 固奴干其車騎, 吏椎呼之, 奴醉罵, 兢大怒, 畏憲不敢發, 心銜之. 及竇氏賓客皆逮考, 兢因此捕繫固, 遂死獄中. 時年六十一."

68 중장통(仲長統, 179-220): 후한 산양(山陽) 고평(高平) 사람. 자는 공리(公理)다. 어려서부터 학문을 좋아하였고, 뜻이 크고 기개가 있어 직언(直言)을 서슴지 않아 당시 사람들이 광생(狂生)이라 불렀다. 헌제 때 상서령(尚書令) 순욱(荀彧)이 그의 명성을 듣고 상서랑으로 천거했으며 그 후 조조(曹操)의 군사(軍事)에 참여하였다. 저서에『창언(昌言)』34편 10여만 자가 있으나 대부분 산일되고『후한서』본전 중에「이란(理亂)」, 「손익(損益)」, 「법계(法誡)」 등의 몇 편이 남아 있다.

제5장 전한 지식인이 전제정치로부터 받는 압박감

날과 알맞게 내리는 비라도 그의 덕택을 비유하기에는 부족하다. 주공과 공자가 수천 명이라도 다시 그 성덕을 겨룰 곳이 없고, 맹분(孟賁)과 하육(夏育)[69]이 백만 명이라도 다시 그 용맹을 떨칠 곳이 없다. 저 후대를 이은 우매한 군주는 천하에 감히 그를 어길 자는 없다고 보고, 스스로 말하기를 자신의 지위는 마치 천지가 멸망하지 않는 것과 같이 (영원하다고) 하면서, 마침내 자신의 사사로운 즐거움을 좇고 비뚤어진 욕망을 추구한다. 군주와 신하가 공공연히 음란함을 일삼고 윗사람과 아랫사람이 함께 악행을 저지르며 … (군주가) 곁눈질하면 사람들은 그 눈의 시선을 따라가고, (군주가) 기뻐하거나 성내면 사람들은 그의 마음속 생각을 좇아간다. 이것은 모두 공후(公侯)들만이 누리는 즐거움이요 군장(君長)들에게만 주어지는 특권이다. 만약 모략과 속임수를 잘 운용한다면 그 지위를 얻을 수 있다. 능히 그 지위를 얻을 수 있는 자에게 사람들은 죄가 있다고 생각지 않는다. … 선비들에게 영화와 쾌락을 포기하고 궁핍하게 살아가며, 여유와 안일함을 버리고 자신을 속박하는 삶을 살게 한다면 대저 누가 이것을 기꺼이 하려고 하겠는가? 난세는 길고 평안의 시대는 짧다. 난세에는 소인들이 높은 자리에 오르고 총애를 받으며, 군자들은 곤란을 당하고 낮은 지위에 머무른다. 군자가 곤란을 당하고 낮은 지위에 머무를 때는 높은 하늘 아래서도 허리를 굽히고 다니고 넓은 땅 위에서도 살금살금 걸어 다니면서 오히려 진압(鎭壓)의 화를 당할까 두려워한다. … 이것은 간사한 사람으로 하여금 무궁무진한 복리를 제멋대로 차지하게 만들고, 선량한 선비로 하여금 용서받지 못할 죄과에 연루되게 만든다. 만약 눈으로 색을 판별할 수 있고 귀로 소리를 가려낼 수 있으며 입으로 맛을 구별할 수 있고 몸으로 춥고 따뜻함을 구분할 수 있는 자라면, 모두 자신을 청결히 수양하여 악을 피할 수 있고, 모략과 속임수를 깔아 놓더라도 이를 비켜 갈 수 있다. 하물며 편안히 머물러 즐기고자 하는 자임에야 더 말할 필요도 없다. 후세 군주들의 모든 과실은 여기에 있다.[70]

---

69 맹분(孟賁)과 하육(夏育): 전승에 의하면 모두 고대의 용사(勇士)이다.

【원주24】

　조일(趙壹)[71]은 또한 「자세질사부(刺世疾邪賦)」에서 전제정치에 중독
된 지식인의 비정상적인 상황을 집중적으로 묘사하고 있다.

　춘추 시대에 화란과 실패가 시작되더니,
　전국 시대에 갈수록 해독의 고통이 심해지네.
　진나라와 한나라는 앞 시대를 벗어나지 못하고
　도리어 원망이 더욱 늘어만 가네.
　어찌 백성들의 성명(性命) 따위야 고려하겠는가,
　다만 자기에게 이익이 되면 스스로 만족할 뿐인데.
　예로부터 지금까지 진실과 거짓은 없는 데가 없네.

---

70 『後漢書』 권79 「王充王符仲長統列傳」, 仲長統 『昌言』 「理亂」, "… 及繼體之時, 民心定矣. 普
　天之下, 賴我(按: 指大一統專制之皇帝. 下同)而得生育, 由我而得富貴 … 天下晏然, 皆歸心於
　我矣. 豪傑之心旣絶, 士民之志已定; 貴有常家(按指皇), 尊在一人. 當此之時, 雖下愚之材居
　之, 猶能使恩同天地, 威侔鬼神. 暴風疾霆, 不足以方其怒. 陽春時雨, 不足以喩其澤. 周孔數千,
　無所復角其聖. 賁育百萬, 無所復奮其勇矣. 彼後嗣之愚主, 見天下莫敢與之違, 自謂若天地之
　不可亡也, 乃奔其私嗜, 騁其邪欲; 君臣宣淫, 上下同惡 … 睇眄則人從其目之所視, 喜怒則人隨
　其心之所慮. 此皆公侯之廣樂, 君長之厚實也. 苟運智詐者, 則得之焉. 苟能得之者, 人不以爲
　罪焉 … 求士之舍榮樂而居窮苦, 棄放逸而赴束縛, 夫誰肯爲之者耶? 夫亂世長而化世短, 亂世
　則小人貴寵, 君子困賤. 當君子困賤之時, 踢高天, 蹐厚地, 猶恐有鎭壓之禍也. … 是使姦人擅
　無窮之福利, 而善士掛不赦之罪辜. 苟目能辨色, 耳能辨聲, 口能辨味, 體能辨寒溫者, 皆以修潔
　爲諱惡, 設智巧以避之焉. 況肯有安而樂之者耶? 斯下世人主一切之恣也."

71 조일(趙壹, ?-?): 후한 한양(漢陽) 서현(西縣, 감숙성 天水) 사람. 자는 원숙(元叔)이다. 성품이
　방자하고 예법을 멸시하여 향당(鄕黨)에 의해 배척당하자 「해빈(解擯)」을 지었다. 이후 여러
　번 죄를 지어 거의 죽을 뻔했지만 다행히 목숨을 건져 「궁조부(窮鳥賦)」를 지었다. 영제(靈
　帝) 광화 원년(178) 상계리(上計吏)로 경사에 갔을 때 사도(司徒) 원봉(袁逢)과 하남윤(河南
　尹) 양척(羊陟)이 조정에 천거하고 귀향 후에도 여러 곳에서 다투어 초빙했지만 모두 나가지
　않고 집에서 죽었다. 현재 문장 5편이 전하며 대표작으로 당시의 정치 횡포와 관리들의 부패
　를 지적한 「자세질사부(刺世疾邪賦)」가 있다.

아첨과 간사함은 날로 성행하고,
강직하고 올곧은 이들은 쇠락하여 사라지네.

아첨을 일삼는 자들은 사마(駟馬)를 타고【부귀영화를 누리고】,
품행이 바른 자들은 걸어서 가네【정직한 자들은 빈천하다는 뜻】.
군주와 친밀한 자들은【서로 친압함】명성과 권세를 얻고,
군주를 위무하는 자들은【위로하고 동정함】호강(豪强)이 된다네.
거만하거나 세속과 어울리지 않는 사람들은 재앙을 초래하고, …

간사한 사람은 현달하여 높은 지위에 오르고,
강직한 선비는 숨어들어 매몰된다네.
이러한 폐단의 근원을 따져 보면
실로 정권을 잡은 이들이 현자가 아니기 때문이네. …

좋아하는 사람은 가죽을 뚫어서라도 그 깃을 돋보이게 하고,
싫어하는 사람은 때를 씻어내서라도 그 허물을 찾으려 하네.
비록 성심을 바치고 충성을 다하고자 하나
길이 끊어지고 험하여 닿을 수가 없네.

아침저녁으로 위태로운 나라를 안전하다 여기고
목전의 이익만 바라고 제멋대로 자행하네.
이 어찌 바다를 건너면서 배의 키를 잃어버리고
섶나무를 쌓아 놓고 불붙기를 기다리는 것과 다르겠는가? …

그러므로 법령과 금기는 세족(世族)에게 굴복하고,
조정의 은택은 한미한 가문에게는 미치지 않는다네."[72]【원주25】

전제 정체(政體)가 변하지 않고 전제 정체의 정신이 여전히 남아 있다

면 전제 정체하의 지식인에 대한 위의 조일(趙壹)의 묘사는 언제나 그 역사적 진실성을 가질 것이라고 말할 수 있다. 이러한 지식인들은 당연히 이른바 시대적 압박감 없이 반(反)문화, 반(反)사상적 효용을 크게 발휘하여 전제군주의 비위를 맞출 것이다.

그러나 모든 지식인들이 조일(趙壹)이 묘사한 대로라면 한 민족의 역사는 종말을 고하게 될 것이다. 후한의 지식인들이 역사에서 중요한 위치를 차지하는 이유는 생사, 빈부, 귀천, 안위를 돌아보지 않고 정치의 극한의 어둠 속에서 온갖 불굴의 투쟁을 면면히 이어갔던 일부 절의지사(節義之士)와 명절지사(名節之士)들이 있었기 때문이다. 당고(黨錮)의 화가 일어난 후 비로소 이들 불굴의 투쟁을 전개했던 절의지사·명절지사들은 후한과 함께 운명을 다하게 된다. 후한시기에 절의·명절지사가 형성된 이유, 때로는 그들의 행동이 과격함으로 치달았던 이유는 바로 전제하의 외척과 환관으로부터 받는 압박감, 그리고 외척과 환관의 횡포 아래 변절하여 비천한 하류 지식인이 되는 데 대한 압박감, 이러한 이중의 압박감 때문이었다. 이 문제는 별도의 전론에서 토론할 것이다.

물론 430년이 넘는 세월 동안【신(新)의 왕망과 갱시제(更始帝)를 포함하여】지식인들의 압박감은 여러 측면에서 올 수 있지만, 대일통 일인전

---

72 『後漢書』권80하 「文苑列傳」, 趙壹, '刺世疾邪賦', "春秋時禍敗之始, 戰國愈復增其荼毒. 秦漢無以相踰越, 乃更加其怨酷. 寧計生民之命, 惟利已而自足. 於茲迄今, 情僞萬方. 佞諂日熾, 剛克消亡. 舐痔結駟(言舐痔者可以富貴), 正色徒行(言正色者貧賤). 嫗媮(相親狎)名勢, 撫拍(謂慰卹也)豪强. 偃蹇反俗, 立致咎殃. … 邪夫顯進, 直士幽藏. 原斯瘼之攸興, 實執政而匪賢 … 所好則鑽皮出其毛羽, 所惡則洗垢求其瘢痕. 雖欲竭誠而盡忠, 路絶嶮而靡緣; 安危亡於旦夕, 肆嗜欲於目前. 奚異涉海之失舵, 積薪而待燃. … 故法禁屈撓於勢族, 恩澤不逮於單門."

제정치로부터 오는 압박이야말로 근원적인 압박이자 주된 압박이다. 따라서 이러한 대일통의 일인전제정치에 대한 철저한 파악은 양한사 상사를 이해하기 위한 전제조건이 되어야 하며 심지어 양한 이후의 사 상사를 이해하는 전제조건이 되어야 한다.

一
원
주

【원주1】『한서』 권22 「예악지(禮樂志)」, "고조는 초나라 음악 듣기를 즐겨했으니 '방중악'은 초나라 음악이다."[73]

【원주2】『사기』 권84 「굴원가생열전(屈原賈生列傳)」.

【원주3】『사기』 권84 「굴원가생열전(屈原賈生列傳)」.

【원주4】이상은 모두 『가장사집(賈長沙集)』, '조굴원부(吊屈原賦)'에 나온다.

【원주5】『한서』 권48 「가의전(賈誼傳)」, '논시정소(論時政疏)'는 다음과 같은 말로 시작한다. "신이 일의 형세를 생각해 보건대 통곡할 만한 일이 한 가지요, 눈물을 흘릴 만한 일이 두 가지요, 크게 탄식할 만한 일이 여섯 가지입니다."[74]

【원주6】『한서』 권51 「추양전(鄒陽傳)」, "한나라가 흥기하면서 제후왕은 모두 직접 백성을 다스리고 현자를 초빙하였다." 『한서』 권47 「양효왕전(梁孝王傳)」, 효왕은 "동원을 지었는데 크기가 사방 3백여 리나 되었다. … 사방의 호걸들을 불러들였다."[75] 그중에는 특히 문학지사(文學之士)들이 많았다.

【원주7】『전한문(全漢文)』 권19.

【원주8】『전한문(全漢文)』 권19.

【원주9】모두 『한서』 권56 「동중서전」에 보인다.

【원주10】『동교서집(董膠西集)』.

【원주11】『동교서집(董膠西集)』 '사불우부(士不遇賦)'.

【원주12】『한서』 권27상 「오행지」상.

---

73 『漢書』 권22 「禮樂志」, "高祖樂楚聲, 故房中樂楚聲也."

74 『漢書』 권48 「賈誼傳」, "臣竊惟事勢, 可爲痛哭者一, 可爲流涕者二, 可爲長太息者六."

75 『漢書』 권51 「鄒陽傳」, "漢興, 諸侯王皆自治民聘賢."; 권47 「梁孝王傳」, "築東苑方三百餘里 … 招延四方豪傑."

【원주13】『사기』권130「태사공자서」.

【원주14】『한서』권65「동방삭전」.

【원주15】 양웅(揚雄),「해조(解嘲)」.

【원주16】『한서』권87「양웅전(揚雄傳)」.

【원주17】 반고의『한서』「서전(敍傳)」상에 보인다. '왕(王)'은 성제(成帝)의 모친 집 안이고, '허(許)'는 성제의 황후 집안이다.

【원주18】 반표(班彪),「왕명론(王命論)」.

【원주19】 전한 사상가들의 반(反) 전제, 반(反) 가천하에 대해서는 앞으로 별도의 전 론에서 논의할 것이다.

【원주20】 반고,『한서』「서전(敍傳)」상.

【원주21】 반고,「답빈희(答賓戲)」.

【원주22】 반고,「유통부(幽通賦)」.

【원주23】『후한서』권30下「반고열전」.

【원주24】『후한서』권39「중장통열전(仲長統列傳)」.

【원주25】『후한서』권70下「문원열전(文苑列傳)」, '조일열전(趙壹列傳)'.

제6장

중국 성씨의 변천과 사회형식의 형성

1. 머리말

여기서의 이른바 "형식"이란 복잡한 내용을 통일하고 포괄하는 기능을 말한다. 사회는 다양한 신분, 지위, 직업, 그리고 그로 인해 생겨난 크고 작은 집단을 그 구체적인 내용으로 한다. 그러나 중국의 전통사회에서는 혈연관계에 의해 형성된 조직인 종족과, 혈연관계에 따른 조직에 의해 형성된 다양한 문화적 가치관념이 사회의 각 구체적인 내용을 통일하고 포괄한다. 이것이 바로 내가 말하는 "사회형식"이다. 그리고 이러한 사회형식은 성씨의 변천을 통해 점차 형성되었다. 때로는 사회형식이 너무 두드러져 다른 내용들을 가리기도 하는데, 이때는 형식이 곧 내용이다. 그러나 더 많은 경우 사회의 운영은 각 구체적인 사회내용의 운영이며, 사회의 형식은 마치 수면상태에 있는 것처럼 사회의 내용과 직접적인 관련이 없다. 그러나 아래의 몇 가지 점에서 우리나라의 전통적 사회문화의 특성을 이해하기 위해서는 먼저 이 사회형식을 이해해야 한다.

(1) 이 사회형식이 완성되기 이전에는 그것은 "정치적 종법제도"와 마찬가지로 정치적이고 계급적이었다. 그러나 그것이 완성되어 하나의 "사회적 형식"이 되면 이념적으로 각종 사회내용의 보편적 기초가 되어 각 사회내용에 포함되고 사회내용을 관통하며, 각 사회내용의 공통의 출발점과 귀착점이 되어, 각 사회내용의 지위를 보이지 않게 공

고히 하고 따라서 각 개인의 사회 전반에서의 위상과 역량도 강화된다.

(2) 이러한 사회형식에 의해 형성된 가치체계, 즉 전통적으로 말하는 인륜 또는 윤리는 실제로 각 사회내용 속에 경주되어 각 사회내용의 공통의 방향성을 규정하고 각 사회내용을 통합하는 정신적 힘이 된다. 그것이 사회 전반에 추진적 영향을 미쳤는지 아니면 제약적 영향을 미쳤는지에 대해서는 또 다른 문제이며, 별도의 연구에서 다루어져야 할 것이다.

(3) 역사에 큰 변동이 있을 때마다 다양한 사회내용의 활력이 위기 속에서 흔들리고 심지어 파괴, 와해되기도 한다. 이때는 성씨(姓氏)에 기초한 종족 조직의 사회형식 안으로 후퇴하여 최소한의 생존 보호를 위한 보루를 형성하는 경우가 많다. 이것은 우리나라 민족이 수많은 대규모 자연재해와 인위적 재앙을 겪고도 의연히 생존과 발전을 계속할 수 있었던 것과 밀접한 관계가 있다.

(4) 이 사회형식은 후술하는 바와 같이 우리나라 역사에서 주변을 둘러싼 이민족과 비교하여 오직 우리 민족에게만 있는 형식이다. 그런 점에서 이 사회형식은 우리나라 문화 사회의 특성을 파악하는 하나의 관건이다. 더욱 중요한 것은 역사에서 우리 민족이 보여 준 놀랄 만한 동화력이다. 과거 이러한 역사사실에 대한 설명은 모두 공허하다는 의심을 받았다. 나의 이번 연구를 통해 그 주요 원인이 이러한 성씨로 형성된 사회형식에서 유래한 것임을 발견하였다.

이러한 사회형식은 장기적인 변천에 의해 점차적으로 형성된 것이다. 대략 전한 200년이 지나서야 비로소 초보적인 완성 단계에 도달하게 된다. 변천의 실제 내용은 씨성(氏姓) 관념의 발전을 통해 실현되었다. 과거에 씨성을 기록한 전적들은『세본(世本)』[76] 이하 수적으로 적지 않았다. 그러나 어떤 책은 특수한 목적을 위해 지어졌는데, 예를 들면 당나라의『원화성찬(元和姓纂)』[77]은 정치적으로 관리등용에 참고하기 위해 편찬되었고, 가문의 족보는 지위와 명망 관념으로 인해 자기 선조에 대한 서술이 대부분 견강부회로 흘러 신뢰하기에 어려움이 있다.【원주1】학술적으로 씨성을 다룬 연구들은 오늘날에도 많은 저작들이 나와 있다. 그러나 "변화" "발전"의 관념이 결여되어 항상 일시적인 현상을 가지고 고금 전체를 관통하려고 한다. 그래서 입설(立說)이 많아질수록 혼란은 심해진다. 이 글은 이러한 상황을 염두에 두고 근원을 거슬러 올라가 그 변화와 발전의 자취를 명확히 하여 우리나라 사회사 연구의 새로운 길을 개척하고자 한다.

---

76 『세본(世本)』: 진(秦)의 사관이 편찬. 전설상의 황제(黃帝)부터 춘추 시대까지 제왕의 세계(世系)와 성씨, 행적과 발명품 따위를 정리하였으나 산일되었다.

77 『원화성찬(元和姓纂)』: 당 헌종(憲宗) 원화(元和) 7년(812) 재상 이길보(李吉甫)가 임보(林寶)에게 수찬하게 하여 완성한 보첩(譜牒)·성씨(姓氏)에 관한 전문 저서. 원본은 10권이나 현재 10권본, 18권본 두 종류가 있다.

2. 씨(氏)의 유래 탐구

나는 먼저 문자학의 관점에서 몇 가지 오해를 해명하려 한다. 먼저 씨(氏) 자부터 보기로 한다.

『설문(說文)』12하에서는 "씨(氏)"에 대해 다음과 같이 설명한다. "파촉(巴蜀) 지방에서는 산의 벼랑 끝에 붙어 있어 무너져 내릴 것 같은 작은 산언덕을 씨(氏)라고 한다. 씨가 붕괴되는 소리는 수백 리 밖에서도 들린다. 상형(象形) 문자이다. 씨(氏)부에 속하는 한자는 모두 씨의 의미를 따른다. 양웅(揚雄)[78]의 부(賦)에서는 '산이 무너지면서 나는 소리와도 같다'[79]라고 하였다."[80] 『단옥재주(段玉裁注)』에서는 허신의 뜻을 고수하고 있다. 그는 또 말하기를 "옛날 경전(經傳)에서 '씨(氏)'와 '시(是)'는 대체로 통용되었다. 『대대례기(大戴禮記)』에 보이는 '곤오는 위씨이다'[81] 구절 이하 6개 씨 자는 모두 '시(是)' 자의 가차(假借)자이다.

---

78 양웅(揚雄, 楊雄, B.C.53-18): 전한 촉군(蜀郡) 성도(成都) 사람. 자는 자운(子雲). 저술로는 각 지방의 언어를 집성한 『방언(方言)』, 『주역』을 모방한 『태현경(太玄經)』, 『논어』의 문체를 모방한 『법언(法言)』 등이 있다. 『양한사상사』 제2권에 자세한 논구가 있다.

79 『漢書』 권87하 「揚雄傳」하 '解嘲'에 "功若泰山, 嚮若阺隤"라고 되어 있다.

80 『說文』 12下, "巴蜀名山岸脅之自旁箸欲落墭者曰氏. 氏崩聲聞數百里, 象形. 凡氏之屬皆从氏. 楊雄賦, 響若氏隤."

81 『大戴禮記』 권7 「帝繫」 第六十三, "昆吾者, 衛氏也. 參胡者, 韓氏也. 彭祖者, 彭氏也. 鄶人者, 鄭氏也. 曹姓者, 邾氏也. 季連者, 楚氏也."

제6장 중국 성씨의 변천과 사회형식의 형성

그리고『한서』의 한비(漢碑)에서 시(是)의 가차자로 씨를 쓴 예는 헤아릴 수 없이 많다. 그러므로 성씨(姓氏)라는 단어는 본래 '시(是)'로 써야 하는데 씨 자를 가차하여 대신 사용한 것이며, 사람들이 습관에 젖어 잘 살피지 못했을 뿐이다. …"[82]라고 하였다. 생각건대 허신의 설이 성립될 수 없음은, 만약 씨 자를 처음 만든 사람이 촉 지방 출신이라는 것을 증명할 수 없다면 어떻게 파촉(巴蜀)의 특수한 지형을 원용하여 이 글자를 만들 수 있겠느냐는 것이다. 또 소전(小篆)에서 거슬러 올라가면 바로 씨 자의 원형이 허씨의 이른바 산기슭이 무너지려고 하는 상황과 전혀 일치하지 않는다는 것을 발견할 수 있다. 단옥재는 성씨(姓氏)의 씨의 본자를 "시(是)"로 보았는데, 선진 전적 중에서 증거를 찾지 못하자 갑자기『한서』에 수록된 한비(漢碑)에서 가끔 시(是)를 씨로 쓰는 상황을 들어 선진 전적 중의 수많은 씨 자를 말살하고 있다. 그는『예석(隸釋)』[83]에서 한대의 비석을 살펴볼 생각은 한 번도 해 보지 못했는데, 그 안에 쓰인 씨 자는 이루 셀 수 없이 많다. 가끔 "씨"가 "시(是)"로 쓰인 경우도 있는데 이는 별자(別字)[84]로 간주할 수밖에 없다. 어떻게 이를 증거로 삼을 수 있겠는가?

---

82 『段玉裁注』, "古經傳'氏'與'是', 多通用.『大戴禮』'昆吾者衛氏也'以下六氏字, 皆'是'字之假借. 而『漢書』漢碑, 假氏爲是, 不可勝數. 故知姓氏之字本當作'是', 假借氏字爲之, 人第習而不察耳…."

83 『예석(隸釋)』: 송나라 홍괄(洪适)이 편찬한 책으로 건도(乾道) 2년(1166)에 완성되었다. 한(漢)·위(魏) 시대 예서(隸書)로 된 석각(石刻) 문자 183종을 저록하고 아울러『수경주(水經注)』중의 한·위 비목(碑目)과 구양수(歐陽修)의『집고록(集古錄)』, 구양비(歐陽棐)의『집고록목(集古錄目)』, 조명성(趙明誠)의『금석록(金石錄)』, 찬자미상의『천하비록(天下碑錄)』중의 한·위 부분을 덧붙여 놓았다.『예석』은 한·위·진의 석각문자를 집록·고증한 현존 최고(最古)의 전문저서이다.

84 별자(別字): 형음(形音)이 비슷하여 잘못 쓴 글자.

주준성(朱駿聲)[85]의 『설문통훈정성(說文通訓定聲)』에서는 씨 자 아래 다음과 같이 적고 있다. "살펴보건대 이 글자에 대한 허신의 설은 옳지 않다. 소전(小篆)의 씨 자를 옆으로 보면 예서(隷書)의 산(山) 자와 비슷하기 때문에 여기에 부회했을 뿐이다. 본래의 훈(訓)은 나무의 뿌리로 해야 하고 전주(轉注)[86]하여 성씨(姓氏)로 해야 한다. 대개 물의 근원과 나무의 뿌리라는 뜻에서 취하였다."[87] 주씨의 설은 단옥재설에 비해 진보한 면이 있다. 그러나 주씨의 입론은 "『한간(汗簡)』[88]에서 인용한 『석경(石經)』[89]에 씨 자가 ᙁ로 적혀 있는" 것을 근거로 삼고 있는데, 이 자형(字形)은 금문(金文)과 계문(契文)[90]에 나오는 씨 자의 형태와 하나도

---

85 주준성(朱駿聲, 1788-1858): 청 강소 오현(吳縣) 사람. 자는 풍기(豊芑), 호는 윤천(允倩) 또는 석은(石隱). 전대흔(錢大昕)에게 수학했으며 문자학과 성운학(聲韻學)에 뛰어났다. 함풍 연간 초에 『설문통훈정성(說文通訓定聲)』, 『설아(說雅)』를 저술하여 국자박사(國子博士)가 되었다. 그 밖에 『고금운준(古今韻準)』, 『육십사괘경해(六十四卦經解)』, 『상서고주편독(尙書古注便讀)』, 『시전전보(詩傳箋補)』, 『대대례기교정(大戴禮記校正)』, 『이아보주(爾雅補注)』 등이 있다.

86 전주(轉注): 한자의 육서(六書)의 하나. 이미 있는 한자의 뜻을 확대·발전시켜 다른 뜻으로 쓰는 방법이다.

87 朱駿聲, 『說文通訓定聲』, "按許說此字非是. 因小篆橫視似隷書山而附會之耳. 本訓當爲木本, 轉注當爲姓氏, 蓋取水源木本之誼."

88 『한간(汗簡)』: 후주(後周)·북송 때의 서화가 곽충서(郭忠恕, ?-977)의 저술이다. 곽충서는 낙양 출신으로 자는 서선(恕先)이고 후주 때 국자박사(國子博士)를 지냈다. 문자학에도 조예가 깊어 저서로 『패휴(佩觿)』, 『한간(汗簡)』 등을 남겼다.

89 석경(石經): 후한 영제(靈帝)가 경서 문자의 문란을 바로잡기 위해 채옹(蔡邕)에게 명하여 낙양의 태학 문 앞에 『역』, 『시』, 『서』, 『예기』, 『춘추』, 『논어』, 『공양』 7경의 비를 세우게 했는데 이를 '희평석경(熹平石經)'이라 하며 일부가 잔존하고 있다. 후대의 북위, 당, 송, 청에서도 석경을 세웠다.

90 계문(契文): 중국 최초의 문자 기록인 복사(卜辭)를 계문이라 하며 일반적으로 갑골문으로 불린다. 은나라 도성의 유적지인 은허(殷墟)에서 출토되었으므로 은허문자라고도 한다. 옛날에는 점을 칠 때 거북껍질이나 소뼈에 구멍을 뚫거나 불로 지져 거기에 생기는 균열을 보고

부합하지 않는 점에서, 그 상형(象形)을 통한 의미 추정은 이미 씨 자의 원형에 의해 뒤집혀지고 만다. 이 밖에도 『설문』계통의 여러 설이 있으나 단옥재와 주준성 두 사람의 범위를 넘어서지 않으므로 더 이상 논하지 않겠다.

『금문편(金文編)』에 보이는 20여 개의 씨 자는 대략 『송대(頌敦)』의 丁를 초문(初文)으로 하며, 그 밖에 7【송호(頌壺), 예공력(芮公鬲)】 등의 형태는 공인(工人) 감독자가 손 가는 대로 자형(字形)에 변화를 준 것으로 상형의 기본적 의의에는 변함이 없다.

계문(契文)에서 씨(氏)의 형태는 イ(前7·39·2)로 되어 있거나 7(後·下·21·6)로 되어 있다. 금문의 자형은 큰 변화 없이 이를 계승하고 있다. 서안 반파(半坡)의 앙소(仰韶)문화에서는 30종의 부호(符號)가 발견되었는데 그중에서 2종의 부호가 Ⴑ, T로 되어 있다.〔원주2〕 계문의 씨가 이 앙소의 2개의 부호와 어떤 관련이 있는지 확정할 수는 없지만, 형상이 비슷한 점에서 매우 흥미로운 현상이 아닐 수 없다. 곽말약의 『금문여석지여(金文餘釋之餘)』「석씨(釋氏)」에서는 다음과 같이 말한다. "내 생각에 씨(氏)는 시(匙, 숟가락)의 초문(初文)으로 보인다. 『설문』에 '시(匙)는 비(匕)이다. 비의 의미를 따르고[从匕] 시(是)로 발음한다'라고 하였고, 『단옥재주』에서는 '『방언(方言)』[91]에 이르기를 비(匕)는 시

길흉을 판단했고, 점을 친 뒤 그 내용을 균열[卜兆] 옆에 새겨 놓았으므로 이를 '새긴 문자' 즉 '계문(契文)'이라고도 한다.

91 『방언(方言)』: 전한 양웅(揚雄, B.C.53-18)의 저술. 각 지방의 언어를 집성해 놓은 책으로 『설문해자(說文解字)』, 『이아(爾雅)』, 후한의 유희(劉熙)가 저술한 『석명(釋名)』과 더불어 한자의 어원과 용례를 연구하는 데 매우 중요한 문헌이다.

(匙)를 말한다'라고 하였다. … 지금 강소성 지방 사람들의 이른바 차시 (搽匙, 국 숟가락)·탕시(湯匙)가 그것이다. … 옛날에는 씨(氏)의 자형이 비(匕, 숟가락)와 비슷하고, 발음은 씨와 시(匙)가 서로 같았다. 이것은 씨가 시(匙)의 초문임을 말해 준다. 복사(卜辭)에 있는 씨의 의미를 따르는[从氏] 글자로써 이를 증명할 수 있다. 예를 들면 盉(前·2·27·1) "갑자일에 왕이 정인을 시켜 점을 쳤다. 盉로 사냥을 가려 하는데 무사히 갔다올 수 있겠는가?(甲子王卜貞田盉往來無此)", 또는 盉(위와 같은 곳 第2片) "盉로 사냥을 가려는데 무사하겠는가?(田盉無(((()", 또는 盉 (前·6·41·7) "盉로 사냥을 가서 …(弜田盉其每)" 등이 있다. 이들 글자는 명(皿) 가운데 씨(氏)를 꽂아 놓은 모양을 본뜬 것이다. … 비록 글 속에서는 지명으로 쓰여 글자의 뜻은 알 수 없지만, 씨(氏)의 용도는 비(匕)와 같다."[원주3] 살펴보건대 곽씨의 설에는 세 가지 오류가 있다. 『설문』에서 시(匙)는 "비(匕)의 의미를 따르고 시(是)로 발음한다"라고 했으므로 匕는 시(匙)의 초문이다. 나중에 비가 주로 비수(匕首)의 비로 쓰였기 때문에 별도로 "시(匙)" 자를 만들어 그것과 구별했던 것인데, 어떻게 씨를 시(匙)의 초문이라고 할 수 있는가? 이것이 첫 번째 오류이다. 비(匕)는 계문(契文)에서 ✓ 혹은 ✓의 형태를 취하고 있는데 그 하단이 왼쪽이나 오른쪽으로 구부러져 있어 그릇[皿]에서 음식물을 취하기에 편리하다. 반면 씨는 계문에 ↑ 혹은 ↑로 되어 있는데, 비(匕)와 글자 형태가 비슷하지 않은 것은 그만두고라도 하단이 수직 형태로 되어 있어 이것으로 어떻게 음식물을 취해야 할지 모르겠다. 이것이 두 번째 오류이다. 盉가 지명임을 분명히 알고 있고, 여기에는 비(匕)로 그릇[皿]에서 음식물을 취한다는 뜻이 절대 없는데, 어떻게 이것으로 씨

(氏)가 시(匙)의 초문임을 증명할 수 있다는 말인가? 또한 금문으로 계
문(契文)을 증명하고 금문에 의거하여 계문을 해석하는 것은 계문을
해독하는 중요한 방법 중 하나이다. 곽씨는 금문 중의 수많은 씨 자를
원용하여 그 뜻을 증명할 생각은 하지 않고 아무 상관도 없는 㽸 자를
끌어다 증거를 세우려고 하는데, 㽸 자가 씨(氏)의 의미를 따르는 동시
에 성음을 얻은 형성(形聲) 문자가 아닌지 어찌 알겠는가? 혹은 다르게
해석할 수도 있다.【아래 참조】 이것이 세 번째 오류이다. 이런 명백한 오
류를 이효정(李孝定)[92]은 도리어 "천고에 묻혀 있던 진실을 드러내는
일은 참으로 쉬운 일이 아니다"라고 말한다. 이효정은 또 계문 중의 "?
씨(姶氏)"(後・下・2・1・6) 두 글자를 인용하여 "씨(氏)는 성씨(姓氏)의
씨 자로 간주해야 한다"라고 하면서도 이것이 유일한 증거이기 때문에
이 단어의 씨 자 또한 반드시 성씨의 씨 자가 아닐 수도 있다."【원주4】라
고 말한다. 씨가 성씨의 씨인지, 계문 중에 이것이 유일한 증거인지는
아직 연구를 기다려야 한다. 정산(丁山)[93]에 따르면 "복사(卜辭)에서도
족씨(族氏)를 연칭해서 쓴 예가 있다"【원주5】고 하니, 그 말에는 반드시
근거가 있을 것이다. 그러나 곽씨 설의 경우, 계문 안에는 그의 설을
뒷받침할 단 하나의 증거도 없다. 만약 이 하나밖에 없는 증거가 계문

---

92 이효정(李孝定, 1918-1997): 갑골문연구 개척자의 한 사람으로 『갑골문자집석(甲骨文字集
    釋)』, 『한자의 기원과 변천 논총(漢字的起源与演變論叢)』을 남겼다.

93 정산(丁山, 1901-1952): 안휘 화현(和縣) 사람. 사학자이자 고문자학자. 『설문궐의전(說文闕
    義箋)』, 『수명고의(數名古誼)』, 『석몽(釋夢)』 등의 갑골문 연구에 이어 상주(商周)의 역사문
    화에 몰두하면서 갑골문과 금문(金文) 연구를 접목시킨 독특한 학문 풍격을 이루었다. 저서
    로 『신은본기(新殷本紀)』, 『상주사료고증(商周史料考證)』, 『갑골문소견씨족급기제도(甲骨
    文所見氏族及其制度)』, 『중국고대종교여신화고(中國古代宗敎與神話考)』 등이 있다.

을 직접 계승한 금문 속의 씨 자와 상호 증명된다면 그것은 확실한 증거라고 할 수 있다.

그렇다면 씨(氏)의 본의는 무엇인지, 먼저 족(族) 자의 본의부터 대략 살펴보기로 한다.

『설문』 7상에서는 "족(族)은 시봉(矢鏠, 화살촉)이다. 많은 화살촉을 한데 묶어 놓은 것이다. 언(㫃)의 의미를 따르고, 시(矢)의 의미를 따른다"[94]라고 하였다. 살펴보건대 허신의 설은 "언의 의미를 따르고[从㫃]"의 뜻이 분명하지 않으므로 『단옥재주』에서는 『운회(韻會)』・『집운(集韻)』・『유편(類篇)』에 근거하여 "언(㫃)은 대중에게 알리는 표시이다. 많은 화살이 모인 것이다"[95]라는 10글자를 보충하고, 『운회』・『집운』・『유편』 등의 "일왈종(一曰从)" 3글자를 연문(衍文)으로 하여 마침내 이 10글자를 허신의 책에 본래부터 있었던 것으로 확정하였다. 그러나 단씨의 말대로 하면 상하 문맥이 일치하지 않는다. 유수옥(鈕樹玉)[96]의 『단씨설문주정(段氏說文注訂)』과 서승경(徐承慶)[97]의 『설문해자주광류(說文解字注匡謬)』에서는 모두 "일왈종(一曰从)" 3자를 『운회』 등 책에 고유한 글자로 보고, 단씨가 추가한 10자는 허신의 책에는 본래

---

94 『說文』 7上, "族矢鏠也, 束之族族也. 从㫃从矢."

95 『說文』 7上 단옥재 주, "㫃所以標衆, 衆矢之所集."

96 유수옥(鈕樹玉, 1760-1827): 청 강소 오현(吳縣) 사람. 비석선생(匪石先生)으로 불렸다. 청대의 '설문(說文)'학자로 저서에 『설문해자교록(說文解字校錄)』, 『설문해자고이(說文解字考異)』, 『단씨설문주정(段氏說文注訂)』, 『설문신부고(說文新附考)』, 『속고(續考)』, 『비석선생문집(匪石先生文集)』 등이 있다.

97 서승경(徐承慶, ?-?): 청 원화(元和) 사람. 자는 몽상(夢祥) 또는 사산(謝山). 건륭 51년에 거인(擧人)이 되고 산서 분주부(汾州府) 지부(知府)를 지냈다. 저서로 『단주광류(段注匡謬)』 15권이 있다.

없는 글자라고 하였다. 허신의 책 14상 금부(金部)에는 촉(鏃) 자가 들어 있는데, 이것이 바로 "시봉(矢鑝)"의 본자이며 선진시대에는 이미 널리 통용되고 있었으므로 봉시(鑝矢)를 가지고 족(族)을 해석한 허씨의 설이 면밀하지 못했음은 더 논할 필요가 없다. 주준성의 『설문통훈정성』에서는 "혹설에는 족(族) 자를 큰 깃발[大旗]로 새기기도 한다. 옛날 군대에서 궁시(弓矢) 병사들은 깃발 아래로 집결하였다. 그러므로 족(族) 자는 언(㫃)의 의미를 따르고 시(矢)의 의미를 따르는 회의(會意)문자이다. 시봉(矢鋒)은 촉(鏃)이라는 글자의 본래 의미이다"[98]라고 하였다. 주준성이 허신의 잘못을 바로잡기 시작했지만 다만 그 의미가 철저하지는 않다. 유월(俞樾)[99]의 『아점록(兒笘錄)』에서는 "족(族)이란 군중의 부족(部族)이다. 언(㫃)의 의미를 따르는 것은 지휘를 하기 위함이다. 시(矢)의 의미를 따르는 것은 스스로를 지키기 위함이다"[100]라고 하여 족(族)의 뜻 해석에 새로운 길을 열었다. 정산(丁山)은 "족(族) 자는 언(㫃)의 의미를 따르고 시(矢)의 의미를 따른다. 시(矢)는 적을 죽이는 도구이고 언(㫃)은 군중에게 (집결장소를) 알리는 도구이니 그 본래의 뜻은 군대의 조직임에 틀림없다"[101]라고 하면서 청대의 팔기(八旗)

---

98 朱駿聲, 『說文通訓定聲』, "或說族字當訓大旗. 古軍中弓矢之兵, 聚于旗下, 故从㫃从矢會意. 矢鋒當爲鏃字之本義."

99 유월(俞樾, 1821-1906): 청 절강 덕청(德清) 사람. 자는 음보(蔭甫), 호는 곡원거사(曲園居士)이다. 도광 30년(1850) 진사가 되고, 한림원편수(翰林院編修), 하남학정(河南學政) 등을 지냈다. 파직 후 소주(蘇州)에 거주하면서 40여 년 동안 학술에 전념했다. 저서로 『군경편의(郡經平議)』, 『제자평의(諸子平議)』, 『다향실경설(茶香室經說)』 등이 있다.

100 俞樾, 『兒笘錄』, "族者軍中部族也. 从㫃者所以指揮也; 从矢者所以自衛也."

101 丁山, 『甲骨文所見氏族及其制度』, 33-34쪽. "字从㫃从矢, 矢所以殺敵, 㫃所以標衆, 其本義應

를 증거로 들었는데,[원주6] 정산의 견해는 사실상 유월의 설을 확대한 것이다. 다만 유월과 정산은 "시의 의미를 따른다[从矢]"에 구애되어 모두 족(族)을 군사조직으로 해석하였다. 그러나 족(族)의 본의가 부족(部族)을 의미하는지는 몰랐다. 언(㫃)은 부족이 서로를 구별하고 무리를 집합시키기 위해 사용하는 표지이고, 시(矢)는 부족의 자위 능력을 상징한다. 모든 부족은 반드시 자위능력을 갖추고 있어야 비로소 생존이 가능하기 때문에 그래서 "시의 의미를 따르는[从矢]" 것이다. 이것은 평시나 전시나 모두 그러하므로 오로지 군대 조직만을 가리키는 것으로 볼 수는 없다. 복사(卜辭) 중에는 "다자족(多子族)", "오족(五族)", "여족(旅族)" 등의 단어가 보이는데, 이때의 족(族)은 부족의 통칭이고 "다자(多子)", "오(五)", "여(旅)"는 특정 부족의 특칭이다. 모든 부족은 반드시 하나의 특칭을 가지고 있다. 여기서 확장하여 연결된 사람들, 즉 혈연관계로 서로 연결되어 자치체를 이룬 한 무리의 사람들을 족(族)이라고 한다. 족은 집단의 통칭이며 규모의 크기에 제한은 없다. 이 하나의 부족이 특정한 성(姓)으로 대표되면 "족성(族姓)"이라 하고,[원주7] 씨(氏)로 대표되면 "씨족(氏族)"이라 한다. 씨와 족은 간단히 말하면 씨도족이 될 수 있고, 족 또한 씨가 될 수 있다. 주나라 이전에는 씨와 족의 구별이 없었다. 다만 족은 그 단체 전체를 가리키는 말이고, 씨는 그 단체 중의 권력을 가진 대표자를 가리키는 말이다. 계문(契文)과 금문(金文) 중의 씨 자의 자형과 의미로부터 미루어 보면 고대 씨족의 장(長)은 대부분 그 씨족 가운데 나이 많은 사람[長老]이 맡았다. 장로는

是軍旅的組織."

제6장 중국 성씨의 변천과 사회형식의 형성

손에 늘 지팡이를 쥐고 있는데, 씨는 어쩌면 본래 장로의 손에 쥐어진 지팡이와 비슷한 모양일 수도 있고, 동시에 그것은 장로가 가진 권력의 표지일 수도 있다. 아니면 먼 옛날에 일반 노인들은 지팡이를 짚지 않았기 때문에 계문과 금문에는 장(杖) 자도 없고 장(杖) 자의 본자(本字)인 장(丈) 자도 없으며, 단지 씨족을 대표하는 권력을 가진 장로가 쥐는 지팡이만 있을 뿐이고 이 지팡이를 나타내는 글자가 바로 지금 보이는 씨 자일지도 모른다. 그 후에 만들어진 장(丈) 자, 장(杖) 자가 유행하게 되면서 씨 자에 본래부터 있던 지팡이의 상형으로서의 의미는 은몰되고 말았다. 따라서 곽말약이 앞에 인용한 계문 중의 2개의 "甾" 자는 내 추측으로는 그릇[器皿]을 주로 공급하는 씨족으로서 甾는 그들이 획득한 씨의 특정 명칭이다. 복사(卜辭)에서 은나라 왕은 두 차례나 甾씨에 사냥을 가도 되겠는지 점을 쳤는데 점괘의 결과는 "망재(亡災, 무사함)"로 나왔다. 이것이 씨의 원래 의미였다고 나는 생각한다.

정산(丁山)이 『갑골문에 보이는 씨족과 그 제도』라는 글에서 "시(示)는 곧 씨(氏) 자"라고 말한 것과 씨를 토템으로 삼았다는 설은 본디 믿을 만한 것이 못 된다. 그러나 위의 글 "8, 씨족의 개술[氏族的粗記]"에서 정산은 "무정(武丁, 상나라 22대 왕) 시대의 모든 '정복예외(貞卜例外)' 각사(刻辭)를 귀납해 보면 은상 왕조 시기 씨족의 번영을 알 수 있다"라고 하였고 또 "지금까지 간행된 갑골문 자료들로부터 우리는 상대의 씨족이 적어도 2백 개 이상 있었다는 것을 확실히 알고 있다. … 은상 후반기의 국가조직은 확실히 씨족을 기반으로 하고 있었다"라고 하였는데, 이 말은 대체로 믿을 만하다. 나는 더 나아가, 고대의 씨는 주 초 이후의 씨와 다르고 후대에 일반적으로 말하는 성씨(姓氏)의 씨와는 더욱 다르며, 그것은 대소 부락의 명칭이었다고 생각한다. 주나라 이전의 왕조와 부락 중 비교적 큰 방백(方伯)은 모두 부락의 연합에 의해 형성되었는데 부락 중에 무력이 가장 강대한 자가 추대 혹은 자립에 의해 전체 부락의 공주(共主)가 되는 것이다. 정산의 연구는 실로 고대 국가의 상황을 이해하는 실을 열었으나 철저하게 파고들지 못한 점이 안타깝다.

3. 성(姓)의 유래 탐구

『갑골문자집석(甲骨文字集釋)』 제12책 3589쪽에는 "王☑姓☑" (前·6·28·2) 및 "☑姓冥㝹☑"(前·6·28·3)이 수록되어 있는데 이 2편의 복사는 잔결(殘缺)되어 있고, 이효정(李孝定)은 두 번째 잔편의 성(姓)을 "여전히 성씨의 성(姓)이 아니라 여(女) 자"라고 인정한다. 일본인 시마 구니오(島邦男, 1908-1977)가 편찬한 『은허복사종류(殷墟卜辭綜類)』(1977) 144쪽 상2에는 5개의 성(姓) 자가 수록되어 있다. 경(京)2009, 후하(後下) 17·10 2편은 2개의 글자만 남아 있고 성(姓) 위의 한 글자는 알아볼 수 없다. 영(寧)1·23의 "즉우신중성(即于㐱中姓)"은 의미도 불분명하다. 전(前)6·49·3 및 속(續)4·28·3은 모두 "추성자사(帚【婦】姓子死)"라는 글자가 있다.【원주8】 오늘날 갑골문 연구자들은 대부분 성(姓)을 부인의 이름으로 간주한다. 그러나 선진시대 성(姓) 자를 생(生)의 뜻으로 풀이한 수많은 사례를 보더라도 역시 이것은 "부생자사(婦生子死)"로 해석되어야 할 것 같고, 여기서의 성(姓)은 부인의 이름으로 해석해서는 안 될 것 같다. 장병권(張秉權)은 「갑골문에 보이는 동일 인명·지명에 관한 연구[甲骨文中所見人地同名考]」(1967)라는 글을 발표했는데, 내 추측으로는 모 씨족이 모 지역에 살면서 그 장소 이름을 따서 씨족의 명칭을 삼았던 것으로 보인다. 모 씨족의 지배자는 그 씨족의 명칭을 따서 그 지배권의 기호로 삼았다. 이것은 이 글의 뒷부분에 인용한 자료로 볼 때 가능성이 있다. 그래서 나는 갑골문에 나오는 성(姓) 자가 혈연에서 온 부락을 대표하는 통칭일 수도 있다고 생각한다.【원주9】 그것이 여의 의미를 따르고[从女] 생의 의미를 따르는[从生] 것은, 이러한 혈연부족의 기원이 먼 옛날 어머니는 알아도 아버지는 알지 못했던 모계씨족사회 시대까지 거슬러 올라가기 때문이다. 설령 이러한 해석이 성립할 수 없다 해도 혈연부족이 표지(標誌)와 부호(符號)를 갖고 있었다는 것은 의심할 여지가 없다. 계문(契文)에서 성(姓) 자의 본의는 아직 확정되지 않았다.

『설문』12下에서는 다음과 같이 말한다. "성(姓)은 사람이 태어난 바를 나타낸 것이다. 옛날의 신성모(神聖母)들은 하늘에 감통하여 자식을 낳았으므로 그들을 천자(天子)라고 칭한다. 성(姓) 자는 여(女)의 의미를 따르고[从女] 생(生)의 의미를 따르며[从生], 생은 성음이기도 하다. 『춘추전』에 이르기를 '천자는 (덕이 있는 자를 제후로 세우고서) 그가 출생한 지명을 그의 성(姓)으로 정해 주었다'라고 하였다."[102] 서개(徐鍇)[103]의 『설문계전(說文繫傳)』에는 인용문 중 "신성(神聖)" 아래에 "인(人)" 한 글자가 더 있고, "그러므로 천자라고 칭한다[故稱天子]" 아래에

---

102 『說文』12下, "姓. 人所生也. 古之神聖母, 感天而生子, 故稱天子. 从女从生, 生亦聲. 『春秋傳』曰, 天子因生以賜姓." 『춘추전』은 『좌전』을 가리킨다. 『左傳』「隱公 8年」, "衆仲對曰, 天子建德, 因生以賜姓." 두예 주에는, "因其所由生以賜姓, 謂若舜由嬀汭, 故陳爲嬀姓"이라 되어 있다.

103 서개(徐鍇, 920-974): 오대 양주(揚州) 광릉(廣陵) 사람으로 자는 내신(鼐臣), 초금(楚金)이다. 남당(南唐)에서 비서성교서랑(秘書省校書郎), 집현전학사(集賢殿學士), 내사사인(內史舍人)을 지냈다. 저서로 『설문해자계전(說文解字繫傳)』 40권, 『설문해자운보(說文解字韻譜)』 10권이 있다.

"그가 출생한 지명을 그의 성으로 정해 주었다[因生以爲姓]"라는 다섯 글자가 더 있다. 『단옥재주』와 왕균(王筠)[104]의 『설문구두(說文句讀)』는 이를 따랐다.

살펴보건대 제(齊)·노(魯)·한(韓) 3가의 『시(詩)』와 『춘추공양전』에서는 모두 성인은 아버지가 없으며 하늘에 감통하여 태어났다고 하였다. 『좌씨전』에서는 성인은 모두 아버지가 있다고 하였다. 이 문제를 지금 토론할 필요는 없다. 다만 허신이 이것을 인용한 것은 성(姓) 자가 왜 여의 의미를 따르는지[从女] 설명하기 위해서였다. 하늘에 감통하여 아들을 낳았으니 당연히 아버지는 없고, 어머니만 있으니 성(姓) 자는 여(女)의 의미를 따를[从女] 수밖에 없다. 그렇다면 서개의 『설문계전』에서 추가한 여섯 글자는 모두 허 씨의 원래 의미를 이해하지 못하고 함부로 보탠 글자가 된다. 허신이 "『춘추전』에 이르기를" 구절을 인용한 것은 하늘에 감통하여 태어나지 않은 경우의 성(姓)의 유래를 설명하기 위해서이다. 이것은 허신의 입장에서 성 자가 성립할 수 있는 두 번째 의미이다. 『설문』 중의 성(姓) 자의 의미가 계문(契文) 중의 성 자를 계승한 것이고, 내가 앞에서 제시한 계문 중의 성 자의 의미에 대한 설명이 성립될 수 있다면, 성 자가 여(女)의 의미를 따르는[从女] 이유는 마땅히 모계사회 시대로 돌려져야 할 것이다. 당시 백성들은 어머니는 알아도 아버지는 알지 못했으므로 그 부족의 표

---

104 왕균(王筠, 1784-1854): 청 산동 안구현(安丘縣) 사람. 자는 관산(貫山), 호는 녹우(菉友)다. 『설문해자』에 정통하여 단옥재, 계복(桂馥), 주준성(朱駿聲)과 함께 사대가(四大家)로 불렸다. 저서에 『설문석례(說文釋例)』, 『설문구두(說文句讀)』, 『설문계전교록(說文繫傳校錄)』, 『왕씨설문오종(王氏說文五種)』 등이 있다.

지(標誌)는 당연히 여성에게서 온 것이었다. 만약 이 성(姓) 자의 의미가 서주 초년에 나온 것이라면 그 글자가 여의 의미를 따르는[从女] 것은 아마도 동성불혼(同姓不婚)과 밀접한 관계가 있을 것이다. 『설문해자고림(說文解字詁林)』[105]에서는 성(姓) 자 아래 『석기(席記)』를 인용하여 "옛 사람들이 성(姓)을 세우기 시작한 것은 모두 혼인(昏婚)을 위해서였다. 그래서 여의 의미를 따른[从女] 것이다"라고 하였다. 주대 봉건제도에서 귀족 남자는 성(姓)을 부르지 않고 여자의 경우 성을 불렀는데, 이 설을 뒷받침하는 증거가 될 수 있을 것 같다.

그러나 문자학에서는 성(姓) 자의 원초적 의미 문제에 해답하는 것이 불가능하다. 성 자의 원초적 의미는 역사적 문헌자료 안에서 탐구해야 한다.

『국어』「진어(晉語)」 4에는 다음과 같은 내용이 있다.

사공(司空) 계자(季子)가 말하였다. "성(姓)이 동일해야 형제입니다. 황제(黃帝)의 아들 25명 중에 성이 같은 자는 2명뿐입니다. 오직 청양(靑陽)과 이고(夷鼓)만 기(己)성입니다. … 무릇 황제의 아들 25대종(大宗) 중에 성을 얻은 자는 14명으로 이들은 모두 12성이 되었습니다. 희(姬)·유(酉)·기(祁)·기(己)·등(滕)·잠(箴)·임(任)·순(荀)·희(嬉)·길(姞)·현(儇)·의(依) 성이 그것입니다. 오직 청양(靑陽)【어떤 곳에는 현효(玄囂)라 되어 있다】과 창림(蒼林) 씨는 황제와 성을 같게 하여 모두 희성(姬姓)이라 하니

---

105 『설문해자고림(說文解字詁林)』: 정복보(丁福保, 1874-1952)가 편찬한 『설문해자』에 관한 연구총서. 단옥재(段玉裁)의 『설문해자주(說文解字注)』를 비롯하여 계복(桂馥)의 『의증(義證)』과 주준성(朱駿聲)의 『설문통훈정성(說文通訓定聲)』 등 『설문해자』 연구의 정수를 모아 놓았다.

제6장 중국 성씨의 변천과 사회형식의 형성

··· 옛날에 소전(少典)이 유교씨(有蟜氏)를 아내로 맞이하여 황제와 염제(炎帝)를 낳으니, 황제는 희수(姬水)가에서 생장하여 성공하고 염제는 강수(姜水)가에서 생장하여 성공하였습니다. 성공했지만 덕이 달랐으므로 황제는 희성(姬姓)이 되고 염제는 강성(姜姓)이 되니, ···."[106]

위의 전설적인 사료에서 주목할 만한 점은 두 가지로, 첫째는 똑같이 황제(黃帝)를 아버지로 두었으나 2명이 아버지와 같은 성(姓)을 가진 것을 제외하고 그 나머지는 모두 아버지와 성이 다르다는 점이다. 둘째는 형제 25명 중에 성을 얻은 자는 겨우 14명이고 그 나머지는 성이 없다는 점이다. 상술한 두 가지 점은 후세의 이른바 성(姓)의 관념으로 설명할 수 있는 것이 아니다. 대체로 아주 먼 상고 시대 사람들은 본래 성이 없었다. 혈통이 퍼져 나가 강가나 물가의 산기슭에 모여 살면서 스스로 부락을 이루었는데, 그중에 통치에 재능이 있는 자가 추대를 받거나 더 큰 부락의 추장으로부터 사여를 받아 한 부락의 통치자가 되면 곧 그들이 모여 사는 곳의 지명이나 그 밖의 선조 강생(降生)과 관련된 전설로써 그 부락의 부호(상징)를 삼는다. 그러나 이 부호는 오직 통치자 한 사람만이 대표할 수 있기 때문에 부호는 곧 정치권력의 의미를 담고 있으며 피통치 인민이 가질 수 있는 것이 아니다. 황제(黃帝)는 희수(姬水) 부락의 통치권을 얻었으므로 희수를 부락의 부호 즉

---

106 『國語』「晉語」4, "司空季子曰, 同姓爲兄弟. 黃帝之子二十五人, 其同姓者二人而已. 唯青陽與夷鼓, 皆爲己姓. ··· 凡黃帝之子二十五宗, 共得姓者十四人, 爲十二姓. 姬·酉·祁·己·滕·葴·任·荀·僖·姞·儇·依, 是也. 惟青陽(一作玄囂)與蒼林氏, 同族於黃帝, 故皆爲姬姓 ··· 昔少典娶於有蟜氏, 生黃帝·炎帝. 黃帝以姬水成, 炎帝以姜水成; 成而異德, 故黃帝爲姬, 炎帝爲姜. ···."

이른바 성(姓)으로 삼았다. 염제(炎帝)는 강수(姜水) 부락의 통치권을 얻었으므로 강수를 부락의 부호 즉 이른바 성으로 삼았다. 황제의 아들 25명 가운데 단지 14명만이 부락의 통치권을 얻었고 나머지 11명은 통치권을 얻지 못하여 14명만이 성을 가지게 되었다. 그중 2명은 황제의 희수 부락을 나누어 다스렸으므로 아버지와 같은 희성(姬姓)을 얻었다. 그 밖에 유(酉)·기(祁) 등 11개의 성은 각기 다른 취락을 통치하면서 그 지명으로부터 붙여진 이름이다. 『국어』의 이 전설을 만약 역사상 어떤 실존 인물을 가리키는 것으로 본다면 믿기 어려울 것이다. 이것을 "성(姓)"의 기원이라는 일반적 정황으로 본다면 큰 의미가 있는데, 이를 통해 이후의 많은 관련 문제를 설명할 수 있기 때문이다. 고정림(顧亭林)이 『일지록(日知錄)』 권23 '씨족상전지와(氏族相傳之訛)'에서 『노사(路史)』[107]를 인용하여 "내가 상고한 바로는 옛날의 성(姓)을 얻은 사람은 시봉자(始封者)를 근거로 하지 않음이 없었다"라고 한 것도 성의 기원에 대한 중요한 관점을 시사한다.

『국어』 「주어(周語)」에는 영왕(靈王)이 곡수(穀水)의 물길을 막으려 하자 태자 진(晉)이 간언하는 말 중에 이런 대목이 있다. 우(禹)임금과 사악(四嶽)이 훌륭한 공적을 세워 "상제의 마음을 흡족하게 하였습니다. 하늘이 그의 공적을 가상히 여겨 천하를 소유하는 복을 주고 사(姒)라는 성(姓)을 내려 주고 유하(有夏)라는 씨(氏)를 내려 주었으니 …

---

107 『노사(路史)』: 남송 나필(羅泌)이 지은 책으로 모두 47권이다. 전기(前記) 9권, 후기(后記) 14권, 국명기(國名記) 8권, 발휘(發揮) 6권, 여론(餘論) 10권이며 잡사(雜史)로 분류된다. 노사(路史)는 대사(大史)의 뜻으로, 상고 이래 역사·지리·풍속·씨족과 관련한 전설과 사실(史實)을 기술하였다.

사악(四嶽)에게 나라를 소유하는 복을 주고 후백(侯伯)으로 임명하면서 강(姜)이라는 성을 내려 주고 유려(有呂)라는 씨를 내려 주었으니 … 다만 훌륭한 공이 있어서 성(姓)과 사(祀)【위소 주: 사(祀)는 간혹 씨(氏)로 쓰인다】를 하사받아 천하를 소유하기에 이른 것입니다."[108] 이 단락에서는 성(姓) 자와 씨(氏) 자를 동시에 들고 있는데, 성이 혈통관계를 대표하는 부호라면 씨는 정권을 대표하는 부호이다. 당시에는 혈통과 정권이 불가분의 관계에 있었고 정권은 혈통을 기반으로 하고 있었다. 성과 씨는 단독으로 사용할 때는 서로를 내포할 수 있지만, 대구로 쓰일 때는 각각이 의미하는 바가 한쪽으로 편향된다. 그리고 어떤 것은 오직 하나의 혈통집단만으로 이루어진 정권도 있는데 이때의 성은 씨와 같다. 갑골문자에 출현하는 수많은 씨(氏) 자는 이러한 의미에 속한다. 위 인용문에서의 유하씨(有夏氏), 유려씨(有呂氏)도 같은 의미이다. 그러나 많은 혈통집단을 포괄하는 정권도 있고, 하나의 혈통집단으로 이루어진 정권이 더 나아가 많은 혈통집단을 포괄하는 정권이 되기도 하는데, 그때도 여전히 그들이 원래 소유하고 있는 정권의 부호로 칭해진다. 이때의 씨는 성(姓)보다도 크다. 일반 사가들이 말하는 도당씨(陶唐氏), 유우씨(有虞氏), 그리고 우(禹)가 천하를 얻은 이후에도 여전히 유하씨로 칭해진 것은 모두 이러한 의미에 속한다. 『상서』「요전(堯典)」의 이른바 "백성을 평등하게 대하고 밝게 가르치니[平章百姓]"[109]에

---

108 『國語』「周語」下, "克厭帝心, 皇天嘉之, 祚以天下, 賜姓曰姒, 氏曰有夏 … 祚四嶽國, 命以侯伯, 賜姓曰姜, 氏曰有呂 … 唯有嘉功, 以命姓受祀(韋昭注: 祀或爲氏), 迄於天下."
109 『尙書』「堯典」, "九族既睦, 平章百姓." 傳, "百姓, 百官."

서의 백성, 그리고 고대의 이른바 백성은 모두 많은 혈통집단으로 이루어진 정치집단을 가리키는 말로, 각 성(姓)의 대표가 조정에 참여했기 때문에 백성은 때로 백관(百官)을 지칭하기도 한다. 고대의 성과 씨의 관계는 『좌전』「은공(隱公) 8년」 중중(衆仲)[110]의 두 마디 말 속에도 분명하게 언급되어 있다. 그는 "천자는 덕이 있는 자를 제후로 세우고서 그가 출생한 지명을 그의 성(姓)으로 정해 주었다. 땅을 봉해 주고서 그 땅의 이름으로 씨를 명하였다"[111]라고 하였다. 그가 태어난 근본[所自出]으로 성(姓)을 삼았다는 것은 분명 성이 혈통의 부호임을 나타낸다. 이 부호는 혈통의 일면을 대표한다. 땅을 내려 주며 씨를 정했다는 것은 분명 씨가 국토(國土)의 부호임을 나타낸다. 이 부호는 정치권력의 일면을 대표한다. 그래서 유문기(劉文淇)[112]의 『춘추좌씨전구주소증(春秋左氏傳舊注疏證)』에서는 이 부분에서 "제후의 씨는 국명(國名)이기도 하다"라고 말한다. 유사배(劉師培)[113]는 『씨족원시론(氏族原始論)』에서 다음과 같이 말하고 있다. "옛날의 이른바 나라를 소유한 자

---

110 중중(衆仲, ?-?): 성은 희(姬), 씨는 중(衆)이다. 춘추 시대 노나라 효공(孝公)의 손자이자 공자 익사(益師)의 아들로 대부를 지냈다.

111 『左傳』「隱公 8년」, "天子建國, 因生以賜姓, 胙之土而命之氏."

112 유문기(劉文淇, 1789-1854): 청 강소 의징(儀徵) 사람. 자는 맹첨(孟瞻). 가경 24년(1819) 공생(貢生)이 되었다. 『좌전』의 두예 주(杜預注)에 오류가 많다고 여겨 가규(賈逵)와 복건(服虔), 정현(鄭玄)의 주소(注疏)와 근세 유학자들의 보주(補注)를 집성하여 일가를 이루었다. 저서에 『좌전구주소증(左傳舊注疏證)』, 『좌전구소고증(左傳舊疏考證)』, 『양주수도기(揚州水道記)』 등이 있다.

113 유사배(劉師培, 1884-1920): 청 강소 의징(儀徵) 사람. 자는 신숙(申叔), 호는 좌암(左庵)·광한(光漢)이다. 문자와 훈고학을 가학으로 이어받았고 특히 『좌씨전』에 능통하였다. 저서에 『춘추좌씨전략(春秋左氏傳略)』, 『일례고(佚禮考)』, 『주례고주집소(周禮古註集疏)』 등이 『유신숙선생유서(劉申叔先生遺書)』에 수록되어 있다.

제6장 중국 성씨의 변천과 사회형식의 형성

는 부(部)를 칭하지 않고 씨를 칭하였다. 『효경위(孝經緯)』에서는 '옛날의 이른바 국(國)이란 씨가 곧 국이었다'라고 하였다. 이로부터 유추하면 옛날 제왕들이 표명한 씨는 국명을 가리킨다는 것을 알 수 있다. 씨는 개인의 호칭이 아니다. 이를테면 반고씨(盤古氏)는 반고의 나라를 뜻한다. 도당(陶唐)은 제요(帝堯)의 나라였고, 그래서 요임금의 통치 시대를 도당[114]이라 하는 것이다. 유우(有虞)는 제순(帝舜)의 나라였고, 그래서 순임금의 통치 시대를 유우씨라 하는 것이다. 하(夏)는 대우(大禹)의 나라였으므로 하후씨(夏后氏)라고 부르는 것이다. 공공씨(共工氏)·방풍씨(防風氏)는 제후로서 나라를 소유한 경우이다. 옛날의 이른바 씨(氏)는 씨가 곧 나라였음을 알 수 있다. 『좌전』의 '땅을 봉해 주고서 그 땅의 이름으로 씨를 명한다[胙之土而命之氏]'라는 말, 이것이 씨(氏) 자의 가장 오래된 뜻이다. 땅이 없는 자는 대개 씨가 없었다."[115] 여기가 더 명확하게 설명되어 있다. 이를 통해 서주 이전의 이른바 씨는 서주 초부터 시작된 이른바 씨와는 그 의미가 완전히 다르다는 것을 알 수 있다.

---

114 도당씨: 제요의 부계(父系)는 씨족사회 후기 부족의 수령으로 추정되며, 처음에 도(陶)에서 살다가 나중에 당(唐)으로 옮겨 살아 도당씨(陶唐氏)라 불렸다고 한다. 당요(唐堯)라 부르기도 한다.

115 劉師培, 『氏族原始論』, "古之所謂有國者, 不稱部而稱氏. 『孝經緯』云, '古之所謂國者, 氏卽國也.' 吾卽此語, 推而闡之, 知古帝所標之氏, 乃指國名. 非係號名. 如盤古氏, 卽盤古之國. 陶唐爲帝堯之國, 故曰陶唐氏. 有虞爲帝舜之國, 故曰有虞氏. 夏爲大禹之國, 故曰夏后氏. 若夫共工氏·防風氏, 則乃諸侯之有國者也. 可知古之所謂氏者, 氏卽國也. 『左傳』言, '胙之土而命之氏.' 此氏字最古之義. 無土蓋無氏矣."

4. 주 초 성씨(姓氏) 내용의 변화

성씨의 관계는, 주나라 초에 건립된 종법제도에 성씨가 포함되면서
상황이 크게 달라진다. 종법제도는 혈통관계를 바탕으로 주 왕실의 기
본 역량을 당시의 요충지에 분봉하고, 혈통의 "친친(親親)" 의리를 바
탕으로 분봉한 제후들을 왕실 주위에 결집시켜 중앙의 정치적 통제력
을 강화하는 방법이다. 이것은 종법상의 친족제도를 정치상의 통치제
도로 바꾸는 것이다. 종법중의 대종(大宗)은 정치 중의 각국의 인군(人
君)이며, 주나라 왕은 각국의 대종이 비롯되어 나오는 근본[所自出]¹¹⁶
이 된다. 지금 편의상 주나라 왕을 "통종(統宗)"이라 부를 수 있을 것이
다. 그래서 왕실이 소재한 풍(豊) · 호(鎬)를 "종주(宗周)"라 칭하는 것이
다. 이때의 희성(姬姓)의 '희'는 이전의 성(姓)과 씨(氏)의 이중적 의미를
포함하고 있으며 이 혈통집단을 중심으로 하는 정치권력의 부호가 된
다. 이 부호는 오직 주나라 왕만이 대표할 수 있었다. 혈통 중의 백
부 · 숙부 · 형제나 인척을 분봉하여 일국의 군주로 삼을 때는 그들의
땅을 사여함과 동시에 그들의 성(姓)을 사여하였다. 성의 사여는 혈통
집단으로서의 정치권력을 나타내는 부호를 그에게 부여하여 그 부호
의 일부를 대표할 수 있도록 하기 위한 것이다. 따라서 성은 같은 혈통

---

116 소자출(所自出): 어떤 사물이 말미암아 나온 근본을 가리킴.

의 일반 사람들이 사용할 수 있는 것이 아니다. 『국어』 「주어(周語)」에 의하면 주나라 양왕(襄王)은 진(晉)나라 문공(文公)이 수도[隧道, 왕의 능묘를 만들 때 곽실(槨室)에까지 이르는 지하도로]를 만들 수 있도록 허락해 달라는 요청을 거절하면서 다음과 같은 이유를 들었다.

숙부께서 만일 위대한 덕을 널리 베풀어 성(姓)을 바꾸고 정삭(正朔)과 복색(服色)을 고치며 천하의 제도를 새롭게 창제한다면 스스로 드러내 놓고 천자의 예물을 쓰게 될 것입니다. 따라서 천자의 복물(服物)[117]을 취하여 백성들을 진정시켜 어루만지면 [나 한 사람은 변방의 먼 지역으로 유배되어 있을 터이니] 무슨 말을 하겠습니까? 만약 지금대로 희성(姬姓)이 왕위를 차지한다면 숙부는 여전히 공후의 반열에 머물러 선왕이 제정한 제후의 직분으로 복귀해야 하니 이 위대한 제도를 고칠 수가 없을 것입니다.[118]

여기서도 분명히 말하고 있지만, 만약 진 문공이 다른 통치체계를 창건하고자 한다면 반드시 "성을 바꾸어야[更姓]" 한다. 만약 여전히 희(姬)를 성으로 삼는다면 희성(姬姓)의 정치적 부호는 오로지 주 왕실의 왕만이 대표할 수 있으므로 진(晉)나라는 그대로 "공후(公侯)"의 지위로 돌아가야 한다.

『좌전』 「소공(昭公) 8년」[119] 진(晉)나라의 사조(史趙, 太史)는 군주 평

---

117 복물(服物): 복물채장(服物采章)이라고도 하며 복식(服飾)과 기물(器物)의 채색과 문장(文章)을 말한다. 의복, 수레, 정기(旌旗) 등을 비롯한 예의제도 전반에서 복물채장을 달리하여 존비귀천의 등급을 구별하였다.

118 『國語』 「周語」 中, "叔父若能光裕大德, 更姓改物, 以創制天下, 自顯庸也. 而縮取備物, 以鎭撫百姓, [余一人, 其流辟於裔土], 何辭之有焉. 若由(猶)是姬姓也, 尙將列爲公侯, 以復先王之職, 大物其未可改也." [ ]는 저본에 생략되어 있으나 문맥상 원문을 보충하였다.

119 저본에는 소공(昭公) 9년으로 되어 있으나 소공 8년으로 바로잡는다.

공(平公)에게 말하기를 "[순임금의 후손인 수(邃)의 후손이 대대로 그 덕을 지키니] 호공불음(胡公不淫)[120]에 이르러 [주나라에 의해 진(陳)에 봉해졌습니다.] 그래서 주나라가 호공에게 성(姓)을 내려 주고 우제(虞帝, 순임금)의 제사를 받들게 하였습니다"[121]라고 하였다. 『사기』「진세가(陳世家)」에서는 "옛날 순임금이 서인으로 있을 때 요임금이 두 딸을 그에게 시집보내어 규예(嬀汭)[122]에 살게 하였는데 그의 후손들이 이를 씨성(氏姓)으로 삼았으므로 성이 규씨(嬀氏)이다"[123]라고 하였다. 양옥승(梁玉繩)[124]의 『사기지의(史記志疑)』에서는 다음과 같이 말한다. "살펴보건대 순임금의 성은 요(姚)인데 주나라가 호공(胡公)을 봉함에 이르러 규(嬀) 성을 내렸다. 사가들은 호공 이전에 이미 성이 규였다고 말하는데 이는 온당치 않고 증거가 없을 뿐만 아니라 호공에게 주나라가 성을 내렸다는 아래 문장과도 서로 어긋나 공영달(孔穎達)[125]과 정초(鄭

---

120 호공불음(胡公不淫): 호공만(胡公滿), 불음은 자(字)다. 순임금의 후손인 수(邃)의 후손으로 주 무왕(武王)을 섬겨 '규(嬀)'라는 성을 하사받고 진(陳)에 봉해졌다.

121 『左傳』「昭公 8년」, "及胡公不淫, 故周賜之姓, 使祀虞帝."

122 규예(嬀汭): 지금의 산서성 영제현(永濟縣) 남쪽 지방이다.

123 『史記』권36「陳杞世家」, "昔舜爲庶人時, 堯妻之二女, 居於嬀汭, 其後因爲氏姓, 姓嬀氏."

124 양옥승(梁玉繩, 1744-1819): 청 절강 전당(錢塘) 사람. 자는 요북(曜北), 호는 간암(諫菴) 또는 청백사(淸白士)다. 『상서』와 『춘추』 3전을 깊이 연구했고 사학에도 정통하였다. 저서에 『사기지의(史記志疑)』, 『한서고금인표고(漢書古今人表考)』, 『여자교보(呂子校補)』, 『원호략(元號略)』 등이 있다.

125 공영달(孔穎達, 574-648): 당 기주(冀州) 형수(衡水) 사람. 자는 충원(沖遠) 또는 중달(仲達)이다. 수 양제 때 명경과(明經科)에 합격하여 하내군박사(河內郡博士)를 제수받았고, 당 태종 때 국자박사(國子博士)와 국자좨주(國子祭酒) 등을 역임했다. 위징(魏徵)과 함께 『수서(隋書)』를 편찬하였고, 태종의 명으로 안사고(顔師古)·사마재장(司馬才章) 등과 함께 오경 해석의 통일을 시도하여 『오경정의(五經正義)』 170권을 편찬했는데 모두 『십삼경주소(十三經注疏)』에 수록되어 있다.

樵)[126] 모두 그것이 사실무근임을 밝힌 바 있다."[127] 이는 아마도 사람들이 고대인들의 성씨는 세대에 따라 바뀔 수 있다는 것을 이해하지 못했기 때문인 듯하다. 그러므로 순임금이 처음에 요(姚)를 성으로 삼았더라도 "그의 후손들이" 규(嬀)를 "씨성으로 삼을" 수도 있는 일이다. 성(姓)은 혈통집단 권력을 상징하는 것으로 반드시 사여[賜]된 후라야 비로소 사용할 수 있기 때문에 호공(胡公)의 선조가 비록 규 성이었다 해도 호공은 주나라 왕이 성을 내려 준[賜姓] 뒤에야 규를 성으로 삼을 수 있었던 것이다. 이것은 앞서 인용한 중중(衆仲)의 말[128]과도 정확히 일치한다. 사람들은 이러한 뜻을 알지 못했기에 무리하게 논란을 벌였던 것이다.

『춘추』에 보이는 사성(賜姓) 기사는 이것이 유일한 것으로 보인다. 그러나 분봉하여 나라를 세울 때 땅을 사여하면서 동시에 성(姓)을 사여하는 것은 같은 주나라 종실에 속하는 자라도 예외는 아니었다. 이는 종법제도와 불가분의 관계가 있다. 성씨(姓氏)를 종법제도의 중요

---

126 정초(鄭樵, 1104-1162): 송 흥화군(興化軍) 보전(莆田) 사람. 자는 어중(漁仲), 협제선생(夾漈先生)으로도 불렸다. 과거에 응시하지 않고 30여 년 동안 협제산에 은거하며 독서와 저술에 몰두했다. 사학은 통사(通史)를 중시하여 사마천을 존숭하고 반고(班固)를 폄하했으며, 또한 음양오행재이(陰陽五行災異)의 설에 대해서도 요학(妖學)이라 하여 배척하였다. 저술로는 『통지(通志)』200권, 『시전변망(詩傳辨妄)』, 『이아주(爾雅注)』, 『협제유고(夾漈遺稿)』 등이 있다.

127 梁玉繩, 『史記志疑』, "案帝舜姓姚, 至周封胡公, 乃賜姓嬀. 史謂胡公之前已姓嬀, 不但乖舜無徵, 且與下文言及胡公周賜之姓相違反, 孔仲達·鄭漁仲皆辯其誣矣."

128 『左傳』「隱公 8년」, "천자는 덕이 있는 자를 제후로 세우고서 그가 출생한 지명으로 그의 성을 정해 주고, 땅을 봉해 주고서 그 땅의 이름으로 씨를 명한다[天子建德, 因生以賜姓, 胙之土而命之氏]."

한 일환으로 바꾸는 것, 이것은 성씨가 종법제도의 근간을 이루었다고
말할 수 있을 정도로 역사적으로 중대한 성씨의 변천이다.

주 왕실의 종법제도는『예기』「대전(大傳)」편의 다음 몇 구절로 간
략히 표현될 수 있다.

별자(別子)는 시조가 되고, 별자를 계승한 자는 대종(大宗)이 된다. [별자의
서자(庶子)의 장자로서] 아버지를 계승한 자는 소종(小宗)이 된다. 백세(百
世)가 되어도 옮기지 않는 종(宗)이 있고, 오세(五世)가 되면 옮기는 종이 있
다. 백세가 되어도 옮기지 않는 자는 별자의 후사이다. 별자를 계승한 자를
종으로 삼는 경우가 백세가 되어도 옮기지 않는 경우이다. 고조를 계승한 자
를 종으로 삼는 경우가 오세가 되면 옮기는 경우이다.[129]

주나라의 적장자가 왕이니, 이는 총대종(總大宗)이요 즉 내가 앞에서
말한 "통종(統宗)"이다. 태백(泰伯)이 오(吳) 지역으로 떠났기 때문에[130]
무왕은 문왕의 적장자나 마찬가지였다.[131] 주공(周公)은 무왕에 대해
말하면 문왕의 별자(別子)였다. 주공의 아들 백금(伯禽)이 주공 대신 노

---

129 『禮記』「大傳」, "別子爲祖, 繼別爲宗, 繼禰者爲小宗. 有百世不遷之宗, 有五世則遷之宗. 百世
　　不遷者, 別子之後也. 宗其繼別子之所自出者, 百世不遷者也. 宗其繼高祖者, 五世則遷者也."
　　원전의 "宗其繼別子之所自出者"가 저본에는 "宗其別子者"로 되어 있는데, "之所自出" 4자는
　　주자도 "연문(衍文)"이라 했으므로 이를 제외시킨 것으로 본다.
130 저본에는 "泰伯去吳武王便等於是文王的嫡長子"라 되어 있는데 "泰伯去吳" 4자 뒤에 누락된
　　부분이 있는 듯하다. 상해본에는 "武王是文王的嫡長子"라고만 되어 있다. 태백(泰伯)과 중옹
　　(仲雍,『사기』「주본기」에서는 虞仲으로 칭함)은 태왕(太王, 古公亶父)의 장남과 차남이었는
　　데 부친이 3남인 계력(季歷, 문왕의 아버지)을 세우려는 것을 알고 주나라(당시는 제후국)를
　　떠나 오(吳) 지역으로 숨어 들어갔다는 설이 있다.
131 무왕은 문왕의 둘째 아들이다. 장남 백읍고(伯邑考)가 은나라 주왕(紂王)에게 능지형을 당해
　　문왕보다 먼저 죽었기 때문에 동생인 무왕이 지위를 계승하였다.

(魯)에 봉해져 노공(魯公)이 되고 노나라의 시조가 되었는데, 이것이 바로 "별자는 시조가 되고[別子爲祖]"이다. 노공의 적장자는 노공을 계승하여 대종이 되고, 이 대종은 대대손손 적장자에게 전해지는데 이것이 백세를 지나도 바꾸지 않는 종(宗)이다. 주나라 왕은 제국(諸國)의 통종(統宗)인 동시에 희성(姬姓)의 최고 대표자였다. 각 분봉을 받은 동종(同宗) 형제들은 그 나라의 백세불천의 대종이 되고 봉건 초에 분봉 내의 대표권으로서 희성(姬姓)을 사여 받는다. 정현은 허신의 『오경이의(五經異義)』를 논박하는 글에서 "성(姓)이란 백세 동안 계통을 이어받아 갈려 나가지 않게 하는"[132] 것이라고 했는데 이것이 바로 백세가 지나도 옮기지 않는 종(宗)이다. 그러므로 성(姓)은 바로 백세가 지나도 옮기지 않는 종의 표지(標識)인 동시에 일국의 정권의 표지이기도 하다. 『좌전』「양공(襄公) 11년」에는 다음과 같은 글이 있다. "가을 7월에 박(亳)에서 동맹하였다. … 재서(載書)[133]에 이르기를 '… 누구라도 이 명을 범한다면 … 천신(天神)들과 사전(祀典)에 실린 여러 신들과 선왕(先王)·선공(先公)과 7성(姓) 12국의 조상【12국이 7성을 소유함】[134]의 밝은 신이 그를 죽이고, 그 백성을 잃게 하고, 그 임금을 죽이고, 그 씨족을 멸망시켜【생각건대 회맹에 참여한 경대부를 가리킨다】 그 국가를 망하게

---

132 鄭玄, 『駁五經異義』, "姓者所以統繫百世, 使不別也." 이 구절은 『사기』「오제본기」, 「집해」 중에도 보인다. "鄭玄駁許愼五經異義曰, 春秋左傳 … 以此言之, 天子賜姓命氏, 諸侯命族. 族者, 氏之別名也. 姓者, 所以統繫百世, 使不別也. 氏者, 所以別子孫之所出."

133 재서(載書): 회맹시의 맹서문(盟誓文).

134 두예 주, "七姓, 晉·魯·衛·鄭·曹·滕, 姬姓, 邾·小邾, 曹姓, 宋, 子姓, 齊, 姜姓, 莒, 己姓. 杞, 姒姓, 薛, 任姓, 實十三國言十二, 誤也."

할 것이다'라고 하였다."[135] 여기서는 국(國)과 성(姓)을 함께 말하고 있다. 또『좌전』「소공(昭公) 4년」에서는 "[사악(四嶽) … 중남(中南)은] 구주(九州) 가운데 험한 곳이지만 이러한 곳도 한 성(姓)의 차지가 되지 못하였고"[136]라 하였다. 한 성의 차지가 되지 못했다는 것은 즉 "하나의 나라로 존속되지 못했다"는 말과 같다. 성(姓)은 대종(大宗)이 대표하며 대종은 각각 그 나라가 있다. 이성(異姓)의 경우도 이와 마찬가지이다.

씨(氏)의 문제에 관해서는 앞에서 간략히 언급한『좌전』「은공(隱公) 8년」의 구절로 다시 돌아가야 한다. "무해(無駭)가 졸하자 우보(羽父)가 시(諡)와 족(族)을 청하였다. 은공이 중중(衆仲)에게 족에 대해 물으니 중중이 대답하기를 '천자는 덕이 있는 자를 제후로 세우고서 그가 출생한 지명으로 그의 성(姓)을 정해 주고, 땅을 내려 주고서 그 땅의 이름으로 씨를 명합니다. 제후는 (자신의 신하들에 대해) 그 자(字)로써 씨를 삼고【원주10】 그 자손은 이것으로 족을 삼으며, 관직을 맡아 대대로 공로가 있으면 그 후손들은 그 관명을 족으로 삼기도 하고 읍 또한 그와 같이 합니다'라고 하였다. 은공은 자(字)로써 명하여 전씨(展氏)로 삼았다."[137] 살펴보건대 "땅을 내려 주고서 그 땅의 이름으로 씨를 명

---

135 『左傳』「襄公 11년」, "秋七月, 同盟於毫 … 載書曰 … 或間茲命 … 羣神羣祀, 先王先公, 七姓十二國之祖(注: 十二國共七姓), 明神殛之, 俾失其民, 隊命, 亡氏(按指與會之卿大夫), 踣其國家."

136 『左傳』「昭公 4년」, "九州之險也, 是不一姓."

137 『左傳』「隱公 8년」, "無駭卒, 羽父請諡與族. 公問族於衆仲. 衆仲對曰, '天子建德, 因生以賜姓, 胙之土以命之氏. 諸侯以字爲氏, 因以爲族. 官有世功, 則有官族, 邑亦如之.' 公命以字爲展氏."

한다[胙之土以命之氏]"에서의 "씨"는 주(周) 이전의 전통적 관념을 계승한 것으로, 씨는 곧 나라이다. "제후는 그 자(字)로써 씨를 삼는다[諸侯以字爲氏]"에서의 "씨(氏)"는 주 초 이래의 새로운 관념으로서 족(族)만을 대표할 뿐 나라를 대표하지 않는다. "제후는 그 자(字)로써 씨를 삼는다"는 것은 제후가 그 동성(同姓)의 경대부에게 씨를 명하는 방법을 말한다. 두예의 주에서는 "무릇 공[제후]의 아들은 공자(公子)라 칭하고, 공자의 아들은 공손(公孫)이라 칭한다. 공손의 아들은 왕부(王父, 조부)의 자(字)를 씨로 삼는다. 무해(無駭)는 공자 전(展)의 손자이므로 전을 씨로 삼은 것이다"[138]라고 하였다. 여기서의 이른바 "공의 아들"은 공의 서자(庶子)【적장자의 상대어로서】를 말하고, 공의 손자는 공의 서손(庶孫)을 말한다. 적장자는 하나의 혈통으로 이어지는 대종(大宗)으로서 그 조상이 사여받은 성(姓)으로 성을 삼는다. 서자는 "아버지를 계승한 자가 소종이 된다[繼禰者爲小宗]"라고 할 때의 소종으로 5세가 되면 사당에서 신주를 옮긴다. 대종의 성(姓)은 "정성(正姓)"으로서 시조 이래로 이어져 내려온 성이다. 소종은 비록 희(姬)를 성으로 삼고 있지만 "서성(庶姓, 氏) 또는 "자성(子姓)"으로만 칭해진다.【원주11】 서성은 서출(庶出)의 성이고, 자성은 서출의 자손들의 성을 가리키며, 모두 대종의 정성(正姓)과는 구별된다. 정성은 이 성의 대표자이며, 소종은 그러한 자격이 없다. 소종의 아들은 "공자(公子)"라고 불리는데 그와 대종과의 관계는 그 호칭을 보면 바로 알 수 있다. 소종의 손자는 "공손(公

---

138 『左傳』「隱公 8년」두예 주, "諸侯之子稱公子. 公子之子稱公孫. 公孫之子以王父字爲氏. 無駭, 公子展之孫也. 故爲展氏." 저본에서는 "諸侯之子"가 "諸公之子"로 되어 있다.

孫)"이라 불리는데 그와 대종의 관계는 그 호칭을 보아도 알 수 있다. 소종의 손자와 대종간의 세대차는 4세가 되고, 소종의 증손과 대종간의 세대차는 5세가 된다. 만약 증손에게도 앞에 "공(公)"을 덧씌우게 되면 소종은 5세가 되어 옮겨지고 이른바 그 "공(公)"도 막연하여 누구를 가리키는지 알지 못한다. 그래서 증손자의 죽음이 임박하면 그 자손은 당시의 제후에게 그(증손자) 조부의 자(字)로써 씨를 삼게 해 달라고 요청하여 그가 죽은 뒤에도 자손들이 그 조부의 자를 통해 그 씨의 소자출(所自出)을 알 수 있게 한다. 동시에 그로 인해 또 하나의 지족(支族)을 열어서 그 족인들을 결속시켜 그들끼리 서로 번성할 수 있도록 한다. 나는 추측하건대 주 초에 제후들이 씨(氏)를 사여하는 관행은 한편으로는 종법과 밀접한 관계가 있지만 동시에 "5세가 되면 신주를 옮기는[五世而遷]" 종법제도의 문제점을 보완하는 방법이 아니었을까 생각한다. 그 원시형태는 대체로 이와 같았다. 이것이 주 초의 씨가 주 이전의 씨와 확연히 다른 점이다. 주준성의 『설문통훈정성』에서는 성(姓) 자 아래에 "무릇 소종은 또 씨로 구분된다"라고 하였는데 이 구절은 일부분만 맞는 말이다. 그러나 씨의 사여로 인해 그 족(族)을 갖게 되고, 그 족의 수장이 되는 것은 곧 정치권력의 일부가 된다는 뜻이므로, 사씨(賜氏)의 규정도 변천을 겪게 되는데 이에 대해서는 뒤에 다시 얘기할 것이다. 그러나 분명히 지적해 둘 점은, 씨를 사여하는 제도는 당시의 이른바 성이 후세의 이른바 성과 근본적으로 다르기 때문이다. 성은 오직 대종, 천자, 제후만이 대표할 수 있었고, 그 외의 동성 귀족은 씨를 사여하여 성 중의 한 갈래를 대표하게 하는 수밖에 없었다. 그러므로 씨는 성에서 갈라져 나간 분파이고, 성은 씨를 통할한다. 천자의 서자(庶子)로서 분봉을 받지 못한 경우 이를 왕자라 하며 손자를 왕손이라 하는데, 춘추에 보이는 왕자하(王子瑕)·왕손만(王孫滿) 등이 그 예다. 이들이 천자로부터 씨를 사여받는 상황도 당연히 제후의 경우와 같다.

중중(眾仲)이 말한 "관직을 맡아 대대로 공로가 있으면 그 자손들은 그 관명을 족(族)으로 삼기도 하며 읍 또한 그와 같이 한다"라는 구절은 제후가 이성(異姓)의 사람에게 씨를 사여할 때를 말하고 있다. 관(官)은 조정에 벼슬하는 것이고, 읍(邑)은 도읍에 벼슬하는 것이다. 제후가 이성(異姓)에게 씨를 내릴 때는 종법적 신분제도에 따를 수 없으므로 공로를 기준으로 하는 제도를 적용한다. 우리는 "대대로 공로가 있으면[世功]" 두 글자에 주의해야 한다. 세공(世功)은 여러 대에 걸쳐 공로가 있다는 뜻이다. 여러 대에 걸쳐 공로가 있으면 세대를 내려가면서 반드시 자손들의 수도 많아질 것이다. 그러나 만약 씨를 내리지 않으면 이 대대손손 공로가 있는 사람은 이 수많은 자손들을 대표하여 일족을 이루고 혈통을 내용으로 하는 고정된 정치세력이 될 자격이 없다. 공로에 보답하기 위해 그에게 가문 대대로 맡아 왔던 관직이나 대대로 다스려 왔던 읍의 명칭을 사여하여 씨의 명칭으로 삼도록 하고, 그의 수많은 자손들이 이 씨명(氏名) 아래 결집하여 일족을 이루고 그를 일족의 수장으로 받들게 한 것이다.

무해(無駭)는 공자 전(展)의 손자이고, 공자 전은 노나라 군주의 서자(庶子)로서 자(字)가 전(展)이며 무해의 조부이기도 하다. 그러므로 노나라 은공은 무해의 조부 공자 전의 자인 전(展)을 무해의 씨(氏)로 삼아 전씨(展氏)로 칭하게 하였다. 비로소 "5세가 되면 옮기는" 소종(小

宗)이 정식으로 문호를 세우고 자신의 일족을 이루게 된 것이다. 여기서 특별히 주의할 것은, 서주 이전에는 종종 성(姓)·씨(氏) 두 개의 명사를 호용할 수 있었으나, 주나라 초부터는 성으로는 국(國)을 나타내고 씨로는 족(族)을 나타냈다는 점이다. 씨가 있어야 비로소 족도 있으며, 그렇지 않으면 소종 5세 이후에는 소속노 없는 외로운 1인 가족에 지나지 않는다. 이때 위로 거슬러 올라가 그의 성을 추적할 수는 있겠지만, 그러나 성은 단지 대종(大宗)과 국군(國君)만이 대표할 수 있고 다른 사람은 이를 칭할 수가 없기 때문에 성이 없는 것이나 마찬가지였다. 그런 이유로 "춘추 시대 은공(隱公)과 환공(桓公) 사이 (아직 씨를 사여받지 못해 경문에 이름을 칭한 자로) 노나라에는 무해(無駭)·유(柔)·협(挾)이 있었고 정(鄭)나라에는 완(宛)·첨(詹)이 있었으며 진(秦)나라와 초나라에서는 대부분 인(人)을 칭하였다."[139][원주12] 아직 씨도 사여받지 못했는데 감히 성을 칭하지는 못하므로 이름만 칭했던 것이다. 나라 밖에 있을 때는 성을 칭할 수 없는데다 또 씨도 갖고 있지 않다면 이름 앞에 국명을 붙인다. 이를테면 송(宋)나라의 공자(公子) 조(朝)가 나라 밖에서 송조(宋朝)로 칭해지고, 위(衛)나라의 공손(公孫) 앙(鞅)이 진(秦)나라에서 위앙(衛鞅)으로 칭해진 예가 그것이다. 이로부터 씨의 사여가 중대한 일이었다는 것을 알 수 있다.

주나라 초 성씨의 또 하나의 변화는, 주나라 이전에는 성(姓)이 변하

---

139 『日知錄』권4 '卿不書族', "隱桓之間 ··· 是以魯有無駭·柔·挾, 鄭有宛·詹, 秦楚多稱人." 『左傳』 「隱公 8년」 "冬十有二月, 無駭卒"에 대해 두예 주에서는 "은공이 소렴에 참여하지 않았기 때문에 죽은 날의 간지를 기록하지 않았고, 죽은 뒤에야 족(族)을 사여했기 때문에 씨(氏)를 기록하지 않은 것이다[公不與小斂, 故不書日. 卒而後賜族, 故不書氏]"라고 하였다.

지 않으면 씨(氏)도 변하지 않았다. 주나라 이후로는 "성은 한번 정해
지면 바뀌지 않으나 씨는 끊임없이 갈려 나갔다. 노나라 삼환(三桓)[140]
을 예로 들면 중손씨(仲孫氏)의 후손은 다시 남궁씨(南宮氏)와 자복씨
(子服氏)로 나뉘고, 숙손씨(叔孫氏)의 후손은 다시 숙중씨(叔仲氏)로 나
뉘고, 계손씨(季孫氏)의 후손은 다시 공뉴씨(公鈕氏)와 공보씨(公輔氏)로
나뉘어졌다."[141][원주13] 성은 한번 정해지면 바뀌지 않는다는 것은 "백
세가 되어도 옮기지 않는 대종(大宗)"과 연결되어 있고, 성이 결속의
징표인 것은 주로 정치적 이유 때문이다. 그러나 이 밖에 혼인상의 이
유도 있다. 『예기』「대전(大傳)」편에서는 다음과 같이 말한다. "4세가
되면 시마복(緦麻服)을 입는데 여기서 복(服)이 끝난다. 5세가 되면 단
문(袒免)을 하는데 동성(同姓)의 친족이라도 상복을 줄인다. 6세(六世)
가 되면 친족관계가 끝난다. 서성(庶姓)은 윗대에서 나뉘고 친(親)은 아
래에서 다했다고 하나, 혼인을 통할 수 있겠는가? (주나라에서는) 성(姓)
으로 묶어 구별하지 않고, 음식으로 회합하여 차별하지 않으니, 비록
백세(百世)가 되어도 (동성 안에서는) 혼인을 통하지 않았다. 주나라의
법도가 그러한 것이다."[142] 이 구절 안의 이른바 "서성(庶姓)은 윗대에

---

140 삼환(三桓): 춘추 시대 노(魯)나라 대부인 중손씨(仲孫氏), 숙손씨(叔孫氏), 계손씨(季孫氏)
  를 말한다. 모두 노 환공(桓公)의 아들이었으므로 삼환이라 칭했다. 중손씨는 나중에 맹손씨
  (孟孫氏)로 불렸다. B.C.562년 삼환씨는 공실(公室)을 무너뜨리고 정권을 인수하여 분권정
  치를 실시했으며 그중 계손씨의 세력이 가장 강했다.

141 『日知錄集釋』권6,「庶姓別於上」, 黃汝成集釋, "況姓一定而不易, 氏遞出而不窮. 以三桓言
  之, 仲孫氏之後, 又分而爲南宮氏·子服氏. 叔孫氏之後, 又分而爲叔仲氏. 季孫氏之後, 又分而
  爲公鈕氏·公輔氏."

142 『禮記』「大傳」, "四世而緦, 服之窮也. 五世袒免, 殺同姓也. 六世, 親屬竭矣. 其庶姓別於上,
  而戚單(殫)於下, 昏姻可以通乎? 繫之以姓而弗別, 綴之以食而弗殊, 雖百世而昏姻不通者, 周

서 나뉘고"라는 것은 소종(小宗)은 5세가 되면 씨(氏)를 사여한다는 뜻이다. "친(親)은 아래에서 다했다"라는 것은 상복은 4세에 이르면 "복이 끝나기" 때문에 5세에는 더 이상 복이 없다[無服]는 뜻이다. 6세부터는 각 소종에서 나온 씨가 이미 다르고 상복으로 표시되는 친족관계 또한 단절된다. 이 단계에 이르면 주나라 이전에는 통혼을 할 수 있었다. 그러나 주나라 법도의 경우, 비록 씨가 다르더라도 씨는 위로 성(姓)에 묶여 있기 때문에 씨는 다르지만 여전히 성은 동일하다. 즉 각 씨들은 여전히 성에 통속되어 있으며 성의 대표자—왕 또는 국군(國君)에 직속되어 있다. 왕 또는 국군이 수족(收族, 친족을 거두어들임)과 합종(合宗, 종족을 규합함)의 예를 행하여 그의 서성(庶姓)과 씨족들을 유지하는 것은 정치적 이유에서이다. "백세가 되어도 혼인을 통하지 않았다"와 관련하여 『예기』「교특생(郊特牲)」에서는 "이성(異姓)에서 배우자를 취하는 것은 혐의를 멀리하는 도에 의거하여 분별의 의리를 두터이 하기 위함이다"[143]라고 말한다. 이것은 여전히 정치적 이유이다.

道然也."

[143] 『禮記』「郊特牲」, "取於異姓, 所以附遠厚別也." 부원(附遠)에 대해 정현 주에서는 "동성 가운데 혹시 취한다면 서로 무례하게 대하는[猥褻] 일이 많다(同姓或取, 多相褻也)"라고 하였고, 가공언의 소에서도 "이성을 취하는 것은 서로 멀리하는 도에 의거하여 분별의 의리를 두터이 함으로써 서로 무례하게 대하는 일이 없게 하기 위해서이다. 그래서 동성을 취하지 않는 것이다(取異姓者, 所以依附相疏遠之道, 厚重分別之義, 不欲相褻, 故不取同姓也)"라고 하여, 모두 "附遠"을 "혐의를 멀리하는 도에 의거한다"는 뜻으로 풀었다. 원나라 진호(陳澔)의 『예기집설(禮記集說)』에서도 "부원(附遠)의 부(附)는 탁(託)과 같으니 혐의를 멀리하는 의리에 부친다는 것이고, 후별(厚別)은 그 부부유별의 예를 신중하게 한다는 것이다(附遠, 附猶託也, 託於遠嫌之義也. 厚別, 重其有別之禮也)라고 하였다. 이와 달리 '부원(附遠)'을 소원한 사람을 가까운 사이로 만든다는 뜻으로 보는 설도 있다. 여기서는 정현과 가공언, 진호의 해석에 따라 서복관의 글을 번역하였다.

제6장 중국 성씨의 변천과 사회형식의 형성

즉 "혐의를 멀리하는 도에 의거하는[附遠]" 것은 혼인을 통해 세력을 확장하는 수단이다. "구별을 두터이 하는[厚別]" 것은 화란(禍亂)의 근원을 방지하는 방법이다. 그러나 『국어』 「진어(晉語)」에는 "동성끼리 혼인하지 않는 것은 그 자손이 번창하지 못할까 두려워해서이다"[144]라고 하였고, 『좌전』 「희공 23년」에는 숙첨(叔詹)[145]이 말하기를 "남녀가 동성이면 그 사이에서 태어난 자손이 번성하지 못한다"[146]라고 하였으며, 『좌전』 「소공 원년」에는 자산(子產)[147]이 숙향(叔向)[148]의 질문에 대답하기를 "내관(內官, 妃嬪)은 동성에서 취하지 않는다고 하니, 그 사이에서 태어난 자식은 성장하거나 번성하지 못하고, 애정이 먼저 한 사람에게 다 쏠리게 되면 서로에게 병이 생기기 때문입니다"[149]라고 하였다. 이것은 오랜 경험에서 나온 우생학적인 이유이다. 이상과 같은 이유로 씨가 같고 성이 다른 경우는 혼인할 수 있었지만, 성이 같고

---

144 『國語』 「晉語」 4, "同姓不昏, 懼不殖也."

145 숙첨(叔, ?-B.C.630): 춘추 시대 정(鄭)나라 대부(大夫). 도숙(堵叔), 사숙(師叔)과 함께 정나라의 "삼량(三良)"으로 불린다. 망명 중이던 진(晉) 공자 중이(重耳)가 정나라를 지나갈 때 숙첨이 정 문공(文公)에게 예로 대할 것을 간하였으나 듣지 않았다. 뒤에 중이가 진(晉)으로 돌아가 즉위하여[晉文公] 과연 정나라를 침벌하였다.

146 『左傳』 「僖公 23년」, "男女同姓, 其生不蕃."

147 자산(子產, B.C.580년경-B.C.522): 춘추 시대 정(鄭)나라 경(卿)으로 23년간 집정했다. 성명은 국교(國僑), 공손교(公孫僑), 공손성자(公孫成子)로도 불렸다.

148 숙향(叔向, ?-B.C.528년경): 춘추 시대 진(晉)나라 공족(公族)이자 상대부(上大夫). 성은 희(姬), 씨는 양설(羊舌), 이름은 힐(肹) 또는 숙힐이다. 제(齊)나라 안영(晏嬰), 오(吳)나라 계찰(季札), 정 자산과 함께 당대의 현인으로 일컬어졌다.

149 『左傳』 「昭公 元年」, "內官不及同姓, 其生不殖. 美先盡矣, 則相生疾." 동성은 서로 친애하는 정이 두터운데 만약 부부가 된다면 친애하는 감정이 더욱 지극하다. 감정이 지극하면 애정이 다 그에게 쏠리고, 애정이 그에게 다 쏠리면 병이 생긴다는 말이다.

씨가 다른 경우는 혼인할 수 없었다. 제(齊)나라의 최씨(崔氏)는 동곽(東郭)씨와 서로 씨가 달랐다. 최서(崔抒)는 동곽언(東郭偃, 최서의 가신)의 누이를 취하고 싶었으나 동곽언이 "지금 그대는 정공(丁公)의 후손이고, 신은 환공(桓公)의 후손이니 통혼할 수 없습니다"라고 하며 거절하였다.[150]【원주14】 춘추 시대까지 귀족의 남자는 성(姓)이 있어도 성을 칭하지 않았는데 이는 대종(大宗)과도 다르고 인군(人君)과도 다르다. 귀족 여자의 경우 성을 칭하였는데 이는 "금수와 멀게 하고 혼인을 구별하기 위해서였다."[151]【원주15】 만약 성씨의 "성(姓)" 자가 모계사회 시대로 거슬러 올라갈 수 없고 주 초에 부여된 새로운 의미라면, 『설문고림(說文詁林)』에서 성(姓) 자 아래 『석기(席記)』를 인용하여 말한 바 "살펴보건대 옛사람이 처음에 '성' 자를 세운 것은 오로지 혼인을 위해서였다. 그래서 여(女)의 의미를 따른 것이다[从女]"[152]라는 견해도 그 일부의 관점을 수용할 수 있다.

여기서 다시 족(族)의 문제를 얘기하고자 한다. 앞에서 말했듯이 족은 혈통을 중심으로 하는 정치집단이다. 왕과 제후는 성(姓)을 대표하며 성은 곧 나라의 부호(상징)이다. 왕 또는 국군은, 귀족의 씨(氏)에 대

---

150 동곽언의 누이는 제나라 당공(棠公)의 처다. 당공이 죽고 최무자(崔武子)가 그녀를 취하려 동곽언에게 주선을 부탁하자 동곽언이 최서에게 답한 말이다. 『左傳』「襄公 25년」, "齊棠公之妻東郭偃之姊也. 東郭偃臣崔武子, 棠公死, … 使偃取之. 偃曰男女辨姓, 今君出自丁, 臣出自桓, 不可(注: 齊丁公崔杼之祖. 齊桓公小白東郭偃之祖, 同姜姓, 故不可婚)." 최서의 조부인 제나라 정공과 동곽언의 조부인 제나라 환공은 모두 강성(姜姓)이다. 따라서 통혼이 불가하다는 말이다.

151 『白虎通義』「姓名」, "遠禽獸, 別婚姻."

152 丁福保(1874-1952)의 『설문해자고림(說文解字詁林)』에 나온다. 자는 중호(仲祜), 호는 주은거사(疇隱居士). 장서가이자 서지학자로 의학에도 조예가 깊다.

해 말하면, 왕 또는 제후에 직속된 자손들을 왕족(王族) 또는 군족(君族)이라 부를 수 있다. 『국어』에는 "중군(中軍)은 왕족(王族)이다"[153]라는 구절이 있고, 『좌전』「희공(僖公) 28년」에는 "원진(原軫)과 각진(郤溱)이 중군 공족(公族)을 거느리고 옆에서 공격하였다"[154]라는 구절이 있다. 중군은 당시 군사조직의 골간이었다. 또 왕족 또는 공족은 중군을 구성하는 골간이었다. 위소(韋昭)[155]는 위에 인용한 『국어』 "중군은 왕족이다"라는 구절에 대해 주석하기를 "당고(唐固)[156]는 왕족이 동성(同姓)의 친족이라고 하였다. 나 위소의 생각으로는 족(族)은 휘하에 딸린 사람들[部屬, 부하]이다"라고 하였다. 위소는 "왕족"을 "동성의 친족"으로 해석한 당고에 찬성하지 않고 이를 달리 "휘하에 딸린 사람들"로 해석했는데, 실인즉 두 사람은 각각 그 일단을 얻었을 뿐이다. 응당 이렇게 말해야 할 것이다. "왕족은 왕의 동성 친족으로 구성된 휘하에 딸린 사람들이다."

그러나 춘추 시대에는 "씨족(氏族)"을 연칭하는 경우가 많았다. 『좌

---

153 『國語』「楚語」上, "在中軍, 王族也(注: 唐云, 族, 親族同姓也. 昭謂, 族, 部屬也)."

154 『左傳』「僖公 28년」, "原軫郤溱以中軍公族橫擊之(注: 公族公所率之軍)."

155 위소(韋昭, 204-273): 삼국 시대 오군(吳郡) 사람으로 자는 홍사(弘嗣)이다. 태사령(太史令), 박사좨주(博士祭酒), 중서복야(中書僕射) · 시중(侍中) 등을 역임하였다. 저서로는 『국어주(國語注)』, 『효경해찬(孝經解讚)』, 『변석명(辨釋名)』, 『모시답잡문(毛詩答雜問)』, 『관직훈(官職訓)』, 『한서음의(漢書音義)』, 『삼오군국지(三吳郡國志)』 등이 있으나 산일되었다. 일찍이 『오서(吳書)』(合著)를 편찬했는데 후세의 『삼국지(三國志)』는 대부분 여기서 자료를 취하였다.

156 당고(唐固, 155-225): 삼국 오나라 단양(丹楊) 사람. 자는 자정(子正)이다. 손권 황무(黃武) 4년(225) 상서복야(尙書僕射)를 역임했다. 품성과 학문 모두 뛰어나 당대의 유자(儒者)로 일컬어졌다. 『공양전』, 『곡량전』, 『국어』에 주를 달았다.

전』「은공(隱公) 8년」 "땅을 봉해 주고서 그 땅의 이름으로 씨(氏)를 명한다"[157]에 대한 공영달의 소를 보면 "씨와 족은 한가지이나 강조하는 점이 서로 다를 뿐이다"라고 하였다. 고정림(顧亭林)의 『일지록(日知錄)』권23 '씨족'에서는 "씨와 족은 대구로 쓸 때는 구별되지만 단독으로 쓸 때는 서로 통용된다"[158]라고 히 었다. "씨와 족은 대구로 쓸 때는 구별된다"라는 것은 족(族) 자가 간혹 광의로 쓰일 때가 있기 때문이다. 사실 씨가 없으면 족도 없다. 씨는 족의 표지(標誌)이며, 군주가 씨를 사여하면 바로 그 소종(小宗) 이하의 자손들을 모아서 일족을 이룰수가 있다. 씨를 사여받은 사람은 일족의 통할권을 장악하게 된다. 씨를 사여받지 않으면 그 혈통을 취합하여 일족을 이룰 수가 없다. 『좌전』「은공 8년」에 노나라 은공이 "중중(衆仲)에게 족에 대해 물었을때" 은공이 물은 것은 족에 관해서인데 중중이 대답한 것은 씨에 관한내용이다. 그 결과 "은공은 그 자(字)로써 족을 명하여 전씨(展氏)로 삼았다." 대개 "전씨"라는 표지(標誌)가 있으면 "전씨" 표지하의 족(族)이있다. 따라서 "씨를 사여하는[賜氏]" 것은 곧 혈통집단의 권력을 사여하는 것으로 이해해야 한다.

---

157 『左傳』「隱公 8년」, "胙之土而命之氏." 공영달 소, "氏・族一也, 所從言之異耳."
158 『日知錄』권23, '氏族', "氏族對文爲別, 散則通也."

5. 춘추 시대 씨(氏)의 변화

『일지록(日知錄)』권6 '경불서족(卿不書族)'조에서는 다음과 같이 말한다. "『춘추』의 은공(隱公) · 환공(桓公) 시기에는 경대부(卿大夫)가 씨를 사여받는 일이 드물었다. 그래서 무해(無駭)가 죽었을 때 우보(羽父)는 그 후손을 위해 족(族)을 내려 줄 것을 은공에게 요청하였다. 협(挾), 유(柔), 익(溺) 등은 모두 (노나라 대부로서) 씨족을 사여받지 못한 자들이다. 장공(莊公) · 민공(閔公) 이후로는 더 이상 경문에 씨(氏)의 사여에 관한 기사가 보이지 않는데, 당시는 씨를 사여하지 않는 경우가 없었을 때였다."[159] 생각건대 고정림의 주장은 그 변화를 알아채기는 했으나 그 변화의 이유를 깊이 탐구하지는 않았다.

은공 · 환공 시기에는 정치권력이 대부분 국군의 수중에 있었고, 씨를 사여하거나 하지 않는 것은 군주가 귀족을 통제하는 일종의 권력으로 여겨졌다. 은공 · 환공 이후로는 정권이 군주의 수중에서 점차 귀족으로 하향 이동하여 군주의 권세는 "씨를 사여하지 않는 경우가 없을" 정도로 그 기성세력을 인정하지 않을 수 없었다. 이것이 첫 번째 이유이다. 다음으로, 인구 증가로 인해 씨를 사여하여 이들을 통솔하지 않

---

159 『日知錄』권6, '卿不書族', "春秋隱桓之時, 卿大夫賜氏者尙少, 故無駭卒而羽父爲之請族. 如挾如柔如溺, 皆未有氏族者也. 莊閔以下, 則不復見於經, 其時無不賜氏者矣."

으면 소속할 곳이 없어 질서가 문란해진다. 이것이 두 번째 이유이다. 정리로 미루어 볼 때 춘추 시대 씨의 발생은 대략 4단계의 변천을 거쳤다. 제1단계는 씨의 사여를 특전으로 여기던 단계이다. 제2단계는 씨의 사여를 관례에 따른 정치행위로 여기던 단계이다. 제3단계는 사여하기를 기다리지 않고 자기 스스로 씨를 명하는 단계이나. 제1, 2단계의 사씨(賜氏)는 대체로 종법의 규정에 따라 행해졌는데 즉 조부의 자(字)로써 씨를 삼았다. 제3단계인 춘추 중기 이후가 되면 이미 귀족 중에 서민 신분으로 전락한 자도 있고 서민 중에 귀족의 반열에 오른 자도 있으며 심지어는 "배신(陪臣)이 나라의 정권을 잡는" 일도 있었는데, 자기 스스로 씨를 명하는 것은 본래 종법체계라고 할 수 없고 그 씨를 명하는 방식도 자연히 종법의 규정에 따를 수가 없었다. 그래서 국교(國僑, 정나라 자산)[160]와 같이 부친의 자(字)로써 씨를 삼는 자도 있고, 중수(仲遂)[161]와 같이 직접 자신의 자로써 씨를 삼는 자도 있었다.[원주 16] 여기서 더 발전하여 자신의 읍(邑)으로 씨를 삼기도 하고 자신의 관(官)으로 씨를 삼기도 하였다. 이러한 변천은 씨의 성립을 종법제도에서 벗어나도록 만들었다. 이 제3단계 변천의 의의는 특히 중요하다.

---

160 국교(國僑, ?-B.C.522): 정나라 자산(子産)을 말한다. 자산의 아버지는 정나라 목공(穆公)의 아들로서 희성(姬姓)이고 이름은 발(發), 자는 자국(子國)이며, 공자발(公子發)이라고도 했다. 자국의 아들 자산은 아버지의 자인 '자국'을 씨로 삼았으므로 국교라 칭하며, 공손교(公孫僑) 또는 공손성자(公孫成子)라고도 불렸다.

161 중수(仲遂, ?-B.C.600): 춘추 시대 노나라 사람. 성은 희성(姬姓), 씨는 동문씨(東門氏), 이름은 수(遂), 자는 양중(襄仲)이다. 노 희공(僖公)의 동생이자 장공(莊公)의 아들이다. 노나라 동문에 거주하여 동문수(東門遂)라고도 칭하며, 공자수(公子遂), 동문양중(東門襄仲)으로도 칭한다. 시호는 양(襄)이다.

왜냐하면 이 변천 이전에는 소종은 대종의 관할하에 있었고 씨는 성의 관할하에 있었으며, 씨는 성에서 갈라져 나간 가지였고 성은 씨의 종주(宗主)였기 때문이다. 이와 같은 변천을 거치면서 씨의 성립은 종법제도, 즉 대종과 소종의 관계를 벗어나는 동시에 씨가 성에 소속되는 관계를 벗어나게 되었으며, 씨는 성을 떠나 독립한 어떤 혈통집단의 표지가 되었다. 또한 주나라 왕실은 쇠퇴하여 진작에 천하 "통종(統宗)"으로서의 역할을 할 수 없었다. 춘추 말 전국 초가 되면 주 왕실로부터 토지를 분봉받고 성(姓)을 사여받은 제후들도 대부분 몰락하여 소멸했는데 삼가(三家)에 의한 진(晉)의 분할이나 전씨(田氏)에 의한 제나라 찬탈을 들 수 있다. 대종(大宗)의 의미는 이미 완전히 사라졌고, 성(姓)으로 상징되던 정치권력도 모조리 파기되었다. 그리하여 씨의 독립과 마찬가지로 성은 씨와 동등한 위치에 놓이게 되고 동일한 성질이 되었다.

춘추 말에서 전국 초에는 귀족의 씨(氏)의 상당수가 평민의 씨로 내려오게 된다. 평민의 혈통집단 중에 강자가 나타나 그 집단이 그에게 의지하면서 스스로 씨를 세우기도 했는데, 이로부터 직업을 씨로 삼거나 거주지를 씨로 삼는 경우도 출현하였다. 이 단계의 특징은 씨가 비단 종법제도에 의거하지 않을 뿐만 아니라 정치권력과도 특별한 관계가 없는 사회적인 혈통조직이 되었다는 점이다. 이것이 씨의 4번째 단계의 변천이다. 이 단계에 이르면 성과 씨는 본래의 특수한 정치적 의미를 완전히 상실하고 씨에 대한 성의 우월성도 상실하게 된다. 전국시대에 성과 씨는 이미 이름은 둘이지만 실질은 하나인 사물이 되었고, 단지 전통적인 관습 때문에 여전히 두 개의 명칭을 유지하고 있을 뿐이었다. 『일지록(日知錄)』권23 '씨족(氏族)'조에서는 "성씨(姓氏)라는 명칭은 태사공 때부터 혼동되어 왔다"[162]라고 하였고, 또 전조망(全祖望)[163]은 "태사공은 진한(秦漢)의 상란을 이어받았고 그때는 이미 성(姓)에 대한 학문이 문란해진 터라 성과 씨를 뒤섞어 '성은 모씨이다[姓某氏]'라고 썼기 때문에 유자들이 이를 비난하였다"[164]라고 하였다. 모두 근원을 밝힌 논의는 아니다. 『사기』에서 그 성(姓)만 적어 놓은 것은 아마도 그 선조가 본래 씨를 갖고 있지 않았기 때문일 것이다. 『사기』에서 "성은 모씨이다[姓某氏]"라고 적은 경우는 선조가 씨를 갖고 있었으나 나중에 씨를 성으로 삼은 자일 것이다. 이 뜻이 제대로 밝혀지지 않은 지도 대략 2천 년이 되었다.

왕충(王充)[165]의 『논형(論衡)』 「힐술(詰術)」편에서는 다음과 같이 말한다.

옛날에는 본성(本姓)이 있고 씨성(氏姓)이 있었다. 도씨(陶氏), 전씨(田氏)

---

162 『日知錄』권23 '氏族', "姓氏之稱, 自太史公始混而爲一."

163 전조망(全祖望, 1705-1755): 청 절강 은현(鄞縣) 사람. 자는 소의(紹衣), 호는 사산(謝山). 건륭 원년(1736)에 진사 급제, 한림원 서길사(庶吉士)가 되었으나 이듬해 사임하고 학문에 전념했다. 황종희(黃宗羲)를 추숭하여 그의 미완의 저서 『송원학안(宋元學案)』을 완성시켰다. 그 밖에 명말청초 학자들의 비(碑)·표(表)·전(傳)·지(志) 등을 수록한 『길기정집(鮚埼亭集)』38권, 『경사문답(經史問答)』등이 있다.

164 『日知錄集釋』권6 '庶姓別於上', "太史公承秦漢喪亂之餘, 姓學已紊, 故混書曰姓某氏, 儒者譏之."

165 왕충(王充, 27-104): 후한 회계(會稽) 상우(上虞) 사람. 자는 중임(仲任). 한미한 집안 출신으로 자사(刺史)의 종사(從事), 치중(治中) 등 지방 속리에 머물렀다. 당대에 유행한 천인상관설(天人相關說), 참위설을 비판하였다. 저서에 『논형(論衡)』85편이 있으며 『양생서(養生書)』, 『정무서(政務書)』등이 있다고 하나 산일되었다.

는 종사하는 일을 가지고 씨성을 삼은 경우이다. 상관씨(上官氏), 사마씨(司馬氏)는 관직 명칭으로 씨성을 삼은 경우이다. 맹씨(孟氏), 중씨(仲氏)는 조부의 자(字)를 씨성으로 삼은 경우이다. 씨성에는 세 가지가 있으니 종사하는 일에서 온 것인가, 관직 명칭에서 온 것인가, 조부의 자에서 온 것인가? 본성으로는 출생한 장소를 쓰고, 씨성으로는 직업·관직명·조부의 자를 쓴다.[166]

왕부(王符)[167]의 『잠부론(潛夫論)』 「지씨성(志氏姓)」 제35에서는 다음과 같이 말한다.

옛날 제왕은 천지의 현상과 변화를 관찰하고 신명의 작용을 추정하여 자연의 법칙과 운행의 진퇴를 연구하고 군신의 덕업을 살펴 성(姓)을 내려 주고 씨(氏)를 명하였으니 이는 그 공적과 덕망을 드러내기 위함이었다. … 그러므로 본래의 성을 이어받기도 하고, 시호[諡]를 씨로 삼기도 하고, 혹은 국(國)을 씨로 삼기도 하고, 작(爵)이나 관(官)을 씨로 삼기도 하며, 자(字)를 씨로 삼기도 하고, 하는 일이나 거주지를 씨로 삼기도 하며, 혹은 지(志)를 씨로 삼기도 한다. 이를테면 오제(五帝)·삼왕(三王) 시절에는 이른바 호(號)를 씨로 삼았다. 문(文)·무(武)·소(昭)·경(景)·성(成)·선(宣)·대(戴)·환(桓) 등은 이른바 시호를 씨로 삼은 경우이다. 제(齊)·노(魯)·오(吳)·초(楚)·진(秦)·진(晉)·연(燕)·조(趙) 등은 이른바 국(國)을 씨로 삼은 경우이다. 왕씨(王氏)·후씨(侯氏)·왕손(王孫)·공손(公孫) 등은 이

---

166 『論衡』 「詰術」, "古者有本姓, 有氏姓. 陶氏田氏, 事之氏姓也. 上官氏, 司馬氏, 吏之氏姓也. 孟氏仲氏, 王父字子氏姓也. 氏姓有三, 事乎, 吏乎, 王父字乎? 以本姓則用所生, 以氏姓則用事·吏·王父字."

167 왕부(王符, ?-?): 후한 말기 안정군(安定郡) 임경(臨涇) 사람. 자는 절신(節信)이다. 한말의 난세에 처하여 세속에 영합하지 않고 숨어 살면서 『잠부론(潛夫論)』 10권을 저술하여 정치의 득실과 치국부민(治國富民)을 논하였다.

른바 작(爵)을 씨로 삼은 경우이다. 사마(司馬)·사도(司徒)·중항(中行)·
하군(下軍) 등은 이른바 관명을 씨로 삼은 경우이다. 백유(伯有)·맹손(孟
孫)·자복(子服)·숙자(叔子) 등은 이른바 자를 씨로 삼은 경우이다. 무씨
(巫氏)·장씨(匠氏)·도씨(陶氏) 등은 이른바 직업을 씨로 삼은 경우이다.
동문(東門)·서문(西門)·남궁(南宮)·동곽(東郭)·북곽(北郭) 등은 이른바
거주지를 씨로 삼은 경우이다. 삼조(三鳥)·오록(五鹿)·청우(靑牛)·백마
(白馬) 등은 이른바 특정한 표지를 씨로 삼은 경우이다. 무릇 이와 같은 성
씨들은 일일이 다 기록할 수 없을 정도로 많다.[168]

생각건대 왕부(王符)의 말은 왕충보다 더욱 상세하고 면밀하다. 그
러나 모두 옛것과 지금 것을 뒤섞어 말함으로써 성씨 발전의 자취를
깊이 파고들어가 역사 각 단계에서 성씨가 갖는 특별한 의미를 밝히지
는 못했다. 후대에 성씨를 말하는 학자는 대개 이 유형에 속한다.

---

168 王符, 『潛夫論』 「志氏姓」, "昔者帝王觀象於乾坤, 考度於神明, 探命歷之去就, 省群臣之德業,
而賜姓命氏, 因彰功德. … 故或傳本姓, 或氏於邑(衍文)謚, 或氏於國, 或氏於爵, 或氏於官, 或
氏於字, 或氏於事, 或氏於居, 或氏於志. 若夫五帝·三王之世, 所謂號也. 文·武·昭·景·
成·宣·戴·桓, 所謂謚也. 齊·魯·吳·楚·秦·晉·燕·趙, 所謂國也. 王氏·侯氏·王
孫·公孫, 所謂爵也. 司馬·司徒·中行·下軍, 所謂官也. 伯有·孟孫·子服·叔子, 所謂字
也. 巫氏·匠氏·陶氏, 所謂事也. 東門·西門·南宮·東郭·北郭, 所謂居也. 三鳥·五鹿·
青牛·白馬, 所謂志也. 凡此姓氏, 皆出屬(出當作此)而不可勝紀也."

6. 고대 평민의 성씨 문제

여기서 다시 고대 평민들의 성씨 문제를 특별히 제기하고자 한다.
여기서의 평민이라 함은 상층의 귀족에 대한 상대적인 말이다. 춘추
시대에서 주 초로 거슬러 올라가면 당시의 인민들은 일부 노예를 제외
하고 크게 두 부류로 나눌 수 있다고 판단된다. 하나는 도읍 안과 그
부근에 거주하는 "국인(國人)"이다. 또 하나는 사방의 근교[四郊] 바깥
에 있는 농경을 업으로 하는 "서인(庶人)" 또는 "야인(野人)"이다.【원주17】
서인은 봉건통치집단과 혈통관계가 없다는 점, 즉 통치집단의 대종(大
宗)·소종(小宗)의 계열 바깥에 있으며 성(姓)도 씨(氏)도 갖고 있지 않
다는 것은 굳이 말할 필요도 없다. "국인"은 처음에는 종법의 범위 안
에 있었으나, 성(姓)은 왕과 제후가 대표하고 씨는 귀족이 대표하였으
며, 오직 왕이나 제후가 종족을 회합하여 연회를 베풀[合宗收族] 때만
그들을 서성(庶姓)이나 자성(子姓)으로 인정하였다. 평소에는 전술했듯
이 귀족이라도 감히 스스로 자신의 성을 가질 수 없었으니 국인은 당
연히 자신의 성을 가질 자격이 없었다. 이러한 상황에서 합종수족(合
宗收族)의 예(禮)가 폐지되고 인구가 증가함에 따라 국인과 야인 사이
의 간격도 점차 좁혀져 국인은 특정한 성이나 씨에만 속하게 되었고
그 자신은 성도 씨도 갖지 못했다. 『정림문집(亭林文集)』권1「원성(原
姓)」편에서는 다음과 같이 말한다. "남자는 씨를 칭하고 여자는 성을

칭한다. 씨는 한두 세대 전해지다가 바뀔 수 있지만 성은 천년만년이 가도 바뀌지 않는다. 가장 신분이 높은 자는 국군(國君)이다. 국군은 씨가 없으며, 씨를 칭하지 않고 국(國)으로 칭한다. … 다음은 공자(公子)이다. 공자는 씨가 없으며, 씨를 칭하지 않고 공자로 칭한다. … 가장 아래는 서인(庶人)으로 서인은 씨가 없으며, 씨를 칭하지 않고 이름[名]으로 칭한다."[169] 생각건대 고염무의 이 단락은 종법제도하의 성씨 상황을 말하고 있다. 그는 이러한 현상을 간파하고는 있었으나 당시 성과 씨가 모두 일종의 정치권력을 대표한다는 사실에 대해 깊이 규명하지는 못했다. 서인과 국인에게는 이러한 정치권력이 없었으므로 그들은 비단 씨를 갖지 못했을 뿐만 아니라 성도 갖지 못했다. 『좌전』에는 그해의 기년을 "자신이 태어난 해로부터 445번째의 갑자일이 지났다"라는 말로 주의를 끌었던 강현(絳縣)의 노인이 등장하는데[170] 그는 성도 씨도 이름도 없는 자였다. 소 열두 마리를 진(秦)나라 군대에게 먹임으로써 자기 나라를 구한 정(鄭)나라 상인 현고(弦高)는 이름은 있되 성도 씨도 없는 자였다.[171] 평민은 씨는 없지만 성은 있었다고 말하는 것은 사실 중대한 착오이다. 조사에 의하면 평민은 성도 없고 씨도 없었으며 따라서 평민은 족(族)도 없었음을 알 수 있다. 『예기』「제법(祭法)」편에서는 "서사(庶士)와 서인(庶人)은 묘(廟, 사당)가 없다"[172]라

---

169 顧炎武,『亭林文集』권1「原姓」, "男子稱氏, 女子稱姓. 氏一再傳而可變, 姓千萬年而不變. 最貴者國君, 國君無氏, 不稱氏稱國 … 次則公子, 公子無氏, 不稱氏稱公子 … 最下者庶人, 庶人無氏, 不稱氏稱名."

170 『左傳』「襄公 30년」, "臣小人也, 不知紀年, 臣生之歲, 正月甲子朔, 四百有四十五甲子矣."

171 『左傳』「僖公 33년」, "(秦軍)及滑, 鄭商人弦高將市於周, 遇之, 以乘韋先, 牛十二犒師."

하였고 「왕제(王制)」편에서는 "서인은 정침(正寢)에서 제사 지낸다"[173]
라고 하였다. 족이 없으면 묘도 없고, 묘가 없으면 정침에서 제사를 지
낼 수밖에 없다. 춘추 말에서 전국 초에는 "국인(國人)"들이 분화하여
유세하는 사[遊士]가 되거나 각종 성질의 평민계층이 되면서 국인과 야
인(野人)의 구분은 더 이상 존재하지 않게 되었다. 그러므로 귀족에서
몰락하여 평민이 된 자나, 평민 가운데 특출한 자를 제외한 일반 평민
은 모두 성을 갖지 않았고 씨도 갖지 않았다.

춘추 시대 중엽부터 귀족 붕괴의 상황은 날로 극심해져 갔다. 『좌전』
「소공(昭公) 3년」에는 진(晉)나라의 숙향(叔向)이 나라를 걱정하면서
말하기를 "낙(樂)·극(郤)·서(胥)·원(原)·호(狐)·속(續)·경(慶)·백
(伯)이 강등되어 조예(皂隸)가 되고"[174]라 하였는데 이것은 하나의 예에
지나지 않는다. 여기서의 이른바 조예는 단지 빈천하다는 의미일 뿐
반드시 노예인 것은 아니다. 이 예로부터 유추하면 평민 중에 그 선조
의 씨를 성씨로 쓰는 자가 적지 않았을 것이며 공자 역시 그러하다. 그
래서 『좌전』「소공(昭公) 32년」에 사묵(史墨)은 "삼후(三后, 虞·夏·商)
의 자손이 지금 서인이 되었으니"[175]라고 하였다. 『사기』「중니제자열

---

172 『禮記』「祭法」, "庶士·庶人無廟, 死曰鬼." 정현의 주에서는 "조고의 묘 없는 자는 서사 이
   하로서, [침(寢)에] 그 고(考)와 왕고(王考)의 귀를 간직해 두고[其無祖考者, 庶士以下, 鬼其
   考·王考]"라 되어 있다.

173 『禮記』「王制」, "庶人祭於寢"의 전후 원문은 다음과 같다. "天子七廟, 三昭三穆, 與大祖之廟
   而七. 諸侯五廟 … 大夫三廟 … 士一廟, 庶人祭於寢(鄭玄注: 寢, 適寢也)."

174 『左傳』「昭公 3년」, "(吾公室, 今亦季世也) … 樂·郤·胥·原·狐·續·慶·伯, 降在皂隸."
   두예의 주에서는 "八姓, 晉舊臣之族也. 皂隸, 賤官"이라 하였고, 정의(正義)에는 "此八姓之先
   欒郤胥原狐, 皆卿也. 續簡伯慶鄭伯之宗, 亦見於傳, 先皆大夫也"라 되어 있다.

175 『左傳』「昭公 32년」, "三后之姓, 於今爲庶."

전(仲尼弟子列傳)」을 조금만 분석해 보면 춘추에서 전국에 이르는 전환기에 살았던 제자들이 성씨에서도 전환기의 형태를 보인다는 것을 대략 알 수 있다. 후대인들 중에는 실제로 이 제자들 중 한 사람의 이름을 성으로 삼기도 했는데, 그러나 정작 그 본인은 이름만 있고 성은 없었다. 예컨대 중유(仲由)【자로(子路)】, 중궁(仲弓)은 모두 출신이 미천한 자로서 여기서의 "중(仲)"은 결코 성(姓)이 아니며 단지 형제의 항렬로 이름의 일부를 구성했을 뿐이다. 백도(伯度), 숙중회(叔仲會)도 아마 이와 같을 것이다. 유약(有若)[176]의 "유(有)"는 아마도 성이 아닌 것 같고 "약(若)"과 연계시켜 이름으로 삼았던 것 같다. "언(言)"은 『시경』에서 항상 발어사로 쓰이기 때문에 언언(言偃)의 "언"도 성이 아니며, 언언은 오늘날 '언'을 '아언(阿偃)'[177]으로 부르는 것과 마찬가지 경우로 보인다. 염경(冉耕), 염옹(冉雍), 염구(冉求), 염유(冉孺), 염계(冉季) 5인의 '염(冉)' 자는 당시에 성은 아니었던 것 같고, 유약(柔弱)하고 온후(溫厚)한 뜻의【원주18】 글자를 이름 앞에 추가하여 부름으로써 부모가 자식을 사랑하고 어여삐 여기는 마음을 나타낸 것으로 보인다. 또한 공야장(公冶長), 공석애(公晳哀), 공백료(公伯繚), 공서적(公西赤), 공손룡(公孫龍), 공조구자(公祖句玆), 공량유(公良孺), 공하수(公夏首), 공견정(公肩定), 공서여(公西輿), 공서잠(公西箴) 등 11인은, 그중 공손룡의 '공손'이

---

176 유약(有若, B.C.518-?): 춘추 말기 노(魯)나라 사람. 자는 자유(子有). 유자(有子)로 불린다. 공자보다 43살 연하다. 공자가 죽은 뒤 공자의 모습을 닮았다고 해서 그를 공자처럼 섬기려고 했지만 증자의 반대로 이루어지지 않았다.
177 아언(阿偃): 이때의 '아(阿)'는 항렬이나 아명(兒名) 또는 성(姓) 앞에 쓰여 친근함을 나타내는 접두사이다.

"공(公)의 손자를 공손(公孫)이라 하는" 전례에 따라 나중에 이것을 씨로 삼은 것을 제외하면, '공(公)'은 아마도 범칭이었던 것 같고 한 계통에서 나온 성씨는 아니라고 본다. 안무요(顔無繇), 안회(顔回)는 부자 2인이지만 안고(顔高), 안조(顔祖), 안쾌(顔噲), 안하(顔何)는 절대 같은 성을 가진 사람들이 아니다. 『설문(說文)』9상에 "안(顔)은 눈썹과 눈의 사이이다"[178]라고 하였다. 그 당시에는 눈썹과 눈 사이의 특징, 즉 오늘날의 이른바 양미간의 특징을 따서 이름을 짓는 풍습이 있었는데 나중에 이것을 성으로 삼았던 것이 아닐까? 진조(秦祖)・진염(秦冉)・진상(秦商)・진비(秦非)・조휼(曹卹)・정국(鄭國)・연급(燕伋)・적묵(狄黑) 등은, 후세에는 이들을 국명으로 성을 삼았던 예로 보고 있지만 당시에는 아마도 그들이 멀리서 공자의 문하에 들어왔기 때문에 자기 이름 앞에 본국의 국명을 덧붙여 칭했던 것으로 추측된다. 이는 앞에서 제시한 송조(宋朝)・위앙(衛鞅)의 예와 동일하다. 칠조개(漆彫開)・칠조치(漆彫哆)・칠조도보(漆彫徒父)는 아마도 자기 집안의 직업을 이름 앞에 붙여 부르다가 성이 되어 버린 경우로 보인다. 복상(卜商)・무마시(巫馬施)・상구(商瞿)는 그 가업을 성으로 삼았고, 사마경(司馬耕)은 그의 형 환퇴(桓魋)가 송(宋)나라 사마가 되자 형의 "환(桓)"씨 대신 형의 관직명을 자기의 성으로 삼았는데, 이것은 자신의 대에 미쳐 스스로 성을 가져다 붙인 경우이다. 77인의 제자 중에 괴이한 이름이 많은 것은 대개 이들이 사회 하층에 있다가 공자의 문하에 들어가 처음으로 문화(文化)를 접하면서 이름 앞에 글자 하나를 덧붙여 성으로 삼았던 데 연

---

178 『說文』9上, "顔, 眉目之間也."

유하지만, 그러나 이것은 전술한 제1, 2단계의 씨 획득과는 전혀 상황이 다르다. 이는 당시 사회 평민들 중 일부는 아직 성을 갖지 못했고, 일부는 자신의 대에 처음으로 성을 붙여 그들의 가족이 먼저 성을 가진 것이 아니었음을 반영하기도 한다.

이 점은 "백성(百姓)"이란 말의 함의 변화로부터도 간파할 수 있다. 『상서』「요전(堯典)」에 "백성을 고르게 하고 밝게 하시니[平章百姓]"라는 구절에 대해 전(傳)에서는 "백성은 백관(百官)이다"[179]라고 하였다. 『시경』「소아(小雅)」'천보(天保)' 시의 "여러 백성들이 당신의 덕분이라 하네"라는 구절에 대해 「모전(毛傳)」에서는 "백성은 백관성족(百官姓族)이다"[180]라고 하였다. 이것이 "백성(百姓)"이란 말의 본의이다. 고대의 관(官)은 각 씨족과 제후들로부터 왔기 때문에 "백성"이라 칭해졌다. 춘추 중엽 이후부터 인민들을 백성이라 칭하기 시작했다. 염약거[181]의 『사서석지우속(四書釋地又續)』에서는 이렇게 말한다. "백성에는 두 가지 뜻이 있다. 백성이 백관(百官)을 가리키는 경우 백성과 여민(黎民)을 대구로 쓴다. 『예기』「대전(大傳)」편에 백성과 서민(庶民)을 대구로 쓴 것이 그 예다.[182] 백성이 소민(小民, 서민)을 가리키는 경우

---

179 『尙書』「堯典」, "平章百姓." 傳, "百姓, 百官也."

180 『詩』「小雅」'天保', "群黎百姓, 遍爲爾德." 毛傳, "百姓, 百官族姓也."

181 염약거(閻若璩, 1636-1704): 청 산서 태원(太原) 사람. 자는 백시(百詩), 호는 잠구거사(潛邱居士)다. 평생 경사(經史) 연구와 고증 및 교감에 전념하였다. 『대청일통지(大淸一統志)』 편찬에 참여하였고, 동진 때 매색(梅賾)이 진상한 『고문상서』와 『공안국전』이 위작임을 증명한 『고문상서소증(古文尙書疏證)』을 30년 만에 완성하였다. 그 밖에 『모주시설(毛朱詩說)』, 『상복이주(喪服異注)』 등이 있다.

182 『禮記』「大傳」, "愛百姓故刑罰中, 刑罰中故庶民安."

후대로 갈 필요도 없이 당우(唐虞, 요순) 시대에 '백성이 친하지 아니하며[百姓不親]'[183]라 한 것이 … 그 예다."[184] 생각건대 염약거가 '백성'에 담긴 2가지 뜻을 나란히 열거한 것은 과거 학자들에게 역사발전 관념이 결여되어 있음을 보여 주는 하나의 예다. 『상서』「요전」의 "설(契)아, 백성이 친하지 아니하며[百姓不親] …" 구절은 바로 앞의 "기(棄)야, 백성이 굶주림에 시달리는데[黎民阻饑]"[185] 구절과 대구를 이루고 있다. 따라서 "백성이 친하지 아니하며"의 백성은 여전히 "백관성족(百官族姓)"으로 해석되어야 한다. 백성이라는 말의 내용의 변천은 인민들이 성(姓)을 가지고 있지 않다가 성을 갖기 시작했다는 역사적 사실을 말해주고 있다.

---

183 『尙書』「堯典」, "帝曰, 契, 百姓不親, 五品不遜, 汝作司徒, 敬敷五敎, 在寬."

184 閻若璩, 『四書釋地又續』, "百姓義有二. 有指百官言者, 書百姓與黎民對;『禮』大傳'百姓與庶民對'是也. 有指小民言者, 不必後代, 自唐虞之時, 百姓不親 … 是也."

185 『尙書』「堯典」, "帝曰, 棄, 黎民阻饑, 汝后稷, 播時百穀. 帝曰, 契, 百姓不親, 五品不遜, 汝作司徒, 敬敷五敎, 在寬."

7. 평민 사회로의 성씨의 보급

　전국 시대는 유세가[遊士]와 상인들 모두 적극적으로 활약을 펼치던 때였고, 그들은 성씨가 아니면 자신을 나타낼 방법이 없었기 때문에 평민의 성씨는 더욱 확대되었다. 『한서』「서전(敍傳)」에서는 다음과 같이 말한다. "반씨(班氏)의 선조는 초(楚)와 동성으로 영윤(令尹) 자문(子文)의 후손이다. 자문이 처음에 태어났을 때 운몽(雲夢)의 늪 가운데에 버려졌는데 호랑이가 이 아이에게 젖을 먹였다. 초나라에서는 젖을 누(穀)라 하고 호랑이를 오도(於菟)라 하였으므로 이름을 누오도(穀於菟)라 하고 자(字)를 자문(子文)이라 하였다. 초나라 사람은 그를 호반(虎班)이라 하였고 그의 아들이 이를 호(號)로 삼았다. 진(秦)이 초나라를 멸망시킨 후 진(晉)과 대(代)의 사이로 옮겼는데 이로부터 반(班)을 씨로 삼았다."[186] 이에 따르면 반 씨가 성을 얻은 것은 진(秦)나라와 초나라 무렵이다. 이것이 그 하나의 예다. 동시에 춘추 시대 귀족들은 그 씨성의 장구함을 생명의 연속으로 여겨 이로부터 "죽어도 영원히 불멸하는 것"[187]이라는 위안을 얻었는데[원주19] 이 관념은 2천여 년 이상 지

---

186 『漢書』 권100 「敍傳」, "班氏之先, 與楚同姓, 令尹子文之後也. 子文初生, 棄於夢(雲夢)澤中, 而虎乳之. 楚謂乳穀, 謂虎於菟, 故名穀於菟, 字子文. 楚人謂虎班, 其子以爲號. 秦之滅楚, 遷晉代之間, 因氏焉." 이 대목은 『左傳』「宣公 4년」에도 보인다. "楚人爲乳穀, 謂虎於菟, 故命之曰鬪穀於菟, 以其女妻伯比, 實爲令尹子文."

속되었다. 중국인들은 "영생(永生)"을 요구하는 종교의 일부 역할을 성씨의 연속으로 대체했다고도 말할 수 있다. 동시에 성씨는 본래 사여에 의해 주어지는 것으로 그 자체가 원래 권력의 상징이었다. 이로부터 추론하면 한 개인의 성씨의 역사는 그의 신분 지위에 영향을 미칠 수 있으며, 영광스러운 성씨의 역사로 인해 일종의 전승(傳承)에 대한 책임감이 발생하기도 한다. 사마천이 『사기』「자서(自序)」에서 표현한 것은 바로 이러한 관념의 반영이었다. 이러한 관념은 또한 2천 년 동안 지속되어 한위육조(漢魏六朝) 및 당(唐)의 문벌 관념과, 보첩(譜牒) 편찬으로 조상들에게 반부(攀附)하거나 그들을 과장하는 풍조를 형성하였다. 상술한 두 가지 관념은 전국 시대에 들어와 보첩의 학문을 일으켰다. 사마천이 『사기』「삼대세표서(三代世表序)」에서 "그러한 역보첩(曆譜牒)과 (오덕의 순환에 의해 왕조가 교체된다는 이론을) 고증해 보니"[188]라 하고, 또 「십이제후년표서(十二諸侯年表序)」에서 "태사공은『춘추역보첩』[189]을 읽다가 [주나라 여왕(厲王)에 이르면 책을 덮고 탄식하지 않은 적이 없었다]"[190]라고 한 말로 미루어 보면, 역보첩은 모두 전국 시대에 나온 것이다. 비록 그 내용이 '역(曆)'은 제왕 및 제후의 연월을 기록하고 '보첩(譜牒)'은 그 세계(世系)와 시(諡)를 기록하여 후대의 이른바

---

187 『左傳』「襄公 24년」, "穆叔如晉, 范宣子逆之, 問焉曰, 古人有言曰, 死而不朽, 何謂也. …."

188 『史記』 권13 「三代世表序」, "余讀諜記, 黃帝以來皆有年數. 稽其曆譜諜終始五德之傳, …."

189 『춘추역보첩』: 서주 공화(共和) 원년(B.C.841)부터 주 경왕(敬王) 43년(B.C.476)까지 366년 간 춘추 시대 제후들의 연력(年歷)과 보첩(譜牒)을 연표로 작성하고 그에 대한 춘추학자들의 견해를 수록한 책이다.

190 『史記』 권14 「十二諸侯記年表序」, "太史公讀春秋曆譜諜, 至周厲王, 未嘗不廢書而歎也."

보첩과는 같지 않지만 성씨를 따라 작성했다는 점에서 훗날 사적인 보첩[私譜]의 효시가 되고 있다. 좌구명(左丘明)이 지은 것으로 전하는『세본(世本)』에「씨성편(氏姓篇)」이 있고 순황(荀況)이 지은 것으로 전하는『혈맥보(血脈譜)』【원주20】가 있는데 이들은 특히 보첩으로서의 면모를 뚜렷이 드러내고 있다. 그러나 전한 초까지 많은 평민들은 여전히 성씨가 없었다. 『사기』「자객열전(刺客列傳)」에 의하면 형가(荊軻)는 위(衛)나라에 있을 때는 사람들이 그를 경가(慶軻)라 불렀고, 연(燕)나라에 있을 때는 사람들이 그를 형가(荊軻)라 불렀다고 하니,[191]【원주21】그는 본래 성씨가 없었다는 것을 알 수 있다. 전대흔(錢大昕)의『십가재양신록(十駕齋養新錄)』권12「성씨(姓氏)」에서는 "한나라 고조는 평민으로 기의하여 태공(太公, 고조의 부친) 이상은 이름도 찾을 길 없는데 하물며 그 족성(族姓)이 나온 곳인들 알 수 있겠는가. 아구(娥姁, 여태후)는 황후가 되었는데도 어디 성(姓)인지 말하지 않았다. 씨를 성으로 삼는 것이 마침내 한 시대의 제도가 되었다"[192]라고 하였다. 살펴보건대 전 씨는, 성씨가 진화 과정에서 일찍이 혼동되어 하나가 된 것도 알지 못하고, 또 당시 평민은 성이 없었다는 사실에도 어두운 나머지 "당시 편호(編戶)들은 씨가 있다는 것은 알았으나 성이 있다는 것은 몰랐다"라고 잘못 생각하였다. 그러나 유방(劉邦)의 성 유(劉)는 유방에서 시작된 것으로 보이며 그의 주변에 족속(族屬)이 거의 없었던 이유도

---

191 『史記』 권86 「刺客列傳」에는 "荊軻者, 衛人也. 其先乃齊人, 徙於衛, 衛人謂之慶卿, 而之燕, 燕人謂之荊卿"이라 되어 있다.

192 錢大昕, 『十駕齋養新錄』 권12 「姓氏」, "漢高帝起於布衣, 太公以上, 名字且無可考, 況能知其族姓所出耶. … 娥姁爲皇后, 亦不言何姓. 以氏爲姓, 遂爲一代之制."

제6장 중국 성씨의 변천과 사회형식의 형성

이 때문이다. 그의 모친이 성을 갖고 있지 않은 것은 매우 분명하다. 그래서 『사기』「고조본기」에서는 "모친은 유온(劉媼)이라 한다"라고 적을 수밖에 없었는데 유온(劉媼)은 오늘날의 이른바 유씨 부인과 같은 말이다. 『사기』「평준서(平准書)」에는 "관리가 된 자는 근무지를 옮기는 일 없이 자손들을 길렀고, 관직에 오래 근무한 자는 관직명을 자신의 성호(姓號)로 삼았다"[193]라고 되어 있어 당시 초임 관리 중에 성씨가 없는 자도 있었음을 알 수 있다. 평민의 성은 대부분 자신이 임의로 정하고 그 선조에게는 성씨가 없었기 때문에 당시의 어떤 성은 조종(祖宗)의 혈통과 밀접한 관련이 없어 성의 부유성(浮游性)이 매우 컸다. 예를 들면 영포(英布)[194]는 경형(黥刑)을 받은 적이 있는데 『사기』에서는 그를 경포(黥布)로 칭하고 있다. 전천추(田千秋)[195]는 연로하여 작은 수레를 타고 입조하였는데 『한서』에서는 그를 차천추(車千秋)로 불렀다. 관부(灌夫)의 아버지 장맹(張孟)은 일찍이 영음후 관영(灌嬰)[196]의

---

193 『史記』권30「平準書」, "爲吏者長子孫(如淳曰, 時無事吏不數轉至于子孫長大而不轉職任), 居官者以爲姓號(如淳曰, 倉氏庾氏是也)."

194 영포(英布, ?-B.C.195): 전한 육(六, 안휘 六安) 사람. 본래 성(姓)은 영(英)이나 얼굴에 먹물을 새기는 경형(黥刑)을 당했기 때문에 경포(黥布)로도 불린다. 여산(麗山)에서 복역하던 중 탈출하여 진승(陳勝), 항우(項羽)를 거쳐 한나라로 귀순한 후 회남왕(淮南王)에 봉해졌으나 고조 11년(B.C.196) 반란을 일으켜 주살당했다.

195 전천추(田千秋, 車千秋, ?-B.C.77): 전한 풍익(馮翊) 장릉(長陵, 섬서 함양) 사람. 무제의 태자 유거(劉據)가 강충(江充)의 무고를 받아 강충을 죽이고 자살하자, 고조의 능참봉이었던 전천추가 태자의 원통한 사정을 무제에게 알려 재상에 임명되고, 소제 때는 노쇠함을 배려하여 작은 수레를 타고 궁중을 출입하게 했는데 사람들이 차승상(車丞相)이라 불렀고 자손들도 차(車)를 성으로 삼았다.

196 관영(灌嬰, ?-B.C.176): 전한 초기 저양(睢陽, 하남성 商丘市) 사람. 한나라 개국공신으로 여씨 일족의 주살과 문제(文帝) 옹립에 공을 세워 태위(太尉)로 승진하였다. 문제 3년(B.C.177)

사인(舍人)으로 들어갔다가 관영의 도움을 받아 관위가 이천석에 이르렀고 마침내 관(灌)씨 성을 받아 관맹(灌孟)이 되었다.[197]【원주22】『한서』「혹리전(酷吏傳)」에 의하면 "주양유(周陽由)는 그 부친이 조겸(趙兼)이다. 조겸은 회남왕의 이모부로서 주양후(周陽侯)에 봉해지자 주양(周陽)을 씨로 삼았다."[198] 안사고 주에서는 "마침내 조(趙) 성을 주양(周陽)으로 바꾸었다"라고 하였다. 위청(衛靑)[199]의 부친 정계(鄭季)는 평양후(平陽侯)의 (관리로 근무하다가) 평양후의 첩 위온(衛媼)과 통정하여 청(靑)을 낳았는데 그로 인해 "성을 가탁하여 위씨(衛氏)라고 하였다."[200]【원주23】 이러한 현상은 춘추 전기 이전이나 전한 이후의 성에 대한 관념으로는 설명할 수 없다. 성씨가 사회로 확대되었지만 아직 완성되지 않은 과도기적 현상을 설명하고 있다.

여기서 또 다른 문제를 제기하여 토론해야 한다. 성씨의 유래에 관해서는 대략 앞에서 말하였다. 그것은 전적으로 우리나라 역사 과정의 산물이다. 전한에는 율관을 불어 성을 정한다[吹律定姓]는 설이 있었

주발을 대신해 승상에 올랐다.

197 『史記』 권107 「魏其武安侯列傳」, "灌將軍夫者, 潁陰人也. 夫父張孟, 嘗爲潁陰侯嬰舍人, 得幸因進之至二千石, 故蒙灌氏姓爲灌孟."

198 『漢書』 권90 「酷吏傳」, "周陽由, 其父趙兼, 以淮南王舅, 侯周陽(師古曰, 封爲周陽侯), 故因氏焉(師古曰, 遂改趙姓而爲周陽也)."

199 위청(衛靑, ?-B.C.106): 전한 평양(平陽) 사람. 자는 중경(仲卿)이다. 아버지 정계(鄭季)가 평양후(平陽侯)의 가첩(家妾) 위온(衛媼)과 통정하여 그를 낳았는데 어머니의 성을 따랐다. 무제의 총애를 받은 누이 위자부(衛子夫, 衛皇后) 덕분에 관직이 태중대부(太中大夫), 거기장군(車騎將軍)을 거쳐 흉노정벌의 공으로 B.C.124년 대장군에 이르렀고, 뒤에 곽거병(霍去病)과 함께 대사마(大司馬)가 되었다.

200 『史記』 권111 「衛將軍驃騎列傳」, "大將軍衛靑者, 平陽人也. 其父鄭季, 爲吏給事平陽侯家, 與侯妾衛媼通生靑, 靑同母兄衛長子, 而姊衛子夫, 自平陽公主家得幸天子, 故冒姓爲衛氏."

다. 『백호통(白虎通)』 「성명(姓名)」편에서는 다음과 같이 말한다.

옛날에 성인은 율관을 불어서 성을 결정하여 종족을 변별하였다. 사람은 태어날 때 오상(五常)을 품고 나온다. 성(聲)에는 다섯 가지가 있으니 궁(宮)·상(商)·각(角)·치(徵)·우(羽)의 5성이 그것이다. [이것이 돌아가면서 서로 섞이면] 5×5의 25음조가 된다. 이것이 다시 사계절과 만나 변화를 낳으면 서로 다른 기(氣)와 특수한 가락의 음이 모두 갖추어지게 된다. 그러므로 성은 백 가지가 된다.[201]

살펴보건대 여기 『백호통』에 언급된 설은 사실 전한에서 시작되었는데, 아마도 음양오행의 우주관으로부터 파생된 것으로 보인다. 『태평어람(太平御覽)』 권16에서는 『효경원신계(孝經援神契)』를 인용하여 "성왕이 율관(律管)을 불어 성(姓)이 있게 되었다"[202]라고 하였고, 같은 책 권362에서는 『역류모(易類謀)』[203]를 인용하여 "황제(黃帝)가 율관을 불어서 성(姓)을 정하였다"[204]라고 하였다. 『한서』 「경방전(京房傳)」에서는 "경방은 본래 성이 이(李)였으나 음률을 추산하여 스스로 경(京) 씨라고 정하였다"[205]라고 하였는데 이것이 그 하나의 예다. 이러한 주장

---

201 『白虎通』 「姓名」, "古者聖人吹律定姓, 以紀其族. 人含五常而生, 聲有五音, 宮商角徵羽, (轉而相雜) 五五二十五, 轉生四時, 異氣殊音, 故姓有百也."

202 『太平御覽』 권16 「時序部」 1 '律', "孝經援神契曰, 聖王吹律定有姓."

203 『역류모(易類謀)』: 『역위시류모(易緯是類謀)』. 『주역』의 위서(緯書)이다. 『서류모(筮類謀)』라고도 하며 정현이 주(注)를 달았다. 『예문유취(藝文類聚)』, 『태평어람(太平御覽)』에 많이 인용되어 있다.

204 『太平御覽』 권362 「人事部」 3 '姓', "易類謀曰, 黃帝吹律以定姓."; 『白虎通』 「姓名」, "聖人吹律定姓以紀其族."

205 『漢書』 권75 「京房傳」, "房, 本姓李, 推律自定爲京氏."

은 완전히 역사적 사실에 반하는 것으로 왕충의『논형』「힐술(詰術)」편과 왕부(王符)의『잠부론(潛夫論)』「복렬(卜列)」편에서 사실(史實)에 근거하여 그 황당함을 규탄한 것은 당연한 일이었다. 그러나 이와 같은 터무니없는 설의 출현에도 반드시 역사 속의 현실적인 요구가 있게 마련이다. 전한이 대일통제국을 완성한 후 2백 년이라는 비교적 안정된 기간이 있었다. 2백 년간의 사회는 비록 무제가 변경에 무력을 남용하던 시기에 좌절을 겪었지만, 대체로 말하면 여전히 발전하는 과정이었다.『한서』「고혜문공신연표(高惠文功臣年表)」에서는 다음과 같이 말한다. "한나라가 흥기할 당시 큰 성과 이름난 도읍의 인민들은 뿔뿔이 흩어지고 도망하여 파악가능한 호구의 수는 겨우 열에 두셋이 고작이었다. 문제·경제의 사오십 년간 유민들이 돌아오고 호구수도 불어났다."[206]『한서』「지리지」에 기록된 원시(元始) 2년(A.D.6)의 인구수는 "민호(民戶) 12,233,062호, 인구 59,594,798명이었다." 그러나 실제의 인구수는 아마 8천만 가량에 이르렀을 것으로 추산된다.【원주24】성씨의 중요성이 사회로 확대됨에 따라 사람들은 너도나도 자신과 관련된 혈통의 성씨를 얻고자 하였다. 고대의 씨성을 미루어 자신의 성으로 삼을 수 있는 사람은 지식분자 중 극소수에 지나지 않았는데 예컨대 굴원·사마천이 그런 경우다. 또 직업이나 관직으로 성을 얻는 것은 그 범위가 매우 제한되어 있었다. 그래서 대충 편리한 대로 나름의 성씨를 정하는 자들이 평민의 다수를 차지했을 것이다. 양한 시대에

---

206 『漢書』권16「高惠高后文功臣表」, "漢興, 大城名都, 民人散亡, 戶口可得而數, 裁十二三. 及至文景四五世間, 流民既歸, 戶口亦息."

관찰되는 성명 중에 복성(複姓)이 특히 많고 또한 희귀하고 기괴한 명칭이 적지 않은 것은 바로 이 때문이다. 송나라 홍매(洪邁)[207]가 지은 『용재삼필(容齋三筆)』에 "한인희성(漢人希姓)"이란 항목이 있는데 대략 열거하면 일반적인 상황을 알 수 있다. 혈통과 관련된 자신의 성씨를 정하는 일은 매우 중대한 일이며 심지어 성스러운 일이라고도 할 수 있다. 일부 신진 지식인들은 영광스러운 선조를 끌어댈 수도 없고 구차하고 편리한 방식을 택하는 것도 달가워하지 않았는데, 당시는 음양오행설이 크게 유행하던 때라 그들은 "율관을 불어 성을 정하였다[吹律定姓]"라는 설을 제창하여 자기 성씨의 기원을 음양오행의 기화(氣化)로까지 확장함으로써 제왕·성현 위주의 역사체계를 대신하였다. 이렇게 하면 자신의 성씨가 직접 하늘로부터 부여받은 것임을 나타낼 수 있고, "고양(高陽) 임금의 후예여!"[208]라고 한 굴원에 비해서도 결코 손색이 없을 것이다. 이는 바로 "평지에 천둥이 치듯" 새로이 성씨를 정하려는 당시의 요구를 반영하고 있다. 왕부(王符)는 "지금의 속인들은 자신의 조상을 추기(推記)할 수 없자 도리어 성음(聲音)과 언어로 오행(五行)에 맞추려고 하는데 이보다 심한 오류는 없다"[209]라고 하여 일부 진실을 털어놓고 있다.

---

207 홍매(洪邁, 1123-1202): 남송 요주(饒州) 파양(鄱陽, 강서 파양) 사람. 자는 경려(景廬), 호는 용재(容齋)다. 고종 소흥 15년(1145) 박학굉사과(博學宏詞科)에 합격 후 지방관과 중서사인(中書舍人), 한림학사(翰林學士) 등을 역임하였다. 풍부한 학식을 바탕으로 방대한 저술을 남겼다. 북송의 『사조국사(四朝國史)』 편찬을 비롯하여 『용재수필(容齋隨筆)』, 『이견지(夷堅志)』, 『사기법어(史記法語)』 등이 있다.

208 屈原, 『離騷』, "帝高陽之苗裔兮."

209 『潛夫論』 「卜列」, "今俗人不能推紀本祖, 而反欲以聲音言語定五行, 誤莫甚焉."

8. 성씨 보급 후 사회구조의 변화

일본 쇼와[昭和] 10년(1934) 마키노 다쓰미[牧野巽] 박사가 『한학회잡지(漢學會雜志)』 제3권 제1기에 「한대 가족의 대소[漢代家族之大小]」라는 글을 발표한 이후로 일본 학술계에 한대 가족형태에 관한 연구 풍조가 일어나 한때 성행했던 적이 있다.【원주25】 그들이 비록 "가족(家族)"으로 연칭하고 있지만 일본에서 일반적으로 말하는 가족은 사실상 가(家)를 말할 뿐 족(族)에는 미치지 않는다. 그들은 한대의 가(家)의 형태를 둘러싸고 몇 가지 논쟁을 벌였는데, 이 논쟁에서 가장 중요한 것은 한대의 1가의 평균 인구는 5-6인 전후라고 주장하는 마키노 박사를 대표로 하는 견해이다. 다른 하나는 우쓰노미야 세이키치[宇都宮淸吉] 자신이 두 번째로 수정한 견해로서, 가(家)라는 것은 부모·처자·형제를 포함하는 삼족제(三族制)라고 주장하는 것이다. 삼족제 형태의 가(家)는 그 구성원이 당연히 5인에 그치지 않는다. 두 주장 간 논쟁의 관건은 부모 생존 시 형제가 분가하느냐 안 하느냐의 여부에 있었다. 1가 5인설은 『한서』「식화지(食貨志)」에 최초로 등장하는데, 이회(李悝)가 위(魏)나라 문후(文侯)를 위해 입안한 "지력을 철저히 이용하는 정책[盡地力之敎]"[210] 중에 "지금 1인의 장부(丈夫)의 토지로 5구(口)를

---

210 지력을 철저히 이용하는 정책[盡地力之敎]: 전국 시대는 각국이 부국강병을 위해 변법(變法)

부양한다"[211]라고 한 말 속에 보인다. 그 후 전한의 조조(鼂錯)가 문제(文帝)에게 "곡식을 납입하여 작을 받을 수 있도록 하는 상소[令民入粟受爵疏]"를 올린 글 속에서도 "지금 5인으로 구성된 농부 1가(家)에서 역(役)에 복무하는 자는 적어도 둘 이상이다"[212]라는 말이 있다. 하휴(何休)[213]의 『공양전』「선공(宣公) 15년」에서는 "부부가 전토 100무(畝)를 수전하여 부모처자를 양육하니 5구가 1가이다"[214]라고 하였고, 진(晉) 범녕(范寧)[215]의 『곡량전』「선공 15년」에 대한 주(注)에서는 "부부가 100무를 경작하여 5구를 기르니 5구는 부모처자이다"[216]라고 되어 있다. 5인 가정의 특징은 그 안에 형제가 포함되어 있지 않다는 점이

을 실시하였다. "盡地力之教"는 위(魏)나라 문후(文侯)에 의해 등용된 이회(李悝, B.C.455-B.C.395)가 마련한 토지제도 개혁안으로 그 내용은 두 가지로 요약된다. 첫째, 지력(地力)을 충분히 이용하여 농업생산량을 제고하고, 둘째 풍년에 평균가격으로 곡물을 구매했다가 곡가가 등귀할 때 평균가격으로 판매하여 곡가의 지나친 등귀와 하락을 막음으로써 농민의 생산의욕을 고취하는 것이다.

211 『漢書』권24上「食貨志」上, "今一夫挾五口, 治田百畝, 歲收畝一石半, 爲粟百五十石, 除十一之稅十五石, 餘百三十五石."

212 『漢書』권24上「食貨志」上, "今農夫五口之家, 其服役者不下二人, 其能耕者不過百畝, 百畝之收不過百石."

213 하휴(何休, 129-182): 후한 말기 임성(任城) 번(樊, 산동 兗州) 사람. 자는 소공(邵公). 태부(太傅) 진번(陳蕃)의 실각 후 연좌되어 10여 년 금고(禁錮) 생활을 보냈고 이후 사도부(司徒府) 속리, 의랑(議郎)을 거쳐 간의대부(諫議大夫)까지 올랐다. 저서로는 『공양전』을 바탕으로 『춘추』의 미언대의(微言大義)를 기술한 『춘추공양해고(春秋公羊解詁)』, 『공양묵수(公羊墨守)』, 『좌씨고맹(左氏膏肓)』 등이 있다.

214 『公羊傳』「宣公 15년」, "一夫一婦, 受田百畝, 以養父母妻子, 五口爲一家."

215 범녕(范寧, 339-401): 동진 남양(南陽) 순양(順陽, 하남 淅川) 사람. 자는 무자(武子). 임회태수(臨淮太守), 중서시랑(中書侍郎) 등을 역임하였다. 유학을 숭상하고 청담(淸談)과 현학(玄學)을 비판하면서 왕필(王弼), 하안(何晏)의 죄가 걸주(桀紂)보다 크다고 하였다. 저서에 『춘추곡량전집해(春秋穀梁傳集解)』가 있다.

216 『穀梁傳』「宣公 15년」, 范寧注, "一夫一婦, 佃百畝, 以共五口, 父母妻子也."

다. 원래 한 가족의 인구는 끊임없이 변화한다. 수확의 풍흉과 정치의 치란(治亂), 가장의 능력과 성품, 그리고 풍속의 돈후함과 박함 등은 모두 한 가정에 모일 수 있는 사람 수에 영향을 미친다. 그러나 그 가운데에는 혈통에서 비롯된 자연스러운 감정과 생산에서 비롯된 자연스러운 제약도 있으며, 유가의 윤리도덕은 모두 인간의 자연스러운 감정에 순응하여 가르침을 세운다. 가정의 인구수는 비록 머물러 있지 않고 변동하지만, 인정이 자연적으로 발전하고 환경이 비교적 안정적인 상황에서는 비정상적인 상태 중에서도 정상적인 상태가 없었던 적이 없다. "5구의 가(家)"는 이러한 정상적인 상태를 대표하지 못한다. 부모가 죽은 후에야 형제가 분가한다는 것은 윤리와 인정상 공통된 요구 사항으로, 현실적으로는 반드시 그렇지 않을지라도 부모가 죽기 전에는 반드시 형제지간을 유지해야 하며 도저히 유지할 수 없을 때 비로소 분가를 하는 것이 일반 가정의 정상적인 모습이다. 형제가 분가하기 이전의 1가의 인구수는 결코 5명에 그치지 않는다. 『사기』「진승상세가(陳丞相世家)」에서는 "젊은 시절 집이 가난했지만, … 30무의 땅이 있었는데 홀로 형 진백(陳伯)과 함께 살았다"[217]라 하였고, 「소진열전(蘇秦列傳)」에는 "(본국을 떠나 여러 해를 유세하였으나 큰 곤란을 겪고 집으로 돌아왔다.) 형제, 형수, 누이동생, 아내, 첩이 모두 속으로 그를 비웃었다"[218]라 되어 있다. 『한서』「동방삭전(東方朔傳)」에서는 "신 동방삭은 어려서 부모를 여의고 형수에게 양육되었습니다"[219]라고 하였다.

217 『史記』 권56 「陳丞相世家」, "少時家貧, … 有田三十畝, 獨與兄伯居."
218 『史記』 권69 「蘇秦列傳」, "兄弟嫂妹妻妾, 竊皆笑之."

제6장 중국 성씨의 변천과 사회형식의 형성

『후한서』「순리열전(循吏列傳)」‘제오방(第五訪)’전에서는 "… 젊은 시절 외롭고 가난했지만 늘 품팔이 농사를 지어 형수를 봉양하였다"[220] 라 하고 있다. 이상은 바로 형제 동거의 사례들이다. 맹자는 양혜왕(梁惠王)에게 "저들이 백성의 농사철을 빼앗아 밭 갈고 김매어 부모를 봉양할 수 없게 만들면 부모가 헐벗고 굶주리게 되며 형제와 처자식이 흩어지게 될 것입니다"[221]라고 말하였다. 이것도 형제를 가정 구성의 기본요소로 간주한 예이다. 또한 5구의 가정이면 자녀를 한 명만 낳아야 하는 계산이 나오는데, 만약 부부 2인이 자녀를 한 명만 낳는다면 인류는 앞으로 점차 멸종되고 말 것이다. 부모가 죽지 않고 자녀가 2, 3인 있는 것도 사회적으로 정상적인 상태이다. 이렇게 계산해도 1가의 인구는 5인에 그치지 않는다. 이회(李悝)로부터 약 80년 뒤 맹자는 두 차례에 걸쳐 "8구의 가[八口之家]"【원주26】를 언급하고 있는데, 8인의 가정이 바로 정상적인 인구이다. 이회는 "1인의 장부(丈夫)의 토지로 5구를 부양한다[一夫挾五口]"라고 말하면서도 이 5구의 구성분자에 대해서는 설명하지 않았다. 그것은 아마도 전국 초기의 대략적인 인구수일 것이다. 법가에 조예가 있는 조조(鼂錯)의 말은 이회의 말을 전고(典故)로 하여 나왔을 가능성이 크다. 하휴(何休)와 범녕(范寧) 등의 말은 다시 조조의 말을 전고로 하여 대대로 전해진 말일 가능성이 크며 조사통계의 결과로 나온 것은 아니다.

---

219 『漢書』 권65 「東方朔傳」, "臣朔少失父母, 長養兄嫂."
220 『後漢書』 권76 「循吏列傳」, ‘第五訪’, "… 少孤貧, 常傭耕以養兄嫂."
221 『孟子』 「梁惠王」上, "彼奪其民時, 使不得耕耨, 以養其父母, 父母凍餓, 兄弟妻子離散."

더 중요한 것은 한대의 가정 형태에 대한 일본학계의 연구는 한대 사회의 특색을 드러내기에 충분치 않다는 점이다. 왜냐하면 한 가정의 단위는, 상앙(商鞅)²²²이 농사와 전쟁을 목적으로 특별히 소(小) 가정을 주장한 것을 제외하면, 인정에 따라 자연스럽게 형성된 가정은 한대와 전국시대가 그리 멀지 않을 것이기 때문이다. 선진 시대와 대비한 한대의 가장 큰 특색은 전국 시대 평민들의 성(姓) 제정을 이어 계속 발전하여 평민의 성씨를 완성했다는 점에 있다. 즉, 대체로 전한의 선제·원제·성제 시대에 이르면 천하가 비교적 안정되고 사람마다 모두 자신의 성씨를 갖게 된다. 성(姓)이 없으면 가정[家]은 있어도 족(族)이 없고, 성이 있으면 그 성을 가진 사람 모두 족을 갖게 된다. 족이 없는 가정은 빈한하고 허약하여 쉽게 좌절하고 영락한다. 족이 있는 가정은 족이 가정을 보호하는 성곽이 되고 강인한 자치체가 되어 가정과 개인이 환난에 처했을 때 방위와 생존투쟁의 역량을 증가시킨다. 그러므로 춘추 말기 이전까지는 중국사회가 귀족의 씨족을 골간으로 하고 있었고, 춘추 말기부터 평민의 "족성(族姓)"이 출현하기 시작하여 전한에 이르러 발전을 완성하게 된다. 전한에서는 족성을 "종족(宗族)"으로 부르거나 "종(宗)"으로 약칭하기도 하는데 이는 여전히 종법제도의 여

---

222 상앙(商鞅, B.C.395년경-B.C.338): 위앙(衛鞅) 또는 공손 앙(公孫鞅)이라고도 한다. 성은 희 (姬), 씨(氏)는 공손(公孫), 이름은 앙(鞅)이다. 진(秦) 효공(孝公) 때 변법(變法)의 책임자로 발탁되어 두 차례에 걸쳐 부국강병을 위한 대개혁을 단행함으로써 후일 진제국(秦帝國) 성립의 기반을 구축하였다. 20년간 재상을 지내면서 엄격한 법치주의로 나라를 강국으로 성장시켰으나 한편으로는 많은 사람들의 원한을 샀다. B.C.338년 효공이 죽고 아들 혜문왕(惠文王)이 즉위하자 상앙은 반대파들에 의해 반역죄로 몰려 거열형(車裂刑)에 처해졌다. 저서로『상군서(商君書)』가 있다.

서(餘緒)를 따르고 있다. 개략적으로 말해 전한 시대부터 중국은 평민 종족이 사회의 골간을 형성하기 시작하였다. 그것은 역사 발전의 대관 건이자 우리나라 사회사 연구의 대관건이기도 하다.

상술한 상황은 진(秦)·초(楚) 사이 호걸(豪傑)들의 봉기 상황과 왕망 시기 호걸들의 봉기 상황을 비교해 보면 명확히 알 수 있다.

진(秦)이 6국을 멸망시킬 때 제(齊)나라는 비교적 공격을 덜 받은 편 이었고 6국 중 나중에 멸망하였으며 또 관중과의 거리도 멀었기 때문 에 군웅들이 동시다발로 일어날 때 겨우 제나라의 전담(田儋)[223]·전영 (田榮)[224]·전횡(田橫)[225] 형제만이 의지할 만한 호족들을 거느리고 있 었다.【원주27】 그 밖에 진승(陳勝)[226]과 오광(吳廣)[227]은 수졸에 의지하였

223 전담(田儋, ?-B.C.208): 전국 시대 제왕(齊王) 전씨(田氏)의 종친으로 종제(從弟) 전영(田榮), 전횡(田橫)과 함께 현지의 현령을 죽이고 제왕(齊王)이 되었다.
224 전영(田榮, ?-?): 진섭(陳涉)이 봉기한 후 종형인 전담과 제나라에서 봉기하여 옛 땅을 수복하 여 다시 제나라를 세웠다. 처음에 상국(相國)으로 있다가 자립하여 제왕(齊王)이 되었다. 그 러나 곧 항우의 대군에게 패하여 도피했다가 피살되었다.
225 전횡(田橫, ?-B.C.202): 제왕 전영(田榮)의 동생. 전담(田儋)과 전영이 죽자 병사를 수습하여 전영의 아들 전광(田廣)을 제왕으로 삼고 자신은 상(相)이 되었다. 전광이 한신(韓信)에게 죽 임을 당한 후 자립하여 왕이 되었다. 유방이 즉위하자 부하 5백여 명과 함께 섬에 들어가 살았 는데, 뒤에 고조의 부름을 받고 가던 중 낙양 부근에서 자결하였다. 섬에 남아 있던 5백 명도 소식을 듣고 모두 자결하였다.
226 진승(陳勝, ?-B.C.208): 진(秦)나라 말기 양성(陽城, 하남 登封) 사람. 자는 섭(涉)이다. 고농 (雇農) 출신으로 B.C.209년 장성 건설에 징발되어 둔장(屯長)으로서 900명의 일행과 함께 어 양(漁陽)으로 출발했으나 폭우를 만나 기일 내 도착이 불가능하자 동료 오광(吳廣)과 함께 900명의 무리를 이끌고 반란을 일으켰다. 장초(張楚)라는 나라를 세우고 6개월간 왕을 자처 하였다.
227 오광(吳廣, ?-B.C.208): 자는 숙(叔), 양하(陽夏, 하남 太康) 사람이다. 빈농 출신으로 진승과 함께 무리를 이끌고 반란을 일으켰다. 장초(張楚) 건립 후 진승은 왕이 되고 오광은 왕을 대리 하는 가왕(假王)이 되어 장수들을 감독하였으나 휘하 장수에게 죽임을 당했다. 오광의 죽음

고, 항량(項梁)과 항적(項籍)은 강동의 자제들에 의지하였으며, 진영(陳

嬰)²²⁸은 동양(東陽)의 젊은이들에 의지하였고, 유방(劉邦)은 도졸(徒卒)

10여 명에 의지하였다. 팽월(彭越)²²⁹은 소택지의 젊은이들에 의존하

였다. 경포(黥布)²³⁰는 강에 있는 군도(群盜)들에 의지하였고, 역상(酈

商)²³¹은 고양(高陽)의 젊은이들에 의지하였다. 나머지는 모두 단신으

로 다른 사람에게 의부하였으며 종족에 의지하여 일어났던 자는 없었

다. 『사기』「소상국세가(蕭相國世家)」에 의하면 유방은 "또한 제군들

은 혼자 몸으로 나를 따랐고 많아야 두세 명이다. 지금 소하(蕭何)는

종족[宗] 수십 명을 거느리고 와서 모두 나를 따라 전투를 치렀다"²³²라

으로 농민군은 크게 동요하였다.

228 진영(陳嬰, ?-B.C.184): 동양현(東陽縣)의 영사(令史)로 있다가 동양현의 젊은이들이 그 현령
    을 죽이고 수령으로 추대하였고, 다시 왕으로 추대하였으나, 진영의 모친의 반대로 군사들을
    거느리고 항량에게 귀속하였다. 고조 6년(B.C.201), 항우가 죽자 한나라로 가서 예장·절강
    일대를 평정하였다.

229 팽월(彭越, ?-B.C.196): 전한 산양(山陽) 창읍(昌邑) 사람. 거야(鉅野)의 연못에서 고기를 잡
    으며 살았다. 진(秦) 말에 거병하여 처음에 항우 휘하로 들어갔으나 항우가 자신의 공로를 인
    정하지 않는다고 생각하고 유방에게 투항하였다. 유방을 도와 초나라를 공격하여 초나라의
    식량 보급로를 끊는 등 여러 차례 공을 세웠으며, 특히 해하(垓下)에서 항우를 격멸하는 큰 공
    을 세운 후 양왕(梁王)에 봉해졌다. 고조 10년(B.C.197) 반란의 의심을 받아 촉(蜀)으로 옮겨
    지던 중 여후(呂后)의 모함으로 고조 11년 삼족이 멸족되었다.

230 경포(黥布, 英布, ?-B.C.195): 본래 성(姓)은 영(英)이나, 경형(黥刑)을 당했기 때문에 경포로
    도 불린다. 여산(驪山)에서 복역하던 중 탈출하여 도적질을 일삼다가 거병하였다. 나중에 항
    우의 휘하에 들어가 공을 세우고, 다시 한나라로 귀순하여 항우 격파에 공을 세운 후 회남왕
    (淮南王)에 봉해졌다. 고조 11년(B.C.196) 모반의 혐의를 받게 되자 반란을 일으켰으나 실패
    하여 주살당했다.

231 역상(酈商, ?-B.C.180): 역이기(酈食其)의 동생. 진류(陳留) 고양(高陽, 하남성 杞縣) 사람. 진
    승이 거병하자 역상은 군사 4천여 명을 모집하여 유방에게 귀속한 후 많은 전투를 치렀고, 이
    후에도 혁혁한 전공으로 양나라 상국(相国), 우승상(右丞相)에 오르고 탁후(涿侯)에 봉해졌
    다가 뒤에 곡주후(曲周侯)로 개봉되었다.

고 하며 이로써 공적의 고하를 정하려 했는데, 사실 소하는 종족이 있었고 다른 사람들은 종족이 없었다. 게다가 소하의 종족이라 해봐야 수십 명에 지나지 않았다. 『사기』「형연세가(荊燕世家)」에서는 "형왕(荊王) 유가(劉賈)는 유씨 중의 어느 계통에 속하는지 알지 못한다"라 하였고 또 "형왕(荊王) 유택(劉澤)은 유씨 중의 먼 혈족이다"[233]라고 하였다. 유방 역시 형제 4인을 제외하고는 종족이 없었다.

군웅들이 동시다발로 일어나 왕망(王莽)을 멸망시킬 때는 상황이 일변한다. 기의(起義)로 왕망을 멸망시킨 세력은 크게 두 가지로 대별할 수 있다. 하나는 정치야심이 없는 굶주린 백성들이다. 이들 굶주린 백성들은 진(秦)·초(楚) 과도기[234]의 젊은이[少年]들과는 완전히 다르다. 진·초 과도기의 그들은 "진영(陳嬰)을 세워 왕으로 삼으려 했던"[원주28] 젊은이들이었으나, 왕망 때의 굶주린 백성들은 "무리가 수만에 이르렀지만 (제왕을 세우지 않고) 멋대로 거인(巨人)·종사(從事)·삼로(三老)·제주(祭酒)를 칭하였으며, 감히 성읍을 공략하지는 못하고 주변을 돌아다니며 약탈로 식량을 구하지만 그날이 지나면 다 없어졌다."[235][원주29] 또 하나의 세력은 민간의 야심가들로, 그들이 기의를 위해 의지한 사

---

232 『史記』 권53 「蕭相國世家」, "且諸君獨以身隨我, 多者兩三人. 今蕭何舉宗數十人皆隨我."

233 『史記』 권51 「荊燕世家」, "荊王劉賈者, 諸劉. 不知其何屬.", "荊王劉澤者, 諸劉遠屬也."

234 진(秦)·초(楚) 과도기: 진나라의 멸망에서 한나라의 흥기에 이르기까지 즉 진(秦) 이세(二世) 3년 이후부터 유방이 황제를 칭한 B.C.202년까지의 5년간을 말한다. 서복관은 이 개념을 『史記』 권16 「秦楚之際月表序」에서 가져왔다. 사마천은 그 기간 동안의 정치적 주체가 한나라가 아닌 초(楚)나라에 있다고 보고 표의 제목을 '진한지제(秦漢之際)'라 하지 않고 '진초지제(秦楚之際)'라고 하였다.

235 『漢書』 권99 「王莽傳」, "衆雖萬數, 擅稱巨人從事三老祭酒, 不敢略有城邑, 轉掠求食, 日闋而已."

람은 대부분 종족과 빈객(賓客)들이었다. 예를 들어 후한 광무제 유수(劉秀)가 군사를 일으킬 때의 상황을 보면 다음과 같다. "처음에, [광무제의 형 유연(劉縯)이 용릉(春陵)에서 군사를 일으킬 때 유연이 직접 용릉의 자제들을 징발하니] 제가(諸家)의 자제(子弟)들이 두려워하여 모두 도망해 숨으면서 말하기를 '백승(伯升)【유수의 형】이 나를 죽이려 한다'라고 하다가 광무제가 붉은 옷을 입고 큰 관을 쓰고(장군의 복장이다) 있는 것을 보고는 … 이에 점차 스스로 안정되었다."[236] "군사들에게 재물을 나누어 주는 것이 고르지 못하자 사람들이 분개하여 도리어 유씨들을 공격하려고 하였다. 광무제가 종인(宗人)들이 얻은 재물을 거두어들여 전부 그들에게 주자 사람들이 기뻐하였다."[237]【원주30】위의 두 자료를 같이 놓고 보면 이른바 "제가(諸家)의 자제(子弟)들"은 유수의 종족의 자제들로 보는 것이 맞다. 또 "창성 사람 유식(劉植), 송자 사람 경순(耿純)은 각각 종친자제(宗親子弟)들을 거느리고 그 현읍(縣邑)을 근거지로 삼아 광무제를 받들었다."[238]【원주31】라고 하였다. 『후한서』「음식(陰識)열전」에서는 "음식의 자는 차백(次伯)이다. … 유백승(劉伯升)이 의병을 일으키자 음식은 당시 장안에 유학하고 있다가 이 소식을 듣고는 학업을 내던지고 돌아가 자제·종족·빈객 천여 명을 이끌고 유백승

---

236 『後漢書』권1上「光武帝紀」上, "初, 諸家子弟恐懼, 皆亡逃自匿曰, 伯升(劉秀之兄)殺我. 及見 光武絳衣大冠 … 乃稍自安."

237 『後漢書』권1上「光武帝紀」上, "軍中分財物不均, 衆恚恨, 欲反攻諸劉, 光武斂宗人所得物, 悉 以興之, 衆乃悅."

238 『後漢書』권1上「光武帝紀」上, "又昌城人劉植, 宋子人耿純, 各率宗親子弟, 據其縣邑, 以奉光 武."

제6장 중국 성씨의 변천과 사회형식의 형성

에게로 나아갔다"[239]라고 하였다. 「잠팽(岑彭)열전」에서는 "잠팽은 이어서 한흠(韓歆)은 남양(南陽)의 대인(大人)으로 가히 쓸 만한 사람이라고 말했다"라 하였는데 그 주(注)에 "대인은 대가(大家), 호우(豪右)를 말한다"[240]라고 하였다. 또 「경순(耿純)열전」에는 "경순은 종형제인 경소(耿訴)·경숙(耿宿)·경식(耿植)과 함께 종족과 빈객 2천여 명을 거느리고 … 육(育)에서 광무제를 받들어 맞이하였다"[241]라고 하였다. 위와 같은 상황은 한 경제(景帝) 이후 토지의 집중으로 대지주가 출현하고 이들 대지주들은 왕망의 왕전(王田) 정책에 반대했다는 사실과도 당연히 관계가 있다. 그러나 이것은 이 시기 사회 각지에 출현한 빈객의 힘을 설명할 수 있을 뿐이다. 왜냐하면 대지주는 그만한 힘을 갖고 있었고 또 빈객을 기를 필요도 있었기 때문이다. 그러나 그들이 어떻게 종족의 힘을 빌릴 수 있었는지는 설명하지 못한다. 그들이 종족의 힘을 빌릴 수 있었던 것은 성씨의 보급으로 혈통의 관계가 지속, 확대되면서 사회시스템 안으로 편입되었기 때문이다.

위에 인용한 예들은 단지 특례로 볼 것이 아니라 종족이 사회에 광범위한 힘을 발생시켰음을 반영한 것이라고 보아야 한다. 아래의 『후한서』중의 자료들을 보기로 하자.

---

239 『後漢書』권32 「陰識列傳」, "陰識字次伯, … 及劉伯升起義兵, 識時游學長安, 聞之, 委質而歸, 率子弟宗族賓客千餘人, 往詣伯升."

240 『後漢書』권17 「岑彭列傳」, "彭因言韓歆南陽大人, 可以爲用(注: 大人, 謂大家豪右)."

241 『後漢書』권21 「耿純列傳」, "純與從兄弟訴·宿·植, 共率宗族賓客二千餘人 … 奉迎(迎光武)於育."

"그때(적미의 난) 삼보(三輔) 지방에 크게 기근이 들었는데 … 백골이 들판을 뒤덮었고, 남아 있는 자들이 종종 한데 모여 보루를 쌓고[營保] 굳게 지켰다."[「유현(劉玄) · 유분자(劉盆子)열전」][242]

"당시 적미(赤眉)와 연잠(延岑)이 삼보(三輔) 지방을 휩쓸고 있었는데, 군현의 대성(大姓)들은 각기 자신의 군대를 옹유하고 있었으나, 대사도(大司徒) 등우(鄧禹)는 난을 평정할 수가 없었다."[「풍이(馮異)열전」][243]

"각지에 보루를 쌓고 지키며 앞서 연잠(延岑)에게 귀부했던 자들이 모두 풍이(馮異)에게 투항하였다."(위와 같은 곳)[244]

"다시 돌아서 여회(呂賄)를 격파하였는데, 보루를 쌓고 지키다가 투항한 자들이 매우 많았다."(위와 같은 곳)[245]

"여러 장령 중에 그(풍이)와 공을 다투려는 자가 있어, 제(광무제)가 이를 걱정하다가 새서(璽書)를 내려 말했다. … 북지(北地)에서 보루를 쌓고 지키는 자들은 군대를 멈추고 관망하고 있다. …."(위와 같은 곳)[246]

"이때 격현(鬲縣)【지금의 덕주(德州) 서북】의 5개 대성(大姓)들이 함께 지방관리들을 축출하고 성을 점거하여 반란을 일으켰다."[「오한(吳漢)열전」][247]

---

242 『後漢書』 권11 「劉玄 · 劉盆子列傳」, "時三輔大饑 … 白骨蔽野, 遺人往往聚爲營保."
243 『後漢書』 권17 「馮異列傳」, "時赤眉延岑, 暴亂三輔. 郡縣大姓, 各擁兵衆, 大司徒鄧禹不能定."
244 『後漢書』 권17 「馮異列傳」, "諸營保守附岑(延岑)者, 皆來降歸異(馮異)."
245 『後漢書』 권17 「馮異列傳」, "還擊破呂賄, 營保降者甚衆."
246 『後漢書』 권17 「馮異列傳」, "諸將或欲爭其功, 帝患之, 乃下璽書曰 … 北地營保, 按兵觀望 …"
247 『後漢書』 권18 「吳漢列傳」, "時鬲縣(在今德州西北)五姓共逐守長, 據城而反." 당 이현(李賢)

"오교(五校)【하북의 봉기 집단의 하나】가 군사들을 거느리고 퇴각하여 어양(漁陽)으로 들어가면서 지나는 곳을 노략질하였다. 진준(陳俊)이 광무제에게 말하기를 '칙령을 내려 경기(輕騎)들을 도적들보다 앞서 보내어 백성들로 하여금 각자 보루를 단단히 지켜 그 식량을 (도적들이 취하지 못하게) 끊어야 합니다'라고 하였다. … 광무제가 그 말이 옳다고 여겨 진준을 파견하였다. … 사람들이 쌓은 오벽(塢壁)이 아주 견고한 것을 보고, 굳게 지키도록 하였다."[「진준(陳俊)열전」][248]

"당시 태산의 호걸들은 대부분 병사들을 옹유하고 장보(張步)와 연합하였다."(위와 같은 곳)[249]

"건무 8년 상【광무제】을 따라 농(隴)으로 갔다. 다음 해 중랑장 내흡(來歙)과 군사를 나누어 안정(安定)과 북지(北地)의 여러 영보(營保, 보루)들을 순행하였다."[「경엄(耿弇)열전」][250]

"당시 단향(檀鄕)과 오루(五樓)의 적병들이 번양(繁陽)과 내황(內黃)에 들어왔고, 또 위군(魏郡)의 대성(大姓)들이 누차 태도를 번복하였다."[「요기(銚期)열전」][251]

"호(鄗)에 이르러 세조(광무제)는 역참에 머물렀다. 호(鄗)의 대성(大姓) 소

의 주에 "故城在今德州西北"이라 하였으므로 '지금(今)'은 당대를 가리킨다.

248 『後漢書』권18 「陳俊列傳」, "五校(在河北蜂起中的一支)引退入漁陽, 所過虜掠. 俊(陳俊)言於光武曰, '宜令輕騎出賊前, 使百姓各自堅守壁, 以絶其食 …' 光武然之, 遣俊 … 視人壁堅完者使固守."

249 『後漢書』권18 「陳俊列傳」, "是時太行山豪傑多擁衆與張步連兵."

250 『後漢書』권19 「耿弇列傳」, "八年(建武)從上(光武)隴. 明年, 與中郎將來歙分部徇安定北地諸營保, 皆下之."

251 『後漢書』권51 「銚期列傳」, "時檀鄕五樓賊入繁陽內黃, 又魏郡大姓數反覆."

공(蘇公)이 배반하여 성문을 열고 왕랑(王郎)을 들여보냈다."[「경순(耿純)열전」][252]

당시 평민들은 보루를 쌓아 스스로를 지켰으며 이들은 모두 종족을 골간으로 형성되었다. 이것 또한 전국 시대에서 진(秦)·초(楚) 과도기까지 출현할 수 없었던 현상이다. 왜냐하면 당시는 아직 많은 사람들이 성(姓)을 갖고 있지 않았고, 성이 있더라도 성을 획득한 시간이 오래되지 않아 종족의 세력이 강고하지 못하여 사회적으로 이러한 혈통에 의한 결속력을 발휘할 수 없었기 때문이다. 더군다나 후한 이후로는 거의가 상란(喪亂)의 시기였으므로 인민들이 종족을 골간으로 운용하는 보루가 자위(自衛)의 기본방식이었다. 돌아가신 스승 왕계향(王季薌) 선생이 지은 『기황사십팔채기사(蘄黃四十八寨紀事)』[253]라는 글이 있다. 내 고향 희수현(浠水縣, 호북성 황강시)에는 우리 마을을 에워싸고 둘레 15km 이내에 사망산채(四望山寨), 첨복사채(添福寺寨), 야학산채(野鶴山寨), 영무산채(英武山寨), 소령산채(小靈山寨), 대기산채(大崎山寨) 등이 분포해 있는데, 산의 형세에 따라 돌을 쌓아 보루를 만들면 산봉

---

252 『後漢書』 권21 「耿純列傳」, "及至鄗, 世祖止傳舍. 鄗大姓蘇公反, 城開門納王郎."

253 왕계향(王季薌, 1869-1944): 왕보심(王葆心). 자는 계향(季薌), 호는 회당(晦堂)이다. 호북성 나전(羅田) 사람. 무창(武昌)사범대학 교수, 무한(武汉)대학 교수를 역임했다. 저본에는 "왕계상(王季湘)"으로 되어 있는데 계향(季薌)으로 고쳤다. 『기황사십팔채기사([蘄黃四十八寨紀事)』는 명말청초 청나라 초년에 호북성 나전(羅田)의 왕화정(王火鼎)과 마성(麻城)의 주승모(周承謨) 등이 사람들을 모아 청나라에 저항하는 내용의 역사소설이다. 기황[蘄黃, 청 이전 기주(蘄州)·황주(黃州) 지역]에 크고 작은 산채(山寨) 300여 개를 빽빽하게 세워 채성(寨城), 채보(寨堡)를 건립하였으며 그중 가장 유명한 산채 48개를 "기황사십팔채(蘄黃四十八寨)"라 부른다. 주로 나전(羅田), 황강(黃岡), 마성(麻城), 황매(黃梅)에 분포해 있다.

우리를 둘러싼 산성이 된다. 각 성채는 산 주변의 여러 종족(宗族)이 힘을 합쳐 축조하여 사용하였으며, 그중 가장 큰 종족을 추대하여 채주(寨主)로 삼았다. 사망산채는 서성(徐姓)을 채주로 추대하였다.

9. 효(孝)를 중심으로 한 윤리관념의 보급과 종족의 기능

가(家)의 정신적 유대는 효(孝)다. 가에서 족(族)으로 확장되면 족을 하나로 묶어 주는 정신적 유대로서 더욱더 효가 필요하다. 앞서 말했듯이 춘추 말기는 평민들이 성(姓)을 갖기 시작하는 시대, 즉 평민들이 족(族)을 갖기 시작하는 시대이다. 공자는 평민 신분으로 사회에 교의를 세우는 동시에 효를 귀족으로부터 사회로 확장해 나갔다. 『논어』라는 책은 효를 인간의 기본 덕목으로 삼고 있다. 성을 중심으로 하는 족의 발전은 계속 강화되어 전국 중기 이후로는 제자백가들 거의 모두가 다양한 각도에서 효의 문제를 거론하고 있다. 『맹자』라는 책은 효에 관한 분량이 『논어』보다 많다. 『효경』은 『맹자』 이후 『여씨춘추(呂氏春秋)』 이전에 성립된 책으로 이미 『여씨춘추』와 육가(陸賈)[254]의 『신어(新語)』에 인용되고 있다. 그 책은 전국 중기 이후 현재 이름을 알 수 없는 한 유생(儒生)이 당시의 사회적 수요에 부응하여 편찬한 통속적인 효(孝) 교과서이다. 『관자(管子)』는 제(齊)·노(魯) 지방에서 나

---

254 육가(陸賈, ?-?): 전한 초(楚) 사람. 유방의 전국 통일에 기여하였다. 고조가 진(秦)의 멸망 이유에 대해 묻자 『신어(新語)』 12편을 지어 올렸다. 왕도정치를 존중하고 패도정치를 배격했으며 정치의 요체는 수신(修身)에 있다고 하였다.

제6장 중국 성씨의 변천과 사회형식의 형성

온 정치 총서이다. 그중 관자가 제나라를 통치한 일에 관한 자료를 제외하면 주로 전국 중기 이후부터 전한 초에 이르는 시기에 성립되었으며, 책 전반에 걸쳐 효제(孝悌)와 농사를 강조하여 전한 초 정치에 막대한 영향을 주었다.[원주32] 한나라는 문제(文帝) 때부터 특히 효제(孝悌)를 강조했는데 이는 정치적 의미도 있지만 사회적 의미도 있다. 정치적 의미를 보면, 한 초에 이성(異姓)의 왕후(王侯)를 제거한 뒤 대대적으로 동성(同姓)의 친속을 왕후로 봉하고 효의 관념으로 이들을 결속시키고자 하였다. 혜제부터는 모두 효(孝) 자를 시호에 추가하였는데 예를 들면 효혜제(孝惠帝)·효문제(孝文帝)·효경제(孝景帝) 따위가 그것이다. 사회적 의미를 보면, 성의 보급에 따른 종족의 보급에 부응하여 효의 관념을 종족의 정신적 유대로 삼을 필요가 있었다. 무제 때 기후(祁侯) 증타(繒它)는 양왕손(楊王孫)[255]에게 보내는 편지에서 『효경』을 인용하고 있는데, 이는 『효경』이 당시 이미 사회에 널리 통용되어 사람들로부터 존중받고 있었고 그래서 그 책을 전거로 인용하여 다른 사람을 설복시키려 했던 사정을 반영한다. 이후 『효경』의 지위는 점차 제고되어 『논어』와 대등한 정도가 되었다. 후한에 이르러 『효경』

---

255 양왕손(楊王孫, ?-B.C.133): 전한 한중(漢中) 성고(城固) 사람. 무제 때 황로술(黃老術)을 신봉하고 양생법(養生法)을 연구한 것으로 전한다. 임종 전 자식에게 자신을 나장(裸葬, 부장품을 넣지 않고 시신만 묻는 간소한 장례)할 것을 부탁했는데, 후장(厚葬)의 풍습을 지키려던 자식들이 기후(祁侯)에게 설득을 부탁하여 기후가 후장을 권하는 글을 보냈으나, 양왕손은 「논나장서(論裸葬書)」를 지어 기후와 자식들을 모두 굴복시켰다. 그에 의하면 후장은 고법(古法)을 벗어나고 자연을 거스르는 일이며, 재물을 지하에 묻기 때문에 죽은 자에게 근본적으로 아무런 이익이 없을 뿐 아니라, 도적에게 도굴당해 시신이 들판에 드러나는 원인이 된다고도 보았다.

은 『시』, 『서』, 『역』, 『예』, 『춘추』와 함께 칠경(七經)으로 불렸는데 이는 결코 우연이 아니다.

평민 종족이 사회에 보급되면서 종족의 기능에 대해 『백호통(白虎通)』 「종족(宗族)」편에서는 다음과 같이 이상적인 서술을 하고 있다.

"종(宗)이란 무엇을 말하는가? 종(宗)이란 높임[尊]이니, 선조를 모시는 주인이 되고, 종인(宗人)들이 높이는 대상이 된다. 옛날에 반드시 종(宗)을 둔 것은 무엇 때문인가? 오래도록 화목하게 지내기 위함이었다. 대종(大宗)은 소종(小宗)을 잘 거느리고, 소종은 여러 동생들을 잘 거느려 그 있고 없음을 통하게 하는 것이 족인들을 통솔하고 다스리는 것이다."[256]

"족(族)이란 무엇인가? 족(族)이란 모임[湊]이니, 모으는[聚] 것이다. 은애(恩愛)가 서로 모이는 것을 말한다. 위로는 고조(高祖)에 모이고 아래로는 현손(玄孫)에 이른다. 한 집에 길사(吉事)가 있으면 온 집안이 그곳으로 모여서 합하여 친족을 이룬다. 살아서는 서로 친애하고 죽어서는 서로 애통해하며 모이는 도리가 있으니, 그러므로 이를 족(族)이라고 한다."[257]

위의 종(宗)에 대한 서술 앞부분은 고대의 종법제도가 정치적 통치와 맞물려 있는 상황을 말하고 있는데, 이는 춘추 시대부터 날이 갈수록 파괴되어 춘추 말기에 이르면 남김없이 파괴되고 만다. 춘추 말기부터 "종을 존경하고 친족을 거둬들이는[敬宗收族]" 종법의 정신은 평민 종족

---

256 『白虎通』 「宗族」, "宗者何謂也, 宗尊也, 爲先祖主者宗人之所尊也. 古者所以必有宗, 何也? 所以長和睦也. 大宗能率小宗, 小宗能率群弟, 通其有無, 所以紀理族人者也."

257 『白虎通』 「宗族」, "族者何也? 族者湊也, 聚也. 謂恩愛相流湊也. 上湊高祖, 下至玄孫, 一家有吉, 百家聚之, 合而爲親. 生相親愛, 死相哀痛, 有會聚之道, 故謂之族."

의 대두로 인해 일부 평민 종족에 변용, 보존되어 평민 종족의 조직과
활동의 구도를 형성하였다. 그러나 전형적인 종법제도의 붕괴로 성과
씨가 구분되지 않은 지 이미 오래되었으므로 종족 내부의 조직과 전형
적 종법조직 중의 대종·소종과의 상대적인 관계는 일찍이 존재하지
않았다. 『백호통』은 후한 시대 경생(經生)들의 토론 내용을 묶어 만든
책인데, 경생들이 서주의 전형적인 종법제도에 따라 한대 당시 종족의
조직을 말하는 것은 매우 부적절하다. 전형적인 종법제도 아래서는 종
(宗)이 주가 되고, 종이 있고 나서 성(姓)과 씨(氏)가 있으며, 성과 씨가
있고 난 다음에 족(族)이 있다. 전형적인 종법제도가 붕괴된 이후에는
성과 씨가 구분되지 않으며, 성이 주가 되고 그다음에 족(族)이 있다.
그러나 이른바 대종과 소종 같은 것은 없었다. 오직 작위를 승계할 때
만 적장자의 지위를 확인할 뿐이었다. 그러나 이것도 대종·소종과는
내용이 달랐다. 한대의 이른바 종(宗)은 사실 대종·소종과 같은 의미
가 없으므로【후술】이를 함부로 혼동해서는 안 된다. 『예석(隸釋)』권3
「손숙오비음(孫叔敖碑陰)」258은 손성(孫姓) 종족의 후손들이 널리 번성
한 상황을 서술하고 있는데 그중에 다음과 같은 말이 있다.

··· 때마침 평제·애제 사이에 종당(宗黨)이 적(賊)에게 죽임을 당하였다. 손
세백(孫世伯)·손효백(孫孝伯)·손세신(孫世信)(缺)이 각각 한 명의 아들을

---

258 「손숙오비음(孫叔敖碑陰)」: 비음(碑陰)은 비석의 후면에 새긴 글이다. 손숙오는 춘추 시대
초나라의 명재상으로 이름은 요(饒), 자는 숙오(叔敖)이다. 후한 연희(延熹) 3년(160) 고시
(固始)현의 현령이 손숙오를 위해 사당을 건립하고 비석을 세웠는데 후면에 손숙오의 후손들
계보와 관직 등을 적어 놓았다.

남겼으나 겨우 여덟, 아홉 살로 나이가 어려 출사나 학문을 할 수가 없었다. 손세백의 아들은 자(字)가 자중(子仲)이며 요허(繚虛)에서 자산을 불렸고 6남 1녀를 두었다. … 이것이 요종(繚宗) 육부(六父)이다. 손효백의 아들은 자가 문□(文□)이며 역시 출사하거나 학문을 하지 않고 재허(材虛)에서 자산을 불렸으며 그 또한 6남 1녀를 두었다. … 이것이 재종(材宗) 육부(六父)이다. 손세신의 아들은 1인으로 서로 계승하여 … 손 씨 종족은 족보를 만들어 구별하였다.[259]

살펴보건대 「손숙오비음」에 서술된 손씨 종족의 번성과 분파 상황에서 대종·소종의 흔적은 전혀 보이지 않는다. 이른바 요허(繚虛)의 육부(六父)는, 손자중(孫子仲)이 요허에서 생업을 꾸려 가며 여섯 아들을 낳았는데 이 여섯 아들이 갈라져 여섯 지파가 되고, 다시 6지파 각각의 자손들이 번성하여 6지파의 조상을 육부(六父)로 추칭(追稱)하였으니, 이 육부는 우리 고향 족보에서 말하는 "육방(六房, 房은 분가한 가족)"과도 같은 것이다. 각 아들 사이에는 그 어떤 대종과 소종의 구별도 없다. 하나의 종족의 족장도 적장자가 세습하는 것이 아니라 다양한 요인을 고려하여 족인들에 의해 선정되었을 뿐만 아니라 중간에 변경될수도 있었다. 이를 우리 고향에서는 "호인(護人)"이라 부르는데, 호인은 결코 특별한 지배 권력을 갖고 있지 않았다. 그러므로 무릇 경생(經生)들이 오경 중의 종법제도 관련 자료에 의거하여 춘추 시대 이후의

---

259 宋 洪适, 『隸釋』권3 「孫叔敖碑陰」, "… 會平·哀之間, 爲賊所殺. 世伯·孝伯·世信(缺)各遺一子, 財八九歲, 微弱不能仕學. 世伯子字子仲, 治産於繚虛, 有六男一女 … 此繚宗六父也. 孝伯子字文(缺)亦不仕學, 治産於材虛, 亦有六男一女 … 此材宗六父也. 世信一子相承 … 孫氏宗族, 別(缺)諡紀也."

종족 조직을 해석하는 것은 크나큰 잘못이라 하겠다.

그러나 우리는 『백호통』이 전형적인 종법제도로 한대의 종족을 해석하는 착오를 범했다고 해서 "오래도록 화목하게 지내고자 함이었다" "있고 없음을 통하게 하는" "한 집에 길사(吉事)가 있으면 온 집안이 그곳으로 모여서 합하여 친족을 이룬다. 살아서 서로 친애하고 죽어서는 서로 애통해하며 모이는 도리가 있으니" 등과 같은 말의 의미를 홀시해서는 안 된다. 즉 평민 종족이 출현한 이후 그것은 혈통을 중심으로 하는 사회적 상조단체, 심지어 자치 단체가 되었다. 『백호통』의 서술은 비록 이상적이긴 해도 사실에서 완전히 동떨어진 것은 아니다. 이런 종류의 자료는 많이 전해지지는 않으나 전혀 없는 것도 아니다. 『후한서』 「번굉(樊宏)열전」에서는 다음과 같이 말한다.

> 번굉은 자가 미경(靡卿)이며 남양(南陽) 호양(湖陽) 사람이다. 세조의 외숙이며 … 향리의 이름난 가문이다. 부친 번중(樊重)은 자가 군운(君雲)이며 대대로 농사를 잘 지어 … 3대가 재산을 공동으로 소유하였고 자손들은 조석으로 공경히 예를 올려 항상 공가(公家)와 같이 행동하였다. … 막대한 재물을 모아 종족을 구휼하였고 향리에도 은혜를 베풀었다. ….[260]

이것은 종족에 대한 구제를 보여 주는 사례다. 『예석(隸釋)』 권15 「금광연모서씨기산비석(金廣延母徐氏紀産碑釋)」에는 다음과 같은 내용이 있다.

---

260 『後漢書』 권32 「樊宏列傳」, "樊宏字靡卿, 南陽湖陽人也. 世祖之舅 … 爲鄕里著姓. 父重, 字君雲, 世善農稼 … 三世共財, 子孫朝夕敬禮, 常若公家. … 貲至巨萬, 而賑贍宗族, 恩加鄕里 …."

… 서씨(徐氏)는 스스로 말하기를, 젊을 때 김씨(金氏) 집안에 시집가서 부부가 부지런히 힘써 재물을 모아 가산을 이루었다. 또 이르기를 계본(季本)【서씨의 남편】은 (죽을 때) 생전에 모은 노비와 전토를 막내아들 옹직(雍直, 서얼로 추정)에게 나누어 주었는데, 옹직과 같은 집에 살지는 않았다. 또 말하기를, 옹직은 쌓아 둔 재물이 다 없어지자 빚을 지고 도망하였다. 종가(宗家)에 의부(依附)하여 살아날 수 있었다.[261]

이것은 옹직이 종족의 구제를 받아 다시 살아난 예다. 또『예석』권1「제음태수맹욱수요묘비(濟陰太守孟郁脩堯廟碑)」에서는 "중씨(仲氏) 종가에서 함께 큰 전각을 지었으니 … 중씨 종가 모두 복을 받을 것이다"[262]라고 하였다. 「성양영대비(成陽靈臺碑)」에서는 "이에 고(故) 정위(廷尉) 중정(仲定)이 … 다시 군종(群從)[263]들을 거느리고 빈부를 고르게 하여 함께 비석을 사들였다"[264]라고 되어 있다. 비문을 해설한 글인 홍괄(洪适)의 「영대비음석(靈臺碑陰釋)」에서는 "영대비음은 황옥(黃屋) 건립에 28인, 비석 건립에 15인이 출전하였으며, 중(仲)씨 성은 모두 31인이고 이성(異姓)이 4인이다. 그중 중아동(仲阿東)은【"관례를 치를 나이

<hr>

261 『隷釋』권15「金廣延母徐氏紀産碑釋」, "… 徐氏自言少入金氏門, 夫婦勤苦, 積入成家. 又云, 季本(徐氏之夫)平生以奴婢田地分與季子雍直, 各有企域. 繼云, 蓄積消滅, 債負奔亡; 依附宗家, 得以蘇."

262 『隷釋』권1「濟陰太守孟郁脩堯廟碑」, "仲氏宗家, 共作大墼 … 仲氏宗家, 並受福賜."

263 군종(群從): '군종(群從)'은 당형제(堂兄弟)와 제자질(諸子侄)을 가리킨다. 『晉書』권49「阮咸傳」, "群從昆弟, 莫不以放達爲行."

264 『隷釋』권1「成陽靈臺碑」, "於是故廷尉仲定 … 復□輩宗, 貧富相均, 共慕石碑." 저본에는 결자 □를 '帥'으로 적어 놓았는데 대개의 문헌에는 '師'로 되어 있다. 또한 저본의 '石'은 '市'로 판독한 경우가 많다. 성양현은 후한 때 제음군(濟陰郡)의 속현으로 지금의 산동성 하택시(荷澤市)이다.

에"】군종(群從)들을 대표하여 1만 전(錢)을 내놓았다고 칭찬하였다"[265]
라고 하였다. 「요묘비(堯廟碑)」와 요(堯)의 모친을 위한 「성양영대비」
는 모두 중성(仲姓) 종족의 도움을 얻어 비로소 경비를 모아 사업을 완
수할 수 있었다. 『예석』 권9 「한고민오중산비(漢故民吳仲山碑)」에서는
"여러 종인(宗人)들이 해후하여 잇달아 얻는 바가 있었다"[266]라고 하였
다. 이 또한 종족에 대한 구제의 사례이다. 「손근비음석(孫根碑陰釋)」
에서는 "손근비음 건립에 출전한 사람 총 244인 가운데 이성(異姓)은
겨우 1/10뿐이다"[267]라고 하였다. 이 경우도 손씨 종족의 도움으로 사
업을 완수할 수 있었던 예다. 권12 「선생곽보비(先生郭輔碑)」에서는
"그런 까닭에 종친들이 귀부하기를 바라고 향당(鄕黨)에서 높이 숭상
하였다"[268]라 하였고, 「이익부인비(李翊夫人碑)」에서는 "집안 살림을
잘 경영하여 종인들이 높이 존경하였다"[269]라고 하였다. 권24 「공자묘
치졸사비(孔子廟置卒史碑)」에서는 "나이는 40세 이상이고, 하나의 경
(經)에 통달하고, 선성(先聖)의 예(禮)를 널리 받들 수 있는지 여러 가지
시험을 하여 종인들의 중망을 받을 수 있는 자를 졸사(卒史)로 삼았
다"[270]라 하였다. 이것은 모두 개인과 종족이 밀접한 관련이 있다는 것

---

265 『隸釋』 권1 송 홍괄(洪适)의 「靈臺碑陰釋」, "右靈臺碑陰, 治黃屋者二十八, 作碑者十五人, 凡
諸仲三十一人, 異姓者四人. 其中稱美仲阿東("年在玄冠"), 代輩從出錢數十言." 「靈臺碑陰」
원문에는 "惟仲阿東年在元冠 … 上仁好義, 見輩從無者, 代出錢萬"이라 되어 있다.
266 『隸釋』 권9 「漢故民吳仲山碑」, "諸宗邂逅, 連有所得."
267 『隸釋』 권10 「孫根碑陰釋」, "右孫根碑陰可辯者, 凡二百四十四人, 異姓纔十之一爾."
268 『隸釋』 권12 「先生郭輔碑」, "是以宗親歸懷, 鄕黨高尙."
269 『隸釋』 권12 「李翊夫人碑」, "育理家道, 輩宗爲軒."
270 『隸釋』 권24 「孔子廟置卒史碑」, "選年四十以上, 經通一藝, 雜試能奉弘先聖之禮, 爲輩宗所歸者 …."

을 보여 주기에 충분하다. 한대의 종족 내 상조(相助)가 어떤 방식으로 실행되었는지 현재로서는 아직 분명하지 않다. 다만 후한에서는 분묘 옆에 이미 "사당(祠堂)"[원주33]이 출현하였고, 이후 점차 발전하여 사당 은 각 종족의 제사와 합종(合宗)을 위한 목적 외에도 종족의 자치기관 으로서 기능하였고, 사당의 재산[祠産]과 구제(救濟) 등의 사무를 처리 하였다. 나는 사범학교에 다닐 때 집이 가난하여 언조사(琂祖祠)로부터 매년 벼 약 2백 근을 지원받았다. 이것도 문제를 이해하는 데 도움이 되지 않을 수 없다.

10. 전제정치의 종족세력에 대한 박해

위의 진술에 의하면 평민들은 종족이 있기 전과 종족이 생긴 이후 두 가지 상황에 있다고 할 수 있다. 전자의 경우, 다른 방식으로 결속할 수 있는 다른 기회가 있지 않는 한 적극적인 힘을 발생시키기 어렵다. 후자의 경우, 의지할 곳이 있기 때문에 평시나 비상시를 불문하고 모두 상당한 힘을 발생시킬 수 있다. 또한 이로 인해 사회는 많은 종족을 단위로 하는 사회가 되었는데, 이는 평민 일가(一家)를 단위로 하는 사회보다 당연히 힘이 있었다. 전제적 통치계급이 가장 두려워하는 것은 힘이 있는 사회이다. 상앙(商鞅)에서부터 그들은 소농(小農)을 기본으로 하는 소(小)가족 단위의 사회를 추구하였다. 전국 말기 강력한 힘을 가진 사회 단위는 농민이 아니라 상공업자였다. 진(秦)나라가 농업을 중시한 이유는 생산을 장려하는 문제일 뿐만 아니라 농민들이야말로 가장 통치하기 쉬운 존재라고 여겼기 때문이다. 『여씨춘추』 권26 「상농(上農)」에서는 다음과 같이 말한다.

옛날 선대의 성왕들이 백성을 이끄는 방법은 먼저 농업에 힘쓰는 것이다. 백성들을 농업에 종사하게 하는 것은 땅에서 나는 이로움을 얻게 할 뿐만 아니라 그 뜻을 높이 사기 때문이다. 백성들이 농업에 종사하면 순박해지고, 순박하면 쓰기가 쉬우며, 쓰기가 쉬우면 변경이 안정되고 군주의 지위가 높아진다. 백성들이 농업에 종사하면 진중해지고, 진중하면 사사로운 생각이 적어진다. 사사로운 생각이 적으면 공공의 법질서가 확립되고 오로지 한 가지 일에 힘을 쏟게 된다. 백성들이 농업에 종사하면 그들의 재산이 풍부해진다. 그들의 재산이 풍부해지면 거처를 옮기는 일을 신중히 하고, 거처 옮기는 일을 신중히 하면 죽을 때까지 자신의 거처를 지키며 다른 마음을 갖지 않는다.[271]

진시황은 사회의 강력한 구성 요소들을 파괴하기 위해 26년(B.C. 221) 6국을 통일한 후 "천하의 부호 12만 호를 함양(咸陽)으로 천사(遷徙)시켰다."[272]【원주34】『사기』「화식열전(貨殖列傳)」에 기록된 천사 부호 탁씨(卓氏)·정정(程鄭)·공씨(孔氏) 등으로부터 미루어 볼 때 천사된 부호들은 그 중 6국의 잔여귀족을 제외하면 대부분이 공상업자의 거물들이었던 것으로 보인다. 한나라가 천하를 얻은 후 고조는 유경(劉敬)[273]의 방책을 채용하여 제나라의 여러 전(田)씨들, 초나라의 소(昭)·굴(屈)·경(景)씨들, 연(燕)·조(趙)·한(韓)·위(魏)나라의 후손들, 그리고 명망 있는 호걸 등 10여만 명을 관중에 옮겨 살게 하였다.[274]【원주35】이것은 뒤에 "사릉(徙陵)"제도로 발전했는데, 『사기』「유

---

271 『呂氏春秋』권26「上農」, "古先聖王之所以導其民者, 先務於農. 民農, 非徒爲地利也, 貴其志也. 民農則樸, 樸則易用, 易用則邊境安, 主位尊. 民農則重, 重則少私義. 少私義則公法立, 力專一. 民農則其產復(厚). 其產復, 則重徙, 重徙則死處而無二慮." 여기서 "民農則重"의 '重'은 '童'과 통한다.

272 『史記』권6「秦始皇本紀」, "徙天下豪富於咸陽十二萬戶."

273 유경(劉敬, ?-?): 전한 제(齊) 사람. 본성은 누(婁)인데 뒤에 유씨(劉氏) 성을 하사받아 유경(劉敬)이라 불렸다. 유방이 천하를 평정할 때 장안(長安)으로 도읍을 정할 것을 주장하였고, 유방이 백등(白登)에서 흉노의 모돈선우(冒頓單于)에게 패한 뒤 화친정책을 제안하여 사신으로 가서 조약을 맺두지었다. 6국 귀족들의 후예와 호강대족(豪强大族) 10여만 명을 관중으로 천사시키는 계획을 건의하기도 했다.

협열전(遊俠列傳)」에 의하면, (천하의 부호를) 무릉(茂陵)으로 천사시킬 때 곽해(郭解)[275]는 "집안이 가난하여 그 재산기준에는 해당되지 않았는데"라고 하였고, 『사기색은』에서는 "살펴보건대 재산이 3백만 전 이상이 안 되면 기준에 미치지 못했다"[276]라고 설명하고 있다. 곽해가 재산기준에 미치지 않았는데도 사릉되어야 했던 이유는 그가 재부 이외의 사회적 힘을 갖고 있었기 때문이었다.[277] 더욱이 무제시기에 이르면 천하가 태평한 지 70여 년이나 되고 평민 족성(族姓)들도 널리 번성했기 때문에 통치자들의 눈에는 이들이 사회로부터의 위협적인 세력으로 비쳐질 수도 있었다. 그래서 그 후로는 사릉(徙陵)의 대상 범위에 세력 있고 명망 있는 호족[彊宗右族]의 영수 인물들이 포함되었다. 원삭(元朔) 2년(B.C.127)에 "군국의 호걸들과 자산 3백만 이상인 자들을 무릉(茂陵)으로 천사시켰다."(『한서』「무제기」)[278] 여기서의 이른바 호걸

---

274 『史記』 권99 「劉敬列傳」, "臣願陛下徙齊諸田, 楚昭 · 屈 · 景, 燕 · 趙 · 韓 · 魏後, 及豪傑名家居關中. … 上曰, 善. 廼使劉敬, 徙所言關中十餘萬口."

275 곽해(郭解, ?-?): 전한 하내(河內) 지현(軹縣, 하남 濟源市) 사람. 자는 옹백(翁伯). 협객으로 이름 높았다. 관중 천사시 대장군 위청(衛青)이 그 부당함을 항변한 바 있다. 천사 후 그곳의 호걸들과 가깝게 교제했는데, 곽해의 추종자가 그를 비난하던 사람을 살해하는 사건이 발생하자 어사대부 공손홍(公孫弘)이 "포의(布衣)에 불과한 자가 임협(任俠)으로 자처하며 권력을 행사한다"는 죄명으로 삼족을 멸하였다.

276 『史記』 권124 「遊俠列傳」, "家貧, 不中訾", 『史記索隱』, "按訾不滿三百萬已上爲不中."

277 『史記』 권124 「遊俠列傳」, "及徙豪富茂陵也, 解家貧, 不中訾, 吏恐, 不敢不徙. 衛將軍爲言, 「郭解家貧不中徙.」 上曰, 「布衣權至使將軍爲言, 此其家不貧.」 解家遂徙."

278 『漢書』 권6 「武帝紀」, "徙郡國豪傑及訾三百萬以上於茂陵." 저본에는 "三百石"으로 되어 있으나 "三百萬"으로 고쳐 번역하였다. 한 무제 때의 호걸 천사와 관련하여 다음의 『史記』 권112 「主父偃列傳」을 참조. "또 천자에게 건의하기를 '이제 무릉(茂陵, 무제의 능묘)이 건립되었으니 천하의 호걸들과 겸병을 일삼는 자와 대중을 어지럽히는 백성들을 모두 무릉으로 이주시켜야 할 것입니다. 안으로 경사를 충실하게 하고 밖으로 간활한 무리를 없애는 것, 이것

은 사실상 세력 있고 명망 있는 가문의 지도적 인물이었다. 그 외에는 호걸이라 할 만한 것이 없다. 무제 태시(太始) 원년(B.C.96)에는 "군국 (郡國)의 관리와 백성, 호걸들을 무릉(茂陵)·운릉(雲陵)으로 천사시켰 다"[279](위와 같은 곳)라고 하였는데, 이는 무제 말년이 되면 이미 자산 3백만을 가진 부호가 없었다는 것을 말해 준다. 선제 원강(元康) 원년 (B.C.65)에는 "승상·장군·열후·이천석 관리, 자산 백만을 가진 자 를 두릉(杜陵, 선제의 능)으로 천사시켰다."[280](『한서』「선제기」) 이는 정 치적 방한(防閑)의 확대이다. 원제(元帝) 영광(永光) 4년(B.C.40)의 조서 에서는 다음과 같이 말한다.

오랫동안 살아온 고향을 쉽사리 못 떠나는 것은 백성들의 본성이다. 골육 간 에 서로 의지하며 지내는 것은 사람들의 인지상정이다. … 군국의 백성들을 이주시켜 능원(陵園)을 받들게 하는 것은 백성들로 하여금 멀리 조상의 분 묘를 버리고 생업을 파탄 내고 친척들과 이별하게 만드는 것으로, 사람들 마 음속은 그리움으로 가득하고 집안에는 불안한 기색이 감도니 … 장구지책이 되지 못한다. … 지금 조성하는 초릉(初陵, 원제의 능)[281]에는 현읍(縣邑)을 두지 말고 천하 사람들로 하여금 모두 고향 땅에 편안히 살면서 생업을 즐기 고 동요하는 마음이 없도록 하라.[282]

이 바로 죽이지 않고도 해로움을 제거하는 방법입니다'라고 하였다. 천자가 또 그의 건의를 받아들였다[又說上曰, 茂陵初立, 天下豪傑幷兼之家, 亂衆之民, 皆可徙茂陵. 內實京師, 外銷 姦猾, 此所謂不誅而害除. 上又從其計]."

279 『漢書』 권6 「武帝紀」, "太始元年春正月 … 徙郡國吏民豪桀於茂陵雲陵."

280 『漢書』 권8 「宣帝紀」, "徙丞相將軍列侯吏二千石, 訾百萬者, 杜陵."

281 초릉(初陵): 처음에 원제의 수릉(壽陵)을 조성할 때 아직 이름을 정하지 않아 초릉(初陵)이라 하였는데 나중에 위릉(渭陵)으로 고쳤다.

282 『漢書』 권9 「元帝紀」, "安土重遷, 黎民之性. 骨肉相附, 人情所願也. … 徙郡國民以奉園陵, 令

위의 조서를 보면 천사된 사람은 곧 그의 종족과 단절된 사람이다. 원제의 위릉(渭陵)은 능묘 옆에 현읍을 건설하여 사람들을 천사시키지 않았다. 그러나 30여 년이 지난 후 성제(成帝)는 홍가(鴻嘉) 2년(B.C.19) 여름 진탕(陳湯)[283]의 말을 듣고 다시 "군국의 호걸들과 자산 5백만 이상인 자 5천 호를 창릉(昌陵, 성제의 壽陵)으로 천사하였다."【이상 모두 『한서』「성제기」참조】 그래서 『한서』「지리지」에서는 이렇게 말한다. "한이 일어나 장안에 수도를 세운 후 제나라의 여러 전(田)씨들, 초나라의 소(昭)·굴(屈)·경(景)씨, 그리고 여러 공신가(功臣家)들을 장릉(長陵, 고조의 능)으로 천사시켰다. 그 후 대대로 이천석 관리, 자산가 부호들, 그리고 호걸과 겸병을 일삼는 자들을 각지의 능원으로 천사시켰다. 대개 이것도 줄기를 강하게 하고 가지를 약하게 하기[强幹弱枝] 위함이지 비단 능원을 받들기 위한 것만은 아니다."[284]

그러나 한대는 평민 종족에 의해 형성된 사회세력을 막기 위해 더욱 잔혹한 방법을 일관되게 취하였다. 『후한서』「혹리열전(酷吏列傳)」서론(敍論)에서는 다음과 같이 말한다.

한나라는 전국 시대의 유습을 이어받아 강포하고 교활하며 불법을 일삼는

百姓遠棄先祖墳墓, 破業失産, 親戚別離, 人懷思慕之心, 家有不安之意 … 非久長之策也. … 今所爲初陵者, 勿置縣邑, 使天下咸安土樂業, 亡有動搖之心." 저본의 초원(初元) 3년을 영광 4년으로 바로잡았다.

283 진탕(陳湯, ?-?): 전한 말기 산양군 하구현(瑕丘縣) 사람으로 자는 자공(子公)이다. 대장군 왕봉(王鳳)의 종사중랑(從事中郞)을 지냈다. 진탕의 지혜와 용기를 높이 산 유향(劉向)과 가깝게 지냈으며 유향을 위해 신의를 지킨 일로 유명하다.

284 『漢書』권28下「地理志」下, "漢興立都長安, 徙齊諸田, 楚昭·屈·景, 及諸功臣家於長陵. 後世世徙吏 二千石, 高訾富人, 及豪傑並兼之家於諸陵. 蓋亦以强幹弱枝, 非獨爲奉山園也."

백성들이 많았다. … 그러므로 백성을 다스리는 직임을 맡은 자들은 오로지 위엄으로 결단하기만을 일삼았고, 간교하고 악독한 범법자들에 대해서는 그 일족을 족멸하되 먼저 형벌을 집행하고 사후에 보고하게끔 하였다. 그들은 마음 내키는 대로 행동하고 성질이 억세고 맹렬하여 꺾이지 않는 위세를 이루었다. 다수 사람들의 의견을 배척하고 자기 의중에 따라 결정하였으며, 종잡을 수 없는 교묘한 술수를 드러내기도 하였나. 엄중한 법률 조문을 제멋대로 뒤집어씌우거나, 관리의 노여움 때문에 억울하게 연루된 자들은 또 어찌 이루 다 말할 수 있겠는가. 그렇게 하여 죽은 시체들이 구덩이에 수북이 쌓이고 흘러내린 선혈이 십 리를 적셨으니, 왕온서(王溫舒)가 호랑이 같은 잔혹한 수하를 두었고 엄연년(嚴延年)이 백정[屠伯]의 칭호를 얻은 것이 어찌 헛된 말이겠는가?[285]

범엽의 위 문장에는 실로 한대 정치의 일대 비밀이 폭로되어 있다. 평민 종족의 사회세력을 파괴하기 위해서는 아무런 법적 절차 없이 먼저 "족멸(族滅)"을 가한 후 사후에 보고할 수 있다는 것이 밝혀졌다. 족멸의 방법은 단지 "중문횡입(重文橫入)", 즉 엄중한 죄명[重文]을 제멋대로 그들에게 뒤집어씌워[橫入] 이목을 호도하면 그만이었다. 여기서 한 걸음 더 나아가, 한 무제가 원봉(元封) 5년(B.C.106)에 자사(刺史)직을 처음 설치한 주된 목적도 바로 평민 종족의 사회세력을 파괴하는 데 있었음을 알 수 있다. 『한관전직의(漢官典職儀)』에 의하면 "자사는 6가지 조항의 일을 살핀다." 그중 제2조에서 제6조까지는 관잠(官箴)[286]과 이치(吏治)를 정돈하고 지방 관리를 직접 사찰하여 황제를 위

---

285 『後漢書』 권77 「酷吏列傳」, "漢承戰國餘烈, 多豪猾之民 … 故臨民之職, 專事威斷. 族滅奸軌, 先行後聞. 肆情剛烈, 成其不橈之威. 違衆用己, 表其難測之智. 至於重文橫入, 爲窮怒之所遷 及者, 亦何可勝言. 故乃積骸滿阱, 漂血十里; 致溫舒有虎冠之吏, 延年受屠伯之名, 豈虛也哉."

한 이목이 되도록 하는 데 주안을 두고 있지만, 가장 악랄한 것은 제1
조였다. 즉 "호강(豪强) 대족(大族)이 점유한 토지와 가옥이 규정된 한
도를 초과하는가, 강압에 의해 약소한 자를 능욕하는가, 다수의 힘으
로 소수에게 횡포를 가하는가?"[287][원주36] 등을 살피도록 한 일이다. 한
대에 동중서가 토지소유를 제한하는 안을 제출했지만 실행을 보지는
못했다. 사단(師丹)[288] 등이 제안한 한전(限田)제는 바로 파괴되었다.
전택(田宅)이 어느 정도라야 "규정된 한도를 초과하는지" 명백한 규정
이 없는 이상 이 죄명은 마음대로 갖다 붙여도 되는 것이었다. 종족이
크면 당연히 힘도 강하고 세력도 큰 법이다. 그들이 형률을 위반했다
면 마땅히 따라야 할 법률 조목이 있거늘 어찌 포괄적인 예단을 할 수
있는가? 이는 분명 호강(豪强) 대족(大族) 자체를 죄형의 대상으로 삼은

286 관잠(官箴): 중국의 지방 관리가 지방 행정을 위해 필요한 사항을 기록한 책.

287 한대 자사의 '육조문사(六條問事)'는 『漢書』 권19상 「百官公卿表」, "武帝元封五年, 初置部刺
史, 掌奉詔條察州"에 대한 안사고 주에 수록되어 있다. "2조. 2천석 관리가 조서를 봉행하지
않고, 전장제도를 준수하지 않고, 공을 버리고 사를 추구하며, 조령을 함부로 해석하여 사적
이익을 지키고, 백성의 재물을 침탈하고, 취렴(聚斂)을 간활하게 하는가? … 6조. 2천석 관리
가 공(公)을 위배하여 아랫사람을 비호하고, 호강(豪强)에게 아부하며, 공공연히 뇌물을 받
고, 정령을 손상시키는가?" 전문은 다음과 같다. "師古曰, 漢官典職儀云刺史班宣, 周行郡國,
省察治狀, 黜陟能否, 斷治冤獄, 以六條問事, 非條所問, 即不省. 一條, 强宗豪右, 田宅踰制, 以
强凌弱, 以衆暴寡. 二條, 二千石不奉詔書, 遵承典制, 倍公向私, 旁詔守利, 侵漁百姓, 聚斂爲
姦. 三條, 二千石不恤疑獄, 風厲殺人, 怒則任刑, 喜則任賞, 煩擾刻暴, 剝戮黎元, 爲百
姓所疾, 山崩石裂, 妖祥訛言. 四條, 二千石選署不平, 苟阿所愛, 蔽賢寵頑. 五條, 二千石
子弟怙恃榮勢, 請托所監. 六條, 二千石違公下比, 阿附豪强, 通行貨賂, 割損政令."

288 사단(師丹, ?-3): 전한 말 낭야(琅邪) 사람. 자는 중공(仲公). 효렴으로 천거되어 박사, 광록대
부(光祿大夫), 태자태부(太子太傅), 좌장군(左將軍)을 역임했고 왕망 섭정기에 대사마(大司
馬)가 되고 고락후(高樂侯)에 봉해졌다. 전토의 점유와 겸병, 노비수 제한 등의 정책을 건의
했으나 이루어지지 않았다. 애제가 외척 정(丁)씨와 부(傅)씨를 공왕(共王)으로 추존하자 강
경하게 반대하다가 서인으로 강등되었다.

것이다. "한 사람에게 죄가 있으면 종족 전체를 잡아 가두는"289〔원주37〕 잔혹한 현상은 결코 우연이 아니다. 『한서』「혹리전(酷吏傳)」에서는 다음과 같이 말한다.

제남(濟南)의 간(瞷) 씨는 종인(宗人)들이 3백여 가에 달하였고, 강포하고 교활하며 불법을 일삼았으나 이천석(태수)도 그들을 통제하지 못하였다. 그 래서 경제는 질도(郅都)290를 제남태수에 임명하였다. 질도가 부임하자마자 간 씨 중 수악(首惡)을 주살하니 나머지 간 씨들이 모두 전율하였다.291

간 씨가 만약 율령상의 조목을 위반했다면 이천석 태수는 마땅히 율령 조목에 의거하여 죄를 다스려야 한다. 당시 이천석은 군대를 동원할 수 있는 병부(兵符)를 쥐고 있었으니 감히 여기에 저항할 수는 없었다 고 본다. 만약 그중에 집안의 재산이 3백만에 이르는 자가 있다면 바 로 그를 관중으로 천사시켜 능묘를 받들게 하면 된다. 두 가지 모두 요 건을 갖추지 못했는데 단지 종족이 3백여 가(家) 있다는 이유로 마침 내 경제는 이를 눈엣가시로 여겼고, 질도(郅都)를 태수로 특별 파견하

---

289 『漢書』 권10 「成帝紀」, "一人有罪, 擧宗拘繫."
290 질도(郅都, ?-?): 전한 하동군 양현(陽縣, 산서 洪洞縣) 사람. 경제 때의 혹리로 유명하다. 제남 (濟南)태수가 되어 호강(豪强) 간씨(瞷氏)를 주륙하였고, 중위(中尉)로 옮긴 후 엄격하고 가 혹한 법 집행으로 귀척(貴戚)과 열후들이 그를 창응(蒼鷹, 참매)이라 불렀다. 임강왕(臨江王) 이 죄를 지어 중위부(中尉府)에 소환되었을 당시 경제에게 사죄문을 쓰기 위해 도필(刀筆)을 요청했으나 질도는 이를 거절하였다. 두영(竇嬰)이 몰래 도필을 넣어 주자 임강왕은 사죄문 을 쓰고 자결하였다. 이 일로 두(竇)태후의 미움을 산 질도는 경제의 사면 요청에도 불구하고 참수형에 처해졌다.
291 『漢書』 권90 「酷吏傳」, "濟南瞷氏, 宗人三百餘家, 豪猾, 二千石莫能制, 於是景帝乃拜都爲濟 南太守, 至則誅瞷氏首惡, 餘皆股栗." 『史記』 권122 「酷吏列傳」에는 "至則誅瞷氏首惡" 부분 이 "至則族滅瞷氏首惡"으로 되어 있다.

154   제6장 중국 성씨의 변천과 사회형식의 형성

여 그 우두머리를 죽이고 공허한 "호활(豪猾, 강포하고 교활하며 불법을 일삼음)" 두 글자를 죄명으로 갖다 붙였으니 이것이 바로 이른바 "엄중한 죄명을 제멋대로 덮어씌운[重文橫入]"예라 하겠다. 또 다음의 예도 있다.

"의종(義縱)은 하동 사람이다. 젊은 시절에는 장차공(張次公)과 함께 강도질을 하고 도적 떼에 끼어 다녔다. … 하내(河內) 도위(都尉)로 승진하였다. 하내에 부임하자 그는 호족 양씨(穰氏) 일족을 족멸하였다."[292]

"왕온서(王溫舒)는 양릉 사람이다. 젊은 시절에는 사람을 때려죽여 암매장하는 악행을 일삼았다. … 하내(河內) 태수로 승진하였다. … 군 내에 강포하고 교활하며 불법을 일삼는 자들을 잡아들였는데 서로 연좌되어 걸려든 집이 천여 가(家)였다. 그는 상서를 올려 '죄가 큰 자는 멸족, 죄가 작은 자는 사형에 처하고 그 재산은 모두 몰수하여 그들이 부당하게 취득한 이득을 토해 내게 할 것'을 주청하였다. 주청한 지 불과 이틀 만에 천자의 재가를 얻어 그 판결을 집행하니, (처형된 사람들의) 피가 (강을 이루어) 10여 리까지 흘렀다."[293]

"윤제(尹齊)는 … (회양 도위가 되었는데) … 주멸당한 자들이 특히 회양에 많았다."[294]

---

292 『漢書』 권90 「酷吏傳」, "義縱河東人也. 少年時嘗與張次公俱攻剽爲羣盜. … 遷爲河內都尉, 至則族滅其豪穰氏之屬."
293 『漢書』 권90 「酷吏傳」, "王溫舒, 陽陵人也. 少時椎埋爲姦 … 遷爲河內太守 … 捕郡中豪猾, 相連坐千餘家, 上書請大者至族, 小者乃死. 家盡沒入償臧(贓). 奏行不過二日, 得可事論報至, 流血十餘里."
294 『漢書』 권90 「酷吏傳」, "尹齊 … 所誅滅淮陽甚多."

"전연년(田延年)은 … 하동 태수로 부임하여 … 호강(豪强)들을 모두 죽여 없앴다."[295]

"엄연년(嚴延年)은 … 탁군(涿郡) 태수가 되었다. … 대성(大姓)인 서고씨(西高氏)·동고씨(東高氏)가 있었는데 탁군의 관리 이하 모두기 그를 누려워하며 피하였다. … 관리를 보내어 두 고씨를 조사하여 그들의 위법 사실을 끝까지 파혜쳤고 각각 수십 명을 주살하였다."[296]

『후한서』「혹리열전」에는 다음의 예가 보인다.

"동선(董宣)은 … 거듭 승진하여 북해(北海)의 상(相)이 되었는데 관직에 부임하자 대성(大姓)인 공손단(公孫丹)을 오관연(五官掾)으로 삼았다. 공손단이 새로 거주할 집을 지으려 하는데 점치는 자가 이곳에 집을 지으면 사람이 죽는다고 하였다. 공손단은 아들을 시켜 길 가던 사람을 죽였다. … 동선이 이 사실을 알고 즉시 공손단 부자를 잡아다 죽였다. 공손단의 종족과 친당(親黨) 30여 인이 무기를 들고 관부 앞에 이르러 억울함을 호소하며 큰소리로 통곡하였다. … 문하서좌(門下書佐) 수구잠(水丘岑)으로 하여금 그들을 모조리 죽이게 하였다."[297]

"번엽(樊曄)은 … 하동군 도위로 승진하였다. … 번엽은 군(郡)에 이르러 대성(大姓) 마적광(馬適匡) 등을 주멸하였다."[298]

---

295 『漢書』권90 「酷吏傳」, "田延年 … 出爲河東太守 … 誅鋤豪彊."
296 『漢書』권90 「酷吏傳」, "嚴延年 … 爲涿郡太守 … 大姓西高氏·東高氏, 自郡吏以下, 皆畏避之 … 遣吏分考兩高, 窮究其奸, 誅殺各數十人."
297 『後漢書』권77 「酷吏列傳」, "董宣 … 累遷北海相, 到官, 以大姓公孫丹爲五官掾. 丹新造居宅, 而卜工以爲當有死者. 丹乃令其子殺道行人 … 宣知, 即收丹父子殺之. 丹宗族親黨三十餘人操兵詣府稱冤叫號 … 使門下書佐水丘岑盡殺之."
298 『後漢書』권77 「酷吏列傳」, "樊曄 … 遷東郡都尉 … 及至郡, 誅討大姓馬適匡等."

"이장(李章)은 … 평양령(平陽令)에 임명되었다. 당시 조(趙)·위(魏) 지역의 호족들이 이따금 한곳에 모이곤 했다. 청하(淸河)의 대성(大姓) 조강(趙綱)은 마침내 현의 경계에 오벽(塢壁)을 쌓았다. … 이장은 부임하자마자 연회를 베풀고 조강을 불러들여 맞이하였다. … 이장은 연석에서 함께 술을 마셨다. 잠시 후 칼을 뽑아 조강을 참수하고 복병들도 조강의 종자(從者)들을 모두 죽인 다음 오벽으로 말을 달려 불시에 기습하여 그 세력을 파괴하였다."[299]

"황창(黃昌)은 … 뒤에 완령(宛令)에 임명되었다. … (그 집안 사람들을 모두 잡아다) 한꺼번에 살육하였다. 대성(大姓)들이 두려워 벌벌 떨었다."[300]

호강(豪强) 대족(大族)들이 마구잡이로 주륙당할 때도 당연히 그 죄명이 붙여졌다. 그러나 이 죄명들은 바로 범엽이 『한서』「혹리열전」의 논찬에서 말했듯이 "교묘하게 법률조문에 부회하여[巧附文理]"[301] 만들어 낸 것이다. 한(漢)은 진(秦)의 뒤를 이어받아 본래 형법이 매우 엄혹하였다. 그러나 혹리들이 죽인 것은 형법상 사죄를 범했기 때문이 아니라, "사회를 적대시하는" 전제자의 정책상 사죄에 해당되기 때문이었다. 대족(大族)에 대한 주멸은 혹리들만 그런 것이 아니었다. 한나라 조정은 대신에게 걸핏하면 족멸을 가했는데 여기에도 이런 의미가 담겨 있었다. 그러나 후한 말기 억압받던 인민들은 종족의 힘으로 저항

---

299 『後漢書』권77「酷吏列傳」, "李章 … 拜平陽令. 時趙魏豪右, 往往屯聚. 淸河大姓趙綱, 遂於縣界起塢壁 … 章到, 乃設饗會而延謁綱 … 章與對飲. 有頃, 手劍斬綱, 伏兵亦悉殺其從者. 因馳詣塢壁掩擊, 破之."

300 『後漢書』권77「酷吏列傳」, "黃昌 … 後拜宛令 … 一時殺戮, 大姓戰懼."

301 『後漢書』권77「酷吏列傳」, "皆以敢悍精敏, 巧附文理, 風行霜烈, 威譽誼赫."

할 수 없게 되자 대신 종교의 힘으로 일어나 저항했는데 이것이 이른 바 황건(黃巾)의 난이다. 그래서 전제자의 의도는 늘 헛된 것이다. 그리고 혈통·윤리·경제가 하나로 혼융된 사회 단위로서의 종족은 그 정상적인 발전이 전제정치에 의해 억제되어 역사적 변천과정에서 어느 정도 변형이 있을 수는 있지만, 그렇다고 해서 이러한 역사의 자연스러운 발전이 전면적으로 파괴되지는 않는다. 이것은 양한 말기와 위진 시대의 변란 중 가족이 미친 막대한 영향을 보면 바로 증명이 가능하다.

11. 성씨가 지닌 이민족 동화(同化) 역량

여기서 나는 또 하나의 문제를 제기하고자 한다. 즉 우리 민족은 역사상 엄청난 천재지변과 인재(人災)를 수없이 겪었음에도 의연히 생존 · 발전하여 세계에서 가장 장대(壯大)한 민족이 될 수 있었으니, 내부적으로는 성씨에서 비롯된 종족집단이 생존에 대한 저항의 근성을 발휘하는 것과 밀접한 관계가 있다. 외부적으로는 이민족에 대한 동화력(同化力), 즉 이민족을 부지불식간에 "화화(華化)"한다는 사실과 밀접한 관계가 있다. 동화력의 근원은 다면적이다. 예컨대 우리 문화 중의 정치사상은 "국가"에 국한되지 않고 "천하"를 대상으로 하기 때문에[원주38] 종족 간의 경계가 엄격하지 않다. 특히 중국 문화에는 종교적 배타성과 같은 것이 없다. 그리고 이른바 "동화" 또는 "화화(華化)"는 진원(陳垣)[302] 씨가 『원서역인화화고(元西域人華化考)』의 명저에서 말했듯이 절대 "중국 문화에 대한 표현"[원주39]을 기준으로 삼아서는 안 된다. 왜냐하면 만약 그렇게 할 경우 화화(華化)된 자가 극도로 제한될 뿐만 아니라, 중원의 백성으로 중국 문화에 대해 표현할 수 있는 자도

---

302 진원(陳垣, 1879-1971): 자는 원암(援菴). 역사학자, 종교사학자. 저서로는 『원야리가온교고(元也里可溫教考)』, 『화요교입중국고(火祆教入中國考)』, 『마니교입중국고(摩尼教入中國考)』, 『회회교입중국고(回回教入中國考)』, 『남송초하북신도교고(南宋初河北新道教考)』, 『중서회사일력(中西回史日曆)』 등이 있다.

사실 얼마 되지 않기 때문이다. 그렇다고 해서 그들을 비중국인[非華]이라고 매도할 수 있겠는가? 이른바 "동화" "화화"는 생활의 기본 형태와 기본 의식의 융합·통일로 인해 더 이상 화이(華夷)의 경계가 존재하지 않는 형식을 말한다. 그렇게 보면 이민족의 혼합은 동시에 중화민족의 확대이기도 하다. 이러한 힘의 근원은 바로 중국이 양한 시대에 발전 완성한 성씨에서 비롯되었다.

춘추 말부터 전한 시대에 이르기까지 발전 보급된 성씨는 오로지 중국에만 있고 주변의 이족에게는 없었다. 『사기』「흉노열전」에는 "그 습속은 이름은 있으나 피휘[諱]하지 않았고 성(姓)과 자(字)는 갖고 있지 않다"[303]라고 되어 있다. 왕충(王充)의 『논형(論衡)』「힐술(詰術)」편에서는 "흉노의 습속은 이름은 있으나 성과 자는 없다"[304]라고 하였으며, 『후한서』「서강전(西羌傳)」에서는 "그 습속은 씨(氏)와 족(族)이 일정하지 않고 부친의 이름과 모친의 성(姓)으로 종족의 호칭을 삼기도 하였다"[305]라고 하였다. 살펴보건대 "모친의 성"은 바로 모친이 속한 부락이다. 그들은 사실 중국식의 씨성을 갖고 있지 않았기 때문에 씨와 족이 일정하지 않았던 것이다. 『송서』권59「장창전(張暢傳)」에는 "장창이 북위에서 온 사신에게 성을 물었으나 그가 대답하기를 '저는 선비족으로 성을 갖고 있지 않습니다'라고 했다"[306]는 기록이 있다. 송나라 정초(鄭樵)의 『통지(通志)』권25「씨족략서(氏族略序)」에서는 "삼

---

303 『史記』 권110 「匈奴列傳」, "其俗有名不諱, 而無姓字."

304 『論衡』 「詰術」, "匈奴之俗, 有名無姓字."

305 『後漢書』 권87 「西羌傳」, "其俗氏族無定, 或以父名母姓爲種號."

306 『宋書』 권59 「張暢傳」, "暢問虜使姓, 答曰, '我是鮮卑, 無姓.'"

대 이전에는 성과 씨를 구별하였다. 남자는 씨(氏)를 칭했고 부인(婦人)은 성(姓)을 칭하였다. 씨는 귀천을 구별하는 기준으로서 신분이 높은 자[貴]는 씨가 있었고, 신분이 낮은 자[賤]는 이름은 있으나 씨는 없었다. 지금 남방의 여러 만족(蠻族)들은 여전히 이러한 관행이 있다"[307] 라고 하였다. 정초의 말은 매우 혼란스럽다. 다만 이로부터 남만(南蠻) 족은 결코 성씨를 갖지 않았다는 것을 알 수 있다. 가장 주목할 만한 것은 송렴(宋濂)[308]의 『난파후집(鑾坡後集)』[309] 권7 「서역포씨정성비문(西域蒲氏定姓碑文)」 하단의 다음 대목이다.

무릇 서역의 여러 나라는 처음에는 씨계(氏系)가 없었고 오직 그 부족을 따라서 호칭을 삼았다. … 우리 포군(蒲君)으로 말하면 중하(中夏)의 유명한 문물 지구에서 거주한 지 삼대가 되었다. 『시』와 『서』에 나오는 의복을 걸치고 예의에 맞는 복장을 갖추면서도 씨명(氏名)을 옛날 그대로 둔다면 불가하지 않겠는가? 이에 지체 높은 식자들과 의논하여 그 이름[名]을 본떠서 포(蒲)를 성으로 정하고 대대손손 자손들이 감히 바꾸지 못하게 하였으니, 그 깊은 생각이 절절하다고 할 수 있다. 옛날 대(代) 땅 북쪽의 여러 영웅호걸들이 북위(北魏)를 따라 하남으로 옮겨 온 후 (선비족 고유의 풍속을) 모두 중국의 풍속으로 개혁하여 3자, 4자로 된 성명을 한 글자로 바꾸었으며,

---

307 『通志』권25 「氏族略序」, "三代之前, 姓氏分而爲二. 男子稱氏, 婦人稱姓. 氏所以別貴賤, 貴者有氏, 賤者有名無氏. 今南方諸蠻, 此道猶存."

308 송렴(宋濂, 1310-1381): 명 절강 포강(浦江) 사람. 자는 경렴(景濂), 호는 잠계(潛溪)다. 명초에 한림학사 승지(承旨) 지제고(知制誥)를 역임하고, 『원사(元史)』 편찬의 책임을 맡았다. 전기문(傳記文)과 기서문(記敍文)에 뛰어났으며 저서로 「열강루기(閱江樓記)」, 『송학사문집(宋學士文集)』, 『편학류찬(篇學類纂)』 등이 있다.

309 『난파후집(鑾坡後集)』: 『난파집(鑾坡集)』 25권은 송렴(宋濂)의 저작으로 『송학사문집(宋學士文集)』의 제1부분이다.

그 외에는 하법(夏法)을 준용하였다. 질력(叱力)이 여(呂)가 되고, 역대(力代)가 포(鮑)가 되고, 우진(羽眞)이 고(高)가 되었으니, 그러한 예는 한둘이 아니다.[310]

살펴보건대 송 씨가 위에서 말한 서역의 상황은 사실 중국 주나라 이전의 각 씨족들의 상황과, 진(秦)·한·북위 이후의 중국을 둘러싼 이민족의 상황과도 상통한다. 무릇 사서(史書)에서 이민족의 씨성을 칭할 경우 중국의 전례에 따라 그 부족의 명칭이나 그 개인 이름의 첫 글자를 따서 성으로 삼는 경우가 많은데 이는 편의상의 호칭일 뿐이다. 사실 우리나라 고대에 씨성을 집단정치세력의 상징으로 삼았던 것과 같으며 일반적으로 말하는 성씨와는 의미가 다르다.

중국 성씨를 갖는 것과 중국 성씨를 갖지 않는 것의 차이는 원나라 정거부(程鉅夫)[311]가 『설루집(雪樓集)』권15에 인용한 「이씨경원도(里氏慶源圖)」 서문의 다음 문장과 앞에 인용한 송렴의 문장에서 상호 증명될 수 있다.

서북의 제공(諸公)들은 서로 이름을 부르며 부락에 속해 있다. 오랜 세월을

---

310 宋濂, 『鑾坡後集』「西域蒲氏定姓碑文」, "夫西域諸國, 初無氏系, 唯隨其部族以爲號. … 若吾蒲君, 居中夏聲名文物之區者三世. 衣被乎詩書, 服行乎禮義, 而氏名猶存乎舊, 無乃不可乎. 於是與薦紳先生謀, 因其自名而定以蒲爲姓, 使世世子孫不敢改易; 其深長之思, 可謂切矣. 昔者代北群英, 隨北魏遷河南者, 皆革以華俗, 改三字四字姓名爲單詞, 而其他遵用夏法. 若叱力之爲呂, 力代之爲鮑, 羽眞之爲高者, 又不可一二數也."

311 정거부(程鉅夫, 1249-1318): 본명은 문해(文海), 호는 설루(雪樓), 원재(遠齋)다. 원대에 집현직학사(集賢直學士), 비서소감(秘書少監), 한림학사(翰林學士), 민해도숙정염방사(閩海道肅政廉訪使) 등을 역임했다. 사후에 대사도(大司徒)로 추증되었고, 초국공(楚國公)으로 봉해졌다. 저서로 『雪樓集』이 있다.

전해 내려왔기 때문에 왜곡이 특히 심하다. … 살펴보건대 이씨(里氏)는 대
대로 고창(高昌)에 살았던 사람이다. 고창의 풍속은 서역 제국과 대체로 비
슷하고, 또 대대로 전쟁에 짓밟혀 왔기 때문에 비록 호주(豪主) 대족(大族)
이라도 자기 혈통의 근원을 말할 수 있는 자가 많지 않았다. 다만 이씨(里
氏)는 대대로 그 나라에 출사하여 높은 관직을 지냈다. 조부 살길사(撒吉思)
는 정의를 받들어 조정에 귀부하여 중하(中夏)를 안정시키는 일을 보좌하였
다. 그 후 열조(列朝)에서 방백(方伯)에 임명된 자가 60여 명이나 되는 성황
을 이루었다. 융희(隆禧) 군은 세대가 날로 멀어지고 해마다 태어나는 아이
들이 많아지는데 씨를 명명하여 서로 구별하지 않으면 종국에는 아득히 멀
어져서 조상이 누군지도 알 수 없게 될까봐 몹시 두려웠다. 이에 몸소 본조
(本朝)를 섬긴 자는 실제로 조부로부터 시작되었는데, 조부의 이름에는 세
속의 서책에 의하면 토의 의미를 따르고(从土) 이의 의미를 따르는(从里) 글
자가 있다. 돌아가신 백부의 이름을 살펴보아도 모두 이(里) 자가 있고, 『춘
추』에도 이(里) 씨가 있으니, 마침내 스스로 씨의 명칭을 이(里) 씨로 정하
였다. 또 위로 거슬러 올라가 확인 가능한 선조들을 찾아내어 세계(世系)를
정하고, 지금에 이르기까지 9세의 계통을 족보로 만들어 『이씨경원도(里氏
慶源圖)』라 명명하였다. ….[312]

살펴보건대 윗글에서 "서로 이름을 부르며 부락에 속해 있다"고 한 것
은 사실상 이름[名]은 있으나 성(姓)은 없다는 뜻이다. 이름은 있으나

---

[312] 『雪樓集』 권15 「里氏慶源圖引」, "西北諸公, 以名稱相呼, 以部落爲屬; 傳久而差, 失眞尤甚 …
按里氏世高昌人, 其俗大抵與諸國類. 又世蹂金革, 雖豪主大族, 能自系其所自出者無幾. 惟里
氏世仕其國爲大官. 自大父撒吉思仗義歸朝, 佐定中夏. 其後列朝班寄方伯者六十人, 亦旣盛
矣. 而隆禧君大懼世代日益遠, 生齒日益衆, 無命氏以相別, 終亦茫唐杳眇, 不可知而已. 乃以身
事本朝者, 實自大父始. 而大父之名, 從世俗書, 有從土從里之文. 考若伯考之名, 皆有里字; 而
春秋有里氏, 遂自氏曰里氏. 又溯而求之, 定其可知者, 至於今九世, 系以爲譜, 號曰里氏慶源
圖 …."

성이 없다면 비록 부락에 속한 "호걸 대족"이 부락을 씨로 삼을 수 있다 해도 그것은 정치적 결합에서 나온 씨일 뿐 결코 혈통상의 종지(宗支) 관계를 대표하지는 않는다. 그렇기 때문에 "자기 혈통의 근원을 말할 수 있는 자가 많지 않았던" 것이다. 정치의 기복에 따라 그 부락도 성쇠를 반복하고 그로 인해 부락의 취산(聚散)도 수시로 변한다. 지위가 비천한 자는 더 말할 필요도 없다. 다만 중국의 성씨 구조를 받아들이면 종지(宗支)의 자손들이 널리 번성한 자취를 분명하게 기록할 수 있다. 그것은 정치적 흥망성쇠나 취산과는 무관하며 원래의 정치적 부락을 사회적 "종족(宗族)"으로 대체하는 것이다.

중국식 성씨가 없는 것은 중국식 종족이 없는 것이고, 중국식 종족이 없는 것은 중국식 윤리도덕이 없는 것이며, 중국식 생활의식이나 생활형태도 없는 것이다. 연로한 사람을 천시하고 건장한 사람을 중시하며, 아버지가 죽으면 계모를 아내로 삼고 형이 죽으면 홀로된 형수를 아내로 들이는 것이 그 명백한 예다.【원주40】 다시 말하면 중국식 성씨를 갖는 것은 중국식 종족을 갖는 것을 의미한다. 중국식 종족을 갖게 되면 자연스럽게 중국식 윤리도덕을 받아들이고, 나아가 삶의 의미를 나타내는 중국식 이름[名]과 자(字)를 갖기를 요구하며,【원주41】 같은 방식 같은 풍속의 생활의식과 생활형태를 형성한다. 그렇게 하여 마침내 동화(同化)의 공(功)이 완성되는 것이다. 진원(陳垣) 씨의 『원서역인화화고(元西域人華化考)』권6「예속편(禮俗篇)」중 "2. 서역인의 상장(喪葬) 의식은 중국의 풍속을 본받았다" "3. 서역인의 제사 의식은 중국의 풍속을 본받았다" "4. 서역인의 거처는 중국의 풍속을 본받았다" 등은 모두 범위를 확대하여 동화의 일반적 상황을 살펴본 것이다. 중국의 상장(喪葬)과 제사는 '보본반시(報本返始, 근본에 보답하고 시원으로 돌아감)'와 '경종수족(敬宗收族, 종을 존경하고 친족을 거둬들임)'의 관념에서 발전된 것으로, 이는 모두 성씨에 따른 종족의 연대가 있어야 가능한 일이다. 오늘날 화교(華僑)들이 타국에 흩어져 살면서도 여전히 자신들의 기풍을 이루고 있는 것은 역시 성씨의 힘 때문이다.

전한 시기는 아직 성씨가 보급되는 과정에 있었다. 경제·무제 때는 한 왕실과 흉노 간 투쟁이 치열하여 상호 투항을 유도하는 작업을 벌였는데, 흉노인이 한에 투항하는 경우 그때마다 후(侯)의 봉작을 내렸다. 『한서』 권17 「공신표(功臣表)」에서도 그 일부를 볼 수 있다. 그러나 이들 대부분은 자신들이 속한 부락의 명칭을 그대로 유지하였다. 다만 번역할 때는 대부분 중국식 성명(姓名)과 유사한 문자를 사용하였고, 사신(史臣)들도 종종 그 부족 명칭의 첫 글자를 절취하여 중국의 성(姓)처럼 취급하였다. 사실 따지고 보면 중국의 성씨로 고쳤다고는 할 수 없다. 그들의 후손들은 부락의 한역(漢譯) 이름의 첫 글자 또는 두 글자를 성으로 삼았고, 이것이 자연스럽게 변화 발전하여 뒤에 이 민족이 중국 땅에 머무르면서 자손들 스스로 한성(漢姓)으로 성을 바꾸는 관행이 형성되었다. 그중 자신의 대에 한성(漢姓)으로 성을 바꾼 김일제(金日磾)[313]를 증거로 들 수 있다. 『한서』 권68 「김일제전」의 논

---

313 김일제(金日磾, B.C.134-B.C.86): 전한 흉노 사람으로 자는 옹숙(翁叔)이다. 흉노 휴도왕(休屠王)의 태자였으나 무제 원수(元狩) 연간에 혼야왕(渾邪王)이 휴도왕을 죽인 후 김일제와 무리를 이끌고 한나라에 투항하여 관노가 되었다. 시중(侍中)·부마도위(駙馬都尉)·광록대부(光祿大夫)를 역임하였다. 무제를 암살하려는 망하라(莽何羅)를 주살한 공으로 거기장군(車騎將軍)에 임명되고 투후(秺侯)에 봉해졌다. 무제 사후 곽광(霍光)과 함께 유조(遺詔)를 받들어 소제(昭帝)를 보필했다.

찬에서는 이렇게 말한다. "김일제는 이적(夷狄) 출신으로 나라가 망하고 포로로 끌려와 한나라 궁정의 노비가 되었다. 언행이 돈독하고 공경스러워 주군을 늘 일깨우고 충성과 신의로 자신을 드러내며 부지런히 일한 공로로 상장군이 되고, 무제가 후사를 부촉하기까지 하였다. 세상에 충효로 이름이 나고 이후 7대에 걸쳐 황제를 모셨으니 이 얼마나 성대한 일인가. 원래 휴도왕(休屠王, 김일제의 부친)이 금인(金人)을 만들어 천주(天主)에 제사를 지냈기 때문에 김(金) 씨 성을 내렸다고 한다."314 이는 가장 유명한 "화화(華化)"의 사례라고 할 수 있다.

후한 말 이민족들은 여러 가지 이유로 중국 땅에 들어와 잡거하기 시작했는데 특히 관중(關中)과 농우(隴右) 일대가 가장 심했으며 이후 마침내 오호십육국의 혼란으로 발전하게 된다. 그중 야심을 품은 자들은 자신의 지위를 제고하기 위해 씨성의 연원을 위조하였으니 예컨대 유연(劉淵)은 한나라 황제의 생질을 자처하였고, 탁발(托跋)씨는 황당하게도 헌원(軒轅, 黃帝)의 후예를 자처하였다. 예견된 일이지만 이러한 풍조는 성씨를 이용한 한화(漢化) 정책에까지 영향을 미쳤다. 일반적인 이민족 인사들의 경우 대부분이 자신도 모르는 사이에 중국 풍습에 적응하여 성명(姓名)을 중국식으로 바꾸었고 이어서 그 가족들도 성명을 중국화하였다. 탁발씨는 선비족 서부에서 일어나 탁발섭규(托跋涉珪)가 대(代)에 도읍하고 대위(大魏)를 건국할 때부터 이미 자신과 중국의 관계를 부회하기 시작하였다. 효문제에 이르면 수도를 낙양으

---

314 『漢書』 권68 「金日磾傳」, "金日磾夷狄亡國, 羈虜漢庭. 而以篤敬寤主, 忠信自著, 勤功上將, 傳國後嗣, 世名忠孝, 七世侍內, 何其盛也. 本以休屠作金人爲祭天主, 故因賜姓金氏云."

로 옮기고, 오랑캐의 풍속을 혁파하는 데 힘써 호복(胡服)을 금지하고 호어(胡語)를 사용하지 못하게 하였으며, 더욱이 호인(胡人) 부락의 명칭을 전부 중국식 성씨로 바꾸도록 하였다. 근대인 요미원(姚薇元)[315]의 『북조호성고(北朝胡姓考)』에서 상세하게 기술하고 있지만, 이것은 이민족 스스로의 정치의식에서 비롯된 대대적인 한화 운동이었다. 그들의 정치세력은 이미 쇠망했지만, 한화된 호성(胡姓)을 유지하는 한 그가 본래 호족이었다는 것을 누가 알고 차별을 가하겠는가? 만주족의 청나라는 입관 후 팔기(八旗)의 자제들에게 북위와는 상반된 정책을 실시하여 한화를 금지하였다. 그러나 청나라가 망하기 전 일반 기인(旗人)들은 이미 그 조부나 부친의 이름 중 첫 글자를 성으로 삼기 시작하였다. 청나라 멸망 후 성씨의 완전한 한화로 만주족과 한족의 흔적은 완전히 사라졌다. 만청(滿淸) 이전에 이민족의 한화는 대부분 중국식 성씨로 시작되었고, 만청은 중국식 성씨로 그 결실을 거두었다고 말할 수 있다. 성씨가 중국 문화에서 가장 사회적인 동화의 힘이 되었다는 것은 의심할 여지가 없다.

---

315 요미원(姚薇元, 1905-1985): 안휘 번창(繁昌) 사람으로 무한대 교수. 『北朝胡姓考』는 박사논문이다.

12. 결어

성씨에서 생겨난 종족은 농업사회의 농민들이 의지할 수 있는 사회 집단이며, 그 정상적인 기능도 농업사회에서만 발휘될 수 있다. 농업 사회에서는 남자는 농사짓고 여자는 직조하는 자급자족 경제가 주를 이루기 때문에 일반인들의 사회 활동 범위와 외부세계와의 관계에 자연히 제한이 있을 수밖에 없다. 종족은 일 년에 봄과 가을 두 차례 전체 사당과 지파(支派)의 사당에서 제사를 지내는데 이는 부모의 상사에 슬픔을 다하고 조상 제사에 공경을 다하며[愼終追遠] 종족이 한데 모여 친족의 화합을 도모하는[聚宗合族] 요구를 충족시킬 수 있다. 평상시에는 특별한 사고가 발생하는 경우 "사당의 문을 열어 놓고"【원주42】일족 중 나이 많은 사람들이 회의를 하거나, 분쟁 당사자 쌍방이 변론을 하거나, 심지어 사당 안에서 "족규(族規)"를 집행하여 형벌과 같은 제재를 가하기도 하는데, 이것은 모두 지방자치단체의 일부 기능을 완성하는 측면이 있다. 농업 위주의 사회에서는 도시 공상업자들의 동업조합[行會] 조직이 종족의 조직보다 더 두드러질 수 있으나, 그것은 종족 조직이 가진 보편성을 갖고 있지 않을 뿐만 아니라 종족 조직이 일체의 남녀노소 사람들을 포용하고 일체의 삶의 정서와 가치를 배양하는 것과 달리 기껏해야 단편적인 직업군과 직업의식을 포용할 뿐이다. 특히 종족 조직은 크고 작은 사고가 없을 때는 훈훈한 분위기만 있을 뿐

제6장 중국 성씨의 변천과 사회형식의 형성

조직이라는 느낌이 들지 않는다고 할 수 있다. 사고가 났을 때만 조직의 힘의 존재를 느끼게 되는데, 이러한 조직의 힘의 발휘는 "종노(宗老, 문중의 존장자)" 인물의 지혜로움과 어리석음, 현명함과 불초함에 따라 그 결과가 좋을 수도 나쁠 수도 있다. 그러나 혈통 그리고 혈통과 불가분의 관계에 있는 윤리에서 오는 따뜻한 분위기와 정서가 있기 때문에 설사 결과가 나쁘더라도 냉혹하고 무자비한 조직력에 의한 나쁜 처분보다는 훨씬 완화될 것이다.

농업 위주의 사회로부터 점차 공·상업 위주의 사회로 진입하면서 농촌경제의 자족성이 타파되었고 종족의 조직성과 조직성에 기반한 역할도 나날이 이완되어 종족은 이제 유명무실한 존재가 되었다. 나는 열 살 전후로 할아버지뻘 되는 어른들이 종족의 다양한 활동에 대해 얘기하는 것을 들었는데 아직도 내 기억에 생생하다. 열 살 전후에 내 자신이 직접 체감했던 감정은 이미 퇴색해 버렸다. 그러나 지금도 청명(淸明)절이나 중양(重陽)절에는 같은 지부 소속의 노소(老小) 수백 명이 함께 묘지에 가서 조상에게 제사를 지내고 제사를 마친 후에는 조전(祖田)을 경작하는 농가에서 푸짐한 한 끼를 즐긴다. 또한 사당의 제사와 "호인(護人)"에 의한 분규의 중재는 나에게 깊은 인상을 남겼다. 제1차 세계대전이 발발한 후 기계방직산업이 일어나 농촌 부녀들의 방직수공업이 소멸되어 농촌은 더욱 빈궁해지고 장정들은 점점 농촌 밖으로 이동하였다. 민국 13, 4년에 이르면 내가 10세 전후로[316] 경험했던 상황과 비교하여 이미 격세지감을 느낄 정도였다. 이러한 농촌의

---

316 서복관은 1903년에 태어났으므로 10살 전후라면 대략 1911-1913년이다.

변모는 5 · 4운동과는 아무런 관련이 없다. 이를 통해 공 · 상업의 대두와 함께 외국 경제의 침입으로 원래의 농촌경제 구조가 와해되고, 농촌의 고유한 생활형태와 생활의식도 동요되었으며, 성씨를 중심으로 하는 종족의 의미도 자연히 희미해져 퇴색되었음을 알 수 있다. 그러나 성씨와 종족에서 비롯된 사가(私家)의 보첩(譜牒)에서는 각 가(家)의 종파 · 지파의 번성과 각 사람의 종파 · 지파의 번성 내에서의 이름과 항렬을 일일이 기록하여, 각 가(家) 각 사람으로 하여금 역사적 시간의 흐름 속에 각자의 역사적 위치를 차지하도록 함으로써, 과거와 현재와 미래를 마치 한 가닥 줄로 꿰듯 관통하여 하나로 연결하고 있다. 동시에 모든 사람의 생명도 상하좌우로 연결되어 일체를 이루고 있다. 이것은 세상 어디에도 없는 일이며, 인류역사 발전의 극치로서 그 의미는 영원히 말살되어서는 안 될 것이다.

많은 악의 세력들이 종족을 등에 업고 있다. 특히 후한 중엽 이후 "문벌[門第]"이라는 새로운 계급형태가 점차 등장하여 위진(魏晉) 시기에 번성하다가 당(唐) 중엽에 쇠퇴하기 시작하였다. 사회적으로 사족(士族)과 서인(庶人)은 신분상 현격한 차이가 있는 두 가지 다른 존재가 되었다. 이것은 부인할 수 없는 사실이다. 그러나 나는 사회적 악의 세력과 문벌의 출현은 전체 정치경제구조의 산물이라는 점을 지적하고 싶다. 종족이 없어도 사회적 악의 세력이 다른 형태로 나타날 수 있기 때문에 이러한 현상을 중국의 성씨 · 종족 사회에서만 볼 수 있는 현상이라고 할 수는 없다. 또한 이러한 현상의 이해득실을 일방적으로 단정할 수도 없다. 여기서는 다만 이렇게 요약 정리할 수 있다. 우리나라의 성씨는 최초에 부락의 명칭이었으며 이 점에서 주변 이민족과 다르

지 않았다. 이때는 사실상 성과 씨가 뒤섞여 구분되지 않았다. 주 초에
이르러 중앙 정치권력의 통치기능을 강화하기 위해 성과 씨를 분리함
으로써 종법제도의 골간이 형성되었다. 춘추 중엽부터 종법제도가 붕
괴하기 시작하면서 성과 씨가 다시 하나로 합쳐지고, 사회적인 평민의
성씨가 등장하기 시작하였다. 전한 말에 이르러 비로소 평민의 성씨
소유가 대체로 완성되었다. 그 밖의 민족들은 제1단계의 성씨만 있거
나, 제2단계의 귀족 성씨로 진화하기도 한다. 중국과 같이 3대 발전단
계를 거쳐 형성된 성씨, 성씨를 중심한 종족, 성씨와 종족의 기초 위에
만들어진 우리나라 3천 년의 생활형태와 의식형태를 골간으로 형성된
중국의 특별한 사회구조, 그것이 민족의 생존과 발전에 발휘한 효용,
이것은 중국의 문화·사회의 특색을 논결하는 자들이 반드시 인식해
야 하는 기본 사실이다. 돌아보건대 이 사실은 지난 1백 년 동안 학계
에서 거의 다루어지지 않았다. 성씨에 관한 연구는 한(漢)나라에서
처음으로 성행하였다. 『백호통(白虎通)』에는 「종족편(宗族篇)」·「성명
편(姓名篇)」이 있다. 왕부(王符)의 『잠부론(潛夫論)』에는 「논복렬(論卜
列)」·「논씨성(論氏姓)」편이 있다. 응소(應邵)의 『풍속통(風俗通)』에는
「씨족편(氏族篇)」이 있다. 영천태수(潁川太守) 요씨(聊氏)는 『씨성보(氏
姓譜)』를 남겼다. 당나라는 육조(六朝) 시대 문벌의 풍조를 이어받아
성씨의 학문이 특히 성행하였다. 그러나 바로 정초(鄭樵)가 말한 바와
같이 "그 서적은 많으나 대개 세 가지로 대별된다. 하나는 지위와 명망
을 논하였고, 하나는 성(聲)을 논하였으며, 마지막 하나는 자(字)를 논
하였다. … 이것은 모두 성씨와는 관계없는 내용이다."[317][원주43] 오늘
날 세간에서 몹시 칭찬하는 『원화성찬(元和姓纂)』은 더욱더 성씨 연구

에 도움이 되지 않는다. 정초는 일찍이『씨족지(氏族志)』57권을 지었고『씨족원(氏族源)』·『씨족운(氏族韻)』등 씨족에 관한 책이 거의 70권이나 되어 "그 대략을 적어"『통지(通志)』의 「씨족략(氏族略)」을 완성하였다[318]고 하므로 「씨족략」은 그전에 찬수한 것들을 집대성해 놓은 것이라 할 수 있다. 그의 넓은 식견과 고상한 마음은 진실로 경탄을 자아낼 만하다. 그가 스스로 "천여 년 동안 근원이 인멸되고 계통이 단절되었던 전적이 찬연히 눈앞에 있다"[319][원주44]라고 말하는 것도 과언이 아니다. 그러나 그는 씨족의 원류와 변화 발전의 여러 핵심 관건을 밝혀낼 수 없었기 때문에 내용이 뒤섞이고 혼란스러워 초보자들의 이목을 헷갈리게 하기 쉽다. 그뿐만 아니라 씨족의 의미를 "신분이 존귀한 자는 항상 그 존귀함을 누리고 비천한 자는 각각 그 신분과 지위에 상응하는 위의(威儀)가 있게 하였다"[320][원주45]라는 관점에서만 보기 때문에 고지식하고 비루하다고 할 수 있다. 그리하여 나는 발분하여 이 글을 작성하였으니 비록 완벽하지 못하고 당연히 착오도 적지 않겠지만, 혹여 이를 통해 역사·사회 분야의 영역 개척을 위한 하나의 관건을 제공할 수도 있을 것이다.

---

317 『通志』권25 「氏族略」 '氏族序', 전문은 다음과 같다. "其書雖多, 大槩有三種. 一種論地望, 一種論聲, 一種論字. 論字者則以偏旁爲主, 論聲者則以四聲爲主, 論地望者則以貴賤爲主. 然貴賤升沈何常之有, 安得專主地望. 以偏旁爲主者, 可以爲字書. 以四聲爲主者, 可以爲韻書. 此皆無預於姓氏."

318 『通志』권25 「氏族略」 '氏族序', "臣舊爲氏族志五十七卷, 又有氏族源氏族韻等書幾七十卷, 今不能備, 姑載其畧云."

319 『通志』권25 「氏族略」 '氏族序', "使千餘年湮源斷緒之典, 燦然在目."

320 『通志』권25 「氏族略」 '氏族序', "使貴有常尊, 賤有等威."

一
원
주
一

【원주1】『한서』권75「휴홍전(眭弘傳)」안사고 주, "개인적인 보첩의 글은 항간에서 나왔다. 가문 자신의 설이며 경전에 있는 내용이 아니다. 구차하게 선현들을 끌어 다 함부로 가탁하여 믿을 만한 데가 없으니 어찌 근거로 삼기에 족하겠는가?"[321]

【원주2】『서안반파(西安半坡)』圖141-3·4, 圖版 169-7·10 참조.

【원주3】곽씨의『금문석여지여(金文釋餘之餘)』34-37쪽 참조.

【원주4】이(李) 군이 편찬한『갑골문자집석(甲骨文字集釋)』제12책 37-38쪽 참조.

【원주5】정산(丁山)이 저술한『갑골문에 보이는 씨족과 제도(甲骨文所見氏族及其制度)』33-34쪽 참조.

【원주6】위와 같음.

【원주7】『상서』「여형(呂刑)」, "관백족성(官伯族姓)"에 대한 주, "족은 동족이고, 성은 이성이다[族, 同族; 姓, 異姓也]"라는 설은 따를 수 없다.[322]

【원주8】이것은 모두 중앙연구원 역사어언연구소 장병권(張秉權) 선생에게 특별히 해독을 요청한 것이다.

【원주9】나는 갑골문에 대해 연구한 적이 전혀 없다. 이것은 단지 성(姓) 자의 전반적인 상황으로부터 세운 가설일 따름이며 전문가의 논결을 기다리겠다.

【원주10】계복(桂馥)의『설문해자의증(說文解字義證)』에서는 "성(姓)" 자 아래에 다음과 같이 적고 있다. "정현의『박오경이의(駁五經異義)』를 보면 '『춘추좌전』에 무해(無駭)가 죽자 우보(羽父)가 시호와 족(族)을 청하였다. 은공이 중중(衆仲)에 게 족(族)에 대해 물으니 중중이 … 제후는 자(字)로써 씨(氏)를 내려 주고 자손은

---

321 『漢書』권75「眭弘傳」안사고 주, "私譜之文, 出於閭巷, 家自爲說, 事非經典; 苟引先賢, 妄相 假託. 無可取信, 寧足據乎?"

322 여기서 주(注)라 한 것은 공안국(孔安國)의 전(傳)을 가리킨다.

이것으로 족(族)을 삼으며 …라고 대답하였다'라는 구절이 있다. 생각건대 지금의 『좌전』에 '제후는 자로써 시호를 삼는다[諸侯以字爲諡]'라 되어 있는 것은 전사(傳寫)할 때 잘못된 것이다."[323] 내 생각으로는 계복의 설이 맞다고 본다. "우보가 시호와 족을 청하였다[羽父請諡與族]." 또한 마땅히 "씨와 족을 청하였다[請氏與族]"가 되어야 할 것이다.[324]

【원주11】『예기』「대전(大傳)」 "(족인을 통합할 때) 성(姓)으로 묶어 구별하지 않고"에 대한 정현의 주[325] 및 「상대기(喪大記)」 "경·대부·부·형·자손들은 동쪽에 서서 곡을 하고"에 대한 정현의 주[326]를 참조하기 바란다.

【원주12】고정림(顧亭林)의 『일지록(日知錄)』 권4 '경불서족(卿不書族)'조를 참조하라.

【원주13】이것은 『일지록』 권6 '서성별어상(庶姓別於上)'조의 고씨 말에서 인용하였다. 그런데 이것과 상호관련된 해석과 고씨의 설이 일치하지 않는다.

【원주14】『좌전』「양공(襄公) 25년」.

---

323 桂馥, 『說文解字義證』, "鄭玄駁五經異義, '春秋左傳, 無駭卒, 羽父請諡與族, 公問族於衆仲, 衆仲對曰, … 諸侯以字爲氏, 因以爲族 …' 馥按今左傳作'諸侯以字爲諡', 傳寫誤也."

324 지금의 『左傳』「隱公 8년」 원문은 다음과 같다. "無駭卒, 羽父請諡與族, 公問族於衆仲, 衆仲對曰, 天子建德, 因生以賜姓, 胙之土而命之氏, 諸侯以字爲諡, 因以爲族, 官有世功, 則有官族, 邑亦如之, 公命以字爲展氏."

325 『禮記』「大傳」, "繫之以姓而弗別"에 대한 정현 주, "주나라의 예에서 중심으로 세운 것이 장(長)이다. 성(姓)은 정성(正姓)을 말한다. 시조가 정성(正姓)이 되고, 고조(高祖)가 서성(庶姓)이 된다. '묶어 따로 나누지 않았다'[繫之弗別]는 것은 지금의 종실의 속적(屬籍)과 같은 것이다. 『주례』에 '소사(小史)는 묶여 있는 세대의 계통을 확정하고 소목(昭穆)을 변별하는 것을 관장한다'라고 하였다[周之禮, 所建者長也. 姓, 正姓也. 始祖爲正姓, 高祖爲庶姓. 繫之弗別, 謂若今宗室屬籍也. 周禮小史掌定繫世, 辨昭穆]."

326 『禮記』「喪大記」, "시신을 들창문 아래로 옮겨 머리를 남쪽으로 두게 한 후, 아들은 동쪽에 앉아서 곡을 하고, 경·대부·부·형·자성들은 동쪽에 서서 곡을 하고, 유사(有司)와 서사(庶士)는 당 아래에서 곡을 하면서 북향을 한다[既正尸, 子坐于東方, 卿·大夫·父·兄·子姓立于東方, 有司·庶士哭于堂下, 北面]"에 대한 정현 주, "'자성(子姓)'은 여러 자손들을 가리킨다. '성(姓)'은 낳는다는 뜻이다. 남자는 상주의 뒤에 서고, 여자는 부인의 뒤에 선다[子姓謂衆子孫也, 姓之言生也. 其男子立於主人後, 女子立於夫人後]."

제6장 중국 성씨의 변천과 사회형식의 형성

【원주15】『백호통』「성명(姓名)」편의 말을 차용하였다.

【원주16】 황여성(黃汝成)의 『일지록집성(日知錄集釋)』 권6 '서성별어상(庶姓別於
上)'조의 주(注)에서는 "전씨왈(全氏曰)"을 인용하고 있다. 그러나 전씨는 오히려
이것을 "사씨(賜氏)"의 오기라고 보았다.

【원주17】 졸저「서주 정치사회의 구조 문제」라는 글을 참조하기 바란다. 또『맹자』
「등문공」상에 "야인들이 없으면 군자를 먹여 살릴 수가 없다[無野人莫養君子]"라
고 하였다.

【원주18】『설문』9하 '염(冄)'자에 대한 단옥재 주는 "부드럽고 약해 축 늘어진 모양
[柔弱下垂之貌]"이라고 하였다. 장태염(章太炎)의 『문시(文始)』에서는 "염(冄)에
서 파생된 글자는 모두 유약하고 온후한 뜻이 있다[其(冄)所孳乳皆有柔弱溫厚之
意]"라고 하였다.

【원주19】『좌전』「양공(襄公) 24년」진(晉)나라의 범선자(范宣子)가 노나라 목숙(穆
叔)에게 물었던 말을 볼 것.[327]

【원주20】 장주집(張澍輯),『풍속통성씨편서(風俗通姓氏篇序)』.

【원주21】『사기』「자객열전(刺客列傳)」참조.

【원주22】『사기』「위기무안열전(魏其武安列傳)」참조.

【원주23】『사기』「위장군열전(衛將軍列傳)」참조.

【원주24】 한(漢)에서는 구부(口賦, 사람 수에 따라 부과)와 경역(更役, 매년 일정 기간
요역)이 있었으므로 인민 중에 유망(流亡)하거나 은닉하는 숫자가 상당히 많았다.
『한서』「왕성전(王成傳)」에서 왕성이 교동국(膠東國)의 상(相)이 되어 "태만하지
않고 힘써 노력한 결과 초치한 유민(流民)이 8만여 구에 이르렀다"라고 한 것이 그
일례이다.[328]

---

327 『左傳』「襄公 24년」傳, "二十四年春, 穆叔如晉, 范宣子逆之, 問焉曰, 古人有言曰, 死而不朽,
何謂也. 穆叔未對, 宣子曰, 昔匄之祖, 自虞以上爲陶唐氏, … 穆叔曰, 以豹所聞, 此之謂世祿,
非不朽也. 魯有先大夫, 曰臧文仲, 既沒, 其言立, 其是之謂乎. 豹聞之, 大上有立德, 其次有立
功, 其次有立言, 雖久不廢, 此之謂不朽. 若夫保姓受氏以守宗祊, 世不絶祀, 無國無之, 祿之大
者, 不可謂不朽."

【원주25】쇼와[昭和] 14년『사림(史林)』24-2에 우츠노미야 기요요시(宇都宮淸吉) 씨의 「한대의 가와 호족[漢代的家與豪族]」이 간행되었다. 쇼와 30년에는 홍광당(弘光堂)에서 동씨의 『한대사회경제연구』가 간행되었는데 역시 이 문제를 다루고 있다. 쇼와 15년『만철조사월보(滿鐵調査月報)』20-9에는 시미즈 모리미쓰(淸水盛光) 씨의 「지나 가족의 여러 구조[支那家族的諸構造]」가 간행되었다. 또 쇼와 17년에는 암파서점에서 가토 죠오겐[加藤常賢] 박사의 『시나고대가족제도연구』가 출간되었다. 쇼와 16년『사학잡지』56-2에는 모리야 미쓰오[守屋美都雄]의 「한대 가족형체의 시론[漢代家族型體的試論]」이 간행되었고, 『중국고대사연구』에 또한 동씨의 「한대가족형태에 관한 재고찰[關於漢代家族形態的再考查]」이 간행되었다. 쇼와 17년『동아학(東亞學)』4·5집에는 마키노 다쓰미[牧野巽] 박사의 「한대의 가족형태[漢代的家族形態]」가 수록되었다.

【원주26】『맹자』「양혜왕」상 및 「진심」상.

【원주27】『사기』「전담열전(田儋列傳)」, "전담의 사촌동생 전영(田榮)과 전영의 동생 전횡(田橫)은 모두 호걸이었고 종족이 강성했다."[329]

【원주28】『사기』「항우본기」.

【원주29】『한서』「왕망전」하.

【원주30】『후한서』「광무제기」.

【원주31】『후한서』「광무제기」.

【원주32】효문제가 시행한 "효제역전(孝弟力田)"의 사회정책은 사실『관자(管子)』로부터 나왔다. 조조(晁錯, 朝錯)의 "오곡을 귀하게 여기고 금옥을 천하게 여기

---

328 그러나 유민 8만여 구를 초치했다는 왕성(王成)의 공적은 그 후 모두 허위임이 드러났다. 당시는 속리(俗吏)들이 공로를 내세워 표창을 받을 목적으로 초치한 유민의 숫자를 부풀려 보고하는 일이 비일비재했다. 원문은 다음과 같다.『漢書』권89「王成傳」, "王成, 不知何郡人也. 爲膠東相, 治甚有聲. 宣帝最先褒之, 地節三年下詔曰, … 今膠東相成, 勞來不怠, 流民自占八萬餘口, 治有異等之效. 其賜成爵關內侯, 秩中二千石. 未及徵用, 會病卒官. 後詔使丞相御史問郡國上計長吏守丞以政令得失, 或對言前膠東相成僞自增加, 以蒙顯賞, 是後後俗吏多爲虛名云."

329『史記』권94「田儋列傳」, "儋從弟田榮, 榮弟田橫, 皆豪, 宗彊."

제6장 중국 성씨의 변천과 사회형식의 형성

는"[330] 사상 또한『관자』「치국(治國)」편과「경중(輕重)」편에서 나온 것이다.

【원주33】『예석(隷釋)』권6,「종사무량비(從事武梁碑)」"후설사당(後設祠堂)." 이 제도는 서한 말에 시작된 것으로 추정되며 아직 고증을 기다려야 한다.

【원주34】『사기』「진시황본기」.

【원주35】『사기』「유경(劉敬)열전」.

【원주36】『한서』「백관공경표」상 '서자사(敍刺史)'조의 안사고 주를 참조하기 바란다.

【원주37】『한서』「성제기」홍가(鴻嘉) 4년(B.C.17) 정월의 '휼민조(恤民詔)'에 나오는 말이다.

【원주38】가장 현저한 예로『맹자』「이루(離婁)」상이 있다. "사람들이 항상 하는 말이 '천하, 나라, 가정'이라 하니 천하의 근본은 나라에 있고 …[人之恒言皆曰天下國家. 天下之本在國 …].『예기』「예운(禮運)」편, "천하를 공적인 것으로 여긴다[天下爲公]";「대학(大學)」편, "나라가 다스려져서 천하가 태평할 것이다[國治而天下平]."

【원주39】진씨(陳氏)의 원저 제1권의 3쪽을 볼 것.

【원주40】『사기』「흉노열전」및『후한서』「서강열전」을 참조하기 바란다.

【원주41】진원(陳垣)『원서역인화화고(元西域人華化考)』권6「예속편(禮俗篇)」1, 서역인의 이름과 씨(氏)가 중국의 습속을 모방한 점을 참고하기 바란다. 95-99쪽.

【원주42】이것은 우리 고향에 어떤 분규가 있을 때 늘 하던 말을 적어 놓은 것이다.

【원주43】『통지(通志)』'씨족략서(氏族略序)'.

【원주44】위와 같음.

【원주45】위와 같음.

---

[330]『漢書』권24上「食貨志」4, "貴粟五穀而賤金玉."

부록 1 서주 초 몇 가지 사실(史實)에 관한 문제

이 글은 원래 「학술적으로 다음 세대를 구조함[從學術上搶救下一代]」[331]이라는 제목으로 『중화잡지(中華雜志)』 제6권 제9호(1968. 9.)에 실렸던 글이다. 이 글을 쓴 목적은 지금 이 시대의 허황되고 기만적인 학풍을 조금이나마 바로잡아 보려는 생각에서였다. 이러한 학풍은 불행하게도 일단 형성되면 축적되어 점점 더 강해지기만 하고 오랜 세월이 지나도 변하지 않는다는 것을 지난 20년은 증명하고 있다. 그래서 그때의 노력은 완전히 헛수고였다고 할 수 있다. 그러나 그중에는 주나라 초의 역사 사실에 관련된 문제들도 있고 시대풍조가 되어 버린 황당무계한 학설들을 바로잡을 수도 있지 않을까 하여 여기에 절록(節錄)하였다.

신해(1971) 음력 11월 17일

머리말

　자신과 자신의 동년배, 심지어 자신보다 한 세대 위인 사람들조차 학문적으로 완전히 백지를 냈다는 것을 알고 나면 자연히 다음 세대에 기대를 걸게 된다. 요 몇 년간 나는 특별히 허탁운(許倬雲) 군을 유심히 살피며 그의 학술논문을 찾아보려 했다. 1968년 7월 초 내가 장문의

---

331 원제는 「종학술상창구하일대 ──以許君倬雲有關周初史實的一篇論文爲例」이다.

글 집필에 착수했을 때, 마침 친구가 중앙연구원『역사어언연구소집간(歷史語言研究所集刊)』제38책(1968. 1)을 보내왔는데 그 안에 허 군의「주나라의 홍기와 주나라문화의 기초[周人的興起及周文化的基礎]」라는 글이 들어 있는 것을 보고 바로 붓을 내려놓고 먼저 그의 "서안(西安) 반파(半坡)"에 관한 일단의 글을 읽었다. 그런 다음 나는 중앙연구원 원장 왕세걸(王世傑)에게 보낸 공개서한에서 이제지(李濟之) 선생이 "서안 반파"에 관해 범했던 몇 가지 중대한 착오들이 허 군의 서술에서는 보이지 않는다는 점을 지적하였다. 바로 뒤이어 기쁜 마음으로 나에게『집간』을 부쳐 주었던 친구에게 "허 군의 글이 괜찮아 보인다"라는 간단한 편지를 써서 보냈다. 그날 저녁 식사 후 휴식을 취하면서 다시 계속하여 허 군이 "객성장(客省莊) 제2기문화"에 대해 서술한 글을 읽었는데, 당시 나는 비록 머릿속으로 객성장 제2기문화에 대한 아무런 인상도 갖고 있지 않았지만 허 군의 글에 보이는 혼란과 모순으로부터 곧바로 그가 완전히 혼선을 빚고 있는 것 같다는 의심이 들었다. 다시 계속하여 읽다 보니 허 군의 학문연구가 힘들이지 않고 요령만 부리는 허황되고 기만적인 길로만 흘러가고 있음을 발견하였다. 그는 아직 고전을 읽는 능력을 배양하지 못했기 때문에 한 번도 기본 자료를 가지고 열심히 공부를 해본 적이 없다. 당시 사람들이 쓴 관련 논문을 이것저것 잡다하게 옮겨 적기는 했으나 그들 주장의 논증을 더 이상 재검토할 줄은 몰랐고, 더욱이 그는 기본적인 자료를 파악해 본 적이 없기 때문에 자연히 재검토의 척도를 찾을 수도 없었다. 더욱더 나를 놀라게 하는 것은 허 군은 미국에서 박사학위를 받았음에도 서양학문의 논리학 훈련을 받지 못해서인지 자신이 잡다하게 추려 뽑아 적어

[부록 1] 서주 초 몇 가지 사실(史實)에 관한 문제

놓은 것들 사이의 상호모순을 발견할 수 없었다는 점이다. 한 편의 학술 논문을 써 내면서 완전히 착오가 없기를 바라는 것은 거의 불가능한 일이다. 그러나 허 군과 같이 전편을 통해 타당한 말이라곤 몇 구절도 찾을 수 없는 이런 논문은 실로 보기 드문 일이라 하겠다. 어제 나는 내 글의 초고를 완성하였으나 나를 주저하게 하는 것은 허 군은 나보다 한참 나이도 어린데 그의 이 논문이 공개토론을 제기할 만큼의 가치가 있을까 하는 문제였다. 거듭 생각한 끝에 나는 아래의 세 가지 이유로 나이 든 사람 티를 드러낼 필요가 없다고 생각하고, 땀을 흘리며 내가 토론하려는 바를 두서없이 적어서 허 군의 본 논문을 심사한 석장여(石璋如)·고거심(高去尋) 및 역사어언연구소의 그 밖의 다른 선생들에게 가르침을 구하였다. 이른바 세 가지 이유는 다음과 같다.

(1) 어떤 친구는 내게 권하기를 아예 이제지 선생의 학문성과를 진지하게 비평하는 글을 쓰는 게 어떻겠느냐고 했다. 나는 그의 몇 편의 발굴보고서가 고고학에서 말살되어서는 안 된다고 생각한다. 이 몇 편의 보고서를 제외하면 그는 이미 70세가 넘은 사람이니 그에게 더 이상 무엇을 바라겠는가? 그래서 나는 쓰지 않았다. 그러나 허 군은 본래 타고난 자질이 뛰어나고 현재 나이도 아직 젊다. 만약 나의 비판이 그에게 도움이 되고 스스로 성찰을 불러일으킨다면 그는 다시 학문상 업적을 남길 수도 있을 것이다. 만약 미국의 일부 한학자들과 허 군의 은사들 모두 허군은 학식이 뛰어나기 때문에 나의 비판이 의미가 없을 것이라 보거나 심지어 무슨 속셈이 있어서 그러는 것으로 여긴다면, 나의 비판은 성실하게 학문에 정진하는 다른 청년들에게 깨우침을 줄 수도 있을 것이다. 현재 학술계에서는 청년들을 속이고 기만하는 풍조

가 성행하고 있는데 나로서는 미력이나마 최선을 다하여 이러한 풍조를 조금이라도 바로잡기를 바라는 마음이다.

(2) 허 군은 현재 대만대학교 역사학과의 학과장이자 연구소 소장이며 중앙연구원 역사어언연구소 연구원으로 일하고 있다. 누가 내게 알려 주기를, 그는 역사연구소 대학원생들에게 고전 몇 편을 연구하도록 단숨에 지도할 수 있다고 한다. 허군이 내 글을 읽고 자신이 아직 고전을 읽을 수 있는 능력을 배양하지 못했다는 것을 알고 학생들에게 말을 적게 한다면 학생들이 더 많은 혜택을 받을 수 있을 것이다.

(3) 허 군은 글 뒤에 부기하기를 "이 글은 『중국상고사고(中國上古史稿)』[332] 제3책 제1장으로 심사자는 석장여 · 고거심 두 분 선생이다"라고 하였다. 이것은 오래전부터 회자되고 있는, 역사어언연구소와 미국의 모 학술재단이 합작하여 이 재단이 돈을 내고 연구소가 공들여 쓴 중국상고사의 일부분이다. 그러나 내가 읽은 이제지 선생과 허 군의 두 편의 글로 말하자면, 허 군의 글에서 다룬 내용에 대해 내가 약간의 토론을 제기한다면 혹여 일부 그릇된 학설이 유포되는 피해를 줄일 수 있을 것이다.

물론 내 말이 틀렸다면, 누군가가 그것을 증명해 줄 수 있다면 나에게는 더 큰 이익이 된다. 내가 죽기 전에는 항상 무언가 진전이 있기를 바라기 때문이다.

민국 57년(1968) 8월 15일.

---

332 정식 서명은 『중국상고사-대정고(中國上古史-待定稿)』이다. 모두 4책으로 제1책은 1972년에, 제2책 · 3책 · 4책은 1985년에 대북 역사어언연구소에서 출판되었다.

허 군의 장문의 글은 "서안(西安) 반파(半坡)"의 진술로부터 시작된다. 나는 서안 반파와 "주문화의 기초"가 어떤 확정적 의미를 갖고 있는지 명료하게 이해하지는 못하지만 허 군이 이 문제를 언급했기 때문에 앞으로의 토론에 도움이 되고자 두 가지를 보충하고자 한다.

(1) 반파에서의 "석제(石制) 도구를 만드는 데 사용한 암석은 감정 결과 주로 현무암 · 사암 · 석영암 · 휘록암 · 편마암 · 각섬편암 · 휘장암 · 화강암 · 석영편암 · 편암 · 사문암과 석탄암 … 등이다"【이하에 그 다음 암석 14종, 그리고 사용이 많지 않은 14종을 기술하고 있다.】 "이상의 암석들은 편마암 · 석영 · 각섬편암 · 석영각섬편암 · 화강편암 · 황반암(煌斑岩) · 사질편마암과 견운모석영편암(絹雲母石英片岩)이 모두 서안 부근의 취화산(翠華山) · 임동(臨潼) 및 남전(藍田) 등지에서 산출된 것을 제외하고, 그 나머지는 대부분 관중 이서(以西) 지역에서 산출된 것이다. 다시 말하면 반파 씨족이 석제 도구를 제작할 때 사용한 재료는 일부분만 부근 지역에서 가져왔을 뿐이고 대부분은 외지에서 수입하였다. 이로부터 반파 씨족 활동의 범위와 기타 씨족과의 교류는 상당히 광범위했다고 말할 수 있다"(「서안반파」, 103-104쪽).

(2) "특히 흥미로운 것은, 인골 연구로부터 반파 신석기 시대의 인류는 현대 중화민족 중 일부 화북 인종의 특징을 보이는 점을 제외하면 화남(華南)의 인종에 더 가깝다는 것이 증명된 점이다(『안은(顏誾)』, 1959). 이것은 우리가 연구한 동물군과 부합하는 면이 있다. 즉 반파 신석기 시대의 동물군은 현재 화북에 서식하는 종류들도 물론 많이 있

지만, 적어도 대나무쥐와 노루 2종은 남쪽 지방 동물이다"(위와 같은 곳, 268쪽).

반파문화의 시대는 대략 기원전 3천 년에서 2천 5백 년 정도로 추정된다. (1)에 대해서 나는 당시 석기를 제조하는 데 사용한 암석 재료가 주로 "관중 이서(以西) 지역"에서 나왔다는 점에 사람들이 주의를 기울였으면 한다. 관중 "이서" 지역으로의 왕래와 교류는 당시 서안 부근 씨족들의 생활에 빼놓을 수 없는 부분이었다. 이것은 기원전 1천1백-1천2백 년경에 은상 및 주나라 사람들은 절대 관중 이서로 진출할 수 없었다고 믿는 다수 사람들의 생각과는 완전히 반대이다. (2)의 "인종" 문제에 관해서는 세 가지 가능성 중 아직 완전히 결론지을 수는 없지만, 한때 남방의 동물이 이 지역에 출현했다는 사실과 연결시켜 보면 반파문화 이전에 남방 민족 일부가 일찍이 북쪽으로, 또 서쪽으로 이동했음을 인정하지 않을 이유는 없으며, 따라서 관중지역이 매우 이른 시기부터 서남부와 관련되어 있었다는 것은 신화가 아니다. 정론(定論) 뒤집기를 주된 목적으로 하는 고힐강(顧頡剛)[333] 등 의고파(疑古派)의 고증은 사실 모두 "이 전적들에 기록된 일들은 기원전 7백 년 전, 1천 년 전에는 우리 선조들이 할 수 없었던 일이다"라는 전제하에 부회되어 나온 것이기 때문이다. 이 망령은 아직도 몇몇 선생들을 깊이 휘감

---

[333] 고힐강(顧頡剛, 1893-1981): 강소성 출생, 1920년 북경대를 졸업하고, 그 전후부터 국고정리 운동(國故整理運動)에 참가하였다. 특히 중국 고대사에 관한 옛 기록을 의심하는 의고변위(疑古辨僞, 옛 것을 의심하고 가짜를 판별함) 작업에 노력하여 1926-1942년까지 『고사변(古史辨)』(7책)을 편집하였다. 고힐강이 이끄는 일군의 고사변학파를 의고파(擬古派)라고 부른다. 저서에 『삼황고(三皇考)』, 『상서연구강의(尙書硏究講義)』, 『중국강역연혁약사(中國疆域沿革略史)』 등이 있다.

[부록 1] 서주 초 몇 가지 사실(史實)에 관한 문제

고 있다. 나는 대만의 누군가가 고고학을 연구해서 고고학으로 재건된 중동·근동의 역사를 우리 학계에 소개하여 사람들로 하여금 기원전 7-8천 년 이후 고대 국가의 문물과 전쟁 등에 대해 좀 더 잘 이해하도록 만든다면 혹여 일부 학인들이 의고파의 망령에서 해방되어 우리나라 고대사를 다시 객관적으로 연구·비판하게 되지 않을까 기대해 본다.

보주: 최근 몇 년간 감숙성에서 계속 발견된 제가(齊家)문화[334]의 유물들은 산동 용산(龍山)문화와 동일한 유형임이 증명되었다. 따라서 신석기문화 말기에는 이미 중국의 동부와 서부가 밀접한 관련을 갖고 있었고 청동기 사용이 출현하였음을 증명하는 것이기도 하다.

신해(辛亥, 1971) 음력 11월 17일.

2

허 군은 그의 글이 "고고학 자료와 문헌 사료, 근인의 고증을 융합하여 주나라가 상나라를 멸망한 사실(史實)을 서술한 것"이라고 하였다 (『집간(集刊)』, 448쪽). 허 군의 고고자료는 서안 반파를 제외하면 풍서 (灃西)의 "객성장(客省莊) 제2기문화"와 "객성장 서남쪽 약 1.5km에 있는 장가파(張家坡) 문화"에 집중되어 있다. 지금 객성장 제2기문화에 대한 허 군의 진술을 아래에 요약해 둔다.

---

334 제가(齊家)문화: 중국 감숙성과 청해성 지역에서 B.C.2500-B.C.1500년 무렵에 존재했던 신석기 후기 문화이다. 다양한 동기(銅器)들이 발견되었는데 순동(純銅)으로 만든 홍동기(紅銅器)도 있고 황동에 주석이나 납, 아연 등을 섞어 만든 청동기도 있었다. 처음에는 구리를 두드려 칼이나 송곳을 만들었으나 점차 거푸집에 쇳물을 부어 주조(鑄造)하는 수준까지 기술이 발달하였다.

객성장 제2기문화는 사실상 위하(渭河) 유역의 용산(龍山)문화로서 지방성을 갖고 있지만 예서진남(豫西晉南, 하남성 서부와 산서성 서남부)의 용산문화와도 밀접한 관계가 있다. … 객성장 제2기문화는 위하 유역의 매우 두꺼운 퇴적층에 자리하고 있으며, 대략 서주문화가 출현할 때까지 계속 이어졌다. 객성장 제2기문화와 서주문화 사이에는 별도의 문화 유적이 나타나지 않아 이 둘은 연대적으로 연결되었을 가능성이 매우 높다. 객성장 제2기문화의 만기 부분은 하남 삼리교(三里橋)의 용산문화와 시기가 같을 수도 있다. … 유물에서도 금속 기물을 모방하는 현상이 나타난다. … 그래서 풍서(灃西) 발굴보고서의 작성자는 그 당시 인근 지역에는 이미 금속업이 출현하였거나 적어도 이미 금속업이 있던 지역과 접촉이 있었을 것으로 추정하였다. 중원의 예서진남 용산문화는 정주(鄭州)의 조기(早期) 은상(殷商)문화와 계승관계가 있었을 것으로 추정된다. 그리고 정주의 청동문화는 비록 조잡하지만 이것을 안양에서 출토된 동기(銅器)의 원조로 보는 사람들도 있다. 이로부터 추측해 보면 객성장 제2기문화의 하한은 중원에 이미 존재한 청동문화 시기까지 연장될 수 있다. 바꾸어 말하면 객성장 제2기에 속하는 관중 거주자 중 가장 늦은 일군은 정주의 은상청동문화시기 사람들과 서로 소통하고 소식을 주고받았을 가능성도 있다. 이때는 바로 서주의 조상 태왕(太王: 문왕의 조부)이 위하(渭河) 유역으로 옮겨간 시대로서 이들 이민자들이 보았던 문화적 경관은 바로 객성장 제2기문화 유물이 보여 주는 모습이었을 것이다. 만약 만기의 객성장 제2기문화가 태왕의 시대보다 더 내려온다면 객성장 마을 북쪽에서 출토된 문화유적은 그야말로 서주 조상들의 손때가 묻은 유물들이다.

이상 자못 혼란스러운 허 군의 진술은 두 가지 요점으로 정리될 수 있다.

(1) 객성장 제2기문화는 삼리교의 용산문화와 동시에 서주문화가 출현할 때까지 이어졌는데, 그가 말하는 "서주문화가 출현할 때"는 실

은 서주 태왕이 위하 유역으로 이주했을 때를 말한다. 그러므로 그는 주 태왕의 위하 유역 이주는 객성장 제2기문화 만기에 해당하며 태왕의 시대보다 더 늦게까지 이어졌다고 보았다.

(2) 그는 또한 객성장 제2기문화의 하한은 중원에 이미 청동문화가 존재한 시기까지 연장될 수 있다고 말한다. 여기서 그가 말하는 중원에 이미 존재했다는 청동문화는 정주에서 출토된 은상 초년의 조잡한 동기(銅器)를 가리킨다. 바꾸어 말하면 객성장 제2기문화의 가장 늦은 시기["하한"]는 대략 은상의 초년에 상당한다. 허 군의 서술에서는 사실상 객성장 제2기문화 자체가 금속을 모방한 기물이 있음에도 불구하고 청동문화의 대열에 합류하지는 않았다는 것을 인정하고 있다.

허 군의 말은 모두 근거가 있는데 왜냐하면 모두 베껴 온 자료이기 때문이다. 그러나 허 군이 베껴 온 자료에는 커다란 문제점이 있다. 왜냐하면 객성장 제2기문화의 하한을 한편으로는 대략 은상의 조기(早期) 청동문화—정주 청동문화의 시대—에 상당한다고 보는가 하면, 다른 한편으로는 주 태왕이 위하 유역에 들어오는 시기보다 더 늦은 시기 즉 태왕의 아들 왕계(王季)와 손자 문왕(文王)의 시대까지도 객성장 제2기문화의 만기로 보고 있기 때문이다. 그렇게 되면 태왕·왕계의 시대가 은상 초년 정주 청동문화의 시대와 같아지는 것이 아니겠는가? 주우증(朱右曾)[335]의 『급총기년존진(汲塚紀年存眞)』에서는 계력(季

---

335 주우증(朱右曾, ?-?): 청 강소 가정(嘉定) 사람. 자는 존로(尊魯), 양보(亮甫)다. 도광 18년 (1838) 진사가 되고, 한림원서길사(翰林院庶吉士) 등을 지냈다. 저서에 『일주서집훈교석(逸周書集訓校釋)』, 『시지리징(詩地理徵)』, 『춘추좌전지리징(春秋左傳地理徵)』, 『좌씨전해의 (左氏傳解誼)』, 『급총기년존진(汲冢紀年存眞)』 등이 있다.

歷, 왕계)이 상나라왕 주(紂)【수(受)】의 부친 문정(文丁)에게 죽임을 당했다는 기록이 있고, 반경(盤庚)이 은으로 도읍을 옮기고부터 주(紂)가 멸망할 때까지 모두 "273년"이라고 기록하고 있다. 또한 "성탕(成湯)이 하(夏)를 멸하고 수(受)에 이르기까지 29대의 왕이 재위하고 햇수로는 496년이다"라는 기록이 있다. 서주의 태왕·왕계의 시대를 싱나라 조기(早期) 즉 안양청동기 이전의 정주 동기(銅器) 시대와 같은 시점으로 끌어올리는, 다시 말해 반경이 안양 은허로 도읍을 옮기기도 전의 시대와 같은 시점으로 끌어올리는 것이 도대체 가능한 일인가? 또한 허 군이 베낀 자료로 보아 객성장 제2기문화의 만기는 정식으로 청동문화시대에 진입하지도 않았다. 그렇다면 태왕·왕계 등이 사용한 무기는 도대체 무엇으로 만든 것인가? 동시에, 허 군의 문장으로 볼 때 허 군은 태왕이 위하 유역으로 들어온 것은 곧 "기산(岐山) 아래에 다다른"[336] 사건을 가리킨다는 점을 간과한 듯하다. 그곳은 지금의 서안에서 서쪽으로 약 100여 km 떨어진 기산현이고, 이와 달리 객성장은 문왕이 죽기 1년 전에 천도한 풍(灃)에 속하는 곳으로 지금의 호현(鄠縣, 서안시)에 있다. 태왕이 이곳에 온 적이 있었는지 없었는지는 모두 큰 문제가 있다. 지정학적인 측면에서만 보면 허 군이 끌어들인 풍(灃) 서쪽의 객성장 제2기문화와 태왕의 관계는 이미 좀 억지스럽다.

허 군의 논문으로 야기된 혼란을 잠시 정리하기 위해 나는 내가 찾아볼 수 있는 자료를 대조해 보고서야 비로소 다음 사실을 알게 되었다. 즉 허 군은 비교적 완비된 자료를 볼 기회가 있었음에도 이를 진지

---

336 『詩』「大雅」'綿', "古公亶父, 來朝走馬, 率西水滸, 至于岐下."

하게 받아들이지 않았으며, 그래서 1955년 풍하(灃河) 서안 객성장에서 발굴한 "객성장 서주문화유적"과 이 "유적" 아래에 있는 이른바 "객성장 제2기문화"―즉 이른바 "섬서용산문화"―를 혼동하여, "객성장 서주문화유물"을 강제로 제거한 후 오로지 "객성장 제2기문화"만 남겨두었다. 재차 그 자신의 상상【그는 이것을 "추론"이라 말한다】에 의지하여 아마도 풍(灃) 서쪽으로는 가지 않았을 것 같은 태왕을 그곳에 채워 넣고, 다시 태왕보다 더 늦은 시점까지 그 시기를 연장하고 있다. 이것은 비유하면 연대가 현격히 다르고 성격이 각각 상이한 문화층에 속하는 두 개의 문화를 한 접시에 담아 모듬 냉채[拼盤]를 만들어 놓고, 그 모듬 냉채 안에서 현 시점에서 대략 알 수 있는 역사연대의 순서를 뒤바꾸어 놓았으니 이는 생각지도 못한 일이었다. 상술한 혼란을 명확히 하기 위해 간략히 다음의 초록(抄錄)을 추가하지 않을 수 없다.

3

황하 중·하류 유역에 분포한 신석기문화는 두 가지 주요 유형이 있는데 하나는 앙소(仰韶)문화이고【서안 반파유적이 여기에 속한다】또 하나는 앙소문화보다 늦은 용산(龍山)문화이다(『신중국의 고고 수확[新中國的考古收獲]』, 7쪽).

현재의 고고학 지식에 따르면 용산문화는 다음 4가지로 나눌 수 있다. (1) 묘저구(廟底溝) 제2기문화, (2) 후강(后岡) 제2기문화, 즉 "하남용산문화", (3) 객성장 제2기문화, "섬서용산문화"라고도 칭한다, (4) 전형적 용산문화 등 네 가지 유형이 그것이다(위와 같은 곳, 15쪽). 객성장 제2기문화와 후강 제2기문화는 모두 묘저구 제2기문화보다 시기가 늦지만, 두 문화가 모두 묘저구문화에서 연원했는지는 현재로서는 정론이 없다. 그러나 4개 유형의 용산문화가 대표하는 사회발전단계는 대체로 동일하다. 농업 방면과 농업공구【목제 쟁기[耒]가 이미 출현】방면, 도기(陶器)의 제조 등에서 모두 앙소문화보다 진보되어 있다. 모권(母權)사회에서 부권(父權)사회로 넘어가는 단계일 수도 있다(위와 같은 곳, 20-21쪽).

(2)의 하남용산문화는 신석기 시대 만기 문화로서 이미 부계씨족사회에 진입하였고 하대(夏代) 사회의 전설과 매우 접근해 있다. 또 상대(商代)조기문화와 하남용산문화 사이에 끼어 있는 낙달묘(洛達廟) 유형의 유적이 있는데, 이는 1956년 정주(鄭州) 낙달묘에서 발견된 것이다. 특히 주의할 것은 그중에 소량의 청동 소도(小刀)가 있고 또 불에 그을린 흔적이 있는 복골(卜骨)이 나왔다는 점이다. 어떤 이들은 이것을 하(夏)문화로 보기도 하지만 어떤 이들은 은상(殷商)조기문화로 보기도 한다. 그러므로 이보다 더 이른 하남용산문화라야만 하(夏)문화라고 할 수 있을 것이다(위와 같은 곳, 44쪽).

내가 찾아본 자료 가운데 (3)의 "객성장 제2기문화"의 하한을 명확하게 말하고 있는 곳은 없다. 그러나 객성장 제2기문화와 하남용산문화는 모두 비교적 만기의 용산문화에 속한다. 그 유물들 안에는 허 군이 말하는 "금속기를 모방한 현상"도 없으며 공구 진보의 하나로 평가되는 방제(蚌制, 조개) 공구도 없었다. 그렇다면 "객성장 제2기문화"의 하한을 하대(夏代) 말 상대(商代) 초에 두어도 크게 동떨어진 얘기는 아니라고 본다【그보다 조금 일찍 둘 수도 있다】. 만약 허 군이 3천년 동안 내려온 전통적인 설을 인정한다면, 다시 말해 주(周)는 본래 서방의 씨족이고, 공류(公劉)337가 빈(豳) 땅으로 옮긴 시대는 마서진(馬瑞辰)338이 『사기』「유경열전(劉敬列傳)」 중의 유경의 말에 근거하여 추정한 대로 대략 하나라 걸(桀)왕 시기에 해당하며, 공류가 옮겨 온 빈(豳) 땅이 오늘날 섬서 지방에 남아 있다고 한다면, 공류는 이 "문화적 경관"을 볼 수 있었을 것이다. 안타깝게도 허 군은 전목(錢穆) 선생의 새로운 설을 받아들여 주(周)는 본래 진(晉, 지금의 산서성) 땅 분수(汾水) 일대에 살았던 씨족이고, 태왕이 기산(岐山) 아래로 옮겨 간 것은 진(晉) 땅에서 기산 아래로 옮겨 간 것이라고 보았다. 이때는 은상청동문화의 전성기로, 그가 볼 수 있는 문화적 경관은 은대청동문화의 경관일 수밖에 없었다. 태왕이 역사어언연구소의 고고학적 지식을 갖고 있다고 가정하면 그는 그 이전 약 4-5백년간의 객성장 제2기문화에 대해 기껏해야 말 위에서 한번 상상해 보는 것으로 그치는 수밖에 없었을 것이다.

---

337 공류(公劉, ?-?): 상(商)나라 사람으로 주나라 시조로 일컫는 후직(后稷) 기(棄)의 후예로, 부줄(不窋)의 손자이자 국도(鞠陶)의 아들이다. 주나라 종족은 대대로 하나라에서 후직의 관직을 세습했으나 부줄에 이르러 관직을 잃고 융적의 땅으로 달아났다. 공류가 종족을 이끌고 태(邰)에서 빈(豳) 땅으로 옮겨 터전을 일구었다.

338 마서진(馬瑞辰, 1782-1853): 청 안휘 동성(桐城) 사람. 자는 원백(元伯) 또는 헌생(獻生)이다. 가경 8년(1803) 진사가 되고 도수사낭중(都水司郎中)·공부원외랑(工部員外郎) 등을 역임, 백록동서원(白鹿洞書院)과 여양서원(廬陽書院) 등에서 강학했으며 『모시(毛詩)』에 정통하였다. 저서에 『모시전통석(毛詩傳箋通釋)』이 있다.

4

그렇다면 "객성장 서주문화유적"의 상황은 어떠한가? 먼저 한 마디로 말하면 이것은 1956-1957년 객성장 부근에서 발굴된 "장가파(張家坡)" 유적과 대체로 동일한 시대에 속한다고 할 수 있다. 두 유지(遺址)는 그 연속 시기가 매우 길어 조기와 만기의 거주양식과 도기형식이 현저히 다르다. 유지의 퇴적 및 묘장(墓葬)과의 지층 관계에 근거하여 시기구분을 진행해 보면 그 조기는 성왕(成王)·강왕(康王) 이전에 속하고, 만기는 목왕(穆王) 이후부터 서주 말년까지에 해당하는 것으로 추정된다(『신중국의 고고 수확』, 51쪽).

섬서성 지역에서 "서주문화유적" 바로 밑에 깔려 있는 문화층이 (3)의 "섬서용산문화" 즉 "객성장 제2기문화"이다. 섬서용산문화는 문화적 면모에서 서주문화, 즉 "객성장 서주문화유적"과는 상당히 다르다 (위와 같은 곳, 52쪽).

이 두 개의 적층(積層) 사이에는 허 군의 말대로 다른 문화층이 끼여 있지 않은 것이 사실이다. 그러나 나는 상식적으로 고거심(高去尋) 선생이 말한 "하나의 문화층 바로 위에 있는 문화가 아래층 문화와 반드시 직접 연결되는 것은 아니다"【허 군의 논문 주 10에 인용】라는 견해를 받아들이지 않을 수 없다. 풍(灃)의 서쪽은 주 문왕 만년에 이곳으로 확장하여 무왕·성왕을 거치면서 계속 경영한 지역으로 이른바 풍(豐)·호(鎬) 지역이 그곳이다. "객성장 서주문화유적"은 여기에서 유래한다. 고고학적으로 두 적층 사이에는 인구의 집산과 새로운 인구의 유입으로 인해 적층 중간에 한 켜의 공백이 보존되어 있어 두 적층 간에 직접적인 전승관계가 없는 것이 일반적이다. 서로 다른 두 적층의 문화를 연결하려면 유적의 실물로부터 증거를 찾아야만 한다. 허 군은 이렇게 하지도 않았을뿐더러 "객성장 서주문화유적"의 실제 상황에 대해 한 마디도 언급하지 않았다. 그래서 나는 은상문화를 건너뛰고 바로 용산문화로 뛰어올라 주문화의 기초를 찾는 데 찬성하지 않는다. 그렇게 하면 역사 문화의 전승관계가 말살되고 따라서 역사 발전의 진정한 내용도 말살되기 때문이다. 『서안반파(西安半坡)』의 편자는 "황하 중하류의 고문화유적에서는 앙소, 용산, 은주의 세 가지 서로 다른 문화퇴적이 규칙성을 가지고 선후로 중첩되어 있다"(『서안반파』, 231쪽)라고 말한다. 이로부터 용산과 은상의 문화퇴적이 명확하게 구별될 수 있고 주 문화는 은 문화를 계승하여 나온 것임을 알 수 있는데, 이는 "객성장 서주문화유적"을 보면 알 수 있다. 좀 더 자세하게 말하면 역사의 발전순서는 마땅히 앙소→용산【하(夏)】→은상(殷商)→주(周)가 되어야 한다. 설령 "주 문화의 기초"를 섬서용산문화까지 올려 잡는다 해도 허 군은 그것을 말할 자격이 없다. 왜냐하면 허 군은 주(周)는 진(晉, 산서) 땅의 씨족이고 문왕의 조부인 태왕(太王)에 와서야 비로소 진에서 섬(陝, 섬서) 땅으로 옮겨 갔다고 주장했기 때문에 태왕 이전 섬서용산문화는 주(周) 사람들의 선조에게 그런 인연이 없었다고 할 수 있다.

객성장 서주유적과 장가파(張家坡) 서주유적에 나타난 서주의 농업 생산 수준은 은대와 크게 다르지 않다. 주(周) 사람들은 문헌에 기록된 것처럼 원래 은(殷) 사람들에 비해 후진적인 민족이었을 것이다【나는 "민족"이란 말을 쓰는 데 찬성하지 않으며 "씨족"이라 써야 더 타당하다】. 농업

생산도구는 모두 은대와 대체로 동일하며 다만 발견된 도(刀)와 산(鏟, 낫)은 대부분 방제(蚌制, 조개)이고 석제로 된 것은 비교적 적었는데 이 것은 서주생산도구에 보이는 하나의 특징이다. 객성장 부근의 마왕촌 (馬王村)에서는 철로 만들어진 청동용기의 도범(陶範)이 발견되었다. 도범의 구조와 서주 동기(銅器)의 주조 흔적으로부터 관찰해 보면 주 조 방법은 은대와 대략 동일하다. 도기는 주로 물레를 돌려 만들었다. 객성장, 장가파에서는 2백여 기의 서주 묘장(墓葬)이 발견되었는데 매 장 습속은 모두 은대와 기본적으로 동일하다. 조기에는 묘장품이 비교 적 풍부하고 어디서나 동기(銅器)와 옥기(玉器)가 발견된다. 묘지가 발 견된 주위의 거마갱(車馬坑)에서도 각각 수레 뒤편에 한 명의 순장된 마부의 유골이 나왔다. 이러한 정황은 모두 안양(安陽)의 대사공촌(大 司空村)에 있는 은대 묘지와 일치한다. 그 밖에 서주 조기 묘장에서 나 온 동기(銅器) 역시 가끔 은대와 쉽게 구별되지 않는다. 몇 가지 매장 습속은 항상 동일하다. 서주 예제가 대부분 은대를 답습하고 있음을 보여 주는 증거들이다(『신중국의 고고수확』, 53-54쪽).

이상에서 초록한 근 10여 년간의 고고학 발견으로부터 "주나라는 은나라 예(禮)를 이어받았다"[339]라고 한 공자의 말이 증명되었고, 내가 『중국인성론사(中國人性論史)』 선진(先秦)편 제2장에서 주(周) 초의 문 화는 은문화의 한 갈래라고 단정한 것도 증명되었다. 허 군은 "객성장 제2기문화"를 베껴 오긴 했으나 "고고학상의 공백을 메꾸어 줄"(위와 같은 곳, 51쪽) "객성장 서주문화유산"은 베껴 오지 않았다. 비록 장가파

---

339 『論語』「爲政」, "周因於殷禮."

에 대해 7개의 소절을 베껴 오긴 했으나 마지막 소절의 묘장(墓葬)조 뒤에 도리어 "그러나 이것들은 모두 서주왕조문화와 은상문화 간의 혈연관계를 보여 줄 뿐이다. 시간적으로 이들 유물【허 군에 따르면 장가파 묘장 중의 유물】은 이미 본문의 범위를 벗어났다"라고 말한다【『집간(集刊)』, 439쪽】. 이것은 더욱 사람들을 의아스럽게 만든다. 허 군은 서주로부터 1천 5백~2천 년 전(대략 기원전 25세기-기원전 30세기)의 서안 반파를 서술하고 또 서주로부터 약 4~5백 년 전의 섬서용산문화—객성장 제2기문화를 서술했는데, 시간적으로 "본문의 범위를 벗어났다"고는 생각하지 않았다. 장가파유적으로부터 은·주문화의 혈연관계를 발견했다면 장가파유적이야말로 "주 문화의 기초"라 할 수 있고, 장가파유적을 서술하는 것이야말로 본제를 베껴 오는 것이라 할 수 있다. 그런데 다시 이 장가파유적을 철저히 제거하여 "주문화의 기초"라는 논제 밖으로 배제해 버리고 있으니, 허 군의 이러한 취사 판단은 조금이라도 상식이 있는 사람이라면 이해할 수 없는 일이다. 아마도 허 군은 이 유물들이 "그 조기는 성왕(成王)·강왕(康王) 이전(以前)에 속한다"고 했기 때문에 그중에서 오직 "성(成)·강(康)" 두 글자만을 주목하고 "이전(以前)" 두 글자는 간과했던 것이 아닌가 한다. 나의 판단으로는 객성장 서주유적은 문왕 이전으로 시기가 올라갈 수 없는데 왜냐하면 문왕 이전에는 주(周) 사람들이 아직 여기까지는 오지 않았기 때문이다.

허 군이 자료를 초록하는[抄] 능력에 대해서는 그가 베껴 온 "객성장 제2기문화"를 하나의 예증으로 들 수 있다. 그는 주로 발굴된 집(건축물)의 재료를 초록하면서 "모두 반지혈식(半地穴式) 건축(建築)이다"【『신중국의 고고 수확』, 17쪽]라는 구절을 "모두 반지혈식 토요(土窯, 기와 굽는 가마)이다"라고 베껴 적었는데, 뜻밖에도 나무로 기둥을 세우고 풀로 지붕을 덮은 건물을 "토요"라고 칭할 수 없다는 것을 모르고 있었다. 장가파를 초록할 때도 마찬가지였다. "단실(單室)과 쌍실(雙室) 두 종류가 있다"【위와 같은 곳】라는 구절을 단실 한 종류는 적지 않고 쌍실 한 종류만 베껴 놓음으로써 독자들로 하여금 이곳에는 오로지 쌍실만 있는 것으로 오인하게 만든다. "내실(內室)은 원형도 있고 사각형도 있다"라는 구절은 제대로 초록하였다. 다만 내실과 외실이 모두 사각형인 "가옥의 평면은 여(呂) 자 형을 이루고 있으며" 특별히 98호 집을 예로 들었다. 【위와 같은 곳】 그러나 허 군은 이것을 "가옥은 일반적으로 내외 2실이며 여(呂) 자를 이루고 있다"라고 초록하였다. 내실은 원형이고 외실은 사각형이어서 여(呂) 자를 이루지 못하는 집은 빠뜨려 놓은 것이다. 요컨대 원래의 반지혈식 건축을 허 군은 "토요(土窯)"라고 베껴 적었다. 원래의 건축은 단실도 있고 쌍실도 있는 것을 허군은 쌍실은 있고 단실은 없는 것으로 베껴 적었다. 원래 내실·외실 모두 사각형만 있는 평면이라야 "여(呂)" 자형을 이루는 것을 허 군은 내실은 원형이고 외실은 사각형인 평면도 "여" 자형을 이룬다고 적었다. 허군이 초록한 자료는 대개 이런 식이다.

내가 가장 이해하지 못하는 것은 역사어언연구소가 영역별로 분담하는 방식으로 중국상고사를 집필한 점이다. 허 군은 자기가 분담한 주나라 초의 제목 아래 주나라 초의 수많은 중요사료에 대해 연구할 생각은 하지 않고 도리어 신석기 시대부터 서술을 시작하려고 한다. 이를 일러 "자기 밭을 버려두고 남의 밭을 일구는 것"이라 하며 역사학에 상식이 있는 사람이라면 이해할 수 없는 일이다. 이는 다른 것이 아니라, 기본 자료 자체에 공들일 생각은 않고 기본 자료의 내용도 정확히 알지 못하면서, 미국의 "한학가(漢學家)"와 대학에 갓 들어온 젊은이들을 기만하기 위해 허세를 부리는 데만 급급하여 그 자신이 학문 연구의 기준선에서 완전히 벗어났음을 고려하지 않았기 때문이다.

5

이제 허 군이 말하는 "문헌사료와 근대인의 고증" 부분으로 들어가 보자. 학문할 때의 상식으로 말하면, "문헌사료"는 반드시 작자가 직접 연구비판 작업을 해야 하고, 그런 다음 비로소 "근대인의 고증"을 참고할 자격을 갖게 되고, 비로소 붓을 들어 문장을 쓸 자격을 갖게 된다. 나를 의아하게 만드는 것은 허 군이 "문헌사료"에 대해 직접 연구 작업을 해본 적이 없을 뿐만 아니라, 그의 논제에서 필수적으로 의거해야 하는 기본사료들 예컨대 『상서』 중 의심할 여지가 없는 주 초의 문헌, 『시경』 중의 「빈풍(豳風)」·「소아(小雅)」·「주송(周頌)」, 그리고 『좌전』과 『국어』 중 주 초의 개국과 관련된 사료들에 대해 전혀 찾아보지 않았거나, 혹은 간접 자료에서 몇 구절을 인용했을 뿐이거나, 아니면 단락 하나를 베껴 오지만 그 내용에 대해서는 완전히 이해하지 못한 채 그에 관한 근대인의 견해를 여기저기서 긁어모아 한바탕 베껴 놓았을 뿐이라는 점이다. 이런 방법으로 쓰여진 글은 사람들이 보면 부기한 주(注)도 무수히 많고 인용서목도 무수히 많아 외국의 한학자나 대학에 갓 입학한 젊은이들을 기만할 수는 있겠지만 본국 역사에 약간이라도 상식을 가진 중국 사람들을 어떻게 속일 수 있겠는가? 허 군은 알아 두어야 한다. 일백 개의 "근대인의 고증"을 베껴 적더라도 한 조목의 신빙성 있는 기본사료와 모순이 발생할 경우 어떤 사람의 고증이라도 모두 허튼소리가 된다는 것을. 동시에 허 군이 "근대인의 고증"을 잡다하게 초록할 때 나는 그가 아직 근대인의 고증의 요점을 적요(摘要)하여 베낄 능력이 없을 뿐만 아니라 항상 앞뒤가 맞지 않게 베낀다는 것을 발견하였다. 어떤 것은 내가 수중에 있는 자료를 보고 대략 교정하였고, 어떤 것은 내 수중에 원문이 없어 부득이 허 군이 베껴 온 것을 허 군 자신의 견해로 간주하여 토론할 수밖에 없었다. 허 군이 찬동한 견해라면 허 군이 책임을 질 수 있기 때문이다.

허 군은 "2. 주인(周人)의 선조"라는 절에서 당연히 후직(后稷)으로부터 이야기한다. 후직에 대한 허 군의 견해는 다음과 같다. "후직은 반신반인(半神半人)의 인물로 유년시절에는 … 소와 양의 짓밟힘으로부터 도망쳐 나왔고, 숲속에서 길을 잃었으나 도망쳐 나왔다." " 얼음 위에서도 얼어 죽지 않았다." "후직 두 글자는 백화로 번역하면 직(稷)의 신(神) 혹은 직(稷)의 군왕(君王)이다." "존칭이 변하여 사명(私名)이 된 것도 이 인물이 역사적으로 고증하기에 충분치 않다는 것을 보여 준다." 허 군은 아울러 주 22에서 『시경』「대아(大雅)」의 '생민(生民)'과 「노송(魯頌)」의 '비궁(閟宮)' 두 시를 초록하였다.

후직 탄생 이야기는 신화에 속한다. 해석상 이 신화를 둘러싼 이설은 매우 많지만 내 생각에 마서진(馬瑞辰)의 "지아비 없이 아들을 낳았다[無夫而生子]"(『모시전전통석(毛詩傳箋通釋)』25)라는 설이 가장 명확하며 이는 모계씨족사회 시대를 반영하고 있다. 이 신화는 후직이 당우

[부록 1] 서주 초 몇 가지 사실(史實)에 관한 문제

(唐虞, 요순)시대에 활동했다는 전설과 맞물려 있는 듯하다. 신화에서 강생(降生)한 인간이라 해서 반드시 그가 반신반인(半神半人)인 것은 아니며, 그 때문에 "역사적으로 고증하기에 충분하지 않다"라고 단정할 수도 없다. 세계의 각 민족, 씨족의 일세조(一世祖)는 대부분 신화의 형식으로 탄생한다. 만약 이 때문에 그들을 역사적으로 고증하기에 충분치 않다고 단정한다면 모든 민족과 씨족에게 일세조는 존재하지 않을 것이다. '생민' 시의 내용을 살펴보면, 후직이 강생(降生) 후 버려진 이야기는 어머니가 그를 수태(受胎)한 신화 다음에 이어진다. 이것을 제외하면 비록 시인의 과장을 거치긴 했지만 어느 부분에서 "반신(半神)"의 성격이 과장되었다는 것인가? 허 군은 '생민'과 '비궁'의 시에서 구체적인 예를 들어 증명할 수 있겠는가? '비궁'의 시에서는 신이 후직에게 "큰 복을 내리셨네[降之宏福]"라고 되어 있는데 이는 바로 후직 본인이 신이 아님을 증명한다. 제사화(齊思和)는 「주초지리고(周初地理考)」 (『연경학보(燕京學報)』 30기, 1946.6)에서 후직의 "직(稷)"은 주(周) 씨족의 토템이라고 말한다. 그는 무릇 토템이 되는 사물은 만부득이한 경우를 제외하고는 모두 먹는 것을 토템으로 사용하지 않는다는 것을 근본적으로 모르고 있다. "직(稷)"은 바로 주 씨족이 일상적으로 먹는 식량이다. 또한 '생민' 시에서 "아이를 비좁은 골목에 버려두자 소나 양이 비호하고 사랑해 주었으며[誕置之陋巷, 牛羊腓字之]"라는 구절을 태사공의 「주본기(周本紀)」에서는 "소나 말이 지나가면서 모두 피하고 밟지 않았다[牛馬過去, 皆辟(避)不踐]"라고 옮기고 있다. 허 군의 경우는 "소와 양의 짓밟힘으로부터 도망쳐 나왔다[逃過了牛羊的踐踏]"라고 말한다. "도망쳐 나왔다"에서 "도망친" 자는 후직 자신밖에는 없다. 버려진 영

아인 그가 도망칠 수 있다는 것인가?【허 군은 갓 태어난 영아를 "유년(幼年)"이라 칭하여 문의도 통하지 않는다.】뿐만 아니라 『시경』의 「모전(毛傳)」과 「정전(鄭箋)」에 의거하여 "자(字, 사랑하다)" 자를 해석해야 하는데도 빠뜨리고 하지 않았다. 다음 "수풀 속에 버려두자 마침 나무를 베러 온 자들이 모여들었다[誕置之平林, 會伐平林]"라는 시구에 대해서는, 태사공은 두 구절을 연이어 "수풀 속에 옮겨 놓았으나 마침 산속에 많은 사람들이 모여들었다. 다시 장소를 옮겨 도랑의 얼음 위에 버렸으나 날짐승들이 날개로 아이를 덮어 주고 자리를 깔아 주었다[徙置之林中, 適會山林多人, 遷之而棄渠中冰上, 飛鳥以其翼覆薦之]"라고 옮겼다. 허 군은 이 두 구절에 대해 "숲속에서 길을 잃었으나 도망쳐 나왔다[逃過了森林中的迷途]"라고 말한다. 버려진 영아가 어떻게 "도망쳐 나왔다"는 것인가? 시 구절 안에서 "숲속에서 길을 잃었으나 도망쳐 나왔다"라는 의미를 털끝만큼이라도 찾아낼 수 있는가? "차가운 얼음 위에 버려두자 새가 날개로 덮어 주고 깔아 주었네[誕置之寒冰, 鳥覆翼之]" 두 구절은 단지 새가 와서 날개로 덮어 주었기 때문에 얼어 죽지 않았다는 것을 설명하고 있을 뿐, 결코 "얼음 위에서도 얼어 죽지 않았다"라는 것을 말하려는 것이 아니다. 그러므로 시인은 뒤이어 "새가 날아가자 후직이 '으앙' 하고 울었다[鳥乃去矣, 後稷呱矣]"라고 읊었는데 후직이 "울음"을 터뜨린 것은 너무 추워서 "울었던" 것이다. 허 군이 말한 "얼음 위에서도 얼어 죽지 않았으며, 새가 날아와 그를 비호하였다"라는 두 구절 사이에는 "왜냐하면[因爲]"이란 두 글자가 빠져 있어 다음 구절이 일종의 부수적인 상황이 되는데 이는 시의 원래 의미와도 맞지 않는다. 또한 허 군은 상술한 신화가 "단지 후직의 천명을 실증하고 있을 뿐이다"

라고 하고 있는데, 아마도 허 군은 주 초 및 그 이전의 이른바 "천명"이란 하늘이 왕위를 누군가에게 명한다는 의미이며, 따라서 천명은 누군가가 천하를 통치하는 왕권 · 왕위를 획득하는 것임을 근본적으로 이해하지 못한 듯하다. 주나라 사람들은 모두 문왕을 수명(受命)의 군주로 여겼으니 어떻게 "천명" 두 글자를 후직에게 함부로 쓸 수 있단 말인가. 허 군은 또 "후직(后稷)"이란 단어를 백화로 번역하면 "직(稷)의 신(神)"이 된다고 말한다. 후직은 죽은 후에 직신(稷神)으로 제사되었는데 이것은 일체의 "선왕선공(先王先公)"이 사후에 신으로 제사되거나 『좌전』「소공 29년」에서 진(晉)의 채묵(蔡墨)이 말했듯이 나무를 담당한 관리[木正]인 구망(句芒) 등이 사후에 목신(木神)으로 제사된 일과 다르지 않다. 그러나 "후직"이란 단어 자체를 놓고 보면 어떻게 이것이 "신(神)"의 의미로 번역될 수 있는가? "후직"을 "직의 왕[稷之王]"으로 번역하는 것도 글자만 보고 대강 뜻을 짐작하는 식으로 풀이한 것이다. 상술한 허 군의 두 설을 자세히 살펴보면 모두 "오곡의 으뜸[長]"[『설문』7상]으로로서의 "직(稷, 기장)"으로 "후직"의 "직"을 해석한다. 후직의 직이 비록 "오곡의 으뜸"에서 유래한 것이라 해도 이를 "오곡의 으뜸"으로서의 직으로 해석해서는 안 된다. 왜냐하면 『좌전』「소공 29년」에서 진(晉)의 채묵은 다음과 같이 말한다. "(죽어서) 직(稷, 곡신)이 된 사람은 (살았을 때 직무를 잘 수행한) 전정(田正, 농정을 맡은 장관)입니다. 열산씨(烈山氏, 신농씨)에게 주(柱)라는 아들이 있었는데 직(稷)이 되어 [직무를 잘 수행하였으므로 죽은 뒤에 그를 직(稷, 곡신)으로 삼아] 하나라 이전에는 그에게 제사하였습니다. 주나라의 시조 기(棄)도 직(稷)이 되어 [그 직무를 잘 수행하였으므로 죽은 뒤에 그를 직(稷, 곡신)으로 삼아] 상나라 이후로는 그에게 제사하였습니다."[340] 이로부터 직(稷)은 일종의 관직 명칭이었음을 알 수 있다. 또 살펴보건대 "후(后)"와 "후(後)"는 예전에 대체로 통용되었다. 『설문』9상에서는 "후(后)는 계체군(繼體君)[341] 이 다"라고 하였으니 "계체군"은 또한 "후군(後君)"을 뜻한다. 그렇게 보면 이른바 "후직(后稷)"은 주나라 기(棄)가 열산씨 아들 주(柱)의 뒤에 직관 (稷官)이 되었음을 가리키는 말이다. 그로부터 후직(后稷)이라 칭하기 도 하고 직(稷)이라 칭하기도 하는데 모두 "전정지관(田正之官, 농정을 맡은 관리)"을 가리키는 말이다. 『한서』「백관공경표」상에는 "기(棄)가 후직(后稷)이 되었다"라 되어 있다. 응소(應劭)의 주에서는 "후(后)는 주 (主)의 뜻이니 이 직관(稷官)의 우두머리가 되었다는 말이다"[342]라 하고 있는데 이것은 위소(韋昭)[343]가 후(后)를 군(君)으로 해석한 경우와 함 께 모두 견강부회로 보인다. 『국어』「주어(周語)」상에는 괵(虢)나라 문 공(文公)이 천무(千畝)의 적전(藉田)을 친히 경작하지 않는 주나라 선왕 (宣王)에게 간언하면서 옛날 적전의례의 상황을 이렇게 진술하고 있 다. "(입춘이 되기 9일 전에) 태사(太史)가 직(稷)에게 고하기를 '지금부터

---

340 『左傳』「昭公 29년」, "稷, 田正也. 有烈山氏之子曰柱, 爲稷, 自夏以上祀之. 周棄亦爲稷, 自商
以來祀之."

341 계체군(繼體君): 적자(嫡子)가 제위를 계승하는 것을 계체라 한다. 계체군은 창업군주가 아
닌 제위를 계승한 군주를 가리킨다.

342 『漢書』「百官公卿表」上, "棄作后稷." 안사고 주, "應劭曰, 棄, 臣名也. 后, 主也, 爲此稷官之
主也."

343 위소(韋昭, 204-273): 오나라 오군(吳郡) 운양(雲陽, 강소성 丹陽) 사람으로 자는 홍사(弘嗣)
다. 삼국시기 저명한 사학자로 저서에 『국어주(國語注)』가 있다. 그 밖에 『한서음의(漢書音
義)』, 『관직훈(官職訓)』, 『삼오군국지(三吳郡國志)』 등이 있으나 산일되었다. 일찍이 『오서
(吳書)』(合著)를 편찬했는데 후세의 『삼국지(三國志)』는 대부분 여기서 자료를 취하였다.

초고(初告, 2월 초하루)에 이르기까지 …' 직(稷)이 왕에게 고하기를 …
왕은 곧 사도(司徒)로 하여금 모든 공경과 백관과 서민에게 알리도록
하고 … 농대부(農大夫)에게 명하여 모든 농민이 농기구를 준비하게 합
니다. … 적전에 이르면 후직이 모든 일을 감찰하고 … 후직이 그 일한
결과를 살피고 나면 태사가 감찰하고 … 직(稷)은 백성들에게 두루 훈
계하여 … 이어서 그 무리들에게 '행사를 시행하라'라고 말하면 농사
(農師)가 첫 번째로 나가고 농정(農正)이 두 번째로 나가고【위소 주에 의
하면 농정은 후직을 돕는 자이다】, 후직이 세 번째로 나가고 … 종백(宗伯)
이 아홉 번째로 나가고, 왕은 (공경대부를 거느리고) 크게 친경(親耕)을
시행합니다."[344] 이에 따르면 직(稷)과 후직(后稷)이 농정을 맡은 관리
라는 것은 너무나 명백한 사실이다. 허 군이 말한 바와 같은 "존호"의
의미는 그 안에 들어 있지 않다. 허 군이 후직을 일러 "존호가 변하여
사명(私名)이 되었다"라고 한 설도 기이하다. 주나라 사람들이 시조로
받든 후직은 그 사명(私名)이 "기(棄)"다. 『시경』에 있는 후직 관련 시
들은 그들의 시조를 기념하기 위해 짓거나 어떤 노래는 제사 때 신을
찬양하기 위해 지은 것인데, 이때 곧바로 "기(棄)"라는 사명을 칭하기
는 곤란하므로 그의 관함인 "후직"을 "대명(代名)"으로 삼을 수밖에 없
었다. 대명을 오래 사용하다 보면 습관이 되어 모두들 대명을 언급하
기만 하면 그것이 바로 후직의 관직을 지낸 기(棄)를 말한다는 것을 알

---

344 『國語』「周語」上, "太史告稷曰, 自今至於初吉 … 稷以告 … 王乃使司徒咸戒公卿百吏庶民 …
命農大夫咸戒農用 … 及籍后稷監之 其後稷省功, 大史監之 … 稷則徧戒百姓 … 乃命其旅
曰, 徇. 農師一之; 農正再之(韋注: 農正, 后稷佐), 后稷三之 … 宗伯九之, 王則大徇."

게 된다. "사명(私名)"은 우연히 이름이 같은 자를 제외하고는 타인이 통용할 수 있는 것이 아니다. 『국어』「주어(周語)」에 의하면 "우리 선왕 부줄(不窋)이 이 때문에 그 관직을 잃고"[345]라 되어 있는데, 관직을 잃기 전에는 대대로 모두 후직 벼슬을 지냈다는 것을 알 수 있다. 앞에서 인용한 괵나라 문공의 말로부터 서주에서도 누군가가 후직 벼슬을 하고 있으면 '후직'으로 칭해졌다는 것이 증명되고 있다. 『국어』「노어(魯語)」상에서 전금(展禽, 노나라 대부)은 다음과 같이 말하고 있다. "성왕께서 제사를 제정함에 있어, 백성들에게 법을 베풀었으면 제사를 지내고, 죽기로 일을 부지런히 했으면 제사를 지내고 … 옛날 열산씨(烈山氏)가 천하를 소유했을 때 그 아들을 주(柱)라 하였는데 온갖 곡식과 채소를 잘 길러 냈다. 하나라가 일어나자 주기(周棄)가 그것을 이어받았다. 그러므로 그를 제사하여 직(稷)으로 삼았다."[346] 주나라 1세조 후직의 사명(私名)에 대해 명확하게 설명하고 있지 않은가?

위에서 말한 사소한 비판은, 허 군이 문헌사료에 들어간 첫 번째 단락에서 자신과 관련된 사료에 대해 전혀 연구한 적이 없고 명확하게 이해하지도 못하기 때문에 모든 단락에 문제가 있다는 점, 이런 일은 학술훈련을 받은 사람에게 절대 있어서는 안 되는 현상임을 지적한 것

---

345 『國語』「周語」上, "옛날 우리 선조께서 대대로 후직이 되어 우(虞)나라와 하(夏)나라를 직분을 다하여 섬겼습니다. 하나라의 정치가 쇠퇴해지자 후직의 직임을 버리고 힘쓰지 않아 우리 선왕 부줄이 그 때문에 그 관직을 잃고[昔我先王, 世后稷, 以服事虞夏. 及夏之衰也, 棄稷弗務, 我先王不窋用失其官]" 부줄(不窋)은 기(棄)의 아들이다. 아버지의 뒤를 이어 후직의 관직을 맡았으나 하나라 말기 직임에 힘쓰지 않아 그 관직을 잃게 되었다.

346 『國語』「魯語」上, "夫聖王之制祀也, 法施於民則祀之, 以死勤事則祀之 … 昔烈山之有天下也, 其子曰柱, 能殖百穀百蔬. 夏之興也, 周棄繼之, 故祀以爲稷."

이다. 허 군의 글 전체가 모두 이런 식이지만 내가 이처럼 상세하게 비판할 수는 없고, 이 한 단락을 예중으로 드는 것만으로 허 군의 반성을 불러일으키기에 충분하다고 본다. 다음에는 문제를 중심으로 토론을 제기하고자 한다.

6

주나라 시조 후직으로부터 주 문왕(文王)에 이르는 세계(世系)의 문제:『사기』「주본기(周本紀)」의 "후직이 졸하고 아들 부줄(不窋)이 세워졌다"라는 구절은 바로 앞의 "후직이 일어난 때는 도당(陶唐), 우(虞), 하(夏)의 시대였고 모두 아름답고 홀륭한 덕이 있었다"[347]라는 말과 서로 모순이 되는데 그 착오에 대해서는 선인들도 이미 지적한 바다. 그리고 후직으로부터 문왕에 이르기까지 겨우 15세대밖에 안 되는 전승의 신빙성에 대해서도 많은 사람들이 일찍이 지적해 왔다. 허 군이 이 문제에 의문을 가지는 것은 옳다. 그러나 허 군은 "『국어』는 후직과 부줄이 선대의 선왕이라는 것만 말했을 뿐 그 중간의 세대에 대해서는 따로 설명하지 않았다"라고 말한다. 『국어』「주어」상의 첫 페이지는 확실히 이와 같다. 그러나 「주어」하 영왕(靈王) 22년에서는 태자 진(晉)이 간언하기를 "후직이 기틀을 닦아 백성을 편안히 살게 한 이후로 열다섯 왕의 노력을 거쳐 문왕 때에 이르러 비로소 평안하게 하였고"[348]라고 하였으며, 경왕(敬王) 10년에는 위(衛)나라 대부 표혜(彪傒)

---

347 『史記』 권4 「周本紀」, "后稷之興, 在陶唐 · 虞 · 夏之際, 皆有令德. 后稷卒, 子不窋立."

가 "후직이 주에 힘을 쏟은 지 15세 만에 일어났고"라고 하였으며 이에 대한 위소의 주에 "후직으로부터 문왕에 이르기까지 15세다"[349]라고 되어 있다. 허 군이 『국어』「주어」 상편의 첫 페이지만 보고 『국어』를 위해 결론을 내렸다는 것을 알 수 있다. 허 군은 다시 "고어(高圉)와 태우(太于)도 한 사람인 것 같다"라고 말한다. 그러니 『좌전』「소공 7년」의 전(傳), 『국어』「노어(魯語)」, 『사기』「주본기」, 『국어』위소 주 및 일체의 전(傳)과 주(注)에는 모두 "고어아어(高圉亞圉)"[350]라 되어 있고 "태우(太于)"로 되어 있는 곳은 한 군데도 없다. 허 군은 다른 출전을 갖고 있는 것인가? 허 군은 그들 부자 두 사람이 "한 사람인 것 같다"라고 하였는데, 만약 그와 같다면 어떻게 15세대가 될 수 있겠는가? 뇌학기(雷學淇)[351]의 『죽서기년의증(竹書紀年義證)』 권13 반경(盤庚) 19년에서는 "빈후 아어에게 책명을 내리다[命邠侯亞圉]"라 되어 있고 권18 성왕(成王)에서는 "고어의 묘를 세우다[立高圉廟]"[352]라 되어 있는데 이

---

348 『國語』「周語」下, "自后稷之始基靖民, 十五王而文始平之."

349 『國語』「周語」下, "后稷勤周, 十有五世而興." 위소 주, "自后稷至文王十五世也."

350 『史記』권4「周本紀」, "高圉卒, 子亞圉立." 『左傳』「昭公 7년」, "叔父陟恪, 在我先王之左右, 以佐事上帝餘敢忘高圉, 亞圉?"

351 뇌학기(雷學淇, ?-?): 청 순천(順天) 통주(通州) 사람. 자는 첨숙(瞻叔), 죽경(竹卿)이다. 가경 19년(1814) 진사가 되고 지현(知縣) 등을 역임했다. 『상서』를 연구하여 고·금문의 이동(異同)과 진위를 밝혔다. 그 밖에 『하소정경전고(夏小正經傳考)』, 『하소정본의(夏小正本義)』를 저술하였고, 『죽서기년』에 관한 자료를 널리 수집 고증하여 『죽서기년의증(竹書紀年義證)』과 『죽서기년고(竹書紀年考)』를 저술했다.

352 고어의 묘를 세우다[立高圉廟]: 고어(高圉)는 주나라 선조이다. 고어와 아어(亞圉)에 대해서는 다음을 참조. 『左傳』「昭公 7년」, "余敢忘高圉亞圉." 두예 주, "二圉周之先也. 爲殷諸侯, 亦受殷王追命者." 공영달 정의, "案周本紀, 高圉是公劉玄孫之孫. 高圉生亞圉. 亞圉, 大王亶父之祖也. 竝爲殷之諸侯. 今王追命襄公, 而云不忘二圉, 知其亦是受殷王追命. 此杜以意言耳,

　　　　　　　　[부록 1] 서주 초 몇 가지 사실(史實)에 관한 문제

것은 고어·아어가 한 사람이 아님을 증명하기에 충분하다.

허 군이 본 『국어』는 송(宋)의 "천성명도본(天聖明道本)"이라고 한다
【허 군의 주 24에 의거】. 살펴보건대 송 인종(仁宗)은 천성연간(1023-1032)
이 모두 9년이고 명도연간(1032-1033)은 2년밖에 되지 않는다. 『국어』
는 천성본도 있고 명도본도 있는데, 허 군이 본 것은 천성연간에 간행
하기 시작하여 명도연간에 완성했기 때문에 "천성명도본"이라 칭하는
것인가? 이 판본은 현재 어디에 소장되어 있는 것을 허 군이 본 것인
지, 나의 견문을 넓힐 수 있도록 허 군이 내게 알려 주기를 바란다. 허
군이 송 천성본 『국어』를 보았다고 가정하면 그는 마땅히 통행본 『국
어』 「주어」상 첫 페이지의 "昔我先世后稷" 구절에 주의를 기울였어야
한다. 대진(戴震)[353]의 『모정시고정(毛鄭詩考正)』에 의하면 송 천성본
『국어』에는 위의 통행본 구절에 "왕(王)" 자 하나가 더 있어서 "昔我先
王世后稷"으로 되어 있는데, 이는 곧 "옛날 우리 선왕은 대대로 후직
의 관직을 맡았다"라는 의미이다. 그렇게 보면 이른바 "후직으로부터
문왕에 이르기까지 15세(世)"에서의 후직은 "기(棄)"라는 이름을 가진
요순시대의 후직이 아니라 주나라 선조 중 마지막으로 후직 관직을 맡
았던 자를 가리키는 것으로 해석할 수 있다. 『사기』 「유경열전(劉敬列

二圍之受追命無文也."

353 대진(戴震, 1723-1777): 청 안휘 휴녕(休寧) 사람. 자는 동원(東原) 또는 신수(愼修), 매계(呆
溪)다. 강영(江永)에게 사사했고, 음운, 훈고, 천문, 역산(曆算) 등 여러 분야에 통달했다. 건
륭 27년(1762)에 거인(擧人), 38년에 『사고전서』 찬수관이 되었다. 고증학을 확립하여 그 이
론으로 『맹자자의소증(孟子字義疏證)』을 저술했다. 그 밖에 『고공기도(考工記圖)』, 『굴원
부주(屈原賦注)』, 『원선(原善)』 등이 있다.

傳)」[354]에서는 유경이 한나라 고조에게 "주나라의 선조는 후직으로, 요임금이 그를 태(邰)[355]에 봉하여 그곳에서 덕을 쌓고 선정을 베푼 지 10여 세가 지나 공류(公劉)에 이르러 하나라의 걸왕(桀王)을 피해 빈(豳)으로 가서 살았습니다"[356]라는 말을 하고 있는데, 이때의 "10여 세"는 주기(周棄)로부터 공류에 이르기까지 10여 세를 거쳤다는 뜻으로 해석할 수 있다. 이를 통해 『사기』 기록의 빠진 부분을 보완할 수 있을 것이다. 이것이 청나라 사람들이 이 문제를 연구하여 얻은 개략적 결론이다. 【마서진(馬瑞辰)의 『모시전통석(毛詩箋通釋)』 16 「빈풍(豳風)」 및 호승기(胡承琪)의 『모시전(毛詩箋)』 24 「공류(公劉)」를 참조하기 바란다.】 이 결론은 판본의 교감에서 이끌어 낸 것이라고도 할 수 있다. 나는 이러한 설들이 믿을 만한 것인지는 단정할 수 없지만, 학술적인 연구 논문에서 이들 경학자들이 기울인 노고를 말살할 수는 없다고 단정할 수 있다.

7

공류(公劉)의 문제: 허 군은 『시경』 「대아(大雅)」 '공류(公劉)' 시와 『맹자』 「양혜왕(梁惠王)」 하 두 자료에 근거하여 공류에 대해 서술하였는

---

354 유경(劉敬, ?-?): 전한 제(齊) 사람. 본성은 누(婁)인데 뒤에 유씨(劉氏) 성을 하사받았다. 유방에게 장안(長安)을 수도로 정할 것을 제안했고, 유방이 모돈선우(冒頓單于)에게 패한 뒤에는 화친정책을 제안하여 조약을 매듭지었다. 6국 귀족들의 후예와 호강대족(豪强大族) 10여만을 관중으로 천사시키는 방안을 제시하기도 했다.

355 태(邰): 지금의 섬서성 무공현(武功縣) 서남쪽.

356 『史記』 권99 「劉敬列傳」, "周之先自后稷, 堯封之邰, 積德累善, 十有餘世, 公劉避桀居豳."

데 그 내용은 다음 3가지로 요약된다. (1) "『사기』에 기재된 내용도 이 것【위의 두 자료를 가리킴】으로부터 망문생의(望文生義, 글자만 보고 대강 뜻을 짐작함)한 데 불과하다." (2) 공류는 식민 지도자이다. (3) 공류는 빈(豳) 땅으로 옮겼을 뿐만 아니라 "주(周)에 부속된 예(芮)와 밀(密) 두 나라도 소유했다." 여기서 나는 허 군에게 3가지를 문의하고자 한다. (1) 무엇을 "망문생의(望文生義)"라 하는가?『사기』가 위의 2건의 자료 에 근거하여 공류를 서술한 글은 모두 58자인데, 어느 부분에서 "망문 생의"를 했다는 것인가?『사기』서술의 결점은 바로 일본인 나카이 세 키토쿠[中井積德](1732-1817)가 말한 것처럼 공류가 빈(豳) 땅으로 옮겨 간 중대 사건을 빠뜨리고 서술하지 않은 점이다. 그러나 이것은 유실 (遺失)했거나 누락한 것이지 망문생의는 아니다. 허 군이 중국의 역사 학에 완전히 젖어들지 못하는 이유는 아마도 이러한 경박한 태도 때문 일 것이다. (2) 무엇을 "식민(殖民)"이라 하는가?『시』의 정현 전(箋)에 서는 공류가 "하(夏)나라가 쇠퇴하기 시작하자 핍박을 받아 빈(豳) 땅 으로 옮겨갔다[357]라고 하였고, 『보(譜)』에서는 공류를 태강(太康)[358]의 시대로 비정하고 있다.[359] 유경(劉敬)의 경우는 공류가 걸왕을 피해 빈 (豳) 땅에서 거주한 것으로 보았다. 청나라 경학가들은 대체로 유경의

---

357 『詩』「大雅」'公劉', 정현 전, "夏之始衰, 見迫逐, 遷於豳."

358 태강(太康): 하나라의 세 번째 군주. 아버지는 계(啓)다. 태강은 사냥과 놀이에만 탐닉하여 정 사를 제대로 돌보지 않아 결국 유궁씨(有窮氏) 후손에게 쫓겨나 돌아오지 못했다. 『尙書』 「夏書」'五子之歌'에 그가 나라를 잃은 과정이 약술되어 있다.

359 『詩』「大雅」'公劉' 正義, "譜云, '公劉以夏后太康時失其官守, 竄於此地.' 則夏之始衰, 謂太康 時也."

설을 채택하고 있다. 만약 정전(鄭箋)과 유경의 2설 중 하나라도 신뢰한다면 공류는 핍박을 받아 빈 땅으로 이주한 것이므로 이를 식민이라 할 수는 없다는 것은 굳이 논할 필요도 없다. 설령 위에 언급한 두 설이 모두 믿을 만하지 않다고 해도, 전통적인 설에 따르면 공류의 조부 부줄(不窋)은 후직의 관직을 잃고 "융적(戎狄)의 사이로 달아났다"[360]라고 하였으니, 그들이 이곳저곳 떠돌면서 적당한 자연환경의 땅을 고르는 일을 또한 식민이라 할 수는 없을 것이다. 하나라와 상나라는 도읍을 여러 번 옮겼는데 이를 식민이라 부를 수 있는가? 나는 고대의 상황과 관념을 설명하기 위해 새로운 용어를 사용하는 것에 반대하지는 않지만 그 사용은 신중해야 한다. 사용이 신중하지 못하면 혼란을 일으킨다. 허 군은 서양에서 교육을 받았고 용어의 "정의(定義)"를 내리는 일은 서양 학문의 훌륭한 전통이다. 현대의 이른바 '식민'은 모두 본국·본토로부터 다른 나라【민족】 다른 지역으로 팽창해 나가는 것을 가리키는 용어이다. 예컨대 영국의 식민은 본국인 영국 3도(잉글랜드, 스코틀랜드, 아일랜드)를 기반으로 본국의 후원을 받아 진행되었다. 공류가 빈(豳) 땅으로 식민하였다면 그의 본국·본토는 어디에 보존되어 있는 것인가? (3) 허 군은 공류가 "주나라에 부속된 예(芮)와 밀(密) 두 나라까지 소유했다"라고 하였는데 이는 '공류' 시의 마지막 두 구절 "거주하는 무리가 조밀하여 물굽이 안팎으로 나아가 살게 되었네[止旅 乃密, 芮鞫之即]"에 근거한 것이다. 예로부터 주석가들은 이 구절의 "밀

---

360 『史記』 권4「周本紀」, "后稷卒, 子不窋立. 不窋末年, 夏后氏政衰, 去稷不務, 不窋以失其官, 而犇(奔)戎狄之間. 不窋卒, 子鞠立. 鞠卒, 子公劉立."

[부록 1] 서주 초 몇 가지 사실(史實)에 관한 문제

(密)” 자를 “편안함[安]”으로 해석하거나 “많고 조밀함[繁密]”으로 해석해 왔다.[361] “예국(芮鞫)”에 대해서는 『한시(韓詩)』에 따라 “예국(汭沭)” 즉 옹주(雍州)의 하천 이름으로 해석하거나, 혹은 정현의 전(箋)에 따라 “물가[水涯]”로 해석하기도 한다. 문왕이 밀(密)을 정벌했을 때의 “밀 (密)”은 나라 이름이고, “우나라와 예나라가 잘잘못을 따지러 왔다[虞芮 質厥成]”[362]에서의 예(芮)도 나라 이름이다. 그러나 공류는 이 사건들과 시간적으로 너무 멀리 떨어져 있고 공간상으로도 문제가 있어 ‘공류’ 시 구절의 “예(芮)”를 나라 이름으로 볼 경우 상하 문의가 서로 저촉되 어 문맥이 통하지 않는다. 이것이야말로 허 군이 문의에 통하지 못할 뿐 아니라 역사적 시간을 망각한 데서 나온 망문생의가 아닌가 한다.

8

태왕(太王)[363]의 빈(豳) 천사에 관한 문제: 허 군은 『시경』 「대아」 ‘면 (綿)’ 시와 『맹자』 「양혜왕」하에 근거하여 태왕의 사적을 작성했는데, 그의 문학적인 묘사에는 문학가의 상상이 섞여 있다. 묘사하는 글은 상관하지 않고 상상하는 부분에 대해 잠시 토론해 보겠다.

---

361 『詩』 「大雅」 ‘公劉’, “止旅乃密, 芮鞫之即.” 毛傳, “密, 安也. 芮, 水厓也. 鞫, 究也.” 鄭箋, “芮之 言内也, 水之内曰隩, 水之外曰鞫. 公劉居豳既安, 軍旅之役止, 士卒乃安, 亦就澗水之内外而 居, 脩田事也.” 저본에는 국(鞫)이 국(鞫)으로 되어 있는데 2자는 서로 통용되었다.
362 『詩』 「大雅」 ‘緜’, “虞芮質厥成.” 이 시는 문왕의 조부 고공단보(古公亶父)에서 문왕까지 삶의 터전을 닦은 일을 노래한 시이다.
363 태왕(太王): 주나라 문왕의 조부 고공단보(古公亶父)의 존호이다. 공류(公劉)의 9세손으로 단보(亶父)는 태왕의 이름 혹은 자(字)라고도 한다.

(1) 허군은 "태왕을 핍박하여 옮겨 가게 만든 적은 일반적으로 은나라 말기의 유명한 귀방(鬼方)이라고 생각한다"[『집간(集刊)』, 44쪽]라고 말하고 주 31에서 서중서(徐中舒, 1898-1991)의 「은주교체기 사적의 검토[殷周之際史跡之檢討]」를 근거로 제시하였다. 살펴보건대 귀방(鬼方)에 관해서는 모두 4가지 설이 있다. 첫째, 일반적으로 멀리 떨어진 곳[遠方]을 가리키는 경우가 있는데, 예컨대 『시경』 「대아」 '탕(蕩)' 시에서 "[은상에 대한 원망과 노여움이] 귀방까지 뻗쳤네[覃及鬼方]"라는 구절에 대해 『모전(毛傳)』에서 "귀방은 원방(遠方)이다"[364]라 한 것이 그것이다. 둘째, 서방을 이르는 경우가 있는데, 『후한서』 「서강전」에서 "무정(武丁)[365]에 이르러 서융(西戎) 귀방을 쳐서 3년 만에 이겼다"[366]라고 한 예나, 『죽서기년』에서 무을(武乙) 35년 "주나라의 왕계(王季)가 서락(西落) 귀융(鬼戎)을 정벌하였다"[367]라고 한 예가 그것이다. 셋째, 귀방이 북방을 가리키는 경우도 있는데, 『역(易)』에 "은나라 고종(高宗)이 귀방을 정벌했다"[368]라 하고, 이에 대한 간보(干寶)[369]의 주에서 "귀

---

364 『詩』 「大雅」 '蕩', 毛傳, "鬼方, 遠方也."

365 무정(武丁): 은나라 제23대 왕으로 59년간 재위하였다. 부열(傅說)을 재상으로 삼아 국력을 크게 진작하여 '무정중흥(武丁中興)'을 이루었다(『史記』 권3 「殷本紀」).

366 『後漢書』 권87 「西羌傳」, "至於武丁征西戎鬼方, 三年乃克."

367 『竹書紀年』 「武乙 35年」, "武乙三十五年, 周王季伐西落鬼戎, 俘二十翟王也." 이 『죽서기년』의 기록은 『後漢書』 권87 「西羌傳」, "及子季歷, 遂伐西落鬼戎"에 대한 당(唐) 이현(李賢)의 주(注)에 기재되어 있다.

368 『周易』 '旣濟'괘, "九三: 高宗伐鬼方, 三年克之, 小人勿用."

369 간보(干寶, ?-?): 동진 여양(汝陽) 신채(新蔡) 사람으로 자는 영승(令升)이다. 저작랑(著作郞), 산기상시(散騎常侍)를 역임하였다. 저서 『수신기(搜神記)』 20권은 위진시대 지괴(志怪)소설을 대표하는 작품으로 당송시대 전기(傳奇)소설의 선구가 되었다. 그 밖에 『주역주(周易注)』, 『주관주(周官注)』, 『간자(干子)』, 『진기(晉紀)』, 『춘추좌자의외전(春秋左子義外傳)』 등이 있

[부록 1] 서주 초 몇 가지 사실(史實)에 관한 문제

방은 북방 나라이다"라고 한 것이 그것이다. 『산해경』「해내북경(海內北經)」에서는 "귀국(鬼國)[370]은 이부시(貳負尸)[371] 북쪽에 있다"라고 하였고, 『사기』「오제본기」의 "북쪽으로는 훈육(葷粥)을 내쫓고"에 대한 『사기색은』의 주석에서는 "훈육은 은나라에서 귀방이라 하였다"라고 하였으며, 『석문(釋文)』에서는 "하나라에서는 훈육(燻鬻)이라 하고 상나라에서는 귀방(鬼方)이라 한다"[372]라고 하였다. 이상은 모두 귀방이 북방을 가리키는 경우이다. 넷째, 귀방을 남방으로 보는 경우도 있는데, 『죽서기년』「무정(武丁) 32년」에 "귀방을 정벌하고 형(荊) 땅에 주둔하였다"[373]라는 구절이 그것이다. 그래서 혜동(惠棟)[374]은 "상나라의 귀방은 주나라의 형초(荊楚) 지역이라고 여겼다."[375] 나는 아직 서중서

으나 모두 산일되었다.

370 귀국(鬼國): 『산해경』「해내북경(海內北經)」에 의하면 귀국은 이부시(貳負尸) 북쪽에 있고 눈이 하나밖에 없다고 한다. 같은 책 「해내북경(海內北經)」에 기재된 일목국(一目國) 역시 눈이 하나밖에 없다. 일목국과 귀국은 같은 나라일 가능성이 있다.

371 이부시(貳負尸): 이부는 천신(天神)으로 사람 얼굴에 뱀의 몸을 가졌는데 신하 위(危)와 함께 알유를 죽였다가 천제에게 처벌을 받았다. 『산해경』에 보이는 "이부지시(貳負之屍)"는 살육을 당한 이루의 모습을 형용한 것이다(『山海經』「海內西經」).

372 『山海經』「海內北經」, "鬼國在貳負之屍北." 『史記』 권1 「五帝本紀」, "北逐葷粥." 『索隱』, "殷曰鬼方." 『釋文』, "夏曰燻鬻, 商曰鬼方."

373 『竹書紀年』「武丁 32년」, "三十二年, 伐鬼方, 次于荊."

374 혜동(惠棟, 1697-1758): 청 강소 오현(吳縣) 사람. 자는 정우(定宇) 또는 송애(松崖), 호는 소홍두선생(小紅豆先生)이다. 조부 혜주척(惠周惕)과 부친 혜사기(惠士奇)의 가학을 계승하여 오파경학(吳派經學)을 확립했다. 저서로는 『주역술(周易述)』과 『역한학(易漢學)』, 『역례(易例)』가 있고, 특히 『고문상서』가 위작(僞作)임을 밝힌 『고문상서고(古文尚書考)』를 지었다. 그 밖에 『구경고문(九經古文)』, 『주역본의변증(周易本義辨證)』, 『좌전보주(左傳補注)』, 『명당대도록(明堂大道錄)』 등이 있다.

375 惠棟, 『九經古義』 권2 「周易古義」, "竊疑周之荊楚, 商時謂之鬼方."

씨의 논문을 보지 못했다. 서 씨의 논문이 북방과 서방에 있는 외족이 모두 귀방이라는 것을 증명하지 않는 한 허 군은 전목(錢穆)의 설을 믿고 공류가 태(邰)로부터 빈(豳)으로 옮겨 간 것은 북방의 귀방에 핍박을 받은 때문이라고 여겼을 것이다. 그러나 나는 뒤에 전목의 설이 성립될 수 없음을 증명하겠지만, 공류가 옮겨 간 곳이 여전히 섬서 서부에 있다고 하면 이때 태왕을 핍박한 것은 분명 서방으로부터 온 이족(異族)일 것이다. 이 서방의 이족도 여전히 귀방인가? 서씨가 아무리 글을 잘 쓴다 해도 "일반적으로 생각한다"는 것을 허 군이 어떻게 아는가? 더구나 이러한 논쟁적인 문제는 서 씨 논문 중에서 가장 유력한 논증을 하나 들어 놓거나 최소한 부주(附註)에서라도 들어 놓았어야 한다. 왕국유(王國維)의 「귀방곤이험윤고(鬼方昆夷玁狁考)」[『관당집림(觀堂集林)』 권13]에서는 동음통가(同音通假, 음이 같으면 서로 통용하거나 가차함)의 훈고 방법만을 사용하여 은주 시대의 외족을 모두 하나의 민족이나 씨족으로 설명하고 있는데, 문장은 매우 교묘하지만 당시의 복잡한 민족문제를 훈고상 왕 씨의 일원화로 단순화하는 것은 아마도 적절한 연구방법이라 할 수 없을 것이다.

(2) 허 군은 다음과 같이 말한다. "지금까지의 경전 해석은 늘 '면(緜)' 시의 '(고공단보께서는) 땅을 파고 굴을 파서 지내셨네, 아직 집다운 집이 없으셨네[陶復陶穴, 未有家室]' 구절에 대해 태왕(太王)이 기산 아래로 옮겨 살기 전에는 굴속에서 지냈던 것으로 설명한다." 살펴보건대 정현의 전(箋)은 확실히 허 군이 말한 것과 같다. 그러나 「정의(正義)」에서는 이미 말을 전환하고 있으며, 「모전(毛傳)」 및 「모전」을 직접 계승한 경학가들은 결코 그와 같지 않다. 『시경』 「대아」 '면' 시의

첫 장은 "끊임없이 뻗어 가는 오이덩굴이여, 주나라 사람들이 처음으로 저수(沮水)와 칠수(漆水)가에 터전을 잡았네. 고공단보께서는 땅을 파고 굴을 파서 지내셨네. 아직 집다운 집이 없으셨네"[376]로 시작한다. 명나라 풍복경(馮復京)[377]【『사고전서총목(四庫全書總目)』에는 풍응경(馮應京)으로 잘못 기재되어 있다】의 『육가시명물소(六家詩名物疏)』에서는 이렇게 말한다. "공영달[378]이 '면' 시의 소(疏)에서 저수와 칠수가 빈(豳)【공류가 옮겨 살았던 땅】에 있다고 말한 것은 잘못이다. 만약 저수와 칠수가 빈(豳) 땅에 있다고 한다면 공류가 '빈(豳) 땅에 거처할 곳을 정하고'[379]라는 구절에서 보듯 이미 (공류 때 지어 놓은) 궁실이 있는데 태왕(고공단보)이 무엇 때문에 땅을 파고 굴을 파서 지내겠는가? 바로 태왕이 처음에 부풍(扶風)【기산(岐山) 아래】의 땅에 이르러 아직 거처할 집이 없었기 때문이다."[380] 또 진계원(陳啓源)[381]의 『모시계고편(毛詩稽古篇)』

---

376 『詩』「大雅」'緜', "緜緜瓜瓞, 民之初生, 自土沮漆, 古公亶父, 陶復陶穴, 未有家室."

377 풍복경(馮復京, 1555-1606): 명 봉양부(鳳陽府, 강소성) 우이(盱眙) 사람. 자는 가대(可大), 호는 모강(慕岡)이다. 만력 20년(1592) 진사가 되고 호광안찰첨사(湖廣按擦僉事) 등을 지냈다. 세감(稅監) 진봉(陳奉)의 횡포를 법으로 제지했으나 무고를 받아 투옥되었다. 저서에 『육가시명물소(六家詩名物疏)』와 『월령광의(月令廣義)』, 『경세실용편(經世實用編)』 등이 있다.

378 공영달(孔穎達, 574-648): 당 기주(冀州) 형수(衡水) 사람. 자는 충원(沖遠) 또는 중달(仲達)이다. 국자박사(國子博士)와 국자좨주(國子祭酒) 등을 역임했다. 위징(魏徵)과 함께 『수서(隋書)』를 편찬했고, 안사고(顔師古), 사마재장(司馬才章) 등과 함께 『오경정의(五經正義)』 170권을 편찬하였다. 이 책은 송나라 때 합간된 『십삼경주소(十三經注疏)』에 모두 수록되어 있다.

379 『詩』「大雅」'公劉', "於豳斯館, 涉渭爲亂, 取厲取鍛."

380 馮復京, 『六家詩名物疏』 권35, "孔穎達緜詩疏云, '沮漆在豳'(公劉徒居之地), 非也. 若沮漆在豳, 則公劉'于豳斯館', 已有宮室, 太王何爲陶復陶穴哉? 正以太王初至扶風(岐下)之地, 故未有家室耳."

381 진계원(陳啓源, ?-?): 청 오강(吳江) 사람. 자는 장발(長發). 강희(康熙) 연간에 제생(諸生)이

217

에서는 다음과 같이 말한다. "'면' 시의 첫 장을 태왕이 빈(豳) 땅에서 지냈을 때의 일로 보는 견해는 강성(康成, 정현)에서 비롯되었으며 「모전」에는 본시 이런 말이 없다. 『모전』은 제1장에서 태왕이 적(狄)을 피해 빈(豳) 땅을 떠나 기(岐)로 옮겨 간 일을 서술하고, 이어서 '땅을 파서 구덩이를 만들고 흙을 파내어 굴을 만들었다'라고 하였다.[382] 그렇다면 기산 아래에 땅을 파고 굴을 판 것은 고공단보가 처음 도착한 땅에 거처를 마련하기 위한 것임이 분명하다. … 또 제3장의 전(傳)에서는 '주원(周原)은 저수와 칠수의 사이에 있다'라고 하여 주원과 저수·칠수를 같은 곳으로 보았는데, 이는 첫 장에서 '저수와 칠수가에 터전을 잡았네'라고 한 그곳이 바로 이 주원(周原)이라는 것을 분명히 보여 준다. 공류가 빈(豳) 땅에 거주한 이후 태왕에 이르기까지 이미 10세대를 거쳤는데 어찌 아직도 집이 없을 수 있겠는가? '공류(公劉)' 시에 보이는 '빈(豳) 땅에 거처할 곳을 정하고' 뿐만이 아니다. 「빈풍(豳風)」 '칠월(七月)' 시에서는 '북쪽 창을 막고 문을 진흙으로 바른다네, 방으로 들어와 편히 쉬기를[塞向墐戶, 入此室處]', '고을로 들어가 집일을 하세[入執宮功]', '빨리 지붕을 이어야지[亟其乘屋]', '공당으로 올라가 술잔을 들어[躋彼公堂]' 등은 모두 집을 갖고 있다는 증거들이다. … 그렇다면 첫 장에서 말한 내용은 처음에 기산(岐山)의 주원(周原)에 이르렀

되었다. 저술로 『모시계고편(毛詩稽古編)』, 『상서변략(尚書辨略)』, 『독서우기(讀書偶記)』, 『존경당고(存耕堂稿)』 등이 있다.

382 『詩』 「大雅」 '公劉' 시의 "古公亶父, 陶復陶穴, 未有家室"에 대한 모전(毛傳)의 전문은 다음과 같다. "古公處豳, 狄人侵之 … 踰梁山, 邑於岐山之下. 豳人曰, '仁人之君, 不可失也.' 從之如歸市. 陶其土而復之, 陶其壤而穴之. 室內曰家. 未有寢廟, 亦未敢有家室."

지만 아직 집을 지을 겨를이 없어서 (흙을 파고 굴을 파서 기거한) 사정을 묘사한 것으로 보아 틀림없다."[383] 또 호승공(胡承拱)[384]의 『모시후전(毛詩後箋)』에서는 다음과 같이 말한다. "풍 씨(풍복경)와 진 씨(진계원)의 두 설은 '면(緜)' 시의 첫 장이 고공단보가 처음 기산 아래에 이르렀던 일을 말했다고 분명히 밝히고 있는데 경문의 본의에 심히 부합한다."[385] 진환(陳奐)[386]의 『시모씨전소(詩毛氏傳疏)』에서는 "이 '땅을 파고 굴을 파서'라는 구절은 처음 옮겨 왔을 때의 초창기를 말한 것이다"[387]라고 하였다. 허 군이 글을 쓰면서 흔한 자료조차 보지 않았다는 것은 이해하기 어렵다.

(3) 허 군 자신의 새로운 해석은 다음과 같다. "하지만 우리는 차라

---

383 陳啟源,『毛詩稽古篇』, "以緜詩首章爲太王居豳事者始於康成耳, 毛傳本無是説也. 傳於首章即述太王避狄去豳遷岐之事, 而繼之曰, '陶其土而復之, 陶其壤而穴之', 則明以復穴係之岐下, 爲古公初到之居矣. … 又三章傳曰, '周原, 漆沮之間', 合周豳與漆沮爲一, 是明以首章之居漆沮, 即居此周原矣. 公劉居豳, 至太王已經十世, 安得尚無家室? 不獨'于豳斯館'已見公劉篇. 再考七月篇所稱'塞向墐户, 入此室處', '入執宮功', '亟其乘屋', '躋彼公堂'諸語, 皆有室家之證也 … 則首章所言, 其爲初到岐周, 未遑築室事無疑也."

384 호승공(胡承拱, 胡承珙, 1776-1832): 안휘 경현(涇縣) 사람. 자는 경맹(景孟), 호는 묵장(墨莊)이다. 가경 10년(1805)에 진사가 되고, 서길사(庶吉士), 한림원편수, 대만병비도(台灣兵備道) 등을 역임했다. 『모시』와 문자학에 정통했다. 저서로 『모시후전(毛詩後箋)』, 『소이아의증(小爾雅義證)』, 『의례고금문소의(儀禮古今文疏義)』, 『이아고의(爾雅古義)』 등이 있다.

385 胡承珙,『毛詩後箋』, "馮陳二說, 辨明首章是言古公初到岐下之事, 深合經意."

386 진환(陳奐, 1786-1863): 강소 장주(長洲) 사람. 자는 탁운(倬雲), 호는 석보(碩甫) 또는 사죽(師竹)이다. 특히 『모시』에 정통하였으며 저서 『모시전소(毛詩傳疏)』는 주희의 『시집전(詩集傳)』을 폄하하고, 『시서(詩序)』를 신뢰하고, 『모전(毛傳)』을 존숭하였다. 정현의 전(箋)이 제(齊)·노(魯)·한(韓) 3가의 시를 겸채하고 있는 데 불만을 품고 문자, 성운, 훈고, 명물 등 방면에서 『모전』의 본의를 천명하고 있다. 그 밖에 『정씨전고증(鄭氏箋考證)』, 『모시설(毛詩說)』, 『모시전의류(毛詩傳義類)』, 『시의류(詩義類)』, 『곡량일례(穀梁逸禮)』 등이 있다.

387 陳奐,『詩毛氏傳疏』, "此陶復陶穴, 但述初遷之始."

리 반지혈식 가옥을 관중지역의 보편적 거주방식으로 삼는 동시에 이 여덟 글자【위에 인용한 '면(緜)'시의 '고공단보께서는 땅을 파고 굴을 파서 지내셨네. 아직 집다운 집이 없으셨네[陶復陶穴, 未有家室]'를 말함】를 태왕(太王)이 이 일대로 옮겨 온 후 아직 도읍을 세우기 전의 일반적인 풍광으로 해석하는 것이 낫다. 아마도 태왕은 적당한 장소를 선택하여 도성을 건설했을 것이나 이곳에는 본래부터 반지혈식을 위주로 하는 취락이 있었고 그래서 시인은 그 풍광을 시로 읊어 노래했을 것이다. 보다 타당한 견해는, 태왕의 시대에 평민들은 반지하실 혹은 지하실에 거주하였고, 귀족들은 여전히 띠풀 지붕에 흙 계단이 있는 지상의 궁실에 거주했다는 것이다." 허 군의 새로운 해석은 문의 및 문자의 상하 맥락을 이해하지 못한 채 완전히 소설가적 상상에서 나온 것이다. 첫째, "땅을 파고 굴을 파서[陶復陶穴]" 만든 집을 반지혈식(半地穴式) 집으로 해석할 수는 없다. 왜냐하면 "서안 반파(半坡)"의 유적이 말해 주듯 반지혈식 집은 지하로 들어간 '凹' 부분이 0.4m에서 0.8m에 불과하지만 구덩이의 벽을 담으로 하는 상단 부분은 여전히 나무기둥으로 지붕을 만들어 얹어야 하기 때문이다. "땅을 파고 굴을 파서 [陶復陶穴]"에서의 '도(陶)'를 「모전(毛傳)」에서는 실제 흙을 파낸다는 뜻의 도(掏)로 해석하고, 「정전(鄭箋)」에서는 실제 요(窯, 기와 굽는 가마) 자를 사용하고 있는데, 이는 혈거(穴居)를 뜻할 뿐 목재를 사용해 건축한 반지혈식 집이라고 추론할 수는 없다. 둘째, "땅을 파고 굴을 파서" 구절 바로 앞에 "고공단보(古公亶父)"【태왕(太王)】가 있고 말하는 내용도 태왕 자신과 그가 데리고 온 씨족이 처음으로 이곳에 당도하여 거주하는 상황을 묘사한 점에서 시인이 이곳에 원래부터 거주하고 있던 부락을 시로 읊었다

[부록 1] 서주 초 몇 가지 사실(史實)에 관한 문제

고는 생각되지 않는다. 이 시의 제3장, 제4장을 보면 태왕은 난을 피해 이곳으로 와서 황무지를 개간하였다. 제3장에서는 "주원 땅이 아름다우니[周原膴膴]"【「모전」에서 "무무는 아름답다는 뜻이다[膴膴, 美也]"라고 하였다】 구절에 이어 단지 "쓴 나물 씀바귀도 엿처럼 달다네[菫茶如飴]"라고만 했고, 제4장에서는 "땅의 경계를 정하고 도랑을 파고[迺疆迺理]"와 같이 황무지를 개간하는 모습을 노래하였으며, 제5장에서는 "집을 세우게 하니[俾立家室]", "지은 묘당이 엄정하도다[作廟翼翼]"라고 읊고 있다. 문의와 맥락이 분명하여 허 군의 억지소리는 한 마디도 용납되지 않는다. 더욱 기괴한 것은 허 군이 이쯤에 이르러 갑자기 그의 논문 초반에 늘어놓았던 "서안 반파"의 지하고고자료들을 깨끗이 잊어버렸다는 점이다. 태왕으로부터 1천 4백 년 내지 1천 9백 년 이전 시기에 해당하는 서안 반파는 그곳에 거주하는 씨족 모두 반혈식(半穴式) 집과 지상에 건축한 집을 가지고 있었는데 그중 특별히 큰 집 하나가 제사와 집회를 위해 사용된 것을 제외하면 반혈식의 건축과 지상의 건축 모두 "띠풀 지붕과 흙 계단"을 동등하게 사용하고 있다. 섬서 용산문화(객성장 제2기문화)에서 발굴된 10채의 집들도 이와 마찬가지이다. 태왕으로부터 10세대나 이른 공류의 빈(豳) 거주 당시 평민들도 "방으로 들어와 편히 쉬기를[入此室處]"[388]이라고 하였으니, 문헌과 지하발굴자료가 서로 부합한다. 태왕의 시대에 와서 도리어 크게 퇴화되었다는 말인가?

---

388 『詩』「豳風」'七月', "(10월에는) 북쪽 창을 막고 문을 진흙으로 바른다네, 방으로 들어와 편히 쉬기를[塞向墐戶, 入此室處]."

(4) '면(縣)' 시의 "모든 담벽을 일으켜 세우니 고고(鼛鼓) 소리가 감당
하지 못하네." 이 구절에 대해 「모전」에서는 "일을 권면하고 공(功)을
즐거워함을 말한 것이다"라고 하였고, 「정전」에서는 "북을 쳐서 그들
이 휴식토록 만들 수가 없다"[389]라는 뜻으로 보았다. 양자는 약간 다르
다. 그러나 허 군이 "북소리가 울리는 가운데 대문을 세우고 창문을 내
는 의식이 진행되고 있다"라고 말한 것은 전혀 근거가 없다. 대문을 세
우고 사(社)를 세우는 일은 시인이 뒤에 묘사하고 있기 때문이다. 옛사
람들이 창문을 낼 때 의식을 거행했는지, 그 의식에서 북을 쳤는지 어
떤지는 아직도 허 군의 증거 제시를 기다리고 있다. 허 군은 다시 이렇
게 묘사한다. "(이 장면으로부터) 한 폭의 새로운 도읍 건설의 그림을 상
상하기 쉬우나, 수천 년 동안 물이 흐르는 이곳 골짜기에 이미 많은 취
락들이 밀집해 세워졌기 때문에 우리는 이 태왕의 건설 작업이 단지
기존의 취락 위에 새로운 궁실과 성곽을 추가하는 정도일 뿐 황야의
평지에 누대를 세우는 것은 아니었다고 가정하는 편이 낫다." 허 군의
이러한 상상에 따르면 태왕은 이 밀집된 "취락" 지구에 당도한 이후 수
많은 원주민들이 거주하는 가옥들 사이로 비집고 들어가 일군의 새로
운 집들을 건축하고, 원주민의 경작지에 다시 자기 씨족의 경작지를
둘러친 것이 된다. 미국의 개척자들처럼 "평지에 누대를 세우는" 그런
일은 지금으로부터 3천 년 전 땅은 넓고 인구는 적은 중국에서 절대
불가능한 일이었다는 것이다. 허 군의 상상력은 너무 풍부하여 그야말

---

389 『詩』「大雅」 '縣', "百堵皆興, 鼛鼓弗勝弗勝." 毛傳, "勸事樂功". 鄭箋, "鼛鼓不能止之, 使休息
也."

　　　　　　　　[부록 1] 서주 초 몇 가지 사실(史實)에 관한 문제

로 걷잡을 수가 없다. 그러나 허 군은 반드시 자신의 상상을 뒷받침할 시 한 편을 따로 지어야 할 것이다. 지금 우리가 볼 수 있는 『시경』의 '면(縣)' 시에서는 도대체 허 군의 상상에 대한 흔적을 추호의 반만큼도 찾아낼 수 없기 때문이다. 허 군이 만약 "관중지구 앙소문화 유지(遺 址)분포도"에 근거하여 이러한 상상을 했다면 고고학적 상식이 너무 없는 것이다.

9

주나라 선조들의 거주지 문제: 허 군이 이 문제에 대해 제기한 요점 은 다음과 같다.

(1) 부사년(傅斯年, 1896-1950)의 「강원(姜原)」이라는 글에 따르면 은 상(殷商)과 관계가 밀접한 강(羌)은 "하남성 서부, 위수(渭水) 남쪽, 허 (許)·사(謝) 이서의 산간 지대"에 있었던 것으로 추정된다. "범엽이 기 술한 강(羌)과 춘추 제융(諸戎) 사이의 관계가 무의미한 것이 아니라면 이들 융족 거주민은 부 씨가 지적한 강원(姜原)과 완전히 맞아떨어진 다." "동작빈(董作賓) 선생은 갑골 복사(卜辭) 자료에 근거하여 은(殷)과 강인(羌人) 사이에 때때로 전쟁이 있었음을 지적하였다." "만약 강인이 서부에 편재되어 있다면 안양(安陽)【은의 도읍】 주위의 황하평원에서 섬서 북부 농우(隴右)지방으로 원정을 갈 경우 중간에 반드시 주(周)나 라 사람들의 거주지를 지나가야 한다. … 비교적 합리적인 가정을 해 보면 그곳은 강인들의 옛 땅으로 환수(洹水)【안양(安陽)】 유역으로부터 도 멀지 않다. 만약 강원(姜原) 또는 강(羌)이 부사년의 가설과 같이 하

남 서부 산지에 있었다고 하면 모든 면에서 말이 통한다.”

(2) “만약 강원(姜原)【생각건대 강(羌)을 말함】이 하남 서부 산지에 있었다면 희성(姬姓)의 원류는 분수(汾水)【생각건대 산서의 분수(汾水)를 가리킴】 유역에 있었다는 가설이 논리적으로 성립될 수 있다. … 그래서 나는 주(周)의 선조는 분수 유역에서 발흥하였고 공류(公劉)의 건국도 진(晉, 산서) 땅에서 있었을 것이라 가정해도 무방할 듯하다. 태왕(太王)의 시대에 이르러서야 비로소 주 사람들은 위수(渭水) 유역으로 옮겨 살게 되었고 또 위수 유역에 도읍을 건설하였다. 그러나 주(周)의 오랜 벗인 제강(諸姜)은 시종일관 주(周)와 이웃하고 있었다. 다만 상대적인 위치에서 처음에는 남쪽으로 이웃하다가 나중에는 동남쪽으로 이웃하였을 뿐이다.”

살펴보건대 “강(羌)”의 문제는 역사상 매우 복잡한 문제이다. 근래 이러한 문제를 문자 훈고(訓詁)상 형태의 유사성과 음운의 유사성으로 해결하고 있는 것은 사실 역사 속에서 매우 복잡하고 구체적인 사물을 자신의 머리로 가져와 단순 추상화하고 개념화하는 것이다. 따라서 지난 수십 년간 일부 사람들이 걸어온 이 길은 방법론적으로 근본적인 성찰이 필요하다. 오늘날 강(羌)족의 상고사를 살펴보기 위해서는 범엽의 『후한서』「서강전(西羌傳)」을 특히 중시해야 한다. 왜냐하면 그가 저술한 서강의 고대사는 『죽서기년(竹書紀年)』을 골간으로 하고 『좌전』과 『국어』에 있는 관련 자료들을 종합하여 썼기 때문이다. 강(姜)과 강(羌)은 원래 하나의 종족이거나 둘 사이에 밀접한 관계가 있었을 수도 있다. 그러나 사람들은 「서강전」 처음에 나오는 “강(羌)은 강성(姜姓)의 별종이다”[390]라는 구절을 무시해 버린다. 왜냐하면 서주 이후로 볼 수 있는 사료 중 희성(姬姓)과 대등한 지위에 있는 강성(姜姓)【『좌전』「성공(成公) 9년」에 인용된 일시(逸詩)에는 "비록 희녀(姬女)와 강녀(姜女)가 있다 하더라도"[391]라고 되어 있다】에 관한 사료의 경우 당시의 이른바 강융(姜戎)이나 융적(戎狄) 등과는 완전히 다른 상황을 보이고 있기 때문이다. 그런데 부사년은 자기의 상상력에 의지하여 이 둘을 혼동하고 있으니 이는 완전히 학문하는 자의 경험법칙을 위반한 것이다. 예컨대 『좌전』「양공(襄公) 14년」에는 강융(姜戎) 구지(駒支)가 진(晉)의 범선자(范宣子)[392]에게 대답하는 말 중 "우리 제융(諸戎)은 음식과 의복이 중원(中原)과 같지 않고 사신(使臣)도 왕래하지 않습니다"[393]라는 대목이 있다. 이 제융(諸戎)과 부사년이 인용한 강성(姜姓)의 대국 보(甫)나라·신(申)나라를 혼동할 수 있다는 것인가? 『후한서』「서강전」에는 주나라 선왕(宣王) 만년에 "융인(戎人)이 강후(姜侯)의 읍을 멸하였다"[394]【이것은 당연히 『죽서기년』에서 나왔을 것이다】라는 기록이 있는데, 이것이 융(戎)과 강(姜)이 혼동될 수 있는 현상이란 말인가? 우리가 『시경』『좌전』『국어』의 여러 관련 자료들로부터 보면, 주(周)를 비롯한 당시의 모든 "중국" "화하(華夏)" 사람들이 정신에서부터 행동에 이르기까지 융적(戎狄)과의 사이에 분명하고도 엄격한 경계선을 그어 놓고

---

390 『後漢書』권 87 「西羌傳」, "西羌之本, 出自三苗, 姜姓之別也."

391 『左傳』「成公 9년」, "詩曰, 雖有絲麻, 無棄菅蒯, 雖有姬姜, 無棄蕉萃."

392 범선자(范宣子, ?-?): 춘추 시대 진(晉)나라 사람. 이름은 사개(士匄), 사개(士丐)로도 쓴다. 시호는 선(宣)이다. 경(卿)을 지냈으며 형정(刑鼎)을 주조해 공포했다.

393 『左傳』「襄公 14년」, "我諸戎飲食衣服, 不與華同, 贄幣不通."

394 『後漢書』권87 「西羌傳」에 의하면 "戎人滅姜侯之邑. 明年, 王征申戎, 破之. 後十年, 幽王命伯士伐六濟之戎, 軍敗, 伯士死焉." 이현 주에 "並見竹書紀年"이라 되어 있다.

그들에 대한 경각심을 늦추지 않았는데, 어떻게 이들 융적을 『시』「대아」'숭고(崇高)'시에서 "주나라의 기둥일세[維周之幹]"395라고 노래한 신(申)·보(甫) 제후국과 혼동할 수 있겠는가? 강융(姜戎)은 물론 모든 융적의 거주지는 "거처가 일정하지 않아[所居無常]【「서강전」】 그들에 대해서는 대략적인 이동방향이나 거주지대만을 단정할 수 있는데, 이러한 이동방향이나 거주지대도 수시로 변하고 중원의 정치정세와도 관계가 있다는 것은 『후한서』「서강전」에 명확하게 기술되어 있다. 「서강전」은 평왕(平王, 재위 B.C.770-720) 말기의 사정을 다음과 같이 언급하고 있다. "주나라가 마침내 쇠퇴하자 융(戎)이 제하(諸夏)를 핍박하였는데 농산(隴山) 동쪽에서 이수(伊水)·낙수(洛水)에 이르기까지 … 춘추 시대에는 이따금 중국에 들어와 제하의 맹회(盟會)에 참여하기도 했다. … 육혼융(陸渾戎)이 과주(瓜州)에서 이천(伊川, 낙양 남쪽)으로 옮겨 오고 윤성융(允姓戎)이 위수(渭水)와 예수(汭水) 일대로 옮겨 와 동으로 환원(轘轅, 낙양 동남쪽)에까지 미쳤다. 황하 이남에서 대산(大山) 이북에 걸쳐 있는 자들을 음융(陰戎)이라 불렀으며 …"396 『좌전』「양공 14년」 진(晉)의 범선자(范宣子, 미상-B.C.548)가 융자(戎子)【강융(姜戎)】 구지(駒支)를 조정에서 직접 꾸짖으며 한 말과 구지가 이에 대답한 말397을 가지고 증명해 볼 때 「서강전」에 기술된 내용은 모두 믿을

---

395 『詩』「大雅」'嵩高', "維申及甫, 維周之翰."

396 『後漢書』 권89「西羌傳」, "周遂淩遲, 戎逼諸夏, 自隴山以東, 及乎伊洛 … 在春秋時, 間在中國, 與諸夏盟會 … 陸渾戎自瓜州遷於伊川, 允姓戎遷於渭汭, 東及轘轅. 在河南山北者, 號曰陰戎 …."

397 『左傳』「襄公 14년」, "將執戎子駒支, 範宣子親數諸朝曰, … 對曰, 我諸戎飲食衣服不與華同,

　[부록 1] 서주 초 몇 가지 사실(史實)에 관한 문제

만하고 증거가 있다. 이것은 부사년이 강융·융적 등을 은주교체기에
하남 서부의 산간지대에 있었던 것으로 추정한 것과 시간상 천양지차
로 떨어져 있는데, 어떻게 허 군이 말하듯 "완전히 맞아떨어질" 수가
있는가? 허 군은 동언당(董彦堂, 동작빈) 씨의 갑골연구를 원용하여 부
씨의 설이 정확하다는 것을 증명하려 하지만, 은인(殷人)이 강(羌)에 대
적한 일에 관한 수많은 갑골문 기록 중에 강(羌)이 하남성 서부 산지에
있었음을 증명할 만한 것을 하나도 찾을 수 없었고, 어떤 갑골 복사에
는 "기유일에 㱿이 점을 쳤다. 왕이 북으로 강(羌)을 치려고 한다."[己酉
卜, 㱿, 王唯北伐羌(前 4·37·1)]라고 되어 있는데 은허에서 하남성 서부
로 강(羌)을 정벌하러 가는 것을 "북벌(北伐)"이라 할 수 있는가?『시경』
의 '채미(采薇)' 시와 '출거(出車)' 시에 대해 「시서(詩序)」에서는 모두
"문왕 때 서쪽에는 곤이(昆夷)의 환(患)이 있고 북쪽으로는 험윤(玁狁)
의 난(難)이 있어 천자(은나라)가 장수에게 명하여 수역(戍役)을 보내 중
국을 지키도록 한 것을 읊은"[398] 시라 하였다. '채미' 시는 오로지 험윤
정벌만을 말하였고, '출거' 시는 곤이와 험윤 둘 다 말하였다. '출거' 시
에서는 "천자께서 우리에게 명하시어 북녘 땅에 성을 쌓게 하셨으니,
혁혁한 남중(南仲)[399]이여, 험윤을 물리치도다"라고 하였고 또 "혁혁한
남중이여, 잠깐 사이에 서융을 정벌하도다"[400]라고 하였다. 이로부터

贄幣不通, 言語不達, 何惡之能爲? 不與於會, 亦無瑞焉."

398 『詩』「小雅」'采薇', "遣戍役也. 文王之時, 西有昆夷之患, 北有玁狁之難. 以天子(殷)之命, 命
　　將率遣戍役, 以守衛中國.";「小雅」'出車', "文王之時, 西有昆夷之患, 北有玁狁之難, 以天子
　　(殷)之命, 命將率遣戍役以守衛中國."

399 남중(南仲): 주나라 때의 장군 이름.

미루어보면 험윤은 북쪽에, 융(戎)은 서쪽에 있었음을 알 수 있다. 춘추 시대에 이미 "강융(羌戎)"이 있었고, 부사년은 강(姜)이 곧 강(羌)이라 하였으니, 그렇다면 서융(西戎)은 바로 서강(西羌)이고 이는 또한 주초에 강(羌)이 북에서 서쪽으로 이동하였음을 시사한다. 『급총기년존진(汲塚紀年存眞)』「후걸(后桀)」하에서는 "견이(畎夷)가 빈(豳)과 기(岐)의 사이에 들어가 거주하였다"라고 하였고, 무을(武乙) "35년에 주(周)의 왕계(王季, 계력)가 서락귀융(西落鬼戎)을 정벌하여 20인의 적왕(翟王)을 사로잡았으며"(위와 같은 곳), 또 대정(大丁) 2년에는 "주(周)의 공계(公季, 계력)가 연경(燕京)의 융(戎)을 정벌하였는데 주의 군대가 대패하였다"(위와 같은 곳)[401]라고 되어 있다. 『회남자』「추형훈(墜形訓)」에서는 "분수(汾水)는 연경(燕京)에서 발원한다"라고 하였고 이에 대한 고유(高誘)의 주(注)에 "연경은 태원(太原) 분양현(汾陽縣)에 있으며 강이 나오는 곳이다"[402]라고 하였다. 이것이 모두 하남성 서부 산지로 해석될 수 있다는 말인가?

2천 년 동안 모두가 주(周) 사람들을 섬서 경내에서 활동한 씨족으로 여겨왔는데, 전목(錢穆)의 「주초지리고(周初地理考)」(『연경학보』제10기)가 발표되면서 후직의 태(邰)[403]는 바로 『좌전』「소공 원년」자

---

400 『詩』「小雅」'出車', "天子命我, 城彼朔方; 赫赫南仲, 玁狁于襄.", "赫赫南仲, 薄伐西戎."

401 『汲冢紀年存眞』「后桀」下, "畎夷入居豳岐之間."; 武乙"三十五年, 周王季伐西落鬼戎, 俘二十翟王."; 大丁二年"周公季伐燕京之戎, 周師大敗."

402 『淮南子』「墜形訓」, "汾出燕京." 高誘注에 "在太原汾陽水所出"이라 하였다.

403 후직의 태(邰) : 후직은 성이 희(姬), 이름은 기(棄)이다. 『사기』권4 「주본기」에 의하면 유태씨(有邰氏)의 딸로 제곡(帝嚳)의 아내가 된 강원(姜嫄)이 거인의 발자국을 밟고 잉태하여 낳은 아들이라는 전설이 있다. 후직은 뒤에 요임금의 농관(農官)이 되고 태(邰)에 책봉되었는

산(子產)[404]이 진(晉) 숙향(叔向)[405]의 질문에 대답한 말 중의 이른바 "분천(汾川)에 봉해진" 대태(臺駘)[406]라고 여겨지게 되었다. 공류(公劉)가 옮겨 갔다고 하는 빈(豳) 역시 실은 분수(汾水)에서 이름을 따온 분(邠)으로, 그 땅은 모두 산서성 태원(太原)·문희(聞喜) 일대에 있다고 하였다. 허 군은 이를 근거로 희성(姬姓)은 원래 진(晉) 땅에 있었던 씨족이라고 말한다. 그러나 사람들로 하여금 전목의 설을 믿기 어렵게 하는 이유는 세 가지가 있다. (1) 제사화(齊思和, 1907-1980)의 「서주지리고(西周地理考)」(『연경학보』 제30기)에서 가장 중요한 반증으로 제시한 것은 「시경」 「대아」 '공류(公劉)' 시의 "(공류께서) 빈(豳) 땅에 머무르며 위수(渭水)를 가로질러 건너가 숫돌을 취하여"[407]라는 구절이다. 만약 빈(豳) 땅이 산서성 분수(汾水)에서 이름을 따왔고 섬서성의 위수(渭水)와는 아무 관련이 없는 곳이라면, 공류는 빈(豳) 땅에 거주한 이후로 무

데, 태는 지금의 섬서성 무공현(武功縣) 부근이다.

404 자산(子產, B.C.580년경-B.C.522): 춘추 말기 정(鄭)나라 사람. 성은 국(國), 이름은 교(僑), 자는 자산, 자미(子美)다. 공손교(公孫僑) 또는 공손성자(公孫成子)로도 불린다. 23년간 집정하며 정치와 경제 개혁을 실시하였고, 남북으로 진(晉)과 초(楚) 등 대국 사이에서 고전하던 정나라의 외교를 성공적으로 이끌었다.

405 숙향(叔向, 미상-B.C.528년경): 춘추 말기 진(晉)나라 공족(公族). 성은 희(姬), 씨는 양설(羊舌), 이름은 힐(肹) 또는 숙힐, 자는 숙향이다. B.C.546년에 초나라와 강화 회맹을 맺어 잠시 전쟁을 종식하고 양국이 소강상태를 유지하기도 하였다. 법가사상의 선구를 이룬 자산과 대비하여 유가사상의 대표자로 일컬어진다.

406 대태(臺駘): 금천씨(少昊)의 후예로, 세업을 이어 분수(汾水)와 조수(洮水)를 소통시키는 일을 맡았는데 이를 가상히 여긴 전욱이 분천(汾川)에 봉하였고, 그 뒤에 분수의 신이 되었다. 『左傳』 「昭公 元年」, "昔金天氏有裔子曰昧, 爲玄冥師, 生允格·臺駘. 臺駘能業其官, 宣汾·洮, 障大澤, 以處大原(杜注: 大原, 晉陽也, 臺駘之所居). 帝用嘉之, 封諸汾川."

407 『詩』 「大雅」 '公劉', "于豳斯館, 涉渭爲亂, 取厲取鍛."

엇 때문에 흔해 빠진 공구 재료를 주우러 힘들게 수백 리나 되는 위수까지 왔다 갔다 했던 것일까? 또한 시에 나타난 어조 역시 멀리 강을 건너 멀리서 재료를 가져온 것 같은 어조는 아니다. (2) 분수 지역의 시가는 「국풍」 중 「위풍(魏風)」과 「당풍(唐風)」에 들어 있다. 「당풍」은 진(晉)나라의 시이고, 위(魏)나라[춘추 시대]는 진(晉) 헌공(獻公)에 의해 멸망되었다. 주나라 사람들은 무슨 이유로 「빈풍(豳風)」 '칠월(七月)' 시를 「위풍」에 편입하지 않고 오히려 풍(豊)·호(鎬)의 시와 한데 묶어 놓은 것인가? 「위풍」 중에 분수를 언급한 것으로는 '분저여(汾沮洳)' 시에 "저 분수 물가에서", "저 분수 한 쪽에서", "저 분수 한 굽이에서"408와 같은 구절이 있다. 그러나 「빈풍」에서는 분수를 언급한 적이 한 번도 없다. (3) 만약 주(周) 사람들이 후직·공류에서부터 당(唐)·우(虞)·하(夏)·상(商)을 거치는 동안 모두 산서성 지역에 있었고 은상 말에 이르러서야 비로소 태왕이 섬서의 기산(岐山) 아래로 옮겨 갔다고 한다면, 당숙(唐叔)409이 처음에 진(晉) 땅에 봉해진 것은 그 선조가 천 년이나 오랫동안 경영해 온 발상 고지(故地)로 되돌아가는 일로 하나의 큰 사건이라 하겠는데, 어째서 「당풍(唐風)」에는 수봉 이후 진(晉)나라가 끝날 때까지 그 선조의 유덕(遺德)에 대해 한 마디 언급도

---

408 『詩』「魏風」 '汾沮洳', "彼汾沮洳" "彼汾一方" "彼汾一曲."

409 당숙(唐叔, 미상): 주나라 무왕(武王)의 3남이자 성왕(成王)의 동생. 이름은 우(虞), 자는 자오(子於)이다. 진(晉)나라의 개국시조. 무왕 사후 성왕이 나이가 어려 무왕의 동생 주공(周公)이 섭정했는데 주공이 당(唐)나라를 멸망시킨 후에 그 땅을 우(虞)에게 하사했으므로 당숙우로 불리게 되었다. 뒤에 그의 아들인 섭보(燮父)가 도읍을 진수(晉水) 가로 옮겨 진(晉)으로 개명하였다. 그의 후대는 도읍을 신전(新田)으로 이주했지만 나라명은 그대로 진(晉)으로 사용했다.

[부록 1] 서주 초 몇 가지 사실(史實)에 관한 문제

없는 것일까? 이것은 도리상 있을 수 없는 일이다. 또한 당숙이 처음 봉해질 때 "이를 「당고」로 명명하고[命以唐誥]" "하나라 풍속에 따라 정치를 베풀고[啟以夏政]"410(『좌전』 「정공 4년」)라 하였는데, 어찌 주나라의 선조가 천여 년이나 경영한 고지(故地)에 그의 자손들이 서로 회상하며 이야기할 만한 예로부터의 풍속이나 후세에 전하는 은택이 하나도 남아 있지 않은 것인가? 하남성 서부 산간 지역에서 분수 지역까지는 황하와 양산(梁山) 등 험한 산천으로 가로막혀 있다. 주나라 선조들이 이 험한 산천을 넘어 그들의 "오랜 친구"인 강융(姜戎)과 일상적인 관계를 맺는 것은 결코 쉬운 일이 아니다. 그러나 허 군은 이렇게 험한 산천을 사이에 두고도 주나라 선조들이 여전히 하남성 서부 산지의 강융·융적 등과 오랜 친구로 남을 수 있었던 것은 주나라 선조들이 반드시 진(晉) 땅의 분수(汾水) 지역에 있었다는 것을 증명하기에 충분하다고 말한다. 이것은 반대표를 찬성표로 삼는 채증 방법이다.

10

"3. 주(周) 사람들의 확장" 절에서는 이전의 잘못을 되풀이하는 외에도, "서주의 식민 대열"이 형초(荊楚) 방면으로 발전하여 수많은 저항에 부딪히면서 은상(殷商) 세력 하에 있는 형초 및 황회(黃淮) 평원411

---

410 『左傳』 「定公 4년」, "하나라 풍속에 따라 정치를 베풀고 융적의 법에 따라 토지를 구획하게 하였습니다[啓以夏政, 疆以戎索]."

411 황회평원(黃淮平原): 하남성 동부·산동성 서부의 황하 이남, 안휘성·강소성의 회하(淮河) 이북에 위치하며 화북평원 남부에 해당한다.

을 넘어가, 태백(太伯)과 중옹(仲雍)[412]의 주도하에 주(周) 사람들로 구성된 "원정대"가 강남을 경영하는 모습을 상상한다. 어떤 사료를 봐야 태백과 중옹이 일단의 "원정대"를 거느린 것을 알 수 있는가? 허 군의 상상은 너무 자유로워 토론을 할 것까지는 없다. 하지만 우리가 서안 반파(半坡)의 지하자료(태왕으로부터 1천4백 년 내지 1천9백 년 이전)를 믿는다면 전설 중 태백과 중옹이 오(吳) 지역으로 도피한 대목은 얼마든지 일어날 수 있는 일인데, 후세 사람들이 또 쓸데없이 기발한 생각을 지어내는 이유를 모르겠다.

"4. 문왕 시대의 활동" 절에서는 두 가지 문제만 토론하겠다.

첫 번째 문제:

허 군은 부사년 씨의 고견에 근거하여 다음과 같이 말한다.: 주나라 사람들이 "하대(夏代)의 계승자, 하대의 원수를 갚을 자"라는 정치구호를 내걸은 것은 바로 유연(劉淵)이 한(漢)의 후예임을 자칭한 것과 마찬가지로 상(商)나라 멸망에 큰 역할을 했다. 그 첫 번째 증거는 "문왕이 풍(豐)으로 천도하고 … 또 이곳을 하(夏)나라의 고토(故土)라고 말했기" 때문이다. 이것은 『시경』「대아」 '문왕유성(文王有聲)' 시의 "풍수(灃水)가 동쪽으로 흐르니 우

<hr>

412 태백(泰伯)과 중옹(仲雍): 태백과 중옹(仲雍, 『사기』 권4 「주본기」에서는 '虞仲'으로 칭함)은 태왕(太王, 古公亶父)의 장남과 차남이다. 부친이 3남인 계력(季歷)을 세우려는 것을 알고 주나라(당시는 제후국)를 떠나 오(吳) 지역으로 숨어 들어갔다는 설이 있다. "고공단보(문왕의 조부)는 '나의 시대에 크게 일어날 사람이 있을 것이라고 했는데, 그것은 창(昌, 문왕)에 해당되는 말이 아니겠는가?'라고 하였다. 이에 장자인 태백과 우중은 고공단보가 계력을 세워 창(昌, 계력의 아들)에게 왕위를 계승시키려는 것을 알고 둘이서 형만(荊蠻)으로 달아나 몸에 문신을 하고 머리털을 짧게 자르고서 왕위를 계력에게 양보하였다[我世當有興者, 其在昌(文王)乎? 長子太伯 · 虞仲知古公欲立季歷以傳昌, 乃二人亡如荊蠻, 文身斷髮, 以讓季歷]."

(禹)임금의 공적이로다"[413] 두 구절에 근거하여 나온 것이다【허군 논문의 부주(附註) 61】. 두 번째 증거는 "주나라 사람들은 분명 스스로를 하인(夏人)이라 불렸던 적이 있는데, 예를 들면 『상서』「강고(康誥)」편에서 '너의 크게 드러나신 돌아가신 아버지 문왕께서는 능히 덕을 밝히고 벌을 삼가셨다. … 비로소 우리 구하(區夏)를 만드셨다. 우리의 우방 한두 나라를 넘어 우리 서쪽 땅을 다스렸다'[414]라는 구절이 그것이다. 또 『시』「주송(周頌)」에서와 같이 스스로를 '시하(時夏)'[415]라고 부르기도 하였다. 하후(夏后)의 옛 이름을 채용하고 있는 것은 진(晉) 남쪽의 우(虞)・하(夏) 여러 나라를 포섭하고 또 은(殷) 정벌을 위한 구실을 찾으려는 의도였다고 생각한다."

살펴보건대 「주송(周頌)」의 작자는 아무리 빨라도 성왕(成王) 시대에 나올 수는 없다. '문왕유성(文王有聲)' 시의 「시서(詩序)」에서는 "문왕이 숭(崇)을 정벌하고 뒤이어 무왕이 은(殷)을 정벌한 일을 읊은 시이다. 무왕은 문왕의 명성을 넓혀 정벌하는 공업을 끝마쳤다"[416]라고 하였다. 시 중의 "우임금의 공적이로다[維禹之績]" 이 구절이 어떻게 문왕의 입에서 나올 수 있겠는가? "풍수가 동쪽으로 흐르니 우임금의 공적이로다" 이 구절에 대해 종래의 주석가들은 오로지 "적(績)"의 해석을 둘러싸고 약간의 차이를 보일 뿐이다. 「모전(毛傳)」에서는 "적(績)"을 "업(業)"으로 해석하였고, 「정전(鄭箋)」에서는 "공(功)"으로 풀었으며, 마

---

413 『詩』「大雅」 '文王有聲', "豐水東注, 維禹之績."
414 『尚書』「康誥」, "惟乃丕顯考文王, 克明德愼罰 … 用肇造我區夏, 越我一二邦, 以修我西土." 여기서는 저본의 표점대로 번역하였다. 참고로 『尚書正義』에서는 "越我一二邦以修. 我西土惟時怙冒"라 되어 있다.
415 『詩』「周頌」 '時邁', "내 아름다운 덕을 구하여 이 중하(中夏)에 베푸니(我求懿德, 肆于時夏)."
416 『詩』「大雅」 '文王有聲' 詩序, "文王有聲, 繼伐也. 武王能廣文王之聲, 卒其伐功也."

233

서진(馬瑞辰)은 "적(蹟)의 가차(假借)"라고 하였다. 다만 "풍수가 동쪽으로 흐르다 위수(渭水)로 흘러 들어가 황하로 들어갈 수 있었던 것은 하나라 우임금의 공업이다"[417]라는 해석에 대해서는 대체로 이견이 없다. 『상서』「우공」편을 보면 "위수(渭水)의 물줄기를 다스렸는데, 조서산(鳥鼠山)과 동혈산(同穴山)으로부터 동쪽으로 풍수(豐水)와 만나게 하고 [또 동쪽으로 경수(涇水)와 만나게 하였으며, 또 동쪽으로 칠수(漆水)와 저수(沮水)를 지나] 황하에 들어가게 하였다"[418]라고 되어 있다. 나는 「우공」편이 전국 시대에 나왔다는 설을 전혀 믿지 않는다. 서주 시대의 사관(史官)이 과거의 구전(口傳)이나 전적 자료에 근거하여 편찬했다는 것도 하나의 증거이다. 『좌전』「소공 원년」에는 유정공(劉定公)이 낙예(洛汭, 낙수의 물이 굽이쳐 흐르는 곳)를 보며 말하기를 "아름답도다, 우임금의 공적이여!"라 하였고 또 "그대[趙孟]는 어찌하여 멀리 우임금의 공적을 이어받아 크게 백성을 보호하지 않는 것입니까?"[419]라고 했다는 기록이 있다. 『좌전』「애공 원년」에서는 "우임금의 공적을 회복하고"[420]라 했는데 어조상 모두 시의 뜻과 부합한다. 당시 구주(九州)는 【「상송(商頌)」에서는 "구유(九有)"라 칭한다】 모두 우임금의 고토(故土)였고 풍(豐)도 예외는 아니었다. 그러나 이 '문왕유성' 시에 담긴 뜻은 눈앞의 풍수(豐水)를 바라보며 우임금이 이룬 치수의 공적을 노래한 것

---

417 『詩』「大雅」'文王有聲', 공영달 정의, "今豐水之得東流, 注渭入河者, 是禹之功業."
418 『尙書』「禹貢」, "導渭自鳥鼠同穴, 東會於豐, (又東會于涇, 又東過漆沮) 入於河."
419 『左傳』「昭公 元年」, "美哉禹之功也." "子曷亦遠績(蹟)禹功而大庇民乎."
420 『左傳』「哀公 元年」, "復禹之績." 저본의 "夏禹之績"은 오기로 보인다. "之績"은 다른 본에 "迹"으로 되어 있으며 우임금이 다스린 영토를 뜻한다.

일 뿐, 이곳이 "우임금의 고토(故土)"임을 강조하여 자신의 공업을 자화자찬하려는 것이 결코 아님은 문맥상 너무도 분명하다. 앞에서 본「강고(康誥)」의 "구하(區夏)" 및「주송(周頌)」의 "시하(時夏)"는 "시하"의 "하(夏)"를『정전(鄭箋)』에서 악명(樂名)으로 해석한 것을 제외하고는 "중하(中夏)" "중국(中國)"으로 해석하지 않은 예가 없고 절대 하(夏) 왕조로 해석하지는 않는데, 문맥의 의미상 이러한 해석을 허락하지 않기 때문이다. 우임금의 치수의 공으로 중국을 '하(夏)'라고 부른 것은 유래가 있다고 할 수 있다.『설문(說文)』5하에서는 "하(夏)는 중국 사람을 뜻한다"[421]라 하고 있는데 비록 하(夏) 자 본래의 뜻은 아니라 해도 하(夏)로써 중국을 칭한 지가 오래되었음을 알 수 있다.『상서』「순전(舜典)」에는 "만(蠻)과 이(夷)가 중국[夏]을 어지럽게 하며"[422]라 하였고,『좌전』「민공(閔公) 원년」에는 "제하(諸夏)는 서로 친근한 관계이니 버려서는 안 되며"[423]라 하였으며,『좌전』「양공(襄公) 13년」에는 "제하(諸夏)에 속하게 하셨으니"[424]라 하였고,「양공 29년」에는 "이를 하성(夏聲)이라 한다"[425]라 하였고,『좌전』「정공(定公) 10년」에는 "원방(遠方)의 나라

---

421 『說文』5下, "夏, 中國之人也."

422 『尙書』「舜典」, "蠻夷滑夏." 공안국전에서는 "夏, 華夏"라 하였다.

423 『左傳』「閔公 元年」, "諸夏親暱, 不可棄也." 두예 주, "諸夏, 中國也. 暱, 近也."

424 『左傳』「襄公 13년」, "以屬諸夏."

425 『左傳』「襄公 29년」, "오나라 계찰(季札)이 노나라에 빙문하여 주나라 음악을 보여주기를 청하였다. … 그를 위해 진풍(秦風)을 노래하게 하자 계찰은 '이를 하성(夏聲)이라 하니 … 아마도 주나라의 구악(舊樂)인 듯합니다'라고 평하였다[爲之歌秦, 曰此之謂夏聲 … 其周之舊乎]." 두예 주에서는 "진(秦)나라는 본래 서융(西戎) 견(汧)·농(隴)의 서쪽에 있었는데 진중(秦仲)이 처음으로 거마(車馬)의 제도와 예악을 받아들여 융적의 음악을 버리고 제하(諸夏)의 음악을 사용하였다. 그러므로 그 진풍(秦風)을 일러 하성(夏聲)이라 한 것이다. 진 양공에 이르러

는 중국[夏]을 도모할 수 없고"[426]라 하였고, 『공양전』「성공(成公) 15
년」에는 "『춘추』에서는 자기 나라[노(魯)]를 안으로 삼고 제하(諸夏)를
밖으로 삼았다"[427]라고 하였다. "구하(區夏)"와 "시하(時夏)"의 '하(夏)'를
중국으로 해석하는 것은 매우 흔한 일이다.

『좌전』「양공 4년」에 진(晉)나라 대부 위강(魏絳)이 인용한 주나라
초 우인(虞人)[428]의 잠(箴)에는 "아득히 펼쳐진 우임금의 자취여! 천하
를 구주(九州)로 나누고"[429]라는 구절이 있는데, 주나라 사람들의 하
(夏)에 대한 이와 같은 찬미는 또한 상나라 사람들로부터 물려받은 것
이다. 「상송(商頌)」의 '장발(長發)' 시에서는 "큰물이 흘러넘치니 우임
금이 세상 땅을 다스리어"[430]라 하였고, '은무(殷武)' 시에서는 "하늘이
제후들에게 명하시어, 우임금이 다스린 땅[禹之績]에 도읍을 세우게 하
시니"[431]라고 하였다. 즉 상나라 사람들은 실제로 "구유(九有)"【구주(九
州)】가 모두 "우임금의 공적"이라고 생각하였다. 이것은 또 「상송」 성
립의 연대 문제와도 관련된다. 『국어』「노어(魯語)」하에 의하면 "옛날
정고보(正考父)[432]가 상(商)나라의 아름다운 송[名頌] 12편을 주나라 태

주나라 평왕(平王)의 동천을 호송한 공로로 주나라의 옛 땅을 하사받았다. 그러므로 '주나라
의 구악(舊樂)'이라 한 것이다[秦本在西戎汧隴之西. 秦仲始有車馬禮樂, 去戎狄之音, 而有諸
夏之聲, 故謂之夏聲. 及襄公佐周平王東遷, 而受其地, 故曰周之舊]'라고 하였다.

426 『左傳』「定公 10년」, "裔不謀夏, 夷不亂華." 이에 대해 『정의』에서는 "夏, 大也. 中國有禮儀
之大, 故稱夏. 有服章之美, 謂之華. 華夏一也"라 하였다.

427 『公羊傳』「成公 15년」, "春秋内其國而外諸夏, 内諸夏而外夷狄."

428 우인(虞人): 사냥에 관한 일을 맡은 관리.

429 『左傳』「襄公 4년」, "魏絳引周初虞人之箴曰, 芒芒禹迹, 畫爲九州."

430 『詩』「商頌」'長發', "洪水芒芒, 禹敷下土方."

431 『詩』「商頌」'殷武', "天命多辟(朱傳, 諸侯也), 設都於禹之績."

사(太師)에게서 교정할 때 '나(那)'편을 수편(首篇)으로 하였다"[433]라는 말을 민마보(閔馬父, 노나라 대부)가 했던 것으로 전하는데,[434] 「시서(詩序)」에서도 민마보의 말을 따른 것으로 보아 이설은 없는 듯하다. 그런데 『사기』 「송미자세가(宋微子世家)」에서 태사공은 『한시(韓詩)』에 근거하여 「상송(商頌)」을 정고보가 송나라 양공(襄公)을 찬미한 시라고 보았는데, 이것은 이미 『사기색은(史記索隱)』에 의해 "정고보가 대공(戴公)·무공(武公)·선공(宣公)을 보좌했다면 양공(襄公)보다 1백 년이나 앞서는데 어찌 양공을 조술하여 찬미할 수 있겠는가?"[435]라는 지적을 받았다. 이것이 『한시(韓詩)』의 오류라는 것은 말할 필요도 없다. 또한 『좌전』에서는 노 은공(隱公) 3년 송나라 선공(宣公)을 찬미하면서 "은나라의 수명(受命)이 모두 도리에 맞으니 온갖 복록을 받는도다"[436]라는 「상송(商頌)」의 구절을 인용하고 있다. 또 『국어』 「진어」에는 대사마 공손고(公孫固)가 송나라 양공(襄公)에게 「상송」을 인용하여 말하

---

432 정고보(正考父): 성은 자(子), 춘추 시대 송나라 대부이다. 송나라 민공(湣公, 子共)의 현손이자 공보가(孔父嘉, 미상-B.C.710)의 부친으로, 공자의 7세조이다.

433 『國語』 「魯語」 下, "昔正考父校商之名頌十二篇於周太師, 以那爲首."

434 『詩』 「商頌」, 詩序, "미자로부터 대공에 이르는 사이에 예악이 폐하여 무너졌다. 정고보라는 사람이 상송 12편을 주나라 태사에게 얻었는데 '나(那)'편을 수편으로 하였다(微子至于戴公, 其間禮樂廢壞, 有正考甫者, 得商頌十二篇於周之大師, 以那爲首]."

435 『史記』 권38 「宋微子世家」, "春秋譏宋之亂自宣公廢太子而立弟, 國以不寧者十代. … 大夫正考父美之, 故追道契·湯·高宗, 殷所以興, 作商頌." 이에 대해 『색은』에서는 "按, 裵駰引韓詩商頌章句亦美襄公, 非也. 今按, 毛詩商頌序云, 正考父於周之太師得商頌十二篇, 以那爲首. 國語亦同此説, 今五篇存, 皆是商家祭祀樂章, 非考父追作也. 又考父佐戴·武·宣, 則在襄公前且百許歲, 安得逃而美之. 斯謬説耳"라 하였다.

436 『左傳』 「隱公 3년」, "商頌曰, 殷受命咸宜, 百祿是荷, 其是之謂乎?"; 『詩』 「商頌」 '玄鳥', "殷受命咸宜, 百祿是何."

기를 "「상송」에 '탕임금이 자신을 낮추기를 늦지 않게 하여 성(聖)과 경(敬)의 도가 날마다 상승하였네'라고 하였으니, 예(禮)가 있는 사람에 게 자신을 낮춘다는 것을 말한 것입니다"[437]라고 했다는 대목이 나온 다. 이는 모두 「상송」의 출현이 송 양공 이전에 있었음을 증명하며, 특히 태사공이 『한시(韓詩)』를 인용한 오류를 증명하기에 충분하다. 그러나 당시 현자들 중에 오히려 『한시』의 설을 견지하는 자가 있었 던 것은 아마도 내심 은상 시대에는 시(詩)를 짓지 못했을 것이라고 생 각했기 때문인 듯한데, 세계 각 민족의 시가(詩歌)의 기원은 멀리 문자 가 있었던 시대 이전으로 훨씬 거슬러 올라간다는 것을 모르고 있다. 그러므로 내가 여기에 「상송」을 인용하여 주나라 사람의 우임금에 대 한 찬미가 실은 은나라 사람에게서 물려받은 노래임을 증명한 것은 결 코 견강부회가 아니다. 만약 주나라 사람이 하(夏)를 언급한 것이 은나 라를 타도하기 위한 정치구호였다면 은나라 사람들이 하(夏)를 언급한 것은 또 무엇을 위해서란 말인가?

주나라 사람이 하(夏)의 원수를 갚기 위해 내놓은 구호라면 반드시 은의 하 멸망을 부당하다고 해야 한다. 그러나 이와는 정반대이다. 주 나라 초에는 국가의 흥망에 대해 원칙적으로 천명은 백성의 뜻을 기초 로 하며 무릇 "덕을 공경하고[敬德]", "백성을 보호하는[保民]" 자는 당연 히 흥하고 또한 반드시 흥한다고 보았다. "덕을 더럽히고[穢德]" "백성

---

437 『國語』「晉語」4, "商頌曰, 湯降不遲, 聖敬日躋, 降有禮之謂也." 위소 주, "降, 下也. 躋, 升也.
言湯之尊賢下士甚疾, 故其聖敬之道日升聞於天. 降己於有禮也.";『詩』「商頌」'長發', "湯降
不遲, 聖敬日躋."

을 해치는[虐民]" 자는 당연히 망하고 또한 반드시 망한다고 보았다. 이것은 주공을 중심으로 출현한 새로운 역사관이라 할 수 있다. 전략적으로 보면 하나라가 망하는 것이 당연하다면 은나라가 망하는 것도 당연하고, 은나라가 하나라를 멸망시킨 일이 정당하다면 주나라가 은나라를 멸망시키는 일도 정당하다. 이것은 부사년의 설과는 정반대가 아니겠는가. 『상서』 「주고(酒誥)」편에서는 다음과 같이 말한다. "내가 들으니 또한 오직 이르기를 '지금 사왕(嗣王)【은나라 주왕(紂王)을 가리킴】은 술에 빠져 그 명(命)이 백성에게 드러나지 않고, … 백성들이 애통하고 상심하지 않는 이가 없는데도 오직 술에 빠져 … 백성들이 크게 원망하여 … 그리하여 하늘이 은나라를 멸망케 하셨다'라고 한다. … 옛 사람이 말하기를 '사람은 물에서 살펴보지 말고 마땅히 백성에게서 살펴보라'라고 하였다."[438] 『상서』 「소고(召誥)」편에서는 다음과 같이 말한다. "아! 하늘이 또한 사방의 백성을 불쌍히 여기시어 돌아보아 명하심을 덕에 힘쓰는 자에게 하셨으니, 왕은 빨리 덕을 공경하소서. 옛 선민(先民)인 하나라를 살펴보면 하늘이 인도하시고 자식처럼 보호하시거늘 (처음에는) 하늘을 향해 (그 뜻을 살펴보아) 따랐는데도 지금에는 이미 그 명(命)이 떨어졌습니다. 이제 은나라를 살펴보면 하늘이 인도하고 바로잡아 보호하시거늘 (처음에는) 하늘을 향해 (그 뜻을 살펴보아) 따랐는데도 지금에는 이미 그 명이 떨어졌습니다."[439] 또 이렇

---

438 『尚書』 「酒誥」, "我聞亦惟曰, 在今後嗣王(指紂)酣身, 厥命罔顯於民 … 民罔不盡傷心, 惟荒腆于酒 … 誕惟民怨 … 故天降喪於殷 … 古人有言曰, 人無於水監, 當於民監."

439 『尚書』 「召誥」, "嗚呼, 天亦哀于四方民, 其眷命用懋, 王其疾敬德. 相古先民有夏, 天迪從子保, 面稽天若; 今時既墜厥命. 今相有殷, 天迪格保, 面稽天若; 今時既墜厥命."

게 말하고 있다. "왕은 공경(恭敬)으로 처소를 삼아야 하니 덕을 공경하지 않으면 안 됩니다. 나는 하나라를 감계 삼지 않을 수 없으며 또한 은나라를 감계 삼지 않을 수 없습니다. 나는 하나라가 천명에 복종한 일에 대해서는 감히 알지 못하나 왕업을 누린 일에 대해서는 압니다. 나는 하나라가 천명을 연장하지 못한 일에 대해서는 감히 알지 못하지만, 그 덕을 공경하지 않아 일찍이 그 천명이 떨어진 일에 대해서는 압니다. 나는 은나라가 천명을 받은 일에 대해서는 감히 알지 못하나 왕업을 누린 일에 대해서는 압니다. 나는 은나라가 천명을 연장하지 못한 일에 대해서는 감히 알지 못하지만, 그 덕을 공경하지 않아 일찍이 그 천명이 떨어진 일에 대해서는 압니다."[440] 「다사(多士)」편에서는 이렇게 말한다. "내가 들으니 상제께서 편안함으로 인도하시거늘 하나라가 편안함으로 나아가지 않자 상제가 내려와 이르셨다(재이(災異)를 내려 경고하셨다). 이 하나라에 의향을 보이셨으나 걸(桀)은 상제를 따르지 않고 크게 음일을 자행하며 변명하는 말만 하였다. 하늘이 이를 듣고 마음에 두지 않으시고 그 큰 명[元命]을 폐하여 벌을 내리셨다. 이에 너희 선조인 성탕(成湯)에게 명하여 하나라를 개혁하고 뛰어난 백성으로 사방을 다스리게 하셨다."[441] "너희는 은나라 선인들이 책과 전적을 두었음을 알고 있다. 은나라가 하나라의 명을 개혁했던 일이 (그곳에

---

440 『尙書』「召誥」, "王敬所作, 不可不敬德. 我不可不監于有夏, 亦不可不監于有殷. 我不敢知曰 有夏服天命, 惟有歷年; 我不敢知曰不其延, 惟不敬厥德, 乃早墜厥命. 我不敢知曰, 有殷受天 命, 惟有歷年, 我不敢知曰不其延. 惟不敬厥德, 乃早墜厥命."

441 『尙書』「多士」, "我聞曰, 上帝引逸, 有夏不適逸, 則惟帝降格. 嚮於時夏, 弗克庸帝, 大淫泆有 辭; 惟對天罔念聞, 厥惟廢元命, 降致罰, 乃命爾先祖成湯革夏, 俊民甸四方."

실려 있다.)"442 「다방(多方)」편에서는 다음과 같이 말한다. "상제가 하나라에 내려와 이르셨지만(재이를 내려 경고하셨지만) 하나라는 안일만을 추구하고 백성을 근심하는 말을 즐겨하지 않고, 크게 음란하고 어리석은 짓을 하여 … (백성들에게) 크게 벌을 내려 하나라에 혼란을 더하니 … 또 하나라의 백성 가운데 탐욕스럽고 포악한 자를 날로 공경하여 하나라 읍을 해치게 하였다. 하늘이 이에 백성들의 주인을 구하여 크게 드러난 아름다운 명[休命]을 성탕에게 내려 하나라를 쳐서 멸하게 했다."443 "성탕이 너희 여러 지방의 (어진 이를) 써서 크게 하나라를 대신하여 백성들의 임금이 되셨다. 백성들을 권면하고 백성들이 형벌을 받더라도 선을 권면하여 제을(帝乙)에 이르렀다."444 "아! 왕이 이렇게 말씀하셨다. '너희 여러 지방에 고유(告諭)하노라. 하늘이 하나라를 버린 것이 아니며, 하늘이 은나라를 버린 것이 아니다.' … 하나라가 정사를 도모하였지만 (나라를) 향유할 도리를 이루지 못하고 하늘이 망국의 벌을 내리시어 은나라로 대신하게 하셨다."445

위와 같이 많은 신빙성 있는 사료를 채택하지 않고 혼란스러운 문자 훈고(訓詁)상 기발한 생각을 표현하는 것은 소극적으로는 이 대목의 역사에 흑색의 연막을 치고 적극적으로는 이 역사의 변화 및 발전의

---

442 『尙書』「多士」, "惟爾知, 惟殷先人有冊有典, 殷革夏命."

443 『尙書』「多方」, "惟帝降格于夏, 有夏誕厥逸, 不肯慼言於民, 乃大淫昏 … 乃大降罰, 崇亂有夏 … 亦惟有夏之民叨懫, 日欽劓割夏邑. 天惟時求民主, 乃大降顯休命于成湯, 刑殄有夏."

444 『尙書』「多方」, "乃惟成湯, 克以爾多方, 簡代夏作民主, 愼厥麗, 乃勸厥民, 刑用勸, 以至於帝乙."

445 『尙書』「多方」, "嗚呼, 王若曰, 誥爾多方, 非天庸釋有夏, 非天庸釋有殷 … 乃惟有夏圖厥政, 不集于享, 天降時喪, 有邦間之."

대관건을 완전히 말살해 버리는 행위로서 이는 학문적 입장을 떠난 것이라 할 수 있다. 또한 "우(虞)와 하(夏)는 모두 전욱(顓頊)의 후손이고 은(殷)과 주(周)는 모두 제곡(帝嚳)의 후손이니 은과 주는 친족이라고 해야 한다."(왕국유, 『은주제도론(殷周制度論)』) 이것은 비록 전설이긴 하지만 전설은 종종 역사의 단서를 반영하기도 한다. 부사년의 설과는 정반대이다. 상 탕왕의 걸(桀) 정벌로부터 주 무왕의 상 멸망에 이르기까지는 『죽서기년』에 의하면 "29왕 4백 96년"[446]을 거쳤다. 촉한의 멸망(263)으로부터 유연(劉淵)이 한왕(漢王)을 자칭하기(304)까지는 모두 41년이다. 하·상·주 출현의 과정을 무시하고, 하나라 멸망에서 주 무왕에 이르는 세월(약 5백 년)과 촉한 멸망에서 유연에 이르는 세월 (41년) 양자 간의 현격한 차이를 무시한 채 무책임하게 유연이 한의 후예를 자칭한 것만 가지고 주나라의 은 정벌이 하나라를 위한 복수였다고 상상해 내는 일은 정말이지 비교도 안 되는 것을 비교하고 무(無)를 가공하여 유(有)로 만드는 격이라 하겠다.

11

두 번째 문제:

허 군은 다시 부사년 씨에 근거하여 다음과 같이 말한다. "고대의 상제(上帝)는 원래 부락신(部落神)이었다. 주나라 사람들은 상나라에서 이를 빌려 갔을 뿐이고 그 최초의 목적도 정치적 구호를 위해서였을 것이다." 허 군은

---

446 『竹書紀年』 권下, "湯滅夏以至于受(紂王의 이름), 二十九王, 用歲四百九十六年."

주 66에서 "상제는 원래 은상(殷商) 조상들의 집합체이고, 천(天)은 아마도 서주의 자연숭배 대상이었을 것이다"라고 말한다.

나의 기억으로 부사년 씨는 "상제는 은상(殷商)의 조종신(祖宗神)"이라고 믿는 자인데, 허 군은 여기서 조종신을 "부락신"으로 인용하고 있으니, 아마도 허 군은 조종신이 바로 부락신이라고 본 듯하다. 그래서 그는 다시 "상제는 원래 은상 조상들의 집합체였다"라고 하는 묘한 말을 하고 있다. 허 군은 부락신이 반드시 조종신일 필요는 없다는 점, 아울러 조종신 위에 별도로 그 부락의 신이 있을 수도 있다는 점을 전혀 모르고 있다. 만약 상제가 은상(殷商)의 부락신이라면, 은상은 4백 96년간 공주(共主)[447]가 되었을 것이고 모든 자료에 의하면 주나라 사람은 그의 속족(屬族) 또는 속국(屬國)이었으므로 속족·속국이 공주(共主)의 영도를 받아들이고 정치와 종교가 분리되지 않은 당시에 공주가 신앙하는 부락신을 받아들이는 것을 차용(借用)이라 할 수는 없다. 조종신에 이르면 상황이 완전히 달라진다. 『시경』「상송(商頌)」 '현조(玄鳥)' 시에 나오는 신화 속 상(商)나라 사람의 1세조는 설(契)이다. 그러나 「대아(大雅)」 '생민(生民)' 시에 나오는 신화 속 주나라 사람의 1세조는 기(棄)이다. 두 집안의 조종(祖宗)은 결코 같지가 않다. 만약 상제가 상나라 사람의 조종신이라면, 주나라 사람이 상제를 신앙하

---

447 공주(共主): 은(殷)·주(周) 봉건제도에서 왕(천자)의 정치적 지위를 일컫는 말. 왕(천자)로부터 각 지역을 분봉(分封)받은 제후들은 그 지역을 실질적으로 다스리는 한편 군대를 파견하여 왕실을 지키거나 왕의 명령을 듣지 않는 자를 토벌하여 왕의 권위와 공주(共主)로서의 지위를 보전하였다.

는 것은 곧 상나라 사람의 조종신을 자기의 조종신으로 삼는 것이다. 이는 바로 자기의 1세조 기(棄)를 갖다 버리고 상나라 사람의 1세조 설(契)을 자기의 조종신으로 삼는 것으로, 말하자면 상나라 사람 조종신의 간판을 내걸고 상나라를 제거하는 격이다. 이는 확실히 동서고금의 역사에서 유일무이한 특례라 하겠다. 애석하게도 (1) 무릇 갑골문을 직접 연구해 본 사람 중에 갑골문의 상제가 은상의 조종신임을 발견, 증명할 수 있었던 사람은 아무도 없다. 반대로 진몽가(陳夢家)는『복사종술(卜辭綜述)』에서 특별히 상제는 은상의 조종신이 아님을 증명하였다. (2) 만약 상제가 은나라 사람의 조종신이라면 상제로 칭해질 최고의 자격을 가진 자는 그들의 1세조인 설(契), 그리고 천명을 받아 그들의 왕이 된 탕(湯)보다 더 나은 사람은 없을 것이다. 현재 볼 수 있는 자료에서 설이나 탕을 상제로 칭한 예는 발견되지 않으며, 무릇 상제를 칭하는 내용도 결코 설이나 탕과 연관될 수 없다. 설은 "하늘이 현조(玄鳥)에게 명하여" 강생(降生)한 자라고 하니 곧 설은 하늘이나 상제가 아님을 알 수 있다.『상서』「탕서(湯誓)」에서 탕은 천명(天命)과 상제(上帝)를 들먹이며 하(夏)를 쳐야 한다고 말했는데,[448] 이로부터 탕은 하늘이 아니며 상제가 아님을 알 수 있다. 지난날 갑골문 중에 "천(天)" 자가 발견되지 않았을 때, 그렇다고 해서 은상에 "천"의 관념이 없었다고 볼 수는 없다는 말을 전에 한 적이 있다.【졸저『중국인성론사』제2장】하물며 갑골문 중에 결코 "천(天)" 자가 없는 것도 아닌데 더 무슨 말이

---

448 『尚書』「湯誓」, "有夏多罪, 天命殛之. … 予惟聞汝衆言, 夏氏有罪, 予畏上帝, 不敢不正"이라 되어 있다.

필요하겠는가. 설이나 탕이 상제로 불릴 자격이 없다면 그 밖의 은나라 선왕선공(先王先公) 중에 도대체 어떤 사람이 상제로 불릴 자격을 구비했단 말인가? (3) 만약 허 군의 말대로 상제가 은상(殷商) 조상의 집합체라면【종교사적으로 볼 때 이런 말은 성립되지 않는다】은나라 사람이든 주나라 사람이든 무릇 상제를 칭할 때는 곧 은나라 선왕선공을 칭하는 것과 같고, 은나라 선왕선공을 칭할 때는 곧 상제를 칭하는 것과 같다. 따라서 양자의 지위는 동일한 층위에 있을 뿐만 아니라, 어떤 경우든 둘 중에 단지 한 가지만 칭하거나 아니면 하나의 문장 안에 두 가지가 동시에 칭해지고 보이더라도, 마치 제(帝)와 천(天)의 경우처럼, 사람들이 한번 보기만 하면 그 두 가지가 하나이지 둘이 아니라는 것을 즉시 알 수 있다. 아래에 나는 예증을 들어 역사적 상황은 허 군이 말한 것과는 정반대임을 증명하고자 한다.

『상서』「홍범(洪範)」: "기자(箕子)가 이에 말하였다. '내가 들으니 옛날에 곤(鯀)이 큰물을 막아서 오행을 어지러이 시행하자, 제(帝)가 이에 진노하여 홍범구주(洪範九疇)를 주지 아니하여 … 우(禹)임금이 이어서 일어나자 하늘[天]이 우임금에게 홍범구주를 주어 …"[449]

『좌전』에서는 「홍범」을 세 차례 인용하고 있는데, 나는 「홍범」이 하(夏)에서부터 전승되어 왔으며 따라서 하대에는 이미 제(帝)·천(天)의 신앙이 있었고 이 신앙이 결코 은상(殷商)에서 기원한 것은 아니라

---

449 『尚書』「洪範」, "箕子乃言曰, 我聞在昔, 鯀陻洪水, 汨陳其五行; 帝乃震怒, 不俾洪範九疇 … 禹乃嗣興, 天乃錫禹洪範九疇 …"

고 믿는다. 그러나 「홍범」이 전국 시대 중기 이후에 나온 위작(僞作)이라고 보는 사람이 있어서 이 자료는 잠시 보류해 두기로 한다.

『상서』「탕서(湯誓)」: "하(夏)나라가 죄가 많아 하늘[天]이 명하여 처벌하게 하신 것이다. … 내 상제(上帝)를 두려워하는지라 감히 바로잡지 않을 수가 없다. … 너희가 나 한 사람을 보필하여 하늘[天]의 벌을 집행하라."[450]

탕임금 말 속의 천(天)과 상제(上帝)를 탕의 조종신으로 해석할 방법은 없다. 그러나 탕임금은 여기서 한 번도 그 선왕선공과 나란히 열거된 적이 없으니 아마 그 축에도 들지 못했던 것이 아닌가 한다.

『상서』「반경(盤庚)」:
"선왕(先王)들께서는 일이 있으면 하늘의 명[天命]을 공경하고 삼가셨으나"
"지금 옛날을 계승하지 않는다면 하늘[天]이 명(命)을 끊을지도 모르는데, 하물며 선왕의 공업을 잘 따를 수 있겠는가?"
"하늘[天]이 우리 명(命)을 이 새 도읍에서 길이 보전하게 하시어 선왕(先王)의 큰 위업을 계승하고 회복시켜"
"옛날 우리 선왕(先王)은 또한 오래된 노성(老成)한 사람들을 등용해서 함께 정사를 행하기를 도모하였다."
"옛날 우리 선왕(先王)이 너희 할아버지와 너희 아버지와 더불어 (임금과 신하로서) 안일함과 근로함을 함께 하셨으니"
"이에 내가 선왕(先王)께 크게 제사지낼 때에 너희 선조도 함께 제사지내어"
"아! 옛날 우리 전후(前后)께서 백성을 공경하지 않음이 없는 까닭에"[451]

---

450 『尙書』「湯誓」, "有夏多罪, 天命殛之 … 予畏上帝, 不敢不正 … 爾尙輔予一人致天之罰."
451 저본에는 "嗚呼, 古我前后, 罔不惟民之承保"로 되어 있는데 마지막 '保'자는 뒤 구절에 들어가야 하는 글자로 바로잡아 번역하였다.

"너희는 어찌 나의 (천도(遷都)를) 우리 고후(古后)에게서 들은 일로 생각하지 않는가?"

"내가 (도읍을 옮기는 것은) 바로 너희 명(命)을 하늘에서 맞이하여 잇는 것이니 … 내가 우리 신령한 선후[先神后]께서 너희 선조를 위로하셨던 일을 생각하여"

"고후(高后)께서 크게 너희에게 죄와 질병을 내리며 말씀하기를 '어찌하여 짐의 어린 손자와 마음을 함께 하지 않는가?'라고 하실 것이다. 그래서 너희가 덕을 잃어버리면 (위에서 너희를 벌할 것이다.)"

"너희 할아버지와 너희 아버지가 너희를 끊어 버리고 너희 죽음을 구하지 아니할 것이다."

"너희 할아버지와 너희 아버지가 크게 우리 고후(高后)께 고하여 그 자손에게 무거운 형벌을 내리라고 하며, 고후를 일깨워 상서롭지 못한 재앙을 무겁게 내릴 것이다."

"옛 우리 선왕(先王)께서 이전 사람의 공보다 더 많은 공을 세우고자 하시어."

"이러므로 상제(上帝)가 우리 고조(高祖)의 덕을 회복하게 하시어"[452]

「반경(盤庚)」은 "반경이 은(殷)으로 천도할" 때 신민(臣民)에게 훈계한 말을 은나라 사관(史官)이 기록한 것으로, 누군가가 이를 부인한다면 우리는 어떤 사료도 확신할 수 없다. 반경은 은나라 중엽 사람으로

452 『尙書』「盤庚」上, "先王有服, 恪謹天命." "今不承于古, 罔知天之斷命, 矧曰其克從先王之烈." "天其永我命于玆新邑, 紹復先王之大業." "古我先王, 亦惟圖任舊人共政." "古我先王暨乃祖乃父, 胥及逸勤." "玆予大享于先王, 爾祖其從與享之."; 「盤庚」中, "嗚呼, 古我前后, 罔不惟民之承." "汝曷弗念我古后之聞." "予迓續乃命于天 … 予念我先神后之勞爾先." "先后丕降與汝罪疾曰, 曷不暨朕幼孫有比, 故有爽德." "乃祖乃父, 乃斷棄汝, 不救乃死." "乃祖乃父丕乃告我先后曰, 作丕刑于朕孫, 迪高后丕乃崇降弗祥."; 「盤庚」下, "古我先王, 將多于前功." "肆上帝將復我高祖之德."

위에서의 훈계 내용은 조종신(祖宗神)에 대한 그들의 숭배를 강렬히 반영하고 있으며 그들의 생활행위가 조종신의 지배하에 있음을 반영하는 점에서 복사(卜辭) 중에 보이는 상황과도 서로 증명된다. 그러나 조종신은 조종신이고, 천(天)·상제(上帝)는 천·상제이다. 둘 사이의 경계는 분명하다. 이와 같이 분명하고 생생한 사료들이 눈앞에 있는데 무슨 수로 상제가 은나라 조종신이라는 설을 제기할 수 있는지 모르겠다.

만약 주(周) 사람들이 상(商)나라가 조종신으로 여기는 상제를 빌어다 상나라 정벌의 정치구호로 삼았다면 주 사람들이 상제를 언급할 때 은(殷)의 선왕선공을 따로 언급하여 마각이 드러나지 않게 해야 하는데 사실은 이와 정반대이다.

1. 「강고(康誥)」:
"(우리 서토는) 오직 문왕의 도리만을 믿었고 그 교화가 사방에 입혀져서 상제(上帝)에게 알려지니 상제가 아름답게 여기셨다. 하늘[天]이 이에 크게 문왕에게 명하여 (은나라를 멸하게 하셨다.)"
"은나라의 선철왕(先哲王)의 도를 널리 구하여 백성들을 보전하고 다스리라."
"옛날 선철왕(先哲王)의 사적을 별도로 구해서 듣고 따르며 백성들을 편안히 보호하라."[453]

2. 「주고(酒誥)」:
"내가 들으니, 옛날 은나라의 선철왕(先哲王)이 … 성탕(成湯)으로부터 제을

---

453 『尙書』「康誥」, "惟時怙冒, 聞于上帝, 帝休, 天乃大命文王." "往敷求於殷先哲王用保民." "別求聞由古先哲王, 用康保民."

(帝乙)에 이르기까지"

"향내 나는 덕으로 지내는 향기로운 제사가 하늘[天]에 올라가 알려지게 할 것을 생각하지 않고"[454]

3. 「소고(召誥)」:
"오호라! 황천상제(皇天上帝)가 그 원자(元子, 은나라 주(紂)를 말함)와 이 대국인 은나라의 명(命)을 바꾸셨으니"

"하늘[天]이 이미 대방(大邦)인 은나라의 명을 끊어버렸으니, 이때에는 은나라의 많은 선철왕(先哲王)도 하늘에 계셨고"

"왕께서 이곳으로 오셔서 상제(上帝)의 뜻을 이어받아 천하의 중앙인 (낙읍에서) 몸소 정사를 행하소서. 단(旦, 주공단)도 말하기를 '큰 읍을 만들어서 이로부터 황천(皇天)에 부응하고 상하 신기(神祇)에 삼가 제사하며 …'라고 하였습니다."[455]

4. 「다사(多士)」:
"내가 들으니 상제(上帝)께서 안일함을 누리도록 인도하셨는데도 하나라가 안일함으로 나아가지 않자 … 이에 너희 선조인 성탕(成湯)에게 명하여 하나라를 개혁하고 뛰어난 백성으로 사방을 다스리게 하셨다. 성탕으로부터 제을(帝乙)에 이르기까지 덕을 밝히고 제사를 공경히 하지 않음이 없었다."[456]

5. 「무일(無逸)」:
"주공이 말하였다. '아, 제가 들으니 옛날 은나라 왕 중종(中宗, 9대)은 … 고

454 『尙書』「酒誥」, "我聞惟曰, 在昔殷先哲王 … 自成湯至于帝乙." "弗惟德馨香祀, 登聞於天."
455 『尙書』「召誥」, "嗚呼, 皇天上帝, 改厥元子玆大國殷之命." "天旣遐終人邦殷之命, 玆殷多先哲王在天." "王來紹上帝, 自服于土中, 旦曰, 其作大邑, 其自時配皇天, 毖祀于上下."
456 尙書』「多士」, "我聞曰, 上帝引逸 … 有夏不適逸, … 乃命爾先祖成湯革夏, 俊民甸四方. 自成湯至於帝乙, 罔不明德恤祀."

종(高宗, 22대) 때에는 … 조갑(祖甲, 24대)에 와서는 …'"457

6. 「군석(君奭)」:
"나 또한 감히 상제(上帝)의 명을 편안하게 여기지 않으니"
"공(주공)이 말하였다. '군석(君奭)이여, 내가 들으니 옛날 성탕이 천명을 받았을 때는 … 태갑(太甲, 4대) 때에는 … 태무(太戊, 9대) 때에는 … (그 치적이) 상제에까지 이르렀고 … 조을(祖乙, 13대) 때에는 … 무정(武丁, 22대) 때에는 …'"
"공(주공)이 말하였다. '군석(君奭)이여, 옛날 상제께서 그 의(義)를 판단하고 거듭 영왕(寧王)458의 덕을 권면하여 …'"
"이에 문왕의 덕을 밝게 하고 그 덕을 인도하여 드러내고 세상에 덮이게 하여 상제에게까지 알려지게 되었다. 이런 까닭에 (문왕이) 은나라의 명(命)을 받게 된 것이다."459

7. 「다방(多方)」460:
"상제[帝]가 하나라에 (재이(災異)를) 내려 (경고하셨건만) … (걸은) 종일토록 상제의 계도를 따르기에 힘쓰지 않았다."461

8. 「입정(立政)」:

---

457 『尙書』「無逸」, "周公曰, 嗚呼, 我聞曰, 昔在殷王中宗 … 其在高宗 … 其在祖甲."
458 영왕(寧王): 영왕을 무왕(武王)으로 보는 설도 있으나 서복관은 문왕(文王)설을 견지하였다. 자세한 논증은 본서 부록 3 「주공단(周公旦)이 즉위, 칭왕을 했는지의 문제에 대한 진몽가(陳夢家), 굴만리(屈萬里) 두 선생과의 토론」을 참조.
459 『尙書』「君奭」, "我亦不敢寧于上帝命." "公曰君奭, 我聞在昔, 成湯既受命 … 在太甲時 … 在太戊時 … 格於上帝 … 在祖乙時 … 在武丁時 …'"我亦不敢寧于上帝命." "公曰君奭, 在昔上帝割申勸寧王之德 …'" "乃惟時昭文王, 迪見冒, 聞于上帝, 惟時受有殷命哉."
460 저본에서는 「다방(多方)」 및 다음의 「강왕지고(康王之誥)」 편명이 누락되어 있어 보충하였다.
461 『尙書』「多方」, "惟帝降格于夏 … 不克終日勸于帝之迪."

250　　　　　　　　　　　　[부록 1] 서주 초 몇 가지 사실(史實)에 관한 문제

"주공이 말하기를 … 옛사람 중에 (적임자를 구하는 이 도를) 실천한 것은 하나라(우임금) 시대였으니, (경대부의) 실가(室家)[462]가 크게 강성하였는데도 뛰어난 인재들을 구하여 상제를 높이 섬겼습니다."

"성탕에 이르러서는 천자가 되어 상제의 밝은 명을 크게 다스렸으니"[463]

9. 「강왕지고(康王之誥)」:

"(문왕과 무왕이) 이로써 상제(上帝)에게 바른 명을 받으시니 황천(皇天)이 그 도를 따라서 사방을 맡겨 주셨다."[464]

위에 간략히 적어 둔 의심할 여지없는 사료에서 천(天)·제(帝)와 은상의 조종신은 개별적이든 집단적이든, 어떠한 부회(傅會)한 방법을 쓰든 그들을 하나로 혼동할 수 없을 뿐만 아니라 (1) 주공은 중요한 은나라 선왕(先王)을 거의 모두 꿰고 있었고 (2) 주공은 하(夏) 왕조의 흥폐도 상제(上帝)가 그곳에서 주관한다고 생각하였다. 은나라 조종신이 도리어 하 왕조의 흥폐까지 주관하였다고 말하기는 어렵지 않은가? (3) 천(天)과 제(帝)는 주나라에서 하나이지 둘이 아니며 이는 『시경』에도 수많은 증거들이 있다. 제와 천을 둘로 나누어 하나는 은나라에 귀속시키고 하나는 주나라에 귀속시키는 것은 전혀 근거가 없는 망설(妄說)이다.

천명이 은상에서 문왕에게로 옮겨졌기 때문에 문왕은 상제와 매우

---

462 실가(室家): 채전(蔡傳)에서는 이를 왕실로 보았으나 여기서는 공안국 전에 따랐다. 孔傳, "古之人道, 惟有夏禹之時, 乃有卿大夫室家大強, 猶乃招呼賢俊, 與共尊事上天."

463 『尙書』「立政」, "周公曰 … 古之人迪惟有夏, 乃有室大競, 籲俊尊上帝" "亦越成湯, 陟丕釐上帝之耿命."

464 『尙書』「康王之誥」, "用端命于上帝, 皇天用訓厥道, 付畀四方."

밀접한 관계를 가지게 되었고, 죽은 뒤에도 "제(帝)의 좌우에" 나란히 자리하게 되었다. 이것은 확실히 은나라 정벌과 이후 은나라 유민을 안무하는 데 있어 중요한 정치적 구호였다. 무왕과 주공은 문왕과 상제를 하나로 결합시키는 데 큰 정치적 역할을 했다. 그러나 이 구호가 특별히 강조된 시기는 문왕이 죽은 후 무왕이 즉위하여 11년 동안 상나라 정벌을 준비하던 때였다. 『시경』과 『상서』안의 이와 관련된 진술들은 모두 주공 및 주공과 동시대 내지 이후 사람들의 입에서 나온 것이다. 그리고 문왕이 죽은 후에야 비로소 문왕과 상제를 하나로 결합시킬 수 있었을 것이다. 허 군은 도리어 이것을 "문왕이 활동하던 시대"에 배치하고 있는데 시간상 순서가 뒤바뀐 것 같다. 주공 등이 문왕과 상제를 잘 결합시킬 수 있었던 것은 문왕이 덕을 밝게 드러내고, 형벌을 신중히 하며, 백성들을 위험에서 보호하고, 백성들을 사랑으로 보살핀 데서 연유한다. "문왕의 덕의 순수함"[465] 때문이었다. 바로 문왕이 개인적 성품에서나 정치적 다스림에서나 최고 수준의 모범적 행위를 보여주었기 때문에 상제가 비로소 마음에 들어 하여 "명(命)"을 그에게 내려준 것이다. 그들【주공 등】은 국가 흥망의 원인에 대해 표면적으로는 상제에 의해 결정된다고 말하지만 실제로는 통치자의 행위에 달려있다고 보았다. 이로부터 정치의 큰 방향이 규정되고, 이를 통해 사실상 "신권사관(神權史觀)"이 "행위사관(行爲史觀)"으로 대체되었으니, 이는 은주교체기 역사발전의 거대 관건으로서 허 군이 접할 수 있는 것은 물론 더더욱 아니다.

---

465 『毛詩』「周頌」 '淸廟之什', "於乎不顯, 文王之德之純."

여기서 나는 내친김에 부사년 씨의 설에 대해 몇 마디 해 두어야겠다. 부 씨는 재기가 넘치고 기발한 생각을 잘 하는 사람이다. 학술과 정치 이중으로 일찍부터 뜻을 이루었고【부씨는 비록 관리가 되지는 않았지만 항상 정치계에서 인기가 많은 인물이었다】그런 까닭에 외부에 의견을 표출하는 시간이 많았고 연구에 몰두하는 시간은 적었다. 그의 고증은 십중팔구 성립되기 어려운 것들이다. 그러나 두 가지 점에서 그는 호적(胡適)보다는 훨씬 낫다. (1) 그는 시대에 대한 깊은 감수성을 학술에 대한 깊은 감수성으로 전환하여 과거의 자신을 감싸지 않고 학문에 대한 태도를 바꿀 수 있었다. 일례로 그가 대만대학 총장 재임 중『맹자』와『사기』를 대학 1학년의 국어교재로 쓰도록 규정한 것은 그에게는 대단한 일이었다. (2) 누가 내게 말하기를 부씨의 개인 장서는 인문학의 각 방면을 망라했다고 할 수 있다고 한다. 그만큼 그가 각 방면의 학문을 인정하고 동경심을 갖고 있다는 얘기다. 호적지(胡適之, 適之는 호적의 자) 선생은 70세가 되어 그의 학문이 한 가지 일도 이루지 못한 것은 후회하지 않고 오히려 자신이 자연과학을 공부하지 않은 것을 후회하였다. 호 선생의 학문에 대한 성정과 식견은 부 씨와 너무 동떨어져 있다. 부 씨는 민족의 기개를 중시하고, 사회 정의를 중시하며, 그 열정과 호기(豪氣) 또한 충분히 겸비하고 있는데, 이는 특히 영혼이 어둡고 기상이 옹졸한 무리들이 그 만분의 일도 미칠 수 있는 일이 아니다. 그(부사년)에 대한 나의 평가는, 연구 성과는 부족하더라도 지도자의 재능은 칭찬할 만하다는 것이다. 그의 이른 죽음은 대만 학계의 손실이다. 부 씨의 제자들은 응당 이러한 관점에서 자기 스승을 이해하고 자기의 스승을 계승해야 한다. 만약 일신의 안일을 탐하거나 지반

(地盤)의 견해('문호(門戶)'라 부르기에는 충분치 않다)를 고수하며 학문 상 자립할 방법을 찾지 않는다거나, 공연히 부 씨의 학술 작업상 미성숙한 의견을 그대로 답습하여 오늘도 "맹진(孟眞, 부사년의 字) 선생께서 말씀하시기를", 내일도 "맹진 선생께서 말씀하시기를"을 반복한다면, 부 씨가 지하에서 이를 알고 한을 품고 구천을 떠돌 것이다.

12

허 군의 "5. 주 사람들이 상나라를 멸함"이라는 절에서는 필묵을 절약하기 위해 나도 그다지 중요하지 않은 두 가지 문제와 상당히 중요한 한 가지 문제만을 토론하고자 한다.

이른바 그다지 중요하지 않은 두 가지 문제 중의 하나는 허 군이 말하는 무왕(武王)의 벌주(伐紂) 연대 문제에 관한 것이다. 허 군은 무왕이 주(紂)를 정벌한 해는 목야(牧野)의 전투가 벌어진 해이고 이것은 B.C.1122년이라고 보았다. 그는 주 70에서 다음과 같이 말한다. "목야 전투의 연대에 관해서는 예로부터 추산해 온 바이지만 그 설이 같지 않아 B.C.1116, B.C.1070, B.C.1067, B.C.1050, B.C.1047, B.C.1030, B.C.1027 등 여러 설이 있다. 동언당(董彦堂, 동작빈) 선생은 B.C.1122년이 되어야 한다고 보았다. 동작빈의 「무왕의 은 정벌시기 검토[武王伐殷年月會考)」【原注: 대만대학 『문사철학보(文史哲學報)』제3기】를 참조하라. … 지금은 일단 동작빈의 설에 따르기로 한다." 그러나 동 씨는 위의 글에서 어떻게 말했던가? "… 지금도 이 과학적 도구로 10가지 다른 무왕의 벌주(伐紂) 연대를 선택하고 있는데, 오직 하나만이 진실임을 찾아냈다. 그 진짜 연대는 B.C.1111년이다."【대만대학『문사철학보』 제3기, 181쪽】 동 씨는 이 글의 하편에서 "갑(甲), 1122년 설"이라는 절을 따로 독립시켜 토론과 반박을 가하고 있다. 그는 이렇게 말한다. "무왕의 벌주(伐紂) 연대를 B.C.1122년으로 두고 그 해의 간지를 을묘 (乙卯)년으로 보는 것은 일일이 들 수 없을 정도이다. 이것은 물론 유흠(劉歆)466의 『삼통세경(三統世經)』467에서 처음 시작된 것이다. 송대의 권위 있는 3종의 역사서 … 모두 그 설을 따랐다. … 근세에 이르러 각종 역사교과서, 각종 연표 또한 1122년 설을 따르지 않는 경우가 하나도 없으니 … 애초에 길을 잘못 들었는데 계속 잘못된 길로 나아가다 보니 지금까지 2천 년이 되었다."【위와 같은 곳, 199쪽】 동 씨가 주장하는 1111년 설과 삼통력(三統曆) 계통의 1122년 설, 두 끝자리 수의 차이는 사실 동 씨에게는 홍콩 마권(馬券)의 맨 끝자리 한 자의 차이와도 같다. 왜냐하면 동 씨는 이를 위해 무려 2만 자에 이르는 장문의 문장을 썼기 때문이다. 허 군은 동씨 설을 채용한다고 하면서 어떻게 동씨가 가장 반대하는 설을 채용할 수 있는가?

고등학생들도 피할 수 있는 위와 같은 실수를 허 군이 왜 저지른 것일까? 그렇다고 허 군이 고등학생 정도도 안 된다고 말할 수는 없다는

---

466 유흠(劉歆, B.C.53 추정-B.C.23): 성제 때 아버지 유향과 함께 궁정의 장서를 정리하여 육예 (六藝)의 군서를 7종으로 분류한 『칠략(七略)』을 지었다. 『좌씨춘추』, 『모시』, 『고문상서』 를 존숭하여 박사 설립을 위해 논쟁을 벌였지만 학관 박사들의 반대로 실패하였다. 저서로 『 칠략(七略)』 외에 『삼통역보(三統曆譜)』가 있다.

467 『세경(世經)』은 유흠이 그의 삼통력(三統曆)으로 상고의 역사와 『춘추』 경전(經傳)의 연대 를 추산한 저작이다. 본문의 『삼통세경』은 이를 말하는 것으로 보인다.

생각이 든다. 내 추측으로는, 허 군은 동씨의 논문을 보지 않았고, 단지 진몽가(陳夢家)의 『서주연대고(西周年代考)』 첫 면만 보았는데 자세히 보지 않아 이런 웃음거리가 만들어진 것 같다. 1955년 11월 상무인서관(商務印書館)에서 재판한 『서주연대고』의 해당 부분 기록 형식은 아래와 같다.

(4) 紀元前1122年武王即位, 1111年武王伐紂, 董作賓, 殷曆譜, 1945年出版

허 군은 앞의 "1122年"만 보고 자기 딴에는 제대로 다 본 줄로 생각한 것이다. 나의 이 추측에 대해 허 군에게 검증을 받아줄 친구가 있었으면 하는데 이것도 흥미로운 일이다. 허 군의 현재 학문상의 비극적 상황은 모두 요령만 피우거나 진실하지 않은 그의 태도에서 비롯되었고 이것이 내가 붓을 들어 이 글을 쓰는 동기이기도 하다. 그런데 무엇 때문에 나는 이것을 작은 일이라고 말하는가? 왜냐하면 주 무왕의 벌주(伐紂) 연대는 "서주 적년(積年)" 문제를 해결해야만 비로소 해결할 수 있으며 역사상의 문제를 허공에 띄워 해결할 수 있는 과학적 도구는 없기 때문이다. 그러나 현재 그와 관련한 연구는 아직 서주 적년 문제를 해결할 수준에 이르지 못했기 때문에 일체의 설이 모두 "확률(가능성)"의 범위를 넘지 못하고 있다.

그다지 중요하지 않은 또 한 가지 문제는 무왕의 벌주(伐紂)와 목야(牧野) 전투에 관한 것이다. 허 군은 "주왕(紂王)의 군대는 70만 대군"이라고 했는데 이는 『사기』 「주본기(周本紀)」의 "주(紂)왕은 무왕이 왔다는 말을 듣고 군사 70만을 동원하여 무왕에 대항하게 했다"[468]라는 기

록에서 비롯되었다. 태사공의 기록은 반드시 근거가 있는데 지금으로
서는 이를 조사할 방법이 없다. 『시경』「대아」'대명(大明)' 시에서는
목야 전투를 언급하면서 단지 "은나라 군대가 수풀 나무처럼 많이 모
였다"라고만 하고 숫자를 말하지는 않았다. 『좌전』「소공 24년」에는
장홍(萇弘)이 인용한 말 중에 "「대서(大誓)」에 이르기를 '주(紂)에게는
억조(億兆)의 이인(夷人, 平人)이 있으나 덕이 같지 않고, 나에게는 난신
(亂臣, 治臣) 10인이 있으나 마음을 함께하고 덕을 함께한다'라고 하였
습니다"[469]라는 구절이 있다. "억조(億兆)"는 숫자의 많음을 개괄 내지
과장한 표현이다. "70만 명"은 구체적인 숫자로, 역사적 상식이 조금
이라도 있는 사람이라면 그 당시에 이렇게 방대한 군대를 조성할 수는
없었을 것이라고 생각했을 것이다. 허 군은 인용서목 중에 『사기회주
고증(史記會注考證)』을 열거하였다. 『고증』은 이 부분에서 진자룡(陳子
龍)[470]이 이 숫자에 의문을 제기한 사실을 인용하고[471] 있는데 허 군의
주의를 끌지 못한 것을 보면 허 군은 결코 『사기회주고증』을 읽은 적
이 없음을 알 수 있다.

468 『史記』권4「周本紀」, "聞武王來, 亦發兵七十萬人距武王."

469 『左傳』「昭公 24년」, "大誓曰, 紂有億兆夷人, 亦有離德; 余有亂臣十人, 同心同德.";『尙書』
「太誓」中, "受有億兆夷人, 離心離德. 予有亂臣十人, 同心同德."

470 진자룡(陳子龍, 1608-1647): 명말 송강(松江, 상해) 사람으로 본명은 개(介), 자는 와자(臥子),
무중(懋中)이다. 숭정 10년(1637)에 진사가 되고 소흥추관(紹興推官), 병과급사중(兵科給事
中) 등을 지냈다. 시사(詩詞)의 대가로 알려져 있다. 저서로 『안아당고(安雅堂稿)』, 『진충유
공전집(陳忠裕公全集)』 등이 있다.

471 瀧川龜太郎 『史記會注考證』「周本紀第四」, "陳子龍曰, 紂止發畿內之兵, 疑無七十萬之衆也.
且三代用兵亦無近百萬者."

13

내가 중요하게 생각하는 한 가지 문제는 「목서(牧誓)」에서 무왕을 따라 주(紂)를 정벌한 "용(庸)·촉(蜀)·강(羌)·모(髳)·미(微)·노(盧)·팽(彭)·복(濮)의 사람들"에 관한 문제이다. 허 군은 다음과 같이 말한다. "한·당 이래로 사가들은 모두 이들이 중국 서남부 사천·운남 각지에서 온 만이(蠻夷)라고 여겨 왔다. 그러나 근대인은 이 8족이 한중(漢中)에서 낙수(洛水)에 이르는 지역의 여러 부족일 수도 있음을 지적하는 자못 설득력 있는 이유를 고증하였다." 허 군은 주 72에서 이렇게 말한다. "…【서중서(徐中舒, 1898-1991)의 설을 간략히 인용하고 있으나 서 씨의 이 글은 비교적 평이하다.】전목(錢穆)의 경우는 촉(蜀)이 은의 도읍 근방[近畿]에 있다고 보았다. 모(髳)는 섬현(陝縣)에 있고, 미(微)는 미자계(微子啟)의 나라 혹은 신안(新安)에 있으며, 노(盧)는 영보현(靈寶縣) 함곡관(函谷關)의 남쪽에 있고, 팽(彭)은 민지(黽池)에 있으며, 복(濮)은 연진현(延津縣) 활현(滑縣)에 있고,[472] 강(羌)은 하동의 은(殷) 가까이 있고 서북쪽에 있지 않다고 보았다. 살펴보건대 강(羌)의 지리적 위치에 대해서는 이미 제2절에서 거론하였고, 부맹진(傅孟真, 부사년) 선생의 고증에 의하면 하남성 서부 산지에 해당한다. 전국 시대 사천(四川)의 잠총(蠶叢), 개명(開明)[473]에 관한 여러 전설을 보면 중원(中原)과 큰

---

472 이상 섬현, 신안현, 영보현, 민지현, 연진현, 활현은 모두 하남성에 위치한다.

473 잠총(蠶叢), 개명(開明): 잠총은 촉(蜀)나라 선조 이름의 하나. 『예문유취(藝文類聚)』 권6에 인용된 한나라 양웅(揚雄)의 「촉본기(蜀本紀)」에 "蜀始王曰蠶叢, 次曰伯雍, 次曰鱼凫"라 되어 있다. 서주 때 사천분지를 중심으로 두우(杜宇) 왕조가 건국되었고, 춘추 초기에 두우씨가 치수에 공이 있는 촉상(蜀相) 별령(鼈靈)에게 선위하여 별령이 개명(開明) 왕조를 세웠으며

차이가 있는데 은·주 교체기에 이처럼 사천 지역이 중원과 그렇게 밀접한 관계를 맺고 있었던 것 같지는 않고, 운남의 각 종족은 더욱더 산천이 멀리 떨어져 있다. 앞글 제1절 고고자료 및 제2절 강원(姜原)의 소재로부터 보면 주나라와 동맹을 맺은 나라들은 위수(渭水) 남쪽에서 이수(伊水)·낙수(洛水)에 이르는 지역 각처에서 왔을 가능성이 더 크다."

본격적인 토론에 들어가기 전 나는 허 군의 문자상 몇 가지 혼란을 지적해야겠다. 허 군은 다음과 같이 말한다. "한·당 이래로 사가들은 모두 이들이 중국 서남부 사천·운남 각지에서 온 만이(蠻夷)라고 여겨 왔다." 살펴보건대 전통적인 일반론에서는 8족의 범위를 지금의 감숙성 또는 감숙·섬서의 연결 지대, 그리고 섬서의 한중(漢中), 사천의 천북(川北)과 호북의 악북(鄂北) 일대에 걸쳐 있는 것으로 본다. 두예(杜預)의 『좌전석례(左傳釋例)』에서는 "건녕군(建寧郡) 남쪽으로 복이(濮夷)가 있으며 전체를 군장이 총괄하여 다스리지 않고 각자 읍락에 모여 살았으므로 백복(百濮)이라 하였다"[474]라고 하였고, 건녕군은 지금의 운남성 동북부 곡정(曲靖)의 서남 일대가 모두 여기에 해당한다. 두예의 설은 본래 「목서(牧誓)」에 나오는 복(濮)을 해석하기 위한 것은 아니지만, 복(濮)의 족류가 하나가 아니어서 후대 사람 중에는 「목서」의 복(濮)의 소재지를 탐구하다가 우연히 두예의 설에까지 미치는 경

B.C.4세기경 개명 9세가 중원의 제도를 받아들이고 성도(成都)로 천도하였으나 진(秦) 혜문왕(惠文王) 9년(B.C.316)에 진나라에 의해 멸망되었다.

474 『春秋釋例』 권7, 文十六年百濮, "建寧郡南有濮夷, 濮夷無君長總統, 各以邑落自聚, 故稱百濮也."

우도 있었다. 그러나 『상서』「공안국전」과 공영달의 「정의」안에는 복(濮)이 운남에 있다는 말이 없을 뿐만 아니라, 우연히 두예의 설에까지 미치는 경우에도 「목서」 중의 '복(濮)'이 곧 두예가 말하는 운남의 '복'임을 긍정한 적은 단 한 번도 없다. 전통적인 일반론에 대한 허 군의 요약 서술은 너무나 허술하고 혼란스럽다.

허 군은 그의 글 본문에서 "이 8족은 한중(漢中)에서 낙수(洛水)에 이르는 지역의 여러 부족일 수도 있다"라고 해 놓고 주 72에서는 "위수(渭水) 남쪽에서 이수(伊水)·낙수(洛水)에 이르는 지역 각처에서 왔을 가능성이 더 크다"라고 말한다. 허 군은 자신이 위에 말한 두 가지 진술이 크게 엇갈린다고 생각지 않는 모양인데 나는 그 점이 너무 이상하다. 위수 남쪽에서 한중까지의 사이는 진령(秦嶺) 산맥으로 가로막혀 있기 때문에 지금까지 한중 지역을 "위남(渭南)"이란 단어 안에 포괄하는 사람은 없었다. 그러나 허 군은 주로 전목 씨의 영향을 받은 탓인지 추호도 이를 의심하지 않았다.

전목의 설이 믿을만한가 아닌가는 또 다른 문제이다. 그러나 만약 전목의 설대로라면 촉(蜀)은 은나라 도읍 근방[近畿]에 있고, 미(微)는 미자계(微子啓)의 나라로 『상서』「미자(微子)」 공영달 정의에 따르면 "정현은 미(微)와 기(箕) 모두 구내(圻內)【기내(畿內)】에 있다고 보았다."[475] 복(濮)이 하남성 연진현, 활현에 있다면 역시 은나라 왕기(王畿) 내에 있는 셈이다. 허 군은 용(庸)에 대해서는 언급하지 않았는데 전목은 사

---

475 『尙書』「微子」, "微子"에 대한 공영달 정의는 다음과 같다. "微國在圻內, 先儒相傳爲然. 鄭玄以爲微與箕俱在圻(畿)內, 孔雖不言箕, 亦當在圻內也."

　　　　　[부록 1] 서주 초 몇 가지 사실(史實)에 관한 문제

실상 용 또한 은나라 도읍 근방에 있는 것으로 보았다. 그 나머지 종족들도 왕기 천 리로 계산하면 모두 은 왕기 부근에 있어, 이를 통해 주(紂)의 기내(畿內) 및 근기(近畿)의 나라들 중 적지 않은 수가 반란에 가담했음을 알 수 있다. 복(濮) 또한 주(紂)의 수도 안양(安陽)을 가로질러 목야(牧野)에서 주나라 무왕의 군사와 합류하였으니, 전쟁을 시작하기도 전에 주(紂)는 근접한 나라들의 반란으로 이미 동·남·서 삼면으로부터 근접 포위당했다고 할 수 있다. 허 군이 전목의 설을 "신복(信服)"하는 것은 바로 주(紂)가 처한 이러한 정세를 인정하는 것이다. 설령 시대를 전국 이후로 옮긴다 해도 이러한 정세 하에서 주(紂)가 70만 대군을 결집하는 것이 가능한 일인가? 허 군이 주(紂)가 주나라와 전투를 벌일 때 70만 대군을 결집했다고 믿는 이상, 설사 전목의 설이 성립 가능하다 해도 허 군은 이를 원용할 자격이 없다. 조금이라도 논리 훈련이 되어 있는 사람이라면 최소한의 추리력만 동원해도 양자 사이의 모순을 즉시 발견할 수 있다. 그래서 나는 고증작업을 즐겨 하는 선생들에게 사상사 연구를 통해 자기의 사고력을 배양해야 한다고 조언하곤 한다. 두 자료의 상호 관계는 추론활동에 의존하는 경우가 많다. 사고활동은 곧 추론활동이다. 사고의 훈련은 엄격한 사상사에서 얻는 것이 형식 논리에서 얻는 것보다 더 현실적이다.

14

아래에 다시 전목(錢穆)의 설을 위주로 기본 토론에 들어가려 한다. 전목 설의 요점은, 주나라 무왕과 목야(牧野)에서 합류한 8개국 혹은 8개 종족이 모(髳)를 제외하고는 모두 함곡관(函谷關) 이동에 위치하며 결코 먼 곳의 만이(蠻夷) 나라가 아니라고 보는 것이다. 이것이 토론의 출발점이다.

먼저 『상서』「목서(牧誓)」에 나오는 8개 종족의 족류(族類)부터 토론해 보기로 한다. 「목서」에는 다음과 같이 되어 있다.

갑자일 새벽에 왕(주나라 무왕)이 아침에 상(商)의 교외 목야에 이르러 맹세하시었다. 왕은 왼손에 누런 도끼를 잡고 오른손에 흰 깃발을 잡고 둘러보며 말씀하셨다. "멀리 왔도다, 서쪽 땅[西土]의 사람들이여!" 왕이 말씀하셨다. "아! 우리 우방의 총군(冢君, 제후)들이여, 일을 담당한 사도(司徒)·사마(司馬)·사공(司空)과, 아려(亞旅)·사씨(師氏)와, 천부장(千夫長)·백부장(百夫長)과, 그리고 용(庸)·촉(蜀)·강(羌)·모(髳)·미(微)·노(盧)·팽(彭)·복(濮)의 사람들이여!"[476]

위의 글에 의하면 무왕의 맹서는 실제 세 부분으로 되어 있다. 첫 번째 부분은 "우리 우방의 총군(冢君)"으로, 이는 주 무왕을 따르는 중국의 제후들로 상세한 것은 알 수 없지만 아마도 관중 및 진(晉) 동남부의 여러 제후들이었을 것이다. 두 번째 부분은 "일을 담당한[御事] … 백부장(百夫長)"까지로, 이것은 무왕 자기 군대의 각급 통솔자들이다. 세 번째 부분이 바로 용(庸)·촉(蜀) 등의 8개 종족이다. 용·촉 등 8족을 말할 때는 "급(及)"이라는 접속사를 사용하여 앞의 2개 부분과 구별

---

[476] 『尚書』「牧誓」, "時甲子昧爽, 王朝至於商郊牧野, 乃誓. 王左杖黃鉞, 右秉白旄以麾曰, 逖矣, 西土之人. 王曰, 嗟! 我友邦冢君, 御事司徒·司馬·司空, 亞旅·師氏, 千夫長·百夫長, 及庸·蜀·羌·髳·微·盧·彭·濮人."

하였고, 그들을 "사람들[人]"이라고만 칭하여 온 사람의 숫자가 많지 않았음을 추측할 수 있다. 이를 통해 우리는 먼저 이 8족이 "우방(友邦)"과는 다르고, "어사(御事)" 이하 직할군대의 통솔자는 더더욱 아니며, 단지 주나라와 밀접한 관계를 가진 외족(外族)일 수밖에 없다는 결론을 내릴 수 있다. 이러한 "족류(族類)"의 판정은 지금까지 이 문제를 연구한 사람들 모두가 간과하였다.

다음, 당시의 이른바 "동과 서"의 관념을 검토할 필요가 있다. 「목서」의 맹서하는 말의 첫 구절은 "멀리 왔도다, 서쪽 땅[西土]의 사람들이여!"이다. 서쪽 땅의 사람들은 도대체 누구를 가리키는가? 지금 『상서』가운데 믿을 만한 주 초 문헌 중에서 관련 자료를 뽑아 보면 아래와같다.

① 「목서(牧誓)」: "달아나 항복해 오는 적을 맞아 공격하지 말라. 그들이 우리 서쪽 땅[西土]을 위해 일하도록 해야 할 것이다."[477]

② 「대고(大誥)」:
"말씀하시기를 '서쪽 땅에 큰 어려움이 있을 것이니, 서쪽 땅 사람 또한 안정

---

[477] 『尙書』「牧誓」, "弗迓克奔, 以役西土." 이 구절은 공안국과 왕숙의 해석이 다르다. 공안국은 "상나라에서 달아나 주나라로 항복해 오는 적을 맞아 싸우지 말고 그들이 우리 서쪽 땅을 위해 일하도록 해야 한다는 뜻으로 보았다.(「牧誓」 공안국 전, "商衆能奔來降者, 不迎擊之, 如此則所以役我西土之義.") 이와 달리 왕숙은 항복해 오는 적을 맞아 싸우지도 말고 도망가는 적을 막지도 말라, 즉 우리 서쪽 땅 사람들은 오직 서쪽 땅을 위해서만 진력하도록 해야 한다고 해석하였다.(「牧誓」 공영달 소, "傳正義曰, 迓訓迎也, 不迎擊商衆能奔來降者, 兵法不誅降也. 役謂使用也, 如此不殺降人, 則所以使用我西土之義. 用義於彼, 令彼知我有義也. 王肅讀 '御'爲禦, 言'不禦能奔走者, 如殷民欲奔走來降者, 無逆之; 奔走去者, 可不禦止. 役, 爲也, 盡力以爲我西土.' 與孔不同.")

하지 못하리라'라고 하였다.”

“하늘이 (은나라에) 위엄을 내렸으나 우리나라에 병폐가 있어 백성들이 편안하지 못함(삼숙(三叔)이 유언비어를 퍼뜨린 일을 가리킴)을 알고는 (은나라 후예인 녹보(祿保)가) 말하기를 '내가 (은나라의 왕업을) 회복하리라'라고 하며 도리어 우리 주나라를 변방으로 삼겠다고 하는구나.”

“하늘이 영왕(寧王)【문왕】을 아름답게 여기시어 우리 작은 나라인 주나라를 일으키실 적에”

“왕이 말씀하셨다. '아! 마음을 놓을지어다. 너희 여러 나라의 임금과 …'”

“지금 하늘이 주나라에 죄를 내려”

“하물며 지금 점을 쳐 모두 길조가 나왔으니 말할 필요가 있겠는가? 이러므로 내가 크게 너희들을 데리고 동쪽으로 정벌하는 것이다.”【생각건대 관숙(管叔)과 채숙(蔡叔)[478]의 정벌을 말한다.】[479]

③ 「금등(金縢)」: “주공이 동쪽에 머문 지 2년 만에 죄인을 이제야 잡으셨다.”【『사기』 「주본기(周本紀)」, “관숙과 채숙과 무경 등이 과연 회이(淮夷)를 이끌고 배반하니 마침내 관숙을 주벌하고 무경을 죽이고 채숙을 귀양 보냈다. … 2년이 되어 완전히 안정되었다.”】[480]

---

478 관숙(管叔)과 채숙(蔡叔): 은을 멸망시킨 무왕은 그 유민들을 관리하기 위해 은왕 주(紂)의 아들 무경(武庚)을 도읍인 은(殷, 하남 安陽)에 머무르며 그곳을 다스리게 했다. 무왕은 그가 반란을 일으키지 못하도록 감시하기 위해 자신의 세 동생들에게 그 주변 지역을 분봉했는데, 관숙은 관(管, 하남 鄭州)의 제후로, 채숙은 채(蔡, 하남 上蔡)의 제후로, 곽숙(霍叔)은 곽(霍, 산서 霍州)의 제후로 각각 봉하였으며 이를 '삼감(三監)'이라 한다. 3숙은 주공의 섭정에 불만을 품고 주공이 왕위를 찬탈할 것이라는 말을 퍼뜨려 무경과 연합하여 반란을 일으켰는데 이를 '삼감(三監)의 난'이라 한다. 반란 진압에는 3년이 걸렸다. 주공의 형인 관숙은 처형되고 채숙은 멀리 유배되었으며, 곽숙은 모든 지위를 박탈당하였다.

479 『尙書』 「大誥」, “曰有大艱於西土, 西土之人亦不靜.” “天降威, 知我國有疵, 民不康, 曰予復反(反復也), 鄙(同圖, 助也)我周邦.” “天休於寧(文)王, 興我小邦周.” “王曰, 嗚呼肆哉, 爾庶邦君 …” “今天降戾於周邦.” “矧今卜並吉, 肆朕誕以爾東征.”(按指征管 · 蔡而言)

480 『尙書』 「金縢」, “周公居東二年, 則罪人斯得.”(『史記』 「周本紀」, “管 · 蔡 · 武庚等果率淮夷

[부록 1] 서주 초 몇 가지 사실(史實)에 관한 문제

④ 「강고(康誥)」:

"주공이 처음 터를 잡아 동쪽 나라인 낙(洛)에 새로이 대읍을 만드셨다. 이에 사방의 백성들이 크게 화합하여 모여들었다. 후(侯)와 전(甸)과 … 주나라에 와서 뵙고 일하였다."

"그러므로 너 소자(小子) 봉(封)이 이 동쪽 땅[東土]에 있게 되었다."481

⑤ 「주고(酒誥)」:

"너의 공경하는 아버지 문왕이 처음으로 나라를 세우셔서 서쪽 땅[西土]에 계실 적에"

"왕이 말씀하셨다. '봉(封)아, (문왕께서) 우리 서쪽 땅[西土]에 계실 적에 문왕을 보좌하던 지난날의 방군(邦君)과 어사(御事)와 소자(小子)들이 문왕의 가르침을 따라서 술에 빠지지 않았다.'"

"(어떤 이가 고하기를 '여럿이 모여서 술을 마시고 있다'라고 하거든 너는 놓치지 말고) 모두 잡아들여 주나라로 데리고 오라. 내가 죽일 것이다."482

⑥ 「소고(召誥)」:

"왕(성왕)이 아침에 주나라 도읍으로부터 와서 풍(豐)에 이르셨다."【『사기집해』, "마융(馬融)은 '주(周)는 호경(鎬京)이다'라고 하였다."】

"(먼저 은나라의 어사(御事)들을 복종시켜) 우리 주나라의 어사들과 가까이 지내게 하여"483

而反, 遂誅管叔 · 蔡叔 … 二年而畢定.")『사기』원문은 다음과 같다. "管蔡武庚等果率淮夷而反, 周公乃奉成王命, 興師東伐, 作大誥, 遂誅管叔, 殺武庚, 放蔡叔."

481 『尙書』「康誥」, "周公初基作新大邑於東國洛, 四方民大和會. 侯甸 … 見士於周." "肆汝小子封在玆東土."

482 『尙書』「酒誥」, "乃穆考文王, 肇國在西土." "王曰, 封, 我西土棐(輔)徂(往)邦君御事小子, 尙克用文王敎, 不腆於酒." "盡執拘以歸於周, 予其殺."

483 『尙書』「召誥」, "王朝步自周, 則至于豐."(『史記集解』, 馬融曰, "周, 鎬京也.") "比介于我有周御事."

265

⑦ 「낙고(洛誥)」:

"제가 태보(太保)의 뒤를 이어 크게 동쪽 땅[東土]을 둘러 보고 백성들의 현명한 임금이 될 터전을 닦았습니다."

"저는 백관들을 정제하여 주나라 도읍에서 왕을 따라 (낙읍에 가도록 하고서)"484

⑧ 「다사(多士)」:

"우리 주나라가 하늘의 도우심의 명을 받아 …"

"지금 우리 주나라 왕께서 크게 상제의 일을 잘 받들고 계시니"485

⑨ 「다방(多方)」:

"5월 정해(丁亥)일에 왕(성왕)이 엄(奄)나라로부터 와서 종주(宗周)에 이르셨다."

"우리 주나라도 크게 너희를 돕고 상을 내릴 것이다."486

⑩ 「강왕지고(康王之誥)」:

"왕이 나가서 응문(應門)의 안에 계시거늘 태보(太保)는 서방(西方)의 제후를 거느리고 응문으로 들어가 왼쪽에 서고, 필공(畢公)은 동방(東方)의 제후를 거느리고 응문으로 들어가 오른쪽에 섰다."【『사기』「연소공세가(燕召公世家)」, "섬(陝) 이서는 소공(召公)487이 다스리고 섬 이동은 주공이 다스렸

---

484 『尙書』「洛誥」, "予乃胤保大相東土, 其基作民明辟." "予齊百工, 伻(使)從王於周."

485 『尙書』「多士」, "我有周佑命 …" "今惟我周王丕靈承帝事."

486 『尙書』「多方」, "惟五月丁亥, 王來自奄, 至於宗周." "我有周惟其大介賚爾."

487 소공(召公): 성은 희(姬), 이름은 석(奭). 주나라 종실이다. 처음 받은 봉지가 소(召, 산서성 寶雞시 扶風현)였으므로 소공 또는 소백(召伯)으로 불렸고, 소공석(召公奭)·소강공(召康公)이라고도 한다. 주나라 무왕을 도와 상나라를 멸망시키고 연(燕, 하북성 북부) 땅을 하사받아 연나라의 시조가 되었다. 무왕이 죽고 성왕이 즉위하자 태보(太保)가 되어 주공단과 함께 성왕을 보필하며 주나라의 기반을 확립했다.

[부록 1] 서주 초 몇 가지 사실(史實)에 관한 문제

다.”『사기집해』, “하휴(何休)는 '섬(陝)은 대개 지금의 홍농군(弘農郡) 섬현(陝縣)이 바로 이곳이다'라고 하였다.”】[488]

⑪『시』「빈풍(豳風)」'파부(破斧)':
“주공이 동쪽으로 정벌하심은 사국을 바로잡기 위함이니”【『모전(毛傳)』, “사국(四國)은 관숙, 채숙, 상(商, 武庚), 엄(奄)을 말한다.”】[489]

위의 자료들로부터 다음과 같은 결론을 도출할 수 있다. (1) 주 초의 사람들은 스스로를 “주(周)”, “주방(周邦)”이라고 불렀다. 그 자신과 우방국을 하나로 포괄하여 부를 때는 “서토(西土)”라 칭하였다. (2)「주고(酒誥)」에서는 “너의 공경하는 아버지 문왕이 처음으로 나라를 세우셔서 서쪽 땅에 계실 적에[肇國在西土]”라 하였다. 『설문(說文)』 12상에 “조(肇)는 처음으로 연다는 뜻이다[始開也]”라 하였고, 『단옥재주』에서는 “무릇 경전(經傳)에서 '조시(肇始)'라고 한 것은 모두 '조(肁)'의 가차자이다. '조(肇)'가 통행되면서 '조(肁)'는 폐하여졌다”라고 하였다. 그렇다면 이른바 “문왕이 처음으로 나라를 세우셔서 서쪽 땅에 계실 적에”라는 구절은 문왕이 서쪽 땅의 여러 나라 여러 종족들 사이에서 처음으로 국운을 열었고 밀(密), 숭(崇) 같은 소수의 나라를 복속시켰음을 가리키는 말임을 알 수 있다. 다수의 나라는 주나라의 우방국이 되었다. 그렇지 않으면 무왕은 상(商)을 멸망시킬 능력이 없었을 것이다.

---

488 『尙書』「康王之誥」, “王出在應門之內, 太保率西方諸侯入應門左. 畢公率東方諸侯入應門右.” (『史記』권34「燕世家」, “自陝以西召公主之, 自陝以東周公主之.”『集解』, “何休曰, 陝者蓋今弘農陝縣是也.”)

489 『詩』「豳風」'破斧', “周公東征, 四國是皇.” 이에 대한「毛傳」에서는 “四國, 管·蔡·商·奄也”라 하였다.

이것은 섬서 앙소문화와 섬서 용산문화 및 감숙 용산문화 사이의 관계, 그리고 주족(周族)이 본래 서에서 동으로 확장해 간 상황으로 증명되는데, 그렇다면 문왕이 감숙・섬서・사천・호북을 잇는 지대에서 방대한 외족(外族) 세력을 결집했다고 보는 것이 오히려 이치에 맞고 조리가 서는 일이라 할 수 있다. (3) 관숙, 채숙, 무경, 엄(奄)을 정벌하는 일을 "동정(東征)"이라 하고 "동쪽에서[在東]"라고 하였다. 강숙(康叔)을 위(衛)에 봉할 때는 "네가 이 동쪽 땅[東土]에 있게 되었다"라고 하였다. 『시』 '패용위보(邶鄘衛譜)' 시의 모전(毛傳)에서는 "패, 용, 위는 상나라 주왕(紂王)의 기내(畿內) 천리의 땅이니"[490]라고 하였다. 위(衛)나라가 "동쪽 땅[東土]"이라면 은나라 기내(畿內) 여러 나라도 모두 "동쪽 땅"에 속한다. 낙읍을 건설하는 일 또한 "크게 동쪽 땅[東土]을 둘러보고"라고 하였으니 이곳은 이수(伊水)・낙수(洛水) 일대로서 당시에는 모두 "동토(東土)"라 불렀다. (4) 강왕(康王) 때의 "서방제후, 동방제후"에 대해 하휴(何休)는 "동과 서는 홍농군 섬현(陝縣)으로 경계를 삼는다"라고 하였다. 『국어』 「정어(鄭語)」에서는 "[정나라 환공이 사공이 되어] 주중(周衆)과 동토(東土) 사람들의 마음을 깊이 얻었다"라 하였는데, 위소의 주에서는 "주중은 서주의 백성이고 동토는 섬(陝) 이동이다"[491]라고 하여 하휴의 설과 같다. 다만 왕응린(王應麟)의 『시지리고(詩地理考)』에서는 다음과 같이 말한다. "주씨는 말하기를 '『공양전』의 섬(陝)을 기준으로 하는 구분설은 의문이 간다. 대개 섬(陝) 동쪽은 땅이 넓

490 『詩』 「邶柏舟詁訓傳」 '邶鄘衛譜', "邶・鄘・衛者, 商紂畿內方千里之地."
491 『國語』 「鄭語」, "甚得周衆與東土之人." 위소 주, "周衆, 西周之民; 東土, 陝以東也."

[부록 1] 서주 초 몇 가지 사실(史實)에 관한 문제

고 섬 서쪽은 단지 관중의 옹주(雍州) 땅만 있는데 이처럼 불균등하게 나누지는 않았을 것이다'라고 하였다. … 『공양석문(公羊釋文)』에서는 '섬(陝)은 또한 겹(郟)이 되어야 한다. 겹은 왕성이 있는 겹욕(郟鄏)【생각건대, 낙(洛)을 말한다】이다'라고 하였다.[492] 섬은 겹으로 써야 맞다고 나【왕응린】는·생각한다."[493] 살펴보건대 왕응린의 설은 서주의 실정을 잘 모르고 하는 말이다. 낙(洛)을 "동토(東土)"라 한 것은 『상서』「낙고(洛誥)」편에 명문이 있으며, 평왕이 낙읍으로 동천하고서 "동주(東周)"로 불리게 되었다면 주나라 초에 동과 서의 구분이 낙(洛)을 기준으로 하지 않았다는 것은 지극히 명백한 일이다. 무왕은 맹진(孟津)에 제후들을 총집결시켰는데 맹진은 동관(潼關)산맥의 북쪽 기슭에 있다. 한·당에서의 이른바 "관동(關東)" 역시 이것(동관)으로 지리적인 분계선을 삼지 않은 적이 없었다. 그렇게 볼 때 주나라 초의 동과 서 역시 이것(동관)으로 지리적 분계선을 삼았음은 거의 의심할 여지가 없다. 『상서』「목서(牧誓)」에서 이른바 "멀리 왔도다, 서쪽 땅[西土]의 사람들이여!"[494]라는 말은 무왕이 그 휘하의 세 부류 사람들에 대해 총괄하여 위로하는 말이다. 휘하에 모여 맹서의 말을 경청하는 자들에 대해 무왕은 아주 분명한 어조로 "서쪽 땅의 사람들이여"라 말하고 있다. 『급

---

492 겹욕(郟鄏): 주나라 동도(東都) 낙양의 별칭. 본시 낙양 서북쪽에 있었던 산 이름으로 『좌전』「宣公 3년」에 의하면 "성왕이 겹욕에 도읍을 정하고 9정을 안치하였다[成王定鼎於郟鄏]"고 한다.

493 王應麟, 『詩地理攷』, "朱氏云, 公羊分陝之說, 可疑. 蓋陝東地廣, 陝西只是關中雍州之地, 恐不應分得如此不均 … 公羊釋文曰, 陝亦當作郟, 王城郟鄏(按即洛), 余(王應麟)謂作郟爲是."

494 『尚書』「牧誓」, "時甲子昧爽, 王朝至於商郊牧野, 乃誓. 王左杖黃鉞, 右秉白旄以麾曰, 逖矣西土之人."

총기년존진(汲冢紀年存眞)』에는 "왕【무왕】이 서이(西夷)와 제후들을 이끌고 은을 정벌하여 목야에서 그들을 패배시켰다"495라고 되어 있어 「목서」의 내용과 서로 부합하는데 이는 더더욱 움직일 수 없는 증거이다. 만약 전목의 설대로라면 이들은 "동쪽 땅의 사람들[東土之人]"이어야 하고 모(髳)를 제외하고 모두 우방의 총군(冢君)이어야 한다.

내가 먼저 8족의 족류와 방위를 확정하는 이유는 일족 일족의 문제를 고립적으로 해결하는 것이 매우 어려울 뿐만 아니라 매우 위험한 일이기 때문이다. 고대 역사는 막연하고, 지명이 같은 곳도 많으며, 외족(外族)의 명칭 또한 종종 바뀌어 일정하지가 않다. 예를 들어 8족 가운데 복(濮)에 대해 보면 위(衛)나라에는 성복(城濮)이 있고 또 완복(宛濮)도 있다. 모(髳)에 대해 말하자면 위(衛)나라에는 모씨(茅氏)가 있고 주(邾)나라에는 모(茅)가 있으며, 또한 진(晉)나라에는 선모(先茅)현이 있고 모진(茅津)이 있으며, 찬모(攢茅)의 전(田)도 있고 또 모융(茅戎)도 있다【고동고(顧棟高)496의 『춘추대사표(春秋大事表)』제7표를 참고하기 바란다】. 이들을 마음대로 부회하여 막연한 역사의 공백을 메울 수도 있다. 다만 먼저 그들 족류와 큰 방향의 문제를 해결하고, 상호 관련 속에서

---

495 『汲冢紀年存眞』, "王(武王)率西夷諸侯伐殷, 敗之於坶野."

496 고동고(顧棟高, 미상-미상): 청 강소 무석(無錫) 사람. 자는 진창(震滄), 복초(復初). 강희 60년(1721) 진사가 되고 내각중서(內閣中書)를 지냈다. 70세에 국자감사업(國子監司業)을 제수받았으나 연로하여 나가지 않았다. 특히 『좌전』에 정통하여 『춘추대사표』를 저술했는데 춘추 열국의 사사(史事), 천문역법, 세계(世系)와 관제, 지리 등에 대해 상세히 설명했다. 『상서질의(尙書質疑)』에서는 동진 때 매색(梅賾)이 바친 『고문상서』가 위작(僞作)이라 주장했고, 『주례(周禮)』는 한유(漢儒)들이 견강부회하여 만든 책이며, 『의례(儀禮)』는 주공이 지은 것이 아니라고 했다.

해답을 구하는 것만이 함부로 억측에 빠져 한 가지 이유도 알아내지 못하는 실패를 면할 수 있을 것이다. 『상서』「목서」 중의 8족은 용(庸)을 맨 앞에 두고 있다. 『좌전』「문공 16년」에는 아래와 같은 기사가 있는데 이 문제의 해결을 한 단계 진전시키는 일대 관건이라 생각하여 아래에 적어 두었다.

초나라에 크게 기근이 드니 융(戎)이 초나라 서남쪽을 침벌하여 … 또 동남부를 침벌하여 … 용(庸)나라 사람들이 군만(群蠻)을 거느리고 초나라를 배반하였다. 균(麇)[497]나라 사람들이 백복(百濮)을 거느리고 선(選)에 모여 초나라를 치려 하니 이에 초나라는 신읍(申邑)과 식읍(息邑)의 북문을 봉쇄하였다. 초나라 사람들은 판고(阪高)로 천도할 것을 꾀하였다. 위가(蔿賈)가 말하기를 "옳지 않습니다 … 용(庸)나라를 치는 것만 못합니다. 저 균(麇)나라와 백복(百濮)은 우리가 기근으로 출병하지 못할 것으로 여겨 우리를 침벌한 것이니 만약 우리가 출병한다면 반드시 겁을 집어먹고 돌아갈 것입니다. 백복(百濮) 사람들은 분산하여 거주하기 때문에 각각 자기들의 읍으로 달려가 읍을 보호하려 할 텐데 어느 겨를에 남을 도모하겠습니까?"라고 하였다. 이에 군사를 보내니 15일 만에 백복이 진을 풀고 돌아갔다. … 여읍(廬邑)의 대부 집려(戢黎)로 하여금 용(庸)나라를 침공해 용나라의 방성(方城)에까지 미쳤는데 용나라 군사들이 초나라를 추격하여 … 이에 초나라 군사들은 다시 그들과 만나 교전하였는데 일곱 번 만나 모두 패주하였다. … 용나라 사람들이 말하기를 "초나라는 함께 전투할 만한 상대가 못 된다"라

---

497 균(麇): 저본에는 이 "균(麇)" 자가 "미(麋)" 자로 되어 있으나, 현행 『좌전』에는 "균(麇)"으로 되어 있다. 또한 『좌전』에는 균(麇)과 "미(麋)"가 별개의 씨족으로 기록되어 있다. 아마도 자형이 비슷해 서복관이 잘못 보았을 가능성도 없지 않으나 확실한 것은 알 수 없다. 여기서는 위의 「文公 16년」 인용문만 현행 『좌전』을 따르고, 서복관의 토론 부분은 저본 그대로 "미(麋)" 자로 썼음을 밝혀둔다.

고 하면서 마침내 방비를 갖추지 않았다. 이에 초자(楚子)는 역마를 타고 달려와 임품(臨品)에 전군을 집결시킨 뒤 ··· 진(秦)의 군대와 파(巴)의 군대는 초군의 뒤를 따르고 ··· 드디어 용나라를 멸하였다.[498]

위에 든 자료의 중요성은 호북, 사천, 섬서의 연결지대에 나타나는 몇몇 씨족들이 진(秦)과 밀접한 관련이 있고, 이는 곧 이들 씨족이 관중 지역과 밀접한 관련이 있음을 증명할 뿐만 아니라 어쩌면 그들 모두가 바로 「목서」에 등장하는 인물들일지도 모른다는 점에 있다. 이는 곧 「목서」에 언급된 족류들이 강(羌)과 촉(蜀)을 제외하고는 대체로 이 범위 내에 있다는 것을 뒷받침한다. 살펴보건대 두예의 주에서는 "용(庸)은 지금의 상용현(上庸縣)이다"라고 하였다. 고동고의 『춘추대사표』 7에서는 "지금의 호광(湖廣) 운양부(鄖陽府) 죽산현(竹山縣)이다. 현의 동남 40리에 상용고성(上庸故城)이 있다"라고 하였고 또 "미(麇)는 지금의 호광 운양부 치운현(治鄖縣)이다"[499]라고 하였다. 노나라 장공(莊公) 28년 『춘추』 경문에 "겨울에 미(郿)에 성을 쌓았다"[500]라는 기사가 있는데, 이에 대해 『좌전회전(左傳會箋)』[501]에서는 『경전석문(經典

---

498 『左傳』 「文公 16년」, "楚大飢, 戎伐其西南 ··· 又伐其東南 ··· 庸人率群蠻以叛楚. 麇人率百濮聚於選, 將伐楚; 於是申·息之北門不啓. 楚人謀徙於阪高, 蔿賈曰不可 ··· 不如伐庸. 夫麇與百濮, 謂我飢不能師, 故伐我也. 若我出師, 必懼而歸. 百濮離居, 將各走其邑, 誰暇謀人? 乃出師, 旬有五日, 百濮乃罷 ··· 使廬戢黎侵庸, (杜注: 廬戢黎, 大夫也.) 及庸方城, 庸人逐之 ··· 又與之遇, 七遇皆北 ··· 庸人曰, 楚不足與戰矣; 遂不設備. 楚子乘馹, 會師於臨品 ··· 秦人巴人從之 ··· 遂滅庸."

499 『春秋大事表』 권7, "今爲湖廣鄖陽府竹山縣. 縣東南四十里有上庸故城." "麇今爲湖廣鄖陽府治鄖縣."

500 『春秋』 「莊公 28년」, "冬, 築郿." 서복관의 인용 경문은 『좌전』에 의거한 것으로 보인다. 『공양전』과 『곡량전』에서는 모두 "冬, 築微"로 되어 있다.

釋文)』을 인용하여 "『좌전』에는 미(郿)로 되어 있다[左作郿]"라고 하였으니 이는 두예본(杜預本)에 근거한 것이다. 『공곡음의(公穀音義)』에서는 또 "좌전에는 미(薇)로 되어 있다[左作薇]"라고 하였는데 이는 가복본(賈服本)[502]에 근거한 것이다. 미(眉), 미(微), 미(薇) 3자는 음이 같아 옛날에는 대부분 통용하거나 가차하였다. 『의례』「사관례(士冠禮)」에서의 "미수(眉壽)"에 대해 정현이 "고문(古文)에서 미(眉)는 미(薇)로 썼다"라고 하였으나『의례』「소뢰궤식례(少牢饋食禮)」에서의 "미수(眉壽)"에 대해서는 "고문에서 미(眉)는 미(微)로 썼다"라고 말한 것이 그 증거이다. 과거 사람들은「목서(牧誓)」8족 중의 "미(微)"에 대해 이를 찾아볼 아무런 단서가 없어 애를 먹었다. 지금 "미(薇)", "미(微)", "미(眉)"가 옛날에 서로 통용 또는 가차된 글자임이 증명된 이상『좌전』에서 "백복(百濮)을 거느리고 선(選)에 모였다"라고 한 "미(薇)"나라 사람들이 실은「목서」8족 중의 "미(微)"나라라는 것은 의문의 여지가 없는데, 이것은 고립적인 판단이 아니고 상호 관계 속에서 또 상호 증명을 통해 이루

---

501 『좌전회전(左傳會箋)』: 일본의 저명한 한학자이자 외교관으로 갑신정변 당시 일본 주조선공사(駐朝鮮公使)로 있었던 다케조에 신이치로(竹添進一郎, 1842-1917, 자는 光鴻)가 편찬한『좌전』주석서. 오늘날『좌전』연구의 필독서로 일컬어진다.

502 가복(賈服): 가규(賈逵)와 복건(服虔). 가규(30-101)는 후한 부풍(扶風, 섬서) 사람. 저서에『춘추좌씨전해고(春秋左氏傳解詁)』와『국어해고(國語解詁)』『경전의고(經傳義詁)』등이 있다. 금고문『상서』의 이동(異同)을 연구하고 금고문『시』를 연구하여 고문학의 지위를 높이는 데 공헌했다. 복건(미상-미상)은 후한 형양(滎陽, 하남) 사람. 고문경학을 숭상하여 금문경학자인 하휴(何休)의 설을 비판했다. 저서에『춘추좌씨전해(春秋左氏傳解)』가 있는데 동진 때 그의 좌전학이 학관에 세워지고, 남북조 시대에는 그의 주석이 북방에 성행하였다. 그러나 공영달이『춘추정의』를 편찬할 때『좌전』은 두예의 주만 채용함으로써 그의 주석은 없어지고 말았다.

어진 판단이기 때문이다. 8족 중의 "복(濮)"의 문제에 관해서는 다케조에 신이치로의 『좌전회전』에서 말하기를 "백복(百濮) 종족은 하나가 아니고 각자의 읍락에 살면서 자연스럽게 모인 까닭에 '백복'이라 칭한다. 아래에 '각각 자기들의 읍으로 달려가 읍을 보호하려 할 텐데[各走其邑]'라 하였으니 이는 그들을 통솔하는 군장(君長)이 없다는 뜻이다. 「목서」의 팽(彭)·복(濮) 사람에 대해서는 「공안국전」에서 '복(濮)은 장강과 한수(漢水) 사이에 있다'라고 하였으니 그렇다면 그 땅은 초나라의 서북 변경에 있다"[503]라고 하였는데, 바로 용(庸)나라를 멸망시킨 전쟁의 정황과 서로 부합한다. 살펴보건대 『국어』「정어(鄭語)」에서 "초나라 분모(蚡冒)가 이때 비로소 복(濮)까지 영토를 넓혔다"[504]라고 한 것도 호증이 될 수 있다. 또 "여읍(廬邑)의 대부 집려(戢黎)로 하여금 용(庸)나라를 침공케 하였다"[505]에서의 '여(廬)'에 관해『춘추대사표』7에서는 다음과 같이 말한다. "옛날의 노융국(盧戎國)이다. (초나라가) 나(羅)를 침벌했을 때 『좌전』의 이른바 '나(羅)의 군대와 노융(盧戎)의 군대가 양쪽에서 협공하여 (초군을 대패시켰다)'【『좌전』「환공 13년」】[506]에서의 노융(盧戎)이 그것이다. 초나라가 이를 멸하여 여읍(廬邑)으로 삼았다. 공영달 소에서는 '노(盧)와 여(廬) 자는 서로 통용되었다'고 하였다. … 양양부(襄陽府) 남장현(南漳縣) 동쪽 50리에 있다."[507] 이상을

---

503 竹添光鴻, 『左傳會箋』, "百濮種族非一, 各以邑落自集, 故稱百濮; 下曰'各走其邑', 是無君長統之也. 「牧誓」彭濮人, 「孔傳」濮在江漢之間, 然則其地在楚之西北境也."

504 『國語』「鄭語」, "楚蚡冒於乎始啓濮."

505 앞의『左傳』「文公 16년」인용문, "使廬戢黎侵庸."

506 『左傳』「桓公 13년」, "羅與盧戎兩軍之注盧戎南蠻."

종합해 볼 때 「목서」의 8족 중에 [춘추 시대에 초나라가] 용(庸)나라를 멸망시킨 전투에서 이미 확증된 나라로는 용(庸)·미(微)·미(髳)·복(濮)·노(盧) 등 5족이 있으며 이것은 8족의 방위를 확정하는 기준선이 된다. 그러나 기후와 물산 관계로 인해 예로부터 외족의 이동은 자연히 북에서 남으로, 서에서 동으로 향해 왔다. 따라서 이 5족은 은주교체기에는 사천과 섬서의 교접지구에 있었을 가능성이 매우 높다.

"팽(彭)"에 대해서는 의견이 분분하다. 왕명성(王鳴盛)[508]은 『상서후안(尙書後案)』에서 다음과 같이 말한다. "팽(彭)에 대해서는 『후한서』「잠팽전(岑彭傳)」에 '공손술(公孫述)을 정벌하여 무양(武陽)에 이르렀는데, 주둔지의 지명이 팽망(彭亡)이었다. …'[509]라고 되어 있다. 살펴보건대 지금의 사천 미주(眉州) 팽산현(彭山縣)은 곧 한대의 무양현(武陽縣)이다. 아마도 팽(彭)나라의 고지였기 때문에 팽망이란 이름이 있었던 듯하다."[510] 그 설은 대개 『동파서전(東坡書傳)』에 근거하고 있는데 거의 억측에서 나온 것이다. 청대의 뇌학기(雷學淇)[511]는 또 이렇게 말

507 『春秋大事表』권7, "故盧戎國伐羅, 「傳」所謂羅與盧戎兩軍之(按在『左傳』「桓公十三年」)者也, 楚滅之爲盧邑. 「孔疏」曰, 盧與庸通 … 在襄陽府南漳縣東五十里."

508 왕명성(王鳴盛, 1720-1797): 청 강소 가정(嘉定, 상해시) 사람. 자는 봉개(鳳喈). 건륭 19년(1754) 진사가 되고, 내각학사 겸 예부시랑을 지냈다. 한유(漢儒)의 설을 추종하였다. 저서로 정현(鄭玄)의 설을 위주로 하고 마융(馬融)과 왕숙(王肅)의 주를 보충한 『상서후안(尙書後案)』과 『십칠사상각(十七史商榷)』 등이 있다.

509 『後漢書』권17 「岑彭列傳」, "及彭至武陽, 繞出延岑軍後, 蜀地震駭, 述大驚, 以杖擊地曰, 是何神也. 彭所營地名彭亡, 聞而惡之, 欲徙, 會日暮, 蜀刺客詐為亡奴降, 夜刺殺彭."

510 王鳴盛『尙書後案』, "彭者後漢書岑彭傳'征公孫述至武陽, 所營地名彭亡 …' 按今四川眉州彭山縣, 即漢武陽縣, 蓋彭國故墟, 故有彭亡之名."

511 뇌학기(雷學淇, 미상): 청 순천(順天) 통주(通州) 사람. 자는 첨숙(瞻叔) 또는 죽경(竹卿). 가경 19년(1814) 진사가 되고 지현(知縣)을 지냈다. 『죽서기년』에 관한 자료를 광범위하게 수

한다. "성도(成都) 북쪽 90리에 있는 팽현(彭縣)은 지(志)에서 '옛날 팽나라가 있던 곳[古彭國]'[512]이라 하였는데 이는 전(傳)·소(疏)와 부합한다. 또 운양(隕陽) 방현(房縣, 호북성 서북부)에도 팽수(彭水)가 있는데 용(庸)과 서로 맞붙어 있으므로 노 환공(桓公) 12년 『좌전』에서 '초나라 군사들이 나누어서 팽수(彭水)를 건너다'라고 한 그곳에 해당한다. 과연 어느 쪽이 옳은지 알 수 없다."[513](『죽서기년의증』 권16) 나 역시 한 가지 보충하자면 노 문공(文公) 2년(B.C.625) 『춘추』 경문에는 "진후(晉侯)와 진(秦)나라 군사가 팽아(彭衙)에서 전투를 벌였다"[514]라고 되어 있다. 『사기』 「진본기(秦本紀)」에는 "무공(武公) 원년(B.C.697), 팽희씨(彭戲氏)를 공벌하다"라는 기록이 있고, 『사기정의』에서는 "팽희는 융(戎)의 호칭이다. 대체로 동주(同州, 섬서) 팽아(彭衙) 고성(故城)이 그에 해당한다"[515]라고 하였다. 지리적 방위로 보면 방현(房縣)의 팽수(彭水)가 이에 가깝지만, 그러나 팽수가 있다고 해서 팽족(彭族) 혹은 팽국(彭國)이 있었다고 단정할 수는 없다. 그렇다면 목야 전투에서의 팽(彭)은 혹여 진(秦) 무공이 공벌했던 팽희(彭戲)일지도 모른다. 두 글자를 간단히 한 글자로 칭하는 것은 흔히 있는 일이다.

8족 중 모(髳)의 문제에 관해서는 『시경』 「소아」 '각궁(角弓)' 시에

집·고증하여 『죽서기년의증(竹書紀年義證)』과 『죽서기년고(竹書紀年考)』를 저술하였고, 그 밖에 『하소정경전고(夏小正經傳考)』, 『하소정본의(夏小正本義)』 등이 있다.

512 『大淸一統志』 권292, "按元統志謂彭州即古彭國."

513 雷學淇, 『竹書紀年義證』 권16, "成都北九十里之彭縣, 志謂即古彭國, 與傳疏合. 又隕陽房縣, 亦有彭水, 與庸相接, 即桓十二年左傳所云楚師分涉於彭者, 未知果孰是也."

514 『春秋』 「文公 2년」, "晉侯及秦師戰于彭衙."

515 『史記』 권5 「秦本紀」, "武公元年, 伐彭戲氏." 『史記正義』, "戎號也. 並同州彭衙故城是也."

"만(蠻)과 같으며 모(髳)와 같은지라"라는 구절이 보인다. 「모전(毛傳)」에서는 "모(髳)는 이모(夷髳)이다"라고 하였다. 「정전(鄭箋)」에서는 "모(髳)는 서이(西夷)의 별명이다. 무왕이 주(紂)를 정벌할 때 모(髦) 등 여덟 나라가 그를 따랐다"라고 하였으니 정현은 "모(髦)"가 곧 "모(髳)"[516]라고 본 것이다. 모(髳)에 대한 이해는 기껏해야 이 정도밖에 안 되니 지나치게 천착할 필요는 없을 듯하다.

15

전목이 「목서」 중의 8족에 대해 모두 "주나라 동남쪽"에 있다고 하는 견해는 역사 속에서 같은 지명을 찾아 역사의 공백을 메우는 방법으로 성립한 것이다. 역사상 서로 같은 지명은 대단히 많다. 예를 들어 지금까지 발견된 주나라 시대의 증(曾)나라는 모두 세 개가 있는데 지리적으로 상호 거리가 매우 멀리 떨어져 있다. 따라서 전목의 설을 일일이 논할 필요는 없다. 그런데 그중에서 촉(蜀)에 대한 설에는 하나의 증거가 있고, 촉은 또 가장 문제가 많은 곳이므로 이 기회에 좀 더 검토해 보겠다. 전목은 다음과 같이 말한다.

『원화성찬(元和姓纂)』에는 "용(庸)과 촉(蜀)은 은나라의 후국(侯國)이었다"[517]라고 되어 있다. 시(詩)에는 '맹익(孟弋)' '맹용(孟庸)'이란 말이 있다. 『일주서(逸周書)』「세부(世俘)」편에 "新方【살펴보건대 신황(新荒)으로 써

---

516 『詩』「小雅」'角弓', "如蠻如髦." 毛傳, "髦, 夷髦也." 鄭箋, "髦西夷別名. 武王伐紂, 其髦等八國從焉."

517 『元和姓纂』권1 庸, "庸蜀殷時侯國."

야 한다. 전목은 상문에 '선방(宣方)'이 있어서 옮길 때 잘못 적은 것 같다】,
乙巳, 蜀至告禽"이라 되어 있는데, 5일 만에 갔다가 돌아온 것으로 보아 은
나라의 왕기 근방[近畿]에 있는 작은 나라임이 분명하다.[「주초지리고(周初
地理考)」, 『연경학보』 제10기]

살펴보건대 『일주서』 원문에는 "경자일에 … 신황(新荒)이 [무왕의 명
을 받아] 촉(蜀)을 정벌하였다. 을사일에 … 신황이 촉의 군주를 데리고
왔고 … 무왕에게 애(艾)의 군장을 사로잡았음을 고하였다"[518]라고 되
어 있다. 주우증(朱右曾)의 『일주서집훈교석(逸周書集訓校釋)』에서는
"애후는 촉의 우두머리다[艾侯都蜀]"라고 하였다. 그러므로 "금(禽)" 자
는 응당 아래 구절과 연결해서 읽어야 한다. 『원화성찬』은 당나라의
임보(林寶)가 지은 책이다. 이른바 "용(庸)과 촉(蜀)은 은나라 때의 후국
(侯國)이었다"와 같은 일반적인 말로는 그 두 나라의 위치와 족류에 대
해 아무런 언급이 없기 때문에 「목서」 중의 8족에 관해 어떤 것도 증
명할 수 없다. 그리고 전목이 말하는 "맹익(孟弋)", "맹용(孟庸)"은 바로
『시』 「용풍(鄘風)」 '상중(桑中)' 시의 "누구를 생각하며 갔을까? 어여쁜
익씨네 맏딸이지[美孟弋矣]", "누구를 생각하며 갔을까? 어여쁜 용씨네
맏딸이지[美孟庸矣]"[519]에서 나온 것이다. 시에서는 두 집안의 어여쁜
여인을 가리키고 있는데, 전 씨는 무슨 이유로 이것을 「목서」 8족 중
의 용(庸)이 "은의 후국(侯國)"임을 보여 주는 증거라고 끌어다 놓았는
지 모르겠다. 만약 "용(庸)"이 나라이름에서 성(姓)을 따온 것이라면 패

---

518 『逸周書』「世俘解」第四十, "庚子 … 新荒命伐蜀. 乙巳 … 新荒蜀 … 至告禽 … 艾侯."
519 『詩』「鄘風」 '桑中', "云誰之思, 美孟弋矣." "云誰之思, 美孟庸矣."

(邶)·용(鄘)·위(衛)는 모두 은을 멸한 뒤에 분봉한 나라이고 "용씨네 맏딸[孟庸]"의 "용(庸)"은 패·용·위의 용(鄘)에서 나온 것이 분명하므로 역시 은과는 관련이 없다. 전 씨가 인용한『일주서』「세부」편으로 말하면 의거할 가치가 없다고 경솔하게 단정해서는 안 된다. 동시에, 경자에서 을사에 이르기까지 5일 동안 여기저기 누비며 한바탕 전투를 치렀던 일을 가지고 촉(蜀)은 "은나라 왕기 부근의 소국"이라고 추단하고 있는데, 이 추단도 매우 합리적이다. 비록 전 씨가 더 이상 촉(蜀)나라의 지리적 위치를 적시하는 데는 이르지 못했지만, 그러나 노성공(成公) 2년의『춘추』경문에 "11월에 성공이 초나라 공자 영제(嬰齊)와 촉(蜀)에서 회합하였다"[520]라는 기사가 있고 이에 대해 고동고는 "지금의 연주부(兗州府, 산동성) 문상현(汶上縣) 서남쪽 40리에 촉산(蜀山)이 있다"[521]라고 하였고, 주우증은 "태안부(泰安府, 산동성) 태안현 서남쪽에 촉정(蜀亭)이 있다"[522]라고 하였으니 여기가 그 곳인 듯하다. 그 밖에 은나라 왕기 부근에 또 다른 촉국이 있었다는 흔적은 발견되지 않는다. 상술한 두 곳 중에 어디가 당시의 촉국이었든 간에 주우증은 "모두 조가(朝歌, 하남성 은허)와의 거리가 멀어 5일 만에 오갈 수 있는 곳은 아니다"[523]라고 보았는데, 이 점에 대해서는 지금의 태안현 서쪽에 있던 촉나라는 원래 은의 후국(侯國)이었는데 은 주(紂)왕과 주 무왕이 목야에서 전투를 벌일 때 주(紂)에 의해 동원되어 전투에 참가했

---

520 『春秋』「成公 2년」, "十有一月, 公會楚公子嬰齊於蜀."

521 顧棟高, 『春秋大事表』, 「春秋大事表輿圖」, 兗州府, "汶上, 魯蜀在縣西南四十里有蜀山."

522 朱右曾, 『逸周書集訓校釋』「世俘」, "泰安府泰安縣西有蜀亭."

523 朱右曾, 『逸周書集訓校釋』「世俘」, "距朝歌俱遠, 非五日能往返也."

던 것으로 해석해도 좋을 것이다. 주(紂)가 패하여 은의 왕기 부근으로 퇴각했으므로 무왕은 계속 추격하여 소탕하였고, 그래서 왕복 5일만에 군사적 목적을 달성할 수 있었다. 「세부」편에서 촉과 동시에 정벌된 마(磨) · 선방(宣方) 등의 후국(侯國)들 모두 이와 같이 이해해도 무방하며 이들 역시 은나라의 "왕기 부근의 소국"으로 부를 수 있을 것이다.

그러나 이것은 결코 「목서」 중의 "촉(蜀)"의 문제를 해결해 주지 못한다. 왜냐하면 「세부」편의 촉(蜀)은 분명 주(紂)왕 편에 속한 나라이기 때문이다. 그런데 「목서」에 나오는 촉(蜀)은 분명 무왕의 편에 서 있다. 우리는 은나라 왕기 부근에 있는 동일한 촉나라가 은의 주(紂)와 주 무왕이 결전을 벌일 때 한편으로는 은나라 주(紂) 진영에 있다가 다른 한편으로 다시 주 무왕의 진영에 있었다고는 상상할 수 없다. 동시에, 은나라 주(紂)왕의 편에 섰던 왕기 부근 소국은 전목이 말했듯이 "외지고 먼 곳의 만이(蠻夷)가 아니었다." 그러나 『일주서』「왕회(王會)」편을 보면 성왕이 제후들을 크게 불러 모았을 때 그 "외대(外臺)" 주위에 있던 자들은 모두가 "외지고 먼 곳의 만이(蠻夷)들이었다." 아울러 이들 만이(蠻夷)들이 도열한 방향과 위치는 만이들의 출신지역 방위를 대표하였다. 대(臺)의 동방에서 서쪽을 향해 도열한 "직신(稷愼)"에서 "회계(會稽)"에 이르는 24개국은 대체로 동방 또는 동북에서 온 자들이다. 대의 서방에서 동쪽을 향해 도열한 "의거(義渠)"에서 "기간(奇幹)"에 이르는 20개국은 대체로 서방 혹은 서북, 서남에서 온 자들이다. 이 20개국 중에서 "복로인(卜盧人)은 소를 가지고 왔고"【공안국에 의하면 복로인은 서북의 융(戎)이다】, "저강(氐羌)은 난새를 가지고 왔고", 촉인(蜀人)은 "문한(文翰)을 가지고 왔고"【『이아(爾雅)』: 한(鶾)은 천계(天雞)이다】,

[부록 1] 서주 초 몇 가지 사실(史實)에 관한 문제

"복인(卜人)은 단사(丹沙)를 가지고 왔다."[524]【노(盧)에 의하면 복인은 곧 복(濮)이다】여기서의 촉(蜀)은 서촉(西蜀)임에 틀림없을 뿐만 아니라, 「목서」 8족 중의 4족이 이곳에 보이고 또 방위도 서로 연결되어 있어 모두 "서쪽 땅의 사람[西土之人]"이라 칭할 만하며, 그 족류도 같은 만이(蠻夷) 계통에 속한다. 그렇게 보면 「목서」 중의 촉(蜀)은 필시 「왕회」 편에 나오는 촉(蜀)임에 틀림없고, 노(魯)나라 경내에 있는 촉(蜀)과는 아무 상관이 없다. 주우증의 『죽서기년존진(竹書紀年存眞)』에서는 "이왕(夷王) 2년에 촉인이 와서 경옥을 바쳤다"[525]라고 하였는데 이 또한 서촉(西蜀)의 촉으로 봐야 한다. 이왕(夷王)은 곧 여왕(厲王)의 아버지로 이것은 촉과 서주 간의 왕래가 여왕 이전에는 아직 단절되지 않았음을 말해 준다. 여왕 이후 주 왕실과 서융(西戎)·서강(西羌)의 화평 관계는 완전히 파탄이 났고 평왕(平王)이 동쪽으로 천도하면서 촉과 주 왕실의 관계는 중단되었다. 전국 시대에 이르러 진(秦)이 차례로 서융을 평정하면서 촉인도 진과 접촉하였으나 결국 진에게 멸망되고 말았다. 『설문』 13하에서는 "촉(蜀)은 뽕나무밭의 누에이다"[526]라고 하였다. 이것이 그 본의이다. 노(魯)나라 경내의 '촉(蜀)'이란 지명은 누에 생산으로 이름이 붙여졌고, 양웅(揚雄)[527]의 『촉왕본기(蜀王本紀)』에서 "촉왕의

---

524 『逸周書』「王會解」第59, "卜盧以牠牛 … 氐羌以鸞鳥 … 蜀人以文翰 … 卜人以丹沙."

525 『竹書紀年存眞』「夷王」, "二年, 蜀人呂人來獻瓊玉, 賓于河, 用介珪"; 古本 『竹書紀年』, "夷王二年, 蜀人呂人來進獻瓊玉, 祭祀河神, 用大圭沈河.";『太平御覽』 권84에 인용된 『紀年』에는 "紀年曰, 夷王二年蜀人呂人來獻瓊于河用介珪"라 되어 있다.

526 『說文』 13하, "蜀, 葵中蠶也." 단옥재 주, "葵, 爾雅釋文引作桑, 詩曰, '蜎蜎者蠋, 蒸在桑野'. 似作桑爲長. 毛傳曰, '蜎蜎, 蠋貌. 蠋, 桑蟲也.' 傳言蟲, 許言蠶者, 蜀似蠶也." 본 번역에서는 단옥재 주에 따라 '葵'를 '桑'으로 번역하였다.

선조는 이름을 잠총(蠶叢)이라 했다"[528]라고 하는 신화 역시 "뽕나무밭의 누에"와 관련이 있다. 그렇게 보면 우연히 '촉(蜀)'이라는 똑같은 이름을 갖게 된 것도 이유가 없지 않다.

근래 강(羌)과 촉(蜀)의 문제를 논하는 사람들은 근본적으로 부줄(不窋)[529]이 "스스로 융(戎)과 적(翟) 지방의 사이로 달아났다"(『국어』「주어」),[530] 즉 주나라가 융·적과 본래 깊은 관계를 가졌다는 사실을 잊고 있다. 태왕(太王)이 적(翟)을 피해 어쩔 수 없이 섬서 서북에서 동쪽의 기산(岐山) 아래로 옮긴 것은 일시적인 충돌이었다. 빈(豳) 땅과 기산 아래는 농(隴)·촉(蜀)에 근접해 있을 뿐 아니라 문왕이 만년에 도읍한 풍(豐)과 무왕이 도읍한 호(鎬) 역시 모두 지금의 서안 서쪽으로 농·촉 지역과도 근접해 있다. 문왕과 무왕이 풍·호로 도읍을 옮긴 것은 위하(渭河) 중하류 방향으로 세력을 확장한 결과이자 앞으로의 진일보 발전을 위한 출발점이었다. 그러나 만약 농·촉 일대의 씨족과 먼저 우호적인 화평관계를 건립할 수 없었다면 동쪽 방면으로의 발전도 불가능했을 것이다. 주나라는 진중(秦仲)[531]을 대부로 삼았으나 서

---

527 양웅(揚雄, 楊雄 B.C.53-18): 전한 촉군(蜀郡) 성도(成都) 사람. 자는 자운(子雲). 급사황문시랑(給事黃門侍郞)을 지냈고 왕망 때 천록각(天祿閣)에서 책을 교정하였다. 작품으로 「감천부(甘泉賦)」, 「하동부(河東賦)」, 「우렵부(羽獵賦)」, 「해조(解嘲)」 등이 있고, 저술로는 각 지방의 언어를 집성한 『방언(方言)』, 『역(經)』을 본떠 지은 『태현경(太玄經)』, 『논어』의 문체를 모방한 『법언(法言)』 등이 있다.

528 揚雄, 『蜀王本紀』, "蜀王之先名蠶叢."(『太平御覽』 권888에 인용) 잠총(蠶叢)은 백확(柏濩), 어부(魚鳧), 포택(蒲澤), 개명(開明) 등과 함께 촉나라 선조의 이름으로 촉나라의 별칭이 되었다.

529 부줄(不窋, 미상): 주나라 선조 후직(后稷) 기(棄)의 아들.

530 『國語』 「周語」 上, "自竄於戎翟之間."

531 진중(秦仲, 미상-B.C.822): 성은 영(嬴), 이름은 미상. 진비자(秦非子)의 증손. 진비자는 아버

---

282   [부록 1] 서주 초 몇 가지 사실(史實)에 관한 문제

융에게 죽임을 당했다. 진(秦) 양공(襄公)[532]이 처음으로 제후에 봉해지고 문공(文公)·영공(寧公)의 치세에 이르기까지 모두 서융과 쟁투를 벌여 이긴 다음에야 비로소 나라를 건설할 수 있었다. 이를 통해서도 주나라가 만약 농·촉 제후들의 지지를 얻지 못했다면 주(紂)를 정벌할 수 없었다는 것이 증명된다. 주(紂)를 정벌한 이후 주 왕실은 성왕(成王)에서 목왕(穆王)에 이르기까지 모두 동방과 남방으로 군사 작전을 벌였으나 끝까지 뒷걱정은 하지 않았다. 주 왕실과 서방 씨족 간의 관계가 악화된 것은 목왕이 견융(犬戎)을 정벌하면서부터였다. 『사기』「주본기(周本紀)」에 "왕이 마침내 견융을 정벌하여 4마리 흰 이리와 4마리 흰 사슴을 가지고 돌아왔으니, 이로부터 황복(荒服) 지역의 나라는 오지 않았다"[533]라고 한 것은 바로 이를 가리키는 말이다. 서주의 멸망은 신후(申侯)가 서이(西夷)·견융(犬戎)과 결탁하여 여산(驪山)에서 유왕(幽王)을 공격해 죽인 사건에서 비롯되었다. 이를 통해 주나라의 흥망성쇠는 실제로 주 왕실과 서방 각 씨족간의 관계에 달려 있다는 것을 알 수 있다. 오늘날의 역사연구자들은 이러한 역사의 중요한 단서에 대해 전혀 깨닫지 못하고 있으니 이 어찌 이상한 일이 아니겠는가?

지 대락(大駱)이 서융(西戎)에게 일족이 몰살당한 후 영성(贏姓) 부락의 영수가 되었는데 주나라 효왕(孝王)이 불러 견수(汧水)와 위수(渭水) 사이에서 말을 기르게 했다. 나중에 진(秦, 감숙성 張家川 동쪽)에 봉해져 주나라의 부용국(附庸國)이 되었다. 선왕(宣王) 때 진중을 대부로 삼아 서융을 토벌하게 했으나 교전 중 전사하였다. 장자인 장공(莊公)이 즉위하였다.

532 양공(襄公, 미상-B.C.706): 이름은 미상. 춘추 시대 진나라 장공(莊公)의 둘째 아들이다. 서융(西戎)과 견융(犬戎)이 신후(申侯)와 함께 주나라 왕실을 공격하여 여산(驪山) 아래에서 유왕(幽王)을 살해하였는데, 양공이 군대를 이끌고 평왕(平王)의 동천(東遷)에 공을 세워 진기(秦岐) 서쪽의 땅을 하사받았다. 이때부터 진나라가 부용국(附庸國)에서 제후국이 되었다.

533 『史記』권4「周本紀」, "王遂征之(犬戎), 得四白狼·四白鹿以歸, 自是荒服者不至."

16

허 군의 학문이 이런 지경에까지 이르고 만 이유는 좀 더 관찰해 보면 아래의 세 가지 원인밖에는 없다. 첫 번째 원인: 허 군은 어쨌든 상당한 자질을 타고난 사람으로 입학 이후 학업도 썩 괜찮은 편이지만, 다만 그를 아끼고 보호하면서도 학술상 엄격한 훈련을 시키고자 하는 책임감 있는 스승을 만나지 못했다. 더욱이 그가 대학졸업논문과 석사논문을 제출할 때 불교 선종(禪宗)의 이른바 "겸추[鉗錘, 엄격한 훈련)"를 받지 못한 것은 그로 하여금 학문의 단맛 쓴맛을 알지 못하게 만들었고, 그로 하여금 학문이란 소박하고 정밀한 가운데서 이루어지는 것이며 한번 자아도취에 빠지면 부지불식간에 경박하고 거짓된 길로 들어선다는 것을 알지 못하게 만들었다. 그의 문장으로부터 보건대 그는 일찍이 중국과 외국의 고전 중 그 어떤 하나의 책도 깊이 파고들어 자기의 발판을 삼았던 적이 없으며, 그저 수박 겉핥기식으로 자신이 많이 알고 있다고 여긴다. 이제 와서 그의 선생들은 더욱 그를 추켜세우는 데 바빠 감히 허 군과 한 문제라도 진지하게 토론할 생각을 하지 못한다. 설령 토론을 한다 해도 허 군 역시 받아들이지 않을 것이다. 이것은 그의 논문에 부기된 주(注)를 통해 알 수 있다. 현재 문화학술계의 풍조는 총명한 학생을 기만하여 자기의 적극적·소극적인 도구로 만들고 있는데 이는 배우지 않고 재주만 있는 중년 이상의 나이 든 선생들이 자기의 지위와 밥그릇을 유지하는 가장 좋은 방법이다. 다소의 훌륭한 인재들이 이 방법 아래서 몸을 망치고 말았다. 허 군 또한 이런 위선적인 세상 물정을 익히 배운지라 그의 글 부주(附注)에는 이분에게 "감사드린다" 저분에게 "감사드린다"라는 말이 끊임없이 나온다. 더욱이 글 본문의 말미에 "이 논문의 초고를 완성한 날은 마침 본 연구소 이방계(李方桂) 선생의 생신날이다. 이 지면을 빌려 장자(長者)께 축수를 올린다"라는 말을 써 놓았는데, 이런 종류의 말은 논문의 서두 혹은 마지막에 부기(附記)하여 쓰는 사람도 있지만 나는 논문의 본문[正文]에다 이런 말을 써 넣는 경우는 보지 못했다. 어떤 글이라도 모두 그 풍격(風格)을 지니고 있는데 풍격은 부지불식중에 한 개인의 인격을 드러낸다. 허 군은 지금 바로 이러한 방법으로 그의 지위를 유지하고 있다. 계속 이런 식으로 흘러간다면 그때는 도저히 구제할 방법이 없다.

두 번째 원인: 5·4학풍의 폐단의 영향을 받았기 때문이다. 5·4학풍은 변화 추구라는 큰 요구 아래 "새롭고 기발함[新奇]"이 무엇보다 우선되는 학풍이었다. 새롭고 기발한 견해를 제시할 수만 있다면 근거가 있든 없든 바로 하룻밤 사이에 명성을 얻을 수도 있었다. 이는 문화발전과정에서 흔히 볼 수 있는 현상이며 오랜 침체기 이후에 필요한 현상이기도 하다. 그러나 우리는 지난 3백 년 동안 학문적으로 낙후되고 당시 학문계의 기반이 미약했기 때문에 총명한 사람들은 명성을 획득하고 명성을 유지하기 위해 온갖 방법을 동원해 새롭고 기이한 것을 찾게 되었고, 새롭고 기이한 것을 찾으려는 생각이 이해를 추구하고 진실을 추구하려는 생각을 멀리 넘어서게 되었다. 그리하여 많은 새롭고 기발한 설들이 모두 수박 겉핥기로 알거나, 단면만 보고 전체를 평가하거나, 상상으로 논리적 추리를 대체하는 상황에 기초하고 있다. 다시 말해 새롭고 기발한 것으로 진실을 대체하고, 진실을 파묻어 버

리는 길을 걸어왔던 것이다. 우리가 당시 천하에 이름이 널리 알려진 사람들을 떠올린다면 그 대부분이 구체적 학문에서 아무 성과도 내지 못한 사람들이다. 가장 두드러진 예로 전현동(錢玄同)[534] 같은 사람을 들 수 있는데 위에 말한 나의 관찰과 논단을 부정할 수는 없을 것이다. 당시에 자못 명성을 누리다가 나중에 구체적인 학문에서 성취를 이룬 사람은 필시 그 생활환경의 변화로 인해 책상에 머리를 파묻고 연구에 몰두하지 않을 수 없었던 사람들일 것이다. 그렇지 않다면 설령 그의 명성이 현재까지 유지될 수 있었다 해도 시종 학술적인 척도에서의 검증을 감당해 낼 수 없었을 것이다. 그리고 학문상 어떤 분야에서 성공을 거둔 사람은 당시 대부분 이름이 알려지지 않은 사람들이었다. 중국 학술의 진보는 5·4 학풍을 뛰어넘어 진실 속에서 새로움을 추구하지만 기발함을 추구할 필요는 없으며, 차라리 진실을 단단히 지키고 사회가 요구하는 새로움과 기발함을 방기하는 길로 걸어가야 할 것이다. 그러나 몇몇 사람들은 여전히 5·4시대의 편의를 움켜쥔 채 5·4시대의 기풍 중 새로움과 기발함만을 좇을 뿐 더 이상 그에 검증을 가하려고 하지 않는다. 그리하여 허 군이 채용한 근대 사람들의 "연구"는 대부분이 그 당시에는 이른바 새롭고 기발한 것이었지만 학술상으

---

534 전현동(錢玄同, 1887-1939): 청말 민초 절강 오흥(吳興) 사람. 자는 계중(季中). 호는 덕잠(德潛). 필명 의고현동(疑古玄同). 동경 와세다 대학에 유학, 노신(魯迅)·장병린(章炳麟) 등에게 사사하였다. 1914년부터 북경대학, 북경사범대학에서 언어학과 역사학을 강의하였다. 1917-1920년에 잡지 『신청년』의 편집에 참가하여 신문화운동에 공헌하였고, 고힐강(顧頡剛)의 『고사변(古史辨)』 저작에 협력하는 등 의고파(擬古派)의 일원으로 활약하며 전통문화 고수파를 비판하였다. 저서에 『신학위경고서(新學僞經考序)』, 『설문단주소전(說文段注小箋)』, 『문자학음편(文字學音篇)』 등이 있다.

로는 오히려 황당무계한 "연구"에 가깝고, 더구나 허 군은 지나치게 꾀를 부리고 교활한 수단을 쓴 탓에 그것들을 베끼는 것조차도 성실하게 베끼지를 못했다.

　세 번째 원인: 아마도 현재 미국의 이 방면의 학문방법 내지 학문풍조를 오용했기 때문일 수도 있다. 문제를 연구하기 위해서는 필수적으로 관련 자료를 수집해야 하는데 완전하면 할수록 좋다는 것은 의문의 여지가 없다. 어떤 문제에 관한 후세 사람들의 논문들도 당연히 자료에 속한다. 하지만 이것은 참고 자료에 지나지 않는다. 참고 자료는 응당 우리가 참고해야겠지만 그러나 우리는 무엇보다 두 가지 점을 알아야 한다. 첫째, 인문학 분야의 논문과 자연과학 방면의 논문은 성격상 큰 차이가 있다는 것을 알아야 한다. 자연과학은 논문 한 편이 나올 때마다 반드시 어떤 방면에서의 새로운 성과를 나타내야 하며, 이러한 성과는 실험과 연산을 거쳐 나온 것이어서 신뢰할 수가 있다. 그러므로 연구를 계속하는 사람은 반드시 그와 관련된 새로운 연구 성과를 출발점으로 삼아야 한다. 인문학 분야의 논문은 수많은 결론이 있지만 단지 일종의 확률(개연성)일 뿐이며 심지어 그 대부분은 논문이라 할 수도 없는 것들이다. 이런 면에서 상당히 난잡하다고 할 수 있다. 이러한 난잡함 속에서 비교적 신뢰도 높은 논문을 선택하여 참고하는 것은 개인의 학업능력과 노력이다. 연구 작업은 반드시 문제 자체의 기본 자료에 대한 탐색, 해석, 비판에 기초해야 한다.【이것은 직접·간접의 1차 자료, 2차 자료를 포함한다.】 참고 자료는 기본 자료에 대한 이해와 비판을 돕고 계발할 수 있지만, 참고 자료의 가치를 결정하는 것은 여전히 기본 자료이므로 반드시 기본 자료에 공력을 들여야 관련 참고 자료들

을 감별할 수 있다. 무분별하게 참고 자료를 늘어놓아 자신의 광범위한 섭렵을 과시하다 보면 기본 자료의 파악에 소홀해지는 경우가 많아 난잡함에 빠지기 쉽고 문제를 얼버무려 더 이상의 정밀한 연구를 방해할 뿐만 아니라, 종종 사소한 일을 크게 부풀려 말하는 상황에 빠지게 된다. 둘째, 중국의 근 백 년간의 인문학 연구 수준을 서양의 인문학 연구 수준과 함부로 비교해서는 안 된다는 점을 알아야 한다.【그들의 한학(漢學) 수준은 예외로 한다】 또한 중국은 간행물의 편집자를 중시하지 않는데, 일반 간행물의 편집자는 대부분 좋은 논문과 나쁜 논문을 구분할 수 있는 능력이 없으며 심지어 어떤 간행물은 저자와의 관계만을 물을 뿐 논문의 좋고 나쁨은 묻지 않는다. 그러므로 이 방면에서 서양 논문의 신빙성을 중국에 전용한다면 크게 사기를 당하는 것이다. 허 군의 경우는 기본 자료에 노력을 들여 자기 판단력을 배양하지 않았을 뿐만 아니라 참고 자료에 노력을 들이지도 않았으며, 그저 미국에서 현재 유행하는 방법【실제로는 풍조에 불과하다】을 모방하여 110개에 이르는 부주(附注)와 한 무더기의 인용서목을 열거하고 있을 뿐이다. 사실 허 군이 열거한 서목들은 허 군의 연구와 아무 상관이 없는 것들이다.

나는 위에서 내가 말한 내용이 객관적으로 얼마나 의의가 있는지 단정할 수 없으며 따라서 중앙연구원 역사어언연구소의 선생들이 기꺼이 지적해 주기를 바라는 바이다. 또한 대서(大暑) 중에 땀을 훔치며 써 내려간 이 글이 허 군과 몇몇 청년 학인들의 반성을 불러일으킬 수 있을지 어떨지도 알지 못한다. 그러나 우리 학술 운명의 장래를 위해 어쨌든 내가 할 수 있는 한에서 약간의 책임을 다했다고 본다.

[부록 1] 서주 초 몇 가지 사실(史實)에 관한 문제

부록
2

「판본(版本)」의 「본(本)」 해석과 사례
거본(士禮居本) 『국어(國語)』의 해명

1

『설문』6상에서는 "나무[木] 아래를 본(本)이라 한다. 목(木)의 의미를 따르며 일(一)이 그 아래에 있는 모양이다"[535]라고 하였다. 이것이 바로 "본(本)" 자의 본의이다. "근본하다[始]" "기초하다[基]" 등의 뜻은 모두 이 본의로부터 파생되어 나왔다. 먼저 떠오른 생각은 판본(版本)의 본(本) 또한 그 본의와 어떤 관련이 있지 않을까 하는 것이다.

섭덕휘(葉德輝)[536]는 『서림청화(書林淸話)』 권1 '서지칭본(書之稱本)' 조에서 다음과 같이 말한다. "『설문해자』에서는 '나무[木] 아래를 본(本)이라 한다'라고 하였다. 지금 사람들은 책의 아래를 서근(書根)[537]이라고 부른다. 따라서 본(本)이란 서근에 따라 수를 세는 말임을 알겠다."[538] 그러나 고대의 간독(簡牘)은 이른바 근(根)에 따라 수를 세지 않

---

535 『說文』6上, "木下曰本. 从木, 一在其下."

536 섭덕휘(葉德輝, 1864-1927): 청말 민초 호남 상담(湘潭) 사람. 자는 환빈(煥彬), 호는 직산(直山) 또는 해원(郋園). 광서 18년(1892) 진사, 이부주사(吏部主事)를 지낸 후 고향에서 학문에 전념하며 서적을 판각했다. 판본목록학에 정통하여 『관고당서목총각(觀古堂書目叢刻)』을 편찬하고, 『서림청화(書林淸話)』, 『고금하시표(古今夏時表)』, 『원조비사(元朝秘史)』 등을 판각하였다. 정치적으로는 유신변법(維新變法)을 반대하고 군주제 복귀를 주장했으며 신해혁명 후 『경학통고(經學通誥)』를 지어 공자를 높이고 경서를 읽을 것을 제창했다. 1927년 4월, 호남 장사에서 열린 농민협회공심대회(農民協會公審大會)에서 사형에 처해졌다.

537 서근(書根): 예전에는 서고에 책을 보관할 때 차곡차곡 위로 쌓아 올려두었으므로 책의 아래 단면[書根]에 서명과 권수를 적어 찾아보기 쉽게 하였다.

538 葉德輝, 『書林淸話』 권1 '書之稱本', "說文解字云, 木下曰本. 而今人稱書之下邊曰書根. 乃知本者, 因根而許數之詞."

고, 두루마리로 된 백서(帛書)도 이른바 "근(根)에 따라 수를 세지" 않는
다. 그래서 섭 씨는 또 이렇게 말한다. "책은 본래 두루마리(卷子)로 접
어서 만드는데, 쭉 훑어보는 데는 두루마리보다 접본(摺本)이 더 편하
다. 그 양식은 진·한 사이에 처음 시작되었다. …『전국책(戰國策)』
'서(序)'의 고유(高誘)의 주에서는 '… 단장서(短長書)리고도 하고 국본
(國本)이라고도 한다'라고 하였는데 아마도 하나의 나라를 하나의 본
(本)으로 했기 때문인 듯하다. …『태평어람(太平御覽)』「학부(學部)」
617권【살펴보건대 618권으로 해야 맞다】'정류오류(正謬誤類)'에서는 유
향539의『별록(別錄)』을 인용하여 '수교자(讎校者)는 한 사람은 본(本)을
잡고 또 한 사람은 읽고 해석하는데 마치 원한을 품은 두 사람이 서로
마주하고 있는 모습과 같아 수(讎)라고 한다'540라고 하였다. 무릇 권을
잡고 있다[持卷]고 하지 않고 본을 잡고 있다[持本]고 한 점에서 그것이
접본(摺本)임을 알 수 있다."541 살펴보건대 섭씨는 포표(鮑彪)542의 주

539 유향(劉向, B.C.77-B.C.6): 전한 패현(沛縣) 사람. 본명은 갱생(更生), 자는 자정(子政)이다.
   초원왕(楚元王) 유교(劉交)의 4세손이고, 유흠(劉歆)의 아버지다. 간대부(諫大夫), 광록대부
   (光祿大夫), 중루교위(中壘校尉) 등을 역임하였다. 성제 때 외척의 횡포를 견제하고 황제의
   감계(鑑戒)를 삼기 위해 상고부터 진·한에 이르는 부서재이(符瑞災異)의 기록을 집성하여
   『홍범오행전론(洪範五行傳論)』11편을 저술하였다. 궁중 도서를 교감한 해제서『별록(別錄)』
   은 목록학의 비조로 간주된다. 그 밖에『전국책(戰國策)』,『신서(新序)』,『설원(說苑)』,『열
   녀전(列女傳)』등이 있다.
540 『太平御覽』권618「學部」'正謬誤類', "讎校者, 一人持本, 一人讀析, 若怨家相對, 故曰讎也."
541 葉德輝,『書林淸話』권1 '書之稱手', "吾謂書本由卷子摺疊而成, 卷不如摺本翻閱之便, 其制當
   始於秦漢間. …『戰國策序』高誘注云 '… 一曰短長書, 一曰國本', 蓋以一國爲一本 …『太平御
   覽』「學部」六百七卷(按當爲六百十八卷)『正謬誤類』引劉向『別錄』曰 : '讎校者, 一人持本,
   一人讀析, 若怨家相對, 故曰讎也.' 夫不曰持卷而曰持本, 則爲摺本可知."
542 포표(鮑彪, 미상): 자는 문호(文虎). 절강 용천(龍泉) 사람. 남송 고종 건염 2년(1128) 진사가

를 고유(高誘)의 주로 잘못 쓰고 있다. "국본(國本)"은 "전국 시대의 본
말을 기록하다[紀戰國本末]"의 줄임말인데 이것을 서본(書本)의 본(本)으
로 억지로 끌어다 붙인 것은 이미(李洣, 1538-1602)의 『서림청화교보(書
林淸話校補)』에서 이미 그 잘못을 바로잡았다. 섭 씨는 또 말하기를 "진
(晉)의 의희비각서목(義熙秘閣書目)[543] 이하에 처음으로 '약간질(若干帙)'
이라는 말이 나오는데 … 이른바 질(帙)이란 여러 권(卷)을 합해서 만들
기 때문에 접첩(摺疊)은 이미 진(晉) 시기에 통행되었다고 말할 수 있
다"[544]라고 하였다. 살펴보건대 질(帙)은 권축(卷軸)을 싸서 넣어 두는
"책갑(冊匣)"이지 접첩의 양식을 가리키지는 않는다. 굴만리(屈萬里) ·
창피득(昌彼得) 공저 『도서판본학요략(圖書版本學要略)』에 그에 대한 상
세한 설명이 있다【13-14쪽】. 그리고 불교경전의 범협(梵夾)[545]은 비록
접첩의 형태를 취하고 있으나 역시 이를 본(本)이라 칭하지는 않는다.
송 구양수의 『귀전록(歸田錄)』권하에서는 "당나라 사람들의 장서는
모두 권축(卷軸)으로 되어 있다. 그 후 엽자(葉子)가 있었는데 그 양식
은 지금의 책자(策子)와 비슷하다"[546]라고 하였다. 엽자는 곧 접첩(摺

된 후 태학박사, 사봉원외랑(司封員外郎)을 역임했다. 저서에 『전국책주(戰國策注)』 10권
(1147) 등이 있다. 『전국책』은 내용이나 문장이 난해하여 후대 많은 교주본(校注本)이 나왔
는데 후한 고유(高誘)의 『전국책주(戰國策注)』, 남송 요굉(姚宏)의 『고씨주전국책(高氏注戰
國策)』, 포표의 『전국책주』 등이 있다.

543 의희(義熙): 동진(東晉) 안제(安帝)의 연호(405-418).

544 葉德輝, 『書林淸話』 권1, "晉義熙秘閣書目以下, 始云若干帙 … 所謂帙者, 合數卷爲之. 則摺
疊之制, 在晉時已通行."

545 범협(梵夾): 고대 인도에서 다라수(多羅樹) 잎을 직사각형으로 자르고 좌우에 두 개의 작은
구멍을 뚫고 경문을 쓴 다음, 그것을 겹겹이 쌓아 두 개의 나무판자 사이에 놓고 구멍에 끈을
꿰어 묶어서 보관하였는데 이러한 형태의 서책을 범협이라 한다.

疊) 양식으로, 송에서는 이를 책자(策子)라 하거나 선풍엽(旋風葉)이라 하였고 혹은 개량하여 호접장(蝴蝶裝)이라고도 했다. 역시 접첩(摺疊) 양식의 책을 본(本)이라 칭했다는 말은 들어보지 못했다. 더욱이 유향 (劉向)이 교수한 책은 대부분 죽간이었으니 다시 접본(摺本)이라 할 것 까지도 없다. "책을 본이라 칭하였다[書之稱本]"에 대한 섭 씨의 해석은 하나도 맞는 데가 없다고 할 수 있다.

섭 씨의 "책을 본이라 칭하였다[書之稱本]"는 말도 성립될 수 없다. 책을 본(本)이라 칭할 경우 본의 의미는, 하나는 판본의 약칭이고 또 하나는 책을 세는 단위를 뜻한다【1책, 2책과 같다】. 고금을 통틀어 책을 본(本)이라 칭했던 적은 없다. 최소한 "서본(書本)"과 같이 두 글자를 연결해야 뜻을 이루는데 이것도 여전히 판본(版本)의 본(本)에서 온 것이다. 판본의 본(本)의 본래 의미를 추적해 보려면 역시 유향(劉向)의 『별록(別錄)』에서 찾아야 할 것이다. 유향의 『별록』에서 수교(讎校)에 관한 조문은 『태평어람』 권618에 기재된 것과 『문선(文選)』 권6 '위도부 (魏都賦)'의 '이선 주(李善注)'에 인용된 것이 서로 다른데, '이선 주'에 인용된 쪽이 정확하다. 다음은 '위도부'의 "수교전주(讎校篆籀)"에 대한 이선의 주(注)다.

『풍속통』에 이르기를 "유향의 『별록』을 살펴보면 수교(讎校)는, 한 사람이 책을 읽으면서 아래위를 살피며 잘못된 곳을 바로잡는 것을 교(校)라 한다. 한 사람은 본(本)을 잡고 한 사람은 책을 읽는 모습이 마치 원한을 품은 두 사람이 서로 마주 대하고 있는 듯하므로 수(讎)라 한다"라고 하였다.[547]

---

546 歐陽修, 『歸田錄』 권下, "唐人藏書, 皆作卷軸; 其後有葉子, 其制似今策子."

살펴보건대 '서(書)'는 동사에서 명사가 된 글자로 서사(書寫)한 물건을 가리킨다. 유향의 서책 교수(校讎)의 상황을 지금 『순자(荀子)』를 예로 들어 보겠다.

호좌도수사자(護左都水使者) 광록대부(光祿大夫) 신 향(向, 유향) 말씀드립니다. 교수한 책 가운데 손경(孫卿)의 책은 모두 3백 22편이며 서로 대조하여 중복되는 2백 90편을 제거하고 32편을 확정하여 모두 정본(定本)으로 삼았으니, 죽간에 필사[繕寫]할 만합니다.[548]

윗글에 따르면 유향의 교서(校書)는 두 차례의 수속을 거쳐야 함을 알 수 있다. 맨 먼저 관련 서적의 간책(簡冊)을 수집하여 그 가운데 중복된 것을 제거하고 차례를 정리하여 정본(定本)을 만든다. 그런 다음 그것을 다시 죽간에 필사하고, 필사한 것을 원래 근거로 했던 정본과 서로 대조하여 자구의 착오를 바로잡는다. 따라서 이른바 "한 사람은 책을 읽으면서"란 다시 죽간에 필사한 책을 읽는 것이고, "한 사람은 본(本)을 잡고"란 필사할 때 근거로 삼았던 정본을 잡고 있는 것이다. 그것을 본(本)으로 부르는 이유는 추측컨대 필사할 때 근거로 삼았던 바를 의미하기도 하고, 필사할 때 저본으로 삼았던 바를 의미하기도 한다. 그러므로 여기서 사용한 "본(本)" 자의 원래 뜻은 사실상 후세 사람의 이른바 "저본(底本)", "조본(祖本, 초간본)"과 동일하다. 이것이 바

---

547 『文選』권6 '魏都賦'의 "讎校篆籀"에 대한 이선 주, "風俗通曰, 案劉向別錄, 讎校, 一人讀書, 校其上下, 得繆誤爲校, 一人持本, 一人讀書, 若怨家相對爲讎."

548 劉向, 『別錄』, "護左都水使者光祿大夫臣向言, 所校讎中孫卿書凡三百二十二篇, 以相校除復重二百九十篇, 定著三十二篇, 皆以定, 殺青簡書可繕寫."

로 본(本) 자의 본의로부터 파생된 의미이다.

이로부터 초사(鈔寫)에 의거한 자료는 모두 "초본(鈔本)" 또는 "사본
(寫本)"으로 칭하게 되었다. 안지추(顏之推)의 『안씨가훈(顏氏家訓)』
「서증(書證)」편에는 강남본(江南本), 하북본(河北本), 강남구본(江南舊
本), 강남고본(江南古本) 등의 명칭이 언급되어 있는데 이는 곧 어떤 한
지역의 초본(鈔本)을 가리키는 말이다. 비(碑)에 의거한 것은 대체로
"비본(碑本)"이라 부르는데 비는 돌로 만들기 때문에 "석본(石本)"이라
고도 칭한다. 비본, 석본은 탁본을 통해 나오므로 이를 "탁본(拓本)"이
라고도 한다. 중당(中唐) 때 조판(雕版, 판목에 글자를 새김) 인쇄가 발명
된 이후로 조판에 의거하여 만들어진 책을 "판본(版本)"이라 불렀다.
판본이 크게 유행하면서 다시 이를 줄여서 본(本)이라고 불렀다. 이로
부터 이른바 판본(版本)이란 "조판에 의거한 문자자료" 또는 "조판을
근본으로 하는 문자자료"를 말하는 것이라고 결론지을 수 있다. 판본
은 언제 새겼는지, 어디서 새겼는지, 또 누구에 의해 새겨졌는지 그 시
간, 장소, 사람의 이름을 "본(本)" 앞에 덧붙여서 구별로 삼는다. 그러
므로 판본의 본(本)은 그것이 조판(雕版)으로부터 나왔고, 조판의 시
간·장소·성씨는 판본의 명칭을 결정하기에 제멋대로 호칭을 붙여
서는 안 되는 것이다.

2

나는 「학술적으로 다음 세대를 구조함[從學術上搶救下一代]」이라는
글에서 허탁운군이 「주나라의 홍기와 주나라문화의 기초」에서 범한

수많은 착오를 지적한 적이 있는데 나의 글 안에는 아래와 같은 대목이 있다.

허 군이 본 『국어』는 송(宋)의 "천성명도본(天聖明道本)"이라고 한다. 살펴보건대 송 인종(仁宗)은 천성 연간(1023-1032)이 모두 9년이고 명도 연간(1032-1033)은 2년밖에 되지 않는다. 『국어』는 천성본도 있고 명도본도 있는데, 허 군이 본 것은 천성 연간에 처음 간행을 시작하여 명도 연간에 완성했기 때문에 "천성명도본"이라 칭하는 것인가? 이 판본은 현재 어디에 소장되어 있는 것을 허 군이 본 것인지, 나의 견문을 넓힐 수 있도록 허 군이 내게 알려 주기를 바란다.

나는 위의 글에서 세상천지에 『천성명도본국어』 같은 것은 있을 수 없다고 분명한 어조로 의문을 표하였다. 이 글을 발표한 후 역사어언연구소 장이인(張以仁) 군이 1957년 10월 8일 보내 온 편지에서 나의 위 문장을 옮겨 적고 이어서 다음과 같이 말하였다.

그런데 이인(以仁)이 본 바에 의하면 세계서국(世界書局) 및 예문인서관(藝文印書館) 영인본의 속표지에 "천성명도본국어(天聖明道本國語)"라는 표제가 적혀 있는 책은 어디서나 손쉽게 얻을 수 있어 공자의 집 담벼락이나 어느 황실의 비부(祕府)를 발굴할 필요도 없습니다. 이 책은 원래 천성 7년(1029)에 인쇄를 시작하였는데 명도 2년(1033)에 이르러 진본(眞本)을 얻어 천성본으로 중간(重刊)하였습니다. 황요포(黃蕘圃)[549]가 그 초각(初刻)을

---

549 황요포(黃蕘圃, 黃丕烈, 1763-1825): 청 강소 오현(吳縣, 蘇州) 사람. 자는 소무(紹武), 호는 요포(蕘圃) 또는 요부(蕘夫), 영송주인(佞宋主人), 요옹(蕘翁), 요로(蕘老)이다. 건륭 53년 (1788) 거인(擧人)이 되고, 주사(主事)를 지냈다. 서적 가운데 특히 송판본(宋版本)을 많이 소장하여 자칭 '영송주인'이라 했다. 송판본 중 일부를 교감하여 복각(復刻)한 『사례거총서(士

얻어 가경(嘉慶) 연간(1796-1820) 경신년(1800)에 중조(重雕)하였는데 세간
에서는 이를 또한 "사례거본(士禮居本)"이라 불렀습니다. … 이 판본이 중국
내외로 퍼져 나간 지 1백 60여 년이 흘렀습니다. 선생께서는 자료를 널리 섭
렵하셨음에도 아직 보지 못했다고 하니 혹여 다른 견해가 있는 것은 아닌지
요? 또한 왕원손(汪遠孫)[550]의 『국어명도본고이서(國語明道本考異序)』에서
는 다음과 같이 말하고 있습니다. "구제(舊題) 천성명도본국어, 천성은 송
인종의 연호이고 명도는 인종이 개원(改元)한 연호이다. 책의 권말에는 '천
성 7년 7월 20일 인쇄 시작, 명도 2년 4월 5일 진본을 얻음'이라 적혀 있다. 교
정과 증감을 거쳐 명도 2년 천성 인본(印本)을 가지고 중간(重刊)하였다."[551]
오증기(吳曾祺)[552]의 『국어위해보정(國語韋解補正)』 '범례'에서도 "『국어』
일서는 고본(古本)이 전하지 않는다. 세간에 보이는 책은 송 인종 명도 2년
에 천성 인본을 취하여 중간한 것으로 이를 '천성명도본'이라 한다"[553]라고
하였습니다. 그런즉 "천성명도본"이라는 이름의 책에 대한 분명한 증거가

禮居叢書)』는 오늘날 귀중한 연구자료가 되고 있다. 저서에 『주례차기(周禮箚記)』,『의례교
록(儀禮校錄)』,『하소정대씨전교록(夏小正戴氏傳校錄)』,『국어차기(國語箚記)』,『전국책차
기(戰國策箚記)』 등이 있다.

550 왕원손(汪遠孫, 1789-1835): 청 절강 전당(錢塘) 사람. 자는 구야(久也), 호는 소미(小米) 또는
차한만사(借閑慢士)다. 가경 21년(1816) 거인(擧人)이 되고, 내각중서(內閣中書)를 지냈다.
『시경』에 정통하여 『시고보유(詩考補遺)』를 비롯하여 『삼가시고증(三家詩考證)』,『차한생
시사(借閑生詩詞)』 등을 지었다. 그 밖에 『국어고이발정고주(國語考異發正古注)』,『한서지
리교감기(漢書地理校勘記)』 등이 있다.

551 汪遠孫,『國語明道本考異序』, "舊題天聖明道本國語, 天聖宋仁宗年號, 明道乃仁宗改元. 卷末
署云天聖七年七月二十日開印, 明道二年四月初五日得眞本; 凡刊正. 增減, 是明道二年以天聖
印本重刊也."

552 오증기(吳曾祺, 1852-1929): 청말 후관현(侯官縣, 福州市) 사람. 자는 익정(翼亭), 익정(翊
庭). 함분선생(涵芬先生)으로 불린다. 장서가이자 훈고학자이다. 편저서로 『함분루고금문초
(涵芬樓古今文鈔)』,『좌전정화록(左傳菁華錄)』,『전국책보주(戰國策補注)』,『국어국책보주
(國語國策補注)』,『국어위해보정(國語韋解補正)』 등이 있다.

553 吳曾祺,『國語韋解補正』 범례, "『國語』一書, 古本無傳. 世所見者, 乃宋仁宗明道二年取天聖
印本重刊, 謂之天聖明道本."

있을 뿐만 아니라 선현들의 그와 같은 설도 근거가 있고 이치도 통하는지라 허 군의 경박함과 허황됨에서 비롯된 일은 아닌 듯합니다.

나는 장 군의 편지를 받고 당시 대단히 감동을 받았다. 요즈음 남의 논문을 읽고 직접 잘못을 찾아 지적하려는 사람이 거의 없기 때문이다. 그래서 나는 즉시 장 군에게 한 통의 답장을 써서 내가 붓을 들었을 때 단지 수중에 있는 자료와 판본에 관한 상식에 비추어 허 군이 말하는 것은 진실하지 못하다고 의심을 가졌고 당시 『사례거본국어(士禮居本國語)』와 그 유전(流轉)에 대해서는 정말 생각지도 못했다는 상황 설명과 함께 이것은 용인될 수 없는 소홀함의 결과이고 또한 진심으로 사과한다는 뜻을 전하였다. 그러나 장 군이 써서 보여 준 자료에 대해, 나는 여전히 『사례거본국어』를 의심하며 이것은 단지 "명도이년본중조(明道二年本重雕)"라고 부를 수 있을 뿐 "천성명도본(天聖明道本)"이라 불러서는 안 된다고 생각하는데 왜냐하면 그것은 분명 "명도 2년에 중간(重刊)"한 것이기 때문이다. 송 경우(景祐) 연간(1034-1038)의 『감본사기(監本史記)』가 『순화본(淳化本)』[554](990-994)을 중수(重修)하여 나온 경우도 마찬가지이다. 부증상(傅增湘)[555]은 『장원군서제기속집(藏園群

<hr />

554 『순화본(淳化本)』: 목판본으로 인출된 현존 최고본(最古本) 『사기』로 북송 순화 연간 (990-994)에 출판되었다. 이 책의 수보본(修補本)이 북송 인종 경우 연간(1034-1038)에 출판 되었는데 이를 '경우본'이라 하며 국자감에서 간행한 책을 '감본(監本)'이라 한다. 현재 경우본 일부가 대만 중앙연구원 역사어언연구소에 전존(傳存)하고 있다.

555 부증상(傅增湘, 1872-1949): 자는 원숙(沅叔), 호는 쌍감루주인(雙鑒樓主人), 장원거사(藏園居士)다. 광서 24년(1898) 진사가 되고 한림원서길사(翰林院庶吉士)를 지냈다. 송금(宋金) 시대의 판각본 150종, 원대 판각본 수십여 종 외에 명청 시대의 판각본을 다수 소장한 장서가 이자 교감학, 목록학, 판본학 등에도 조예가 깊었다.

書題記續集)』에서 "『순화본』과 같이 놓고 보면 이것(『경우본』)이 『순화본』의 적자(嫡子)임을 알겠다"라고 하였다. 그러나 동일한 이치로 이것은 "송경우본사기(宋景祐本史記)"라고만 칭할 수 있고 "순화경우본사기(淳化景祐本史紀)"라고 칭할 수는 없다. 『명도이년본국어』를 『천성명도본국어』로 부르게 된 경위는 책을 간행한 사람의 과장에서 비롯되었든지 아니면 황비열(黃丕烈, 蕘圃)의 문객(門客)들 소행이라고 당시 나는 생각했다.

뒤이어 『사례거본국어』를 도서관에서 빌려 왔는데 속표지에 "천성명도본국어"라는 글자가 찍혀 있었다. 그러나 전대흔(錢大昕, 1728-1804)의 '서(序)'를 보면 첫머리에 "현존하는 『국어』는 송 명도 2년의 참본(槧本, 목판본)이 가장 오래된 것이다"라고 되어 있다. 단옥재(段玉裁, 1735-1815)의 '서(序)'에서는 다음과 같이 말한다. "상숙(常熟)의 전씨(錢氏)가 명도이년각본(刻本)으로부터 영초(影鈔)556한 것이 그【황요포】의 집에 있어서 고천리(顧千里, 1766-1835) 군이 이를 세밀히 교열하였고 … 올해【가경 5년, 1800】 원초(原鈔)를 사용해 간행하여 동호인들과 함께 기쁨을 누리니, 이 책의 진면목이 비로소 드러나게 되었다."557 황비열(황요표) 본인도 또한 "교간명도본위씨해국어찰기(校刊明道本韋氏解國語札記)"라는 발문(跋文)에서 이렇게 말하고 있다. "『국어』는 송 공서(宋公序)558가 관(官)·사(私)에 있는 15-16종의 판본을 취해서 교

---

556 영초(影鈔): 송원(宋元) 시대의 구판(舊版)·구초(舊鈔)를 베낀 책. 점획(點劃)·판식(版式)이 원본과 다르지 않다.

557 段玉裁 '序', "常熟錢氏從明道二年刻本影鈔者在其(黃蕘圃)家, 顧君千里細意校出 … 今年(嘉慶五年)用原鈔付梓, 以公同好, 此書之眞面目始見."

정(校定)하여『보음(補音)』을 펴낸 이후 세간에 성행하게 되었다. 그 뒤에 중각(重刻)하는 책들은 모두 이를 원조로 삼지 않음이 없었다. 송공서의 손을 거치지 않은 '명도이년본'의 경우 명맥이 끊어질 위기에 청해 있다. … 나 황비열은 이 판본이 마침내 사라질 것이 심히 두려워 수장하고 있는 영초(影鈔)를 사용해 판각을 시작하여 세상 사람들에게 바치고자 한다."[559] 이것은 그들이 정식으로 쓰는 글에서는 단지 "명도이년본"이라고만 칭할 뿐 한 번도 "천성명도본"이라 칭한 적이 없었음을 말해 준다. 또 황요포가 중조(重雕)할 때 의거한 판본은 바로 그가 수장하고 있던 "영초(影鈔)"본이므로, 장이인 군의 이른바 "황요포가 그 초각(初刻)을 얻어"라는 주장도 명백히 틀린 말이다.

3

상술한『국어』는 "천성명도본"으로 칭해도 되고 또 "명도이년본"으로 칭할 수도 있는 것인가? 이 판본의 유래를 다시 추적 조사해 보면 황요포 이전에는 단지 "명도본" 또는 "명도이년본"이라고만 칭했을 뿐 결코 "천성명도본"이라 칭한 적이 없다는 것을 발견하게 된다. 그것을

---

558 송공서(宋公序, 宋庠, 996-1066): 북송 안주(安州) 안륙(安陸) 사람. 초명은 교(郊). 자는 백상(伯庠), 나중에 공서(公序)로 고쳤다. 천성 2년(1024) 진사가 되고, 한림학사, 참지정사(參知政事), 추밀사(樞密使)를 역임, 1049년 재상이 되었으나 2년 뒤 탄핵되었고, 그 후 다시 진영무군(鎭寧武軍), 사공(司空)을 지냈다. 저서에『송원헌집(宋元憲集)』40권,『국어보음(國語補音)』등이 있다.

559 黃丕烈, '校刊明道本韋氏解國語札記', "國語自宋公序取官私十五六本校定爲『補音』, 世盛行之. 後來重刻, 無不以爲祖. 有未經其手, 如此明道二年本者, 乃不絶如綫而已 … 丕烈深懼此本之逢亡, 用所收影鈔者開雕以餉世."

"천성명도본"이라 칭한 것은 황요포가 중조(重雕)했을 때의 속표지에서 처음 비롯되었다. 그 원인은 나의 추측으로는 전매(轉賣)로 쉽게 이득을 얻기 위해서이다. 왜냐하면 판본을 가지고 장난치는 사람은 그밖의 다른 골동품으로 장난치는 사람과 마찬가지로 종종 한손으로는 사들이고 다른 손으로는 팔아넘기는, 수장가인 동시에 골동품상을 겸하는 경우가 있기 때문이다. 섭창치(葉昌熾, 1849-1917)의 『장서기사시(藏書紀事詩)』 권5는 황비열시(黃丕烈詩) 주(注)에 구중용(瞿中溶, 1769-1842)의 『고천산관집(古泉山館集)』 중 '황요부제서(黃堯夫祭書)'라는 제목의 제2도(圖) 시(詩)의 세 번째 수(首) 자주(自注)를 인용하고 있는데 그에 의하면 "당시 황요부의 장서는 이미 대부분이 다른 사람에게 양도되었다"[560]라고 하고 있다. 심사원(沈士元)의 『제서도설(祭書圖說)』에서는 다음과 같이 말한다. "황군 소보【紹甫, 황비열의 자(字)】는 집안에 많은 장서를 갖고 있었다. 가경 연간(1796-1820) 신유년에서 신미년까지 연말이면 항상 아직 읽지 않은 책을 보관한 서재에서 책에 제사를 지냈다. 그 뒤로 상당 기간 중지하였다. 병자년 섣달 그믐날 밤에 다시 사례거(士禮居)에 제사를 지냈는데 처음부터 마지막까지 그 과정을 모두 그림으로 그려 두었다."[561] 그런즉 구중용이 제목을 붙인 제2도(圖)는 바로 가경 6년 신유년 다음해(가경 7년)인 임술년(1801)의 일이다. 황비열은 건륭 28년(1763) 계미년에 태어나 도광 5년(1825) 을유년에

---

560 葉昌熾, 『藏書紀事詩』 권5, 黃丕烈 紹甫, 瞿中溶'古泉山館集題黃堯夫祭書第二圖' … 自注云, "時堯夫藏書, 已多轉歸他姓."

561 葉昌熾『藏書紀事詩』 권5, 黃丕烈 紹甫, 沈士元'祭書圖說', "黃君紹甫(丕烈字), 家多藏書. 自嘉慶辛酉至辛未, 歲常祭書於讀未見書齋. 後頗止. 丙子除夕, 又祭於士禮居, 前後皆爲之圖."

죽었으므로 가경 7년 임술년은 황비열의 나이 아직 39세일 때인데 그 장서의 대부분이 이미 다른 사람에게 양도되었다니 그 판매 행위가 있었음을 알 수 있다. 『국어』명도본 뒷장의 낙관을 슬쩍 "천성명도본"으로 속여 부르는 것은 일반 수집가가 쉽게 알아차릴 수 있는 바가 아니다. 하지만 이로 인해 그 가치가 높아져 비싼 값을 요구하기가 쉬웠다. 그래서 황비열은 공식적인 글에서는 "명도본"이라고만 칭하다가 그 속표지에는 "천성명도본"이라고 새겨 넣었던 것이다. 이는 추측이지만 합리적 추측이라고 할 수 있다.

반조음(潘祖蔭)[562]이 편찬한 『사례거장서제발기(士禮居藏書題跋記)』권2 '국어이십일권교송본(國語二十一卷校宋本)'조 아래에는 전사흥(錢士興)이 권두와 글 뒤에 붙인 두 편의 발문(跋文)이 있는데 그중 하나의 발문에는 다음과 같이 되어 있다. "송판(宋版)『국어』2본(本) 중 하나는 우리 집안의 명도이년각본을 모사(摹寫)한 것으로 진본과 비교하여 조금도 차이가 없다. … 다른 하나는 송공서(宋公序)의 보음각본(補音刻本)이다."[563] 또 하나의 발문에서는 이렇게 말한다. "명도본 「주어(周語)」에 보이는 '단양공왈(單襄公曰) …'은 양(襄) 자 앞의 단(單) 자가 없어야 하는데 그런 점에서 송공서본이 정확하다고 하겠다. 「초어(楚語)」의 왕손위(王孫圍)는 명도본에 왕손어(王孫圉)로 되어 있는데 어느 것이

---

562 반조음(潘祖蔭, 1830-1890): 청 강소 오현(吳縣) 사람. 자는 백인(伯寅). 함풍 2년(1852) 진사가 되고 한림원편수, 공부상서를 지냈다. 저서로『반고루이기관지(攀古樓彝器款識)』, 『방희재총서(滂喜齋叢書)』, 『공순당총서(功順堂叢書)』가 있다.

563 潘祖蔭, 『士禮居藏書題跋記』권2 '『國語』二一卷校宋本', 전사흥(錢士興)의 발문(跋文), "宋版『國語』二本, 一摹吾家明道二年刻本, 比眞本不差毫發 … 一是宋公序『補音』刻本."

맞는지 잘 모르겠다."564 살펴보건대 전목재(錢牧齋, 전겸익)565가 48세 일 때 첩 주씨(朱氏)가 아들 손애(孫愛)를 낳았는데 뒤에 이름을 상안 (上安)이라고 하였다. 여기에 나오는 전사흥(錢士興)이 전목재 집안의 누구인지는 알 수 없다. 이른바 "우리 집안[吾家]"이 전목재 집안을 가리키는 말임은 의문의 여지가 없는 듯하다. 이로부터 『국어』 명도본의 초각본은 강운루(絳雲樓)에 소장되어 있었고, 이것은 경인년(순치 7, 1650)의 화재로 다 타버려 잿더미가 되었다는 것을 알 수 있다.

같은 조('국어이십일권교송본조')에서는 또 말하기를 권두에 전준왕(錢遵王)의 발문 한 편이 있다고 한다. 발문은 다음과 같다. "우리 집안에서 소장한 『국어』는 두 종류가 있다. 하나는 명도이년각본을 영초(影鈔)한 것이다. 다른 하나는 송공서(宋公序)의 『보음남송참본(補音南宋槧本)』이다. 잠시 두 판본을 참조해 보면, 명도본 『국어』에서는 '옛날 우리 선왕은 대대로 후직이 되어[昔我先王世后稷]'라고 되어 있는데, … 송공서본에서는 단지 '옛날 우리 선조는 대대로 후직이 되어[昔我先世后稷]'라고만 하였다. … 희공(僖公) 24년에 진(秦)나라 군사가 장차 정(鄭)나라를 습격하려고 주(周)나라 국문(國門)을 지나갈 때 명도본에는

---

564 潘祖蔭『士禮居藏書題跋記』권2 '『國語』二一卷校宋本', 전사흥(錢士興)의 발문(跋文), "明道本 「周語」 '單襄公曰 …' 襄字上應無單字, 以公序本爲正. 「楚語」 王孫圉, 明道本作王孫圉, 未審孰是."

565 전목재(錢牧齋, 錢謙益, 1582-1664): 명말청초 강남 상숙(常熟) 사람. 자는 수지(受之), 호는 목재(牧齋), 어초사(漁樵史)이다. 만력 38년(1610) 진사 급제 후 예부시랑을 역임하고 남명 (南明) 때 예부상서가 되었다. 문학으로 동남 지역에 명성이 높았으며 강운루(絳雲樓)를 짓고 많은 장서를 보관했으나 1650년 화재로 모두 불타 없어졌다. 저서에 『초학집(初學集)』, 『유학집(有學集)』, 『국초군웅사략(國初群雄史略)』, 『열조시집(列朝詩集)』 등이 있다.

'좌우 모두 투구를 벗고 몸을 굽혀 절을 하였다[左右皆免冑而下拜]'라 되어 있는데 … 송공서본에서는 또한 배(拜) 자가 빠져 있다. …"566 이로써 살펴보면 전사홍의 이른바 "우리 집안의 명도이년각본을 모사한" 자는 아마도 전목재의 집안 증손인 전준왕(錢遵王)일 것이다. 그러나 전준왕은 목재보다 47살이나 아래이고 강운루에 화재가 일어났을 때 전준왕의 나이 21세였으니 그렇다면 명도본『국어』를 영초한 자는 그의 아버지 전사미(錢嗣美)였을지도 모른다. 목재의 『족손사미묘지명(族孫嗣美墓志銘)』에는 전사미 역시 장서 모으기를 좋아한 사람이라고 되어 있다.

사례거총서(士禮居叢書) 안에는 모의(毛扆)567의 『급고각진장비본서목(汲古閣珍藏秘本書目)』이 있는데, 그 안에 "국어 5본 한 질[國語五本一套]"이 나열되어 있고 그 주(注)에 이렇게 쓰여 있다. "이것은 강운루(絳雲樓) 북송판을 영사(影寫)한 것으로 세본(世本)과는 크게 다르다. 예컨대 첫 장의 '옛날 우리 선왕은 대대로 후직의 벼슬을 지냈다[昔我先王世后稷]'는 세본(世本)과 비교해 '왕(王)'자가 하나 더 있는데 이는 『사기』와도 부합한다. 그 밖에도 이와 같은 사례가 매우 많으며 이것은 단지

---

566 潘祖蔭, 『士禮居藏書題跋記』 권2 '『國語』二一卷校宋本', 전사홍(錢士興)의 발문(跋文), "吾家所藏『國語』有二. 一從明道二年刻本影鈔. 一是宋公序『補音』南宋槧本. 間以二本參閱, 明道本『國語』云: '昔我先王世后稷' … 而公序本直云: '昔我先世后稷' … 僖二十四年秦師將襲鄭, 過周國門, '左右皆免冑而下拜' … 公序本又失去拜字 …"

567 모의(毛扆, 1640-미상): 명말 청초 강소 상숙(常熟) 사람. 호는 성암(省庵)이다. 부친 모진(毛晉)의 "급고각(汲古閣)" 장서가 오랫동안 명성을 유지하자 땅을 팔아 더 많은 선본(善本)의 구입과 관각 비용에 충당하였다. 『汲古閣珍藏秘本書目』 1권을 저술했는데 주(注)에 송본(宋本), 원본(元本), 구초(舊抄), 영송(影宋), 교송(校宋)본 등을 표기하였다.

그중 하나일 뿐이다. 6냥(兩)."568 모의(毛扆)는 모자진(毛子晉)569의 막

내아들이다. 이에 의거하면 『전초본(錢鈔本, 명도이년각본의 영초본)』은

이미 모 씨(毛氏)의 급고각(汲古閣)으로 들어갔던 것으로 보인다. 그러

나 급고각이 취득한 초본(鈔本)이 결국 전 씨(錢氏)의 원초(原鈔)본인지,

이를 얻은 모 씨(毛氏)가 그 전초본(錢鈔本)을 재차 전초(轉鈔)한 것인지

는 여전히 문제가 있으며 이는 뒤에서 다시 얘기하겠다.

이 명도본 『국어』 영초본(影鈔本)이 모(毛) 씨 이후 유전(流轉)된 상

황은 육심원(陸心源)570의 『의고당제발(儀顧堂題跋)』에 의거하면 다음

과 같다. "… 이 책【명도본 『국어』】은 강운루 북송본을 영사(影寫)한 것

으로, 원래 5본(本)으로 장정되어 있고, 급고각비본서목(汲古閣秘本書

目)에 보인다. 뒤에 반가당(潘稼堂) 태사(太史)에게로 돌아갔다. 건륭·

가경 연간에 황요포(黃蕘圃, 황비열)가 이것을 취득하였다. 황 씨가 보

관할 수 없어 왕사종(王士鍾)에게로 돌아갔다. 그 후 금궤(金匱, 강소성)

의 채정상(蔡廷相)571에게로 돌아갔다. 내가 외국 은화 1백 매를 주고

---

568 毛扆 『汲古閣珍藏秘本書目』, "國語五本一套", 注: "自絳雲樓北宋版影寫, 與世本大異. 即如首
　　章'昔我先王世后稷', 較世本多一'王'字, 此與 『史記』合. 他如此類甚多, 此特其一耳. 六兩."

569 모자진(毛子晉, 毛晉, 1599-1659): 모의(毛扆)의 부친으로 자는 자문(子文) 또는 자진(子晉),
　　호는 잠재(潛在)다. 8만여 권의 장서를 급고각루(汲古閣樓)와 목경루(目耕樓)에 소장했으며
　　송·원 시대 선본(善本)이 많았다. 『진체비서(津逮秘書)』『십삼경주소』, 『문선(文選)』 등 많
　　은 책을 복각하였고 판심(版心)마다 "급고각(汲古閣)"이란 글자를 찍어 놓았다. 개인장서가
　　로서는 역대 가장 많은 책을 소장하였고 후세에 매우 큰 영향을 미쳤다.

570 육심원(陸心源, 1834-1894): 청 절강 귀안(歸安) 사람. 자는 강보(剛父), 호는 존재(存齋) 또는
　　잠원노인(潛園老人)이다. 함풍 9년(1859) 거인(擧人), 복건염운사(福建鹽運使)를 역임했다.
　　500여 종에 달하는 송·원 시기 구간(舊刊)을 벽송루(皕宋樓)에 보관하였다. 교감에 정통하
　　고 금석학을 깊이 연구하여 『금석학록보(金石學錄補)』를 저술했고, 그 밖에 『십만권루총서
　　(十萬卷樓叢書)』, 『벽송루장서지(皕宋樓藏書志)』, 『당문습유(唐文拾遺)』 등이 있다.

취득하였다. 모 씨(毛氏)의 영송본(影宋本)은 아직도 여기에 정통한 자가 있다. 이것은 바로 송본(宋本)이 오래전에 망실되고 세상에 또 이런 본(本)이 없기 때문에 전죽정(錢竹汀)·단무당(段懋堂) 제공(諸公)들이 특히 이를 중시한 덕분이다."[572] 육 씨의 장서는 10만 원(元)에 일본인 이와사키[岩崎] 씨의 정가당문고(靜嘉堂文庫)에 팔렸고, 현재 『정가당비서지(靜嘉堂秘書志)』 권5에 『국어모초명도본오위소주오본(國語毛鈔明道本吳韋昭注五本)』이란 제명으로 목록에 들어 있다. 이상 영초(影鈔) 송본 『국어』의 유전에서 사례거중조본(士禮居重雕本) 속표지 명칭의 영향을 받지 않은 것은 "천성명도본"이라 칭하지 않았다.

상술한 영초명도본(影鈔明道本) 『국어』의 원류 외에도 교감 방면에서 간략히 얘기할 것이 있다. 반조음(潘祖蔭, 1830-1890)이 편찬한 『사례거장서제발기(士禮居藏書題跋記)』 권2 '국어이십일권교송본(國語二十一卷校宋本)' 아래에는 권말에 있는 섭석군(葉石君)의 지어(識語)를 적어 놓았다. 또한 칙선(敕先) 육이전(陸貽典)[573]의 '교발(校跋)' 2조가 있는데

---

571 채정상(蔡廷相, 미상): 현전하는 각종 채씨 인감(印鑑)의 선본서(善本書)로부터 보면 장서는 형제로 보이는 채정상과 채정정(蔡廷楨, 1802년경-미상)이 함께 소유했던 것 같다. 형 채정정은 청 강소 금궤(金匱, 無錫) 사람으로 자는 탁여(卓如), 호는 가목(佳木)이다. 생전의 이력은 미상이나 집안이 모두 풍부한 장서를 갖고 있었는데 그중 송원시대 각본(刻本)이 매우 많았다고 한다.

572 陸心源, 『儀顧堂題跋』, "… 此書(明道本『國語』)從絳雲樓北宋本影寫, 原裝五本, 見汲古閣秘本中目. 後歸潘稼堂太史. 乾嘉間爲黃蕘圃所得; 黃不能守, 歸於王士鍾. 後歸金匱蔡廷相. 余番佛百枚得之. 毛氏影宋本, 尚有精於此者. 此則以宋本久亡, 世無二本, 故尤爲錢竹汀·段懋堂諸公所重耳."

573 육이전(陸貽典, 1617-1686): 명말 강소 상숙(常熟) 사람. 일명 육전(陸典), 육방원(陸芳原)이라고도 한다. 자는 칙선(敕先), 호는 적암(覿庵). 전겸익(錢謙益) 문하에 있었다. 교감에 정통하고 장서 중에 선본(善本)이 많았다. 장서루 이름은 현요재(玄要齋), 이지당(頤志堂)이라 했다.

307

그중 하나에 이렇게 되어 있다. "전준왕(錢遵王)이 전종백(錢宗伯, 전목재)의 집에 소장된 송각본(宋刻本)을 인사(印寫)한 것으로 지금의 본과 크게 다르다. 이것은 현재 섭림종(葉林宗)에게로 돌아갔다. 교감을 빌미 삼아 대충 훑어보았다. 무술년 여름 5월 6일 상숙(常熟)의 육이전(陸貽典)이 교감을 끝내고 적다."[574] 살펴보건대 무술년은 순치(順治) 15년(1658)이다. 또한 혜송애(惠松崖, 惠棟)[575]의 교발(校跋) 8조를 담아 놓았는데, 어떤 곳에서는 "영사본(影寫本)"이라 칭하고 또 어떤 곳에서는 "전씨본(錢氏本)" 혹은 "명도본(明道本)"이라 칭하기도 한다. 황비열은 건륭 경술년【건륭 55, 1790】부터 건륭 을묘년【건륭 60, 1795】8월까지 모두 교발(校跋) 6조를 남겼는데, 그가 근거한 본은 송 추애(秋崖) 임교(臨校) 혜송애 교본(校本), 육칙선(陸敕先) 교본, 산동 공씨(孔氏) 교간본(校刊本), 절강인 대석경(戴石經)의 임본(臨本), 맨 마지막으로 비로소 "영사(影寫)『명도본』을 얻어 나의 벗 고간빈(顧澗薲)에게 교정을 부탁하였다. … 지금부터『국어』판본은 이것을 최우선으로 삼아야 할 것이다"[576]라 하고 있다. 그로부터 4년이 흐른 가경 4년(1799) 황비열은 다시 그 중조본(重雕本)의 뒤에 붙이는 교발(校跋)을 쓰고 있다. 다시 1년

---

574 潘祖蔭『士禮居藏書題跋記』권2 '『國語』二一卷校宋本'條, 陸貽典(字敕先) 校跋, "錢遵王印寫錢宗伯的家藏宋刻本, 與今本大異; 今歸於葉林宗. 借勘一過. 戊戌夏五月六日常熟陸貽典校畢識."

575 혜동(惠棟, 1697-1758): 청 강소 오현(吳縣) 사람. 자는 정우(定宇) 또는 송애(松崖), 호는 소홍두선생(小紅豆先生)이다. 조부 혜주척(惠周惕)과 부친 혜사기(惠士奇)의 가학을 계승하여 오파경학(吳派經學)을 확립했다. 저서로는『주역술(周易述)』,『역한학(易漢學)』외에『고문상서』가 위작(僞作)임을 밝힌『고문상서고(古文尙書考)』와『주역본의변증(周易本義辨證)』,『좌전보주(左傳補注)』등이 있다.

576 黃丕烈 校跋, "影寫『明道本』, 屬余友顧澗薲正之 … 而今而後,『國語』本當以此爲最."

이 지난 가경 5년에 곧 그 중조본이 출판된다. 상술한 일련의 교발(校
跋) 중에 "천성명도본국어"라는 문구가 나온 적은 결코 없다.

　전태길(錢泰吉)[577]의 『폭서잡기(曝書雜記)』 권하 "고간빈소교서(顧澗
蘋所校書)"조를 보면 "황각(黃刻, 黃은 황비열)『국어』, 『국책(國策)』"이라
는 항목이 있다. 송상봉(宋翔鳳, 1799-1860)의 『철금동검루장서목록서
(鐵琴銅劍樓藏書目錄序)』에서는 "황 군이 중간(重刊)한 『국어』, 『국책』
은 모두 고간빈이 그를 위해 손수 교정하였다"[578]라 하고 있다. 그런즉
황 씨가 중간한 『국어』에 대해 적당한 명칭을 정하는 일에 고간빈보
다 더 나은 자는 없다고 할 것이다. 고간빈이 황비열을 위해 지은 『백
송일진부(百宋一塵賦)』의 주(注)에서는 "이 책【생각건대 섬씨본(剡氏本)『전
국책』영모중간본(影摹重刊本)을 말함】과 내가 경신년에 간행한 '명도본영
초국어'는 모두 자못 세간에 통행되었다"[579]라고 하고 있다. 고간빈의
위의 말로 미루어 보면 사례거본『국어』는『여정지견전본서목(邵亭知
見傳本書目)』[580]「잡사류(雜史類)」에서처럼 "황비열방송명도이년간본(黃
丕烈仿宋明道二年刊本)"이라 칭하거나, 무예풍(繆藝風)이 장지동(張之洞)
을 위해 지은 『서목답문(書目答問)』「고사(古史)」제4와 같이 "황씨사

577　전태길(錢泰吉, 1791-1863): 청 절강 가흥(嘉興) 사람. 자는 보의(輔宜), 호는 경석(警石)이
　　다. 훈고학과 교감학, 금석학 등에 조예가 깊었다. 저서에『폭서잡기』,『감천향인시문고(甘
　　泉鄉人詩文稿)』,『감천향인이언(甘泉鄉人邇言)』등이 있다.
578　宋翔鳳『鐵琴銅劍樓藏書目錄序』, "黃君重刊『國語』·『國策』, 皆顧君澗蘋爲之手定."
579　顧澗蘋『百宋一塵賦』注, "此書(按指剡氏本『戰國策』影摹重刊本)與予庚申年刊明道本影鈔『
　　國語』, 皆頗行於世."
580　청대 한림원서길사(翰林院庶吉士) 막우지(莫友芝, 1811-1871)가 지은 판본목록서. 여정(邵
　　亭)은 그의 호다.

례거방송각본(黃氏士禮居仿宋刻本)"이라 칭하거나, 『해원독서지(邸園讀書志)』 권2와 같이 "황씨사례거영간명도본(黃氏士礼居影刊明道本)"이라 부르거나, 『증정사고간명목록표주(增訂四庫簡明目錄標注)』 「잡사류(雜史類)」와 같이 "황씨방송명도이년각본(黃氏仿宋明道二年刻本)"이라고만 부를 수 있다. 절대로 사례거본중조(重雕)본의 속표지에서처럼 "천성명도본국어"라 불러서는 안 될 것이다. 이러한 호칭은 판본학적으로 맞지 않는다.

그리고 『문록당방서기(文祿堂訪書記)』 권2 "국어 십일권"조에는 장옥(章鈺)이 갑인년(민국 3, 1914) 맹동(孟冬)에 쓴 장문의 발문(跋文)이 담겨 있다. 장옥은 해풍(海豐) 오씨(吳氏)의 거처에서 육칙선(陸敕先, 陸貽典)이 전준왕(錢遵王)의 영사강운루명도본(影寫絳雲樓明道本)에 근거하여 지은 교본(校本)을 보고는 이를 얻어 '사례거본국어'와 서로 대조한 결과 양자 사이에 큰 차이가 있음을 발견하였다. 이에 그는 결론내리기를 "황 씨가 '영사명도본(影寫明道本)'이라 칭한 것은 전록본(傳錄本, 轉寫本)이다. 『단옥재서』에서 전 씨(錢氏)의 원초(原鈔)를 사용해 간행했다는 말도 동호인들을 위해 가탁한 말이다"라 하고 발문 뒤에 교기(校記) 1권을 덧붙여 놓았다. 이것은 앞에 적어 놓은 육칙선의 교감 발문 중 전준왕초본(錢遵王鈔本)이 "지금은 섭림종(葉林宗)에게로 돌아갔다"라는 말을 하면서도 그것이 모자진(毛子晉)에게로 돌아갔다는 말을 하지 않은 것으로 증명된다. 그들은 모두 동 시기 사람이므로 모 씨의 급고각이 취득한 판본은 결국 전씨(錢氏)의 초본(鈔本)을 다시 전초(轉鈔)한 것이며 결코 전 씨 자신의 초본(鈔本)이 아니다. 그러므로 전사흥(錢士興)은 전 씨 초본을 일러 "이것은 진본과 조금도 다르지 않다"라고 하였고, 육심원(陸心源)은 모씨로부터 전전하여 유입된 초본에 대해 오히려 완곡한 비평을 가했던 것이다. 그렇게 되면 황 씨로부터 여러 사람의 손을 거쳐 일본 정가당(靜嘉堂)으로 흘러들어 간 이른바 전씨영사 강운루본(錢氏影寫絳雲樓本)에도 문제가 발생한다.

나는 정치적인 오류나 사기(詐欺)는 사회대중과 이해관계가 밀접하게 연관되어 있기 때문에 동시대에 바로 발견할 수 있다고 종종 말한다. 그러나 학술적인 오류나 사기는 이것을 전력으로 탐구하고 집중적으로 연구하기가 쉽지 않기 때문에 잘못된 것을 답습하면서 수천 수백 년이 흘러도 깨닫지 못하는 경우가 많다. 학술적인 양심이 정치적인 양심보다 훨씬 더 중요한 이유는 여기에 있다.

부록 3

주공단(周公旦)이 즉위, 칭왕(稱王)을 했는
지의 문제에 대한 진몽가(陳夢家), 굴만리
(屈萬里) 두 선생과의 토론

1. 현대 중국사학의 반성

기원전 1100년경【원주1】 주(周)나라 무왕(武王)이 은(殷)나라를 멸망시킨 지 6년 만에 세상을 떠났는데, 그 동생 주공(周公) 단(旦)이 즉위하여 7년간 칭왕(稱王)한 뒤 다시 무왕의 원자(元子) 성왕(成王)에게 정권을 돌려준 적이 있는가 하는 문제는 주나라 초의 몇 가지 중요한 문헌의 해석과 관계가 있을 뿐만 아니라 "고금(古今)의 변화를 관통하는" 우리나라 고대사 자체의 변천 상황 이해와도 관계가 있다. 더 중요한 것은 이를 통해 "사학(史學)" 자체에 대한 깊은 반성을 할 수 있다는 점이다.

역사학은 극히 간단히 말해서 자료, 자료에 대한 해석, 그리고 해석에 의한 "복원성(復原性)"적 배열로 구성되어 있다. 이 과정에서 역사연구자의 암묵적 혹은 명시적인 약간의 관념들, 즉 사물을 가늠하는 개인의 관점【또는 척도라 불러도 좋다】에서 발생하는 중대한 작용을 빼놓을 수 없다. 이론적으로 말하면 역사연구자의 역사에 대한 관념은 응당 자료로부터 추출, 취합하여 얻어져야 한다. 이것이 바로 일반적으로 말하는 객관적 태도 또는 관념이다. 그러나 실제로 이러한 일은 거의 불가능에 가깝다. 자료의 추구와 발견은 반드시 어떤 관념에 의해 유도되기 마련이며, 관념과 관계없는 자료는 종종 무시된다. 특히 자료 해석에 있어서는 관련 관념을 분석과 종합의 관건으로 삼는 경우가 많다. 아무런 관념을 갖지 못한 사람은 눈앞에 놓인 자료들을 전혀 해석할 능력이 없는 사람이기도 하다. 관념은 사실 오랜 경험의 축적에서 나온 것이다. 경험의 확충은 견문의 폭에 달려있을 뿐만 아니라 특히 한 개인의 반성 능력과 습성과도 관련이 있다. 반성의 능력과 습성을 소유한 사람은 끊임없이 새로운 자료를 통해 자신의 원래의 관념과 해석을 수정해 나갈 수 있다. 이때는 원래의 관념을 기반으로 사료를 추적하고 자료를 해석하면서, 동시에 새로운 자료를 기반으로 원래의 관념을 돌파하여 자료에 부합하는 새로운 관념을 형성하기도 한다. 이렇듯 자료와 관념은 서로 연관되어 서로를 증진시킨다. 이러한 반성의 능력과 습성을 갖지 못한 사람은 자료를 사용하여 자신의 원래의 관념을 증익시킬 수 있을 뿐이며, 자신의 원래 관념에 부합하지 않는 자료들은 삭제되거나 왜곡되는 길밖에 없다. 그러나 관념은 경험에서 나온다. 개인의 경험에서 나온 관념을 돌파하는 것은 비교적 쉽지만 시대의 경험에서 나온 관념, 즉 한 시대를 뒤덮고 있는 관념을 돌파하는 것은 극히 어렵다. 이는 관련 자료의 해석과 그 해석으로 인한 역사의 파악에 영향을 미친다.

우리나라 고대사를 연구하는 데는 두 가지 큰 어려움이 있다. 첫째, 자료 면에서 문헌자료와 출토자료를 다 모아 놓는다 해도 당시의 실제 상황에 비추어 보면 여전히 편린에 불과하며, 문헌자료들은 오랜 구전(口傳)을 거쳐 한 사람 또는 여러 사람에 의해 완전히 같지 않은 때와 장소에서 우연히 기록된 것들이 많다. 구전 과정에서 증익된 내용과 기록자 개인과 시대의 영향이 하나의 이야기 안에 혼재되어 종종 진실과 거짓이 뒤섞이고 시간의 선후가 뒤바뀌기도 한다. 이것에 대해 진짜를 취하는 경우 그 자료 전체를 진짜라고 보고, 가짜를 취하는 경우

[부록 3] 주공단(周公旦)이 즉위, 칭왕(稱王)을 했는지의 문제에 대한 진몽가(陳夢家), …

그 자료 전체를 가짜라고 보는 태도, 그중에서도 후자의 태도를 취할 경우 고사(古史)라고 할 만한 것이 없다. 그 결과, 고힐강처럼 자형(字形)으로 볼 때 우(禹)임금은 한 마리 벌레[虫]였다고 결론을 내릴 수밖에 없었으니, 중국 고대 신화를 연구하는 일본인들 중 적지 않은 사람들이 이 길을 따르고 있다. 문자 훈고(訓詁)상의 어려움은 더 말할 것도 없다.

둘째, 역사의 변천은 항상 굴곡진 길을 걷는다. 특히 인간 자신의 지혜와 행위는 단순화된 진화 관념으로 추론할 수 없는 경우가 많다. 가령 자신이 살고 있는 "현대"에 대해 완전하게 파악하지도 못하고 현대의 사물과 관련된 합리성에 대해 매우 제한적으로 이해하고 있으면서도, 이를 기준점으로 역추적하여 진화론적 입장에서 어떤 일들은 고대에 출현해서는 안 된다고 생각하거나 또 어떤 일들은 현재의 관점에서 불합리하게 보이므로 고대에는 응당 존재해서는 안 된다고 생각한다면, 이는 고금의 변화에 통달할 수 없을 것이다.

위의 두 가지 관점은 전혀 쓸모가 없는 것은 아니지만 종종 큰 위험을 무릅쓰기도 쉽다.

위에 언급한 어려움은 근대 학문이 이미 발달한 국가에서 점차 극복되고 있다. 그러나 우리는 지난 3백 년 동안 학문적으로 일부 진전은 있었으나 전반적인 침체 내지 후퇴를 상쇄하기에는 거리가 멀었고 특히 역사학에서는 더욱 그랬다. 위에 언급한 두 가지 큰 어려움은 우리나라에서 의고파(疑古派)의 출현을 촉진시켰다. 의고파의 의의는 전통적 역사학에 대한 반성을 불러일으키고 이러한 반성으로부터 새로운 노력을 불러일으켰다는 점에 있다. 그러나 그들의 관념으로 인해 우선 중국의 역사는 전통적인 주장처럼 그렇게 장구하지 않을 것이라고 판단했기 때문에 그들은 고대사 대부분을 후세사람들이 지어낸 허구로 간주하였고, 이러한 허구를 폭로하고 진실한 고대사를 새로 건립할 책임이 자신들에게 있다고 보았다. 더욱이 그들이 개인적으로 추구한 출발점은 새롭고 기발한 주장을 통해 개인의 명성을 얻는 데 있었지 구체적인 연구를 통해 개인의 책임을 다하는 데 있지 않았다. 그들이 시종 자료 위를 둥둥 떠다니며 천박한 지식으로 경솔하고 무책임한 논단을 일으켜 역사학을 혼란과 허무의 경지로 이끌어 간 것은 필연적인 현상이었다. 만약 근래 수십 년간 특히 근래 20년간 고고학 방면에서의 중대한 발견이 없었다면 서주(西周)와 그 이전의 역사는 완전히 후인들이 허구로 지어낸 신화로 간주될 것이고, 서주 공화(共和)[581] 시대 이후의 역사 또한 몇 분의 몇은 폐기되었을 것이다.

역사의 허무주의에서 벗어나 중국고대사를 새롭게 다시 건립하고

---

581 공화(共和) 시대: 서주 10대 여왕(厲王)은 강력한 중앙 통제를 시행하여 재정의 건실화를 추구하는 동시에 형법을 제정하여 불안한 치안상황을 개선하려 했으나, 백성들의 불만이 폭발하여 결국 여왕은 도읍을 버리고 체(彘, 산서 곽현)로 도망하였고 이후 B.C.841년부터 B.C.828년까지 주공단(周公旦)과 소공석(召公奭)의 후손인 두 재상이 공동으로 집정했는데 이 14년간을 '공화 행정(共和行政)' 혹은 '공화 시대'라고 부른다. 여왕이 체에서 죽고 그 아들 선왕(宣王)이 즉위하면서 공화 행정은 끝이 났다. 선왕은 나라 안을 정비하고, 주변의 이족(夷族)인 서이(徐夷), 회이(淮夷), 형초(荊楚), 엄윤(玁狁)을 정벌하여 한때 국력을 회복하여 '선왕 중흥(宣王中興)'을 일으켰지만 이는 일시적인 현상이었고, 그 아들 유왕(幽王)이 즉위하면서 다시 혼란에 빠졌다. 유왕은 포사(褒姒)를 총애하여 신후(申后)와 태자 의구(宜臼)를 폐위시켜 정치적으로도 혼란을 가져왔다. 폐위된 신후의 아버지 신후(申侯)가 서쪽의 견융(犬戎)과 연합하여 호경을 공격함으로써 결국 유왕은 여산(驪山) 아래에서 죽임을 당하고 태자 의구가 계위하여 평왕(平王)이 되었다. B.C.770년 낙읍으로 수도를 옮겼고 '주(周)의 동천(東遷)'으로 동주(東周) 시대가 시작된다.

자 했던 것은 곽말약(郭沫若)을 대표로 하는 "모방사학(模仿史學)"이었다. 이른바 모방사학이란 마르크스·엥겔스가 말하는 서구의 역사발전단계를 모방하여 중국의 역사를 그대로 그 틀 속에 끼워 넣어 마르크스·엥겔스가 의도한 역사발전의 법칙에 부합시키는 것이다. 마르크스·엥겔스는 "생산력", 그리고 생산관계에서의 계급투쟁을 인류역사발전의 "철칙(鐵則)"으로 내세웠는데 역사의 해석에 있어서 그 의의를 완전히 부정할 수는 없을 것이다. 그러나 마르크스·엥겔스는 역사가도 아니었고, 동양의 역사에 대해서는 더더욱 아는 것이 없었다. 그들이 말하는 "아시아적 생산양식"은 그들이 동양 역사의 발전과 서양의 역사발전을 극히 개략적인 방법으로 구별한다는 것을 보여줄 수 있을 뿐이며, 이는 학문에 대한 그들의 신중한 태도를 드러내는 것이기도 하다. 그들이 서양의 1백 년간 역사학에 대해 전혀 영향을 미치지 않았던 것은 아니다. 그러나 그 영향은 단지 국부적일 뿐 전면적인 것은 아니었고, 간접적일 뿐 직접적인 경우는 매우 드물었다. 제식적인 저작 외에 중국의 역사를 그들의 단순한 틀에 억지로 끼워 맞추는 것은 학문적으로 부회하는 일일 뿐만 아니라 정치적으로도 무슨 필요가 있는지 모르겠다. 모방은 인류가 새로운 사물에 접하여 이를 배우고자 할 때 반드시 거쳐야 하는 단계이다. 모방의 단계에서 독립적인 연구로 넘어가는 것은 불가능한 일이 아니다. 그러나 중국공산당이 관념에 의한 자료 통제를 강조하는 시대에는 모방사학에서 벗어나기가 더 어려울 수 있다.[582]

---

[582] "그러나 중국공산당이 ~ 더 어려울 수 있다." 이 문장은 대만본에만 있다.

2. 역사 속에서의 주공(周公) 문제의 변천과
그 재론

주공이 즉위하여 칭왕(稱王)을 한 적이 있는지에 대해 양한과 그 이전의 관련 자료들은 모두 이를 긍정하고 있다. 『상서(尙書)』 관련 문헌 속의 "왕(王)"이 주공인지에 대해서도 금문·고문 경학자들 모두 긍정적인 입장이다. 왕숙(王肅), 그리고 왕숙의 위작(僞作)일 가능성이 있는 『공안국전(孔安國傳)』에 와서야 다른 설이 제출되기 시작하였고, 육조·수당 경학에서는 긍정과 부정이 교차되고 있다. 송대에 이르면 선진 및 한대 사람들의 유설(遺說)과는 달리 주공의 즉위와 칭왕을 철저히 부정하고 있다. 『상서』 관련 문헌 속의 "왕"에 대해서는 아무도 이를 주공으로 인정하지 않았다. 청대의 건가학파(乾嘉學派)는 "한학(漢學)"을 표방했기 때문에 일부 사람은 양한의 유설(遺說)을 회복하기도 하였다. 일부 사람은 비록 한학을 표방하고 심지어 금문학파를 표방하긴 했지만 이 문제에 있어서는 도리어 송인(宋人)들의 굴레에 속박되어 헤어나지 못하였다. 지금 진몽가(陳夢家), 굴만리(屈萬里) 두 선생이 다시 송인들의 옛 길로 들어서고 있다.

선진 및 전한 시기 경학자들은 어째서 모두 주공이 즉위, 칭왕했다는 설을 인정하는 것일까? 당시의 군신(君臣)관계는 상대적이었고 또 "천하위공(天下爲公)"에 대한 요구도 강렬했기 때문에 그들의 관념 속에서 주공이 즉위하여 칭왕하는 것은 흔히 있는 일이자 당연한 일이기도 했다. 반고(班固) 부자 이후로는 "천하를 한 집안으로 여기는[家天下]" 관념이 일반적으로 받아들여졌으나 경학의 전통이 단절되지 않았기 때문에 아직 전한 경학자들의 유설(遺說)이 방기되지는 않았다. 왕숙(王肅)은 정현(鄭玄)과 매우 다른 견해를 보였는데, 그 정치적 배경을 보면 조상(曹爽)을 반대하고 사마씨(司馬氏)를 가까이했으므로 그의 이설(異說)은 여기서 유래했을지도 모른다. 군신관계는 송유(宋儒)에 이르러 절대화된다. 송대의 여러 유자(儒者)들은 정명도(程明道)·육상산(陸象山) 계통을 제외하고는 군신(君臣) 간의 분(分)을 절대로 넘을 수 없는 불변의 진리로 보았다. 주공이 즉위하여 칭왕을 했다는 것은 그들의 관념으로는 도저히 용납될 수 없는 일이었고 따라서 선진·양한의 유설과는 달리 송유들은 주공이 칭왕한 사실이 없다고 단언하였다. 『상서』 중 관련 문헌 속의 "왕"을 성왕(成王)으로 해석할 수 없는 경우는 이를 무왕(武王)이라고 할 수밖에 없었는데, 예를 들어 『주자어류(朱子語類)』 권79에는 다음과 같이 되어 있다.

「강고(康誥)」 세 편(「주고」, 「재재」편까지 포함), 이것은 의심할 여지없이 무왕의 서(書)이다. 그곳에서는 분명하게 이렇게 말하고 있다. "왕이 다음과 같이 말씀하셨다. '맹후(孟侯)인 나의 아우 소자(小子) 봉(封)[583]아!'" 어찌 주공 쪽에서 성왕의 명으로 강숙(康叔)을 명하고 갑자기 자기 뜻을 말하며

---

[583] 봉(封): 강숙(康叔)의 이름. 강숙은 주나라 문왕의 6남이자 무왕의 동모제. 무왕 사후 성왕이 즉위하였으나 나이가 어려 주공단(周公旦)이 섭정이 되어 나라를 다스렸는데, 무왕의 동생들 관숙(管叔)과 채숙(蔡叔), 곽숙(霍叔)이 이에 불만을 품고 '삼감(三監)의 난(亂)'을 일으켰다. 난을 평정한 주공은 삼감을 폐지하고 상(商)의 영토를 둘로 나누어 상의 유민(遺民)들에 대한 통제를 강화하고 유민들을 회유하는 한편으로 자신의 막냇동생인 강숙(康叔) 희봉(姬封)을 위(衛)의 제후로 봉하여 지금의 하남성 북부와 하북성 남부 지역의 지배를 맡겼다.

고할 수가 있겠는가? 결코 이와 같을 수는 없다. 오봉(五峰),[584] 오재로(吳才老)[585] 모두 이를 무왕의 서(書)라 하였다. …[586]

"「강고(康誥)」, 「주고(酒誥)」는 무왕이 강숙에게 명하는 말이며 성왕의 말이 아니다."[587] 주자의 학생이었던 채침(蔡沈)[588]은 주자의 유지(遺志)를 받들어 『서집전(書集傳)』을 지었는데 당연히 주자의 관점을 고수하였다. 청대 사람들은 한편으로는 한학을 표방했지만 군신(君臣) 간 대의(大義)는 사람들 마음속에 더 깊이 뿌리내려 만약 주공이 신하된 몸으로 칭왕을 했다면 "장차 어떻게 성인(聖人)이 되었겠는가?"라고 생각하였다. 그러므로 이 점에 있어서 그들은 한대의 경학자들을 이해

---

584 오봉(五峰): 호굉(胡宏, 1106-1161)의 호. 호안국(胡安國)의 아들로, 이름은 굉(宏), 자(字)는 인중(仁仲)이다. 양시(楊時)에게 사사(師事)하였고, 뒤에 양시·이정(二程)의 이학(理學)을 계승하여 자신의 독창적인 오봉학파(五峯學派)를 창시하였으며, 주희(朱熹)·장식(張栻)·여조겸(呂祖謙) 등에게 영향을 미쳤다. 저서에 『지언(知言)』, 『오봉집(五峰集)』, 『황왕대기(皇王大紀)』 등이 있다.

585 오재로(吳才老, 오역(吳棫), 1100-1154): 송 건주(建州) 건안(建安) 사람으로 자는 재로다. 휘종 정화 8년(1118) 진사가 되고, 고종 소흥 연간에 태상승(太常丞)에 올랐으나 진회(秦檜)의 미움을 사 천주통판(泉州通判)으로 쫓겨났다. 저서로 『서비전(書裨傳)』, 『시보음(詩補音)』, 『초사석음(楚辭釋音)』, 『운보(韻補)』, 『자학보운(字學補韻)』 등이 있다. 주자가 평하기를 "근대의 훈석학(訓釋學)으로는 재로가 가장 낫다"라고 하였다.

586 『朱子語類』 권79, "康誥三篇, 此是武王書無疑. 其中明明說, '王若曰, 孟侯朕其弟, 小子封', 豈有周公方以成王之命命康叔, 而遽迹己意而告之乎? 決不解如此. 五峰吳才老, 皆說是武王書 …"

587 『朱子語類』 권79, "康誥·酒誥, 是武王命康叔之詞, 非成王也."

588 채침(蔡沈, 1167-1230): 남송 건주(建州) 건양(建陽) 사람. 자는 중묵(仲默), 구봉선생(九峰先生)으로도 불렸다. 주희(朱熹)를 사사하였고, 부친 사후 구봉(九峰)에 은거하면서 주희의 명령으로 『상서』에 주를 달았는데, 10여 년의 시간이 걸려 영종(寧宗) 가정(嘉定) 2년(1206) 『서집전(書集傳)』을 완성했다. 여러 학설을 종합하고 주석(注釋)이 명석하여 원나라 이후 과거시험을 준비하는 선비들에게 필독서가 되었다. 그밖에 『홍범황극(洪範皇極)』, 『채구봉서법(蔡九峰筮法)』 등이 있다.

할 수가 없었다. 청나라 말기에 이르러 군신관계에 대한 관념이 점차 변화하면서 만기 한학자들 중 오히려 양한 특히 전한의 학문을 사승(師承)하는 자들이 많이 있었다. 진몽가, 굴만리 두 선생은 송인(宋人)들의 학설이 그들이 추구하는 신의고(新疑古)의 요구에 부합했기 때문에 송인들의 전철을 답습하는 수밖에 없었다. 기본 자료는 같지만 관념의 변화로 인해 부지불식간에 해석에 변화가 일어난 것이다.

나는 이전에 진몽가가 초창기에 펴낸 『상서』에 관한 소책자를 본 적이 있는데, 이것은 바로 의고파(疑古派)의 기풍을 한층 발휘한 책이었다. 이 책은 한동안 찾을 수 없었고 꼭 비평할 가치가 있는 책도 아니다. 요즘 몇 년간 그는 갑골문과 금문 방면에서 적지 않은 연구를 해 왔는데 갈수록 소박함과 세밀함을 더해 가고 있다. 그러나 주공이 칭왕을 했는지의 문제에 대해서는 태도를 바꾸지 않았다. 여기에 먼저 그의 『서주동기단대(西周銅器斷代)』(1) 중에서 관련 논점을 초록해 둔다.

1. "『일주서』「작락(作雒)」편에서는 삼감(三監)에 대한 토벌을 기술한 뒤에 '강숙(康叔)으로 하여금 은(殷)을 관할하게 하였다'[589]라고 하였다.;「강후궤(康侯簋)」에서는 '왕이 상읍(商邑)을 정벌하고 강후(康侯) 도(圖)를 위(衛)에 봉하였다'[590]라고 하였다.; 은(殷)은 즉 위(衛)이다. … 위(衛)나라의 명칭은

---

589 『逸周書』「作雒篇」, "俾康叔宇於殷." 강숙(康叔)을 위(衛)나라에 분봉할 때의 정황에 대해서는 『좌전』에 여러 곳에 언급되어 있다. 『좌전』「정공(定公) 4년」, "모두 은나라 풍속에 따라 정치를 베풀고 주나라 법에 따라 토지를 구획하게 하였다[皆啓以商政, 疆以周索]." 두에 주에 는 "皆, 魯·衛也. 啓, 開也. 居殷故地, 因其風俗, 開用其政, 疆理土地以周法. 索, 法也"라 되어 있다.

강숙(康叔) 때부터 시작되었다고 해야 한다."【살펴보건대『일주서』「세부
(世俘)」편에 이미 위(衛)나라의 이름이 등장한다. 따라서 강숙을 위나라에
봉한 일은 원래의 국명을 그대로 따른 것이다.】

2. "이상에서 기술한 바에 의거하면, 주나라 무왕은 주(紂)를 멸한 이후 은나
라를 셋으로 나누었는데 바로 용(鄘), 패(邶), 은(殷)이 그것이다. 무경(武
庚)이 관숙(管叔), 채숙(蔡叔)591과 함께 주나라에 반란을 일으키자 성왕과
주공이 이를 토벌한 다음 패(邶)를 연(燕)나라에 소속시켰고, 용(鄘)에는 미
자(微子) 개(開)를 봉하여 송(宋)나라로 하였고, 은(殷)에는 강숙을 봉하여
위(衛)나라로 하였다. …"

3. "『시경』속의 '동방(東方)'은 제(齊)와 노(魯)를 가리키기도 한다."

"이로부터 위(衛), 낙사(洛師), 상엄(商奄), 박고(薄姑), 회이(淮夷) 등의 지
역은 모두 동토(東土)에 속한다는 것을 알 수 있다."

4. "무왕이 은나라를 멸망시킨 후의 봉토는『사기』「주본기(周本紀)」의 기
술에 의하면 두 가지 종류가 있다. 첫째는 [선대의 성왕(聖王)을 추념하여]
포상하여 봉한 경우이고,592 또 하나는 공신(功臣)과 모사(謀士)를 봉한 경

---

590 「康侯簋」, "王束伐商邑, 征令康侯圖於衛."

591 관숙(管叔), 채숙(蔡叔): 무왕은 상(商)나라 유민(遺民)들을 통제하기 위해 주왕(紂王)의 아
들 무경(武庚)을 상나라 도읍인 은(殷, 하남 安陽)에 머무르며 그곳을 다스리게 하는 동시에
자신의 세 동생들을 그 주변 지역에 분봉하여 감시하도록 하였다. 관숙(管叔)은 관(管, 하남
鄭州), 채숙(蔡叔)은 채(蔡, 지금의 하남 上蔡), 곽숙(霍叔)은 곽(霍, 산서 霍州)에 각각 봉하
였는데 이를 '삼감(三監)'이라 한다. 이들은 주공의 섭정에 불만을 품고 주공이 왕위를 빼앗
을 것이라는 말을 퍼뜨리며 무경과 연합하여 반란을 일으켰다(삼감의 난). 반란의 진압에는 3
년이 걸렸다. 주공의 형인 관숙은 처형되고 채숙은 멀리 유배되었으며, 곽숙은 모든 지위를
박탈당하였다.

592 『史記』권4 「周本紀」, 선대의 성왕을 추념하여 봉했다는 것은 신농(神農)의 후손을 초(焦,

[부록 3] 주공단(周公旦)이 즉위, 칭왕(稱王)을 했는지의 문제에 대한 진몽가(陳夢家), …

우이다. 즉 '상보(尚父)를 영구(營丘)에 봉하고 제(齊)라고 했고, 동생 주공 단을 곡부(曲阜)에 봉하고 노(魯)라고 했으며, 소공(召公)[593]석(奭)을 연(燕) 에, 동생 숙선(叔鮮)을 관(管)에, 동생 숙탁(叔度)을 채(蔡)에 봉했으며 나머 지도 각기 차례에 따라 봉해졌다'라고 하였다. 그러나 무왕이 동성(同姓)을 봉한 것은 여기에 그치지 않는다. 『사기』「관채세가(管蔡世家)」에서는 무 왕의 동모제(同母弟) 10인 중 백읍고(伯邑考)가 일찍 죽고 강숙봉(康叔封), 염계재(冉季載)가 아직 어렸던 것을 제외하고 분봉된 자는 관(管), 채(蔡), 노(魯), 조(曹), 성(成), 곽(霍)의 6인이었다고 기술하고 있다."

5. "『상서』「강고」편에서 '소자(小子) 봉(封)아! 오직 너의 크게 드러나신[丕 顯] 돌아가신 아버지[考] 문왕(文王)께서'[594]라고 한 것은 이 기물【'천망궤(天 亡簋)'를 말함】의 명문에 무왕이 그 아버지를 일컬어 '크게 드러나신 돌아가 신 아버지 문왕[丕顯考文王]'이라 한 것과 서로 일치한다.[595] 이는 「강고」가 무왕이 그 동생인 강숙에게 고하는 글이라는 것을 증명하기에 충분하다."

6. "「강후궤(康侯簋)」에서는 '왕이 상읍(商邑)을 정벌하고 강후(康侯) 도(圖) 를 위(衛)에 봉하였다'라고 하였다."[596]
"주나라 초기 상읍에 대한 정벌은 전후 두 번이 있었다. 먼저는 무왕이 주

하남 陝縣)에 봉하고, 황제(黃帝)의 후손을 축(祝, 산동 萊蕪縣)에, 요(堯)의 후손을 계(薊, 북 경 大興縣)에, 순(舜)의 후손을 진(陳, 하남 淮陽縣)에, 우(禹)의 후손을 기(杞, 하남 杞縣)에 각각 포상하여 봉한 것을 말한다.

593 소공(召公): 성은 희(姬), 이름은 석(奭)으로 주나라 종실이다. 처음에 받은 봉지가 소(召, 산 서 寶鷄市)였으므로 소공(召公) 또는 소백(召伯)으로 불렸으며, 소공석(召公奭)·소강공(召 康公)·태보소공(太保召公)으로도 불렸다. 무왕을 도와 상나라를 멸망시키고 연(燕, 하북성 북부) 땅을 하사받아 연나라의 시조가 되었다. 무왕 사후 성왕이 즉위하자 태보(太保)가 되어 주공단과 함께 성왕을 보필하였다.

594 『尚書』「康誥」, "小子封, 惟乃丕顯考文王."

595 「天亡簋」, "丕顯考文王."

596 「康叔簋」, "王束(刺)伐商邑, 征令康侯圖于衛."

(紂)를 정벌한 일이고, 나중은 성왕이 무경(武庚)을 토벌한 일이다. 그러나 여기(「강숙궤」의 명문)에서의 상읍을 정벌한 왕은 반드시 성왕이어야 한다. 왜냐하면 위(衛)에 강숙을 봉한 것은 성왕이 무경을 토벌한 이후의 일이기 때문이며, 이에 대해서는 여러 문헌의 기록이 일치한다. 『좌전』정공(定公) 4년에는 '강숙에게 … 를 나누어 주고, … [이 명서(命書)를] 「강고(康誥)」로 명명하고 은허(殷虛)에 봉하였다'[597]라고 하였다. 『일주서』「작락」편에서 는 '은나라가 크게 무너져서 … 강숙으로 하여금 은(殷)을 관할하게 하였 다'[598]라고 하였다. 『사기』「위강숙세가」에는 '무경에게 주었던 은나라 유 민들을 관할하도록 강숙을 위(衛)에 봉하고 황하와 기수(淇水) 사이의 상허 (商虛)에 거주하게 하였다'[599]라고 되어 있다. 무릇 여기서의 은, 은허, 상허 는 모두 같은 지역을 가리키는데 즉 「강후궤」의 명문에 '강후(康侯) 도(圖) 를 위(衛)에 봉하였다'라고 했을 때의 위(衛)가 그것이다. 위(衛)가 도읍한 지역은 여러 서적에 모두 조가(朝歌)로 되어 있다. … 조가(朝歌), 은허(殷 虛), 상허(商虛), 매(沬), 매(妹), 위(衛), 구위(舊衛)는 모두 같은 지역이다. 그리고 매(妹)라는 곳은 바로 『상서』「주고(酒誥)」편의 '큰 명을 매방(妹邦) 에 밝히노라'[600] … 에서의 매(妹)를 말한다."

"여기(「강후궤」)서의 강후(康侯) 도(圖)는 강후(康侯) 봉(封)이라고 생각된 다. … 서주 금문에서는 강후(康侯), 강후봉(康侯丰)으로 칭하였고, 『상서』 「강고」와 「주고」에서는 봉(封)으로 칭하였고, 『사기』에서는 강숙봉(康叔 封)이라 하였고 『좌전』「정공 4년」에는 강숙(康叔)으로 칭하였으며, 『역 (易)』「진괘(晉卦)」에는 강후(康侯)라는 말이 보인다. 강(康)은 위(衛)에 봉 해지기 이전의 봉지이다. 「위강숙세가」에 대한 『사기색은(史記索隱)』을 보

597 『左傳』「定公 4年」, "分康叔以 … 命以康誥而封於殷虛."
598 『逸周書』「作洛」편, "殷大震潰, … 俾康叔宅於殷."
599 『史記』권37 「衛世家」, "以武庚餘民封康叔爲衛君, 居河淇間商虛."
600 『尙書』「酒誥」, "明大命於妹邦."

면 '강(康)은 기내(畿內)에 있는 나라의 이름이다'[601]라고 하였다."

"『좌전』「정공 4년」에는 성왕이 강숙을 은허에 봉하고 '[이 명서(命書)를]「강고(康誥)」로 명명하였다'라고 되어 있다. 현재 전하는『상서』중「강고」,「주고(酒誥)」,「재재(梓材)」 3편은 모두 강숙을 봉하면서 고한 글이다.「서서(書序)」에서는 이를 성왕이 지은 글이라고 했으나[602] 모두 문제가 있다.「강고」편 서두에 있는 【생각건대 '왕약왈(王若曰)' 앞에 있는 48자를 가리킨다】 일단의 기사는 아마도「강고」편 본문과는 관계가 없는 것 같은데 이는 바로 그 고(誥)가 착간(錯簡)임을 말해준다.『한서』「예문지」에서는 '유향(劉向)은 중고문(中古文)[603]으로 구양(歐陽) 및 대·소하후(大小夏侯) 3가의『상서』경문을 교수(校讎)하였다.' '「소고(召誥)」에는 두 개의 죽간이 탈락되어 있는데, 죽간 한 개에 글자 25자를 쓸 경우 [죽간 한 개가 탈락되면] 탈락된 글자도 25자가 된다'라고 하였다.[604]「강고」편 서두의 50자는 원래 두 개의 죽간으로 되어 있었고, 삼가(三家, 구양 및 대·소하후)의 금문(今文)으로 쓰였을 것으로 생각되며, 중고문본(中古文本)에 의하면 이것은「소고」편에 속해야 한다. 그렇게 보면「강고」는 어쩌면 무왕이 강숙을 강(康) 땅에 봉하는 고명(誥命)일 수도 있는데, 그러므로 '맹후(孟侯)인 나의 아우 소자(小子) 봉

---

601 『史記』권37「衛世家」에 대한『索隱』,"康, 畿內國名."

602 『尙書』「康誥」,"成王旣伐管叔蔡叔, 以殷餘民, 封康叔, 作康誥·酒誥·梓材."

603 중고문(中古文): 비부(秘府, 궁중도서)에 보존되어 있던『상서』고문본을 말한다. 유향이 비부를 정리할 당시 비부에는『상서』의 금문본과 고문본이 모두 보존되어 있었다. 유향은 중고문(中古文) 즉 비부의 고문본으로 삼가(三家)의 금문본 즉 구양 및 대소하후본을 교수하였는데, 이때「주고(酒誥)」의 탈간(脫簡) 1개,「소고(召誥)」의 탈간 2개의 유실된 문자가 있음을 발견하고 기록하였다.

604 『漢書』권30「藝文志」"원문은 다음과 같다. "劉向以中古文校歐陽·大小夏侯三家經文, 酒誥脫簡一, 召誥脫簡二. 率簡二十五字者, 脫亦二十五字. 簡二十二字者, 脫亦二十二字, 文字異者七百有餘, 脫字數十." 진몽가는 이 문장을 다음과 같이 인용하고 있다. "劉向以中古文校歐陽·大小夏侯三家經文","脫召誥二簡, 率簡二十五字者, 脫亦二十五字."

(封)아!'605라고 했던 것이다. 「주고」편과 「재재」편은 모두 '왕이 말씀하셨
다. 봉아![王曰, 封]('봉'은 성왕의 숙부 강숙)'라는 말로 시작하는데 이는 성
왕의 입장에서 쓸 수 있는 어투는 아니며, 역시 무왕이 (동생인) 강숙에게
고명할 때의 어투라고 봐야 한다. 이러한 추측이 성립될 수 있다면 결국 강
숙은 무왕 때 강(康) 땅의 식읍을 수봉하였고, 이 강 땅은 「주고」편의 매방
(妹邦)과 동일 범위 안에 위치하며 비로 「강고」편에서 말하는 동토(東土)일
지도 모른다."

아래 굴 선생의 관점은 아마 진몽가의 영향을 받은 것으로 보인다.
굴 선생은 『서주사사개술(西周史事槪述)』이라는 논저의 "3절. 서주의
제왕(諸王)"에서 다음과 같이 말한다.

"무왕이 은을 이긴 지 오래지 않아 죽고 그의 태자 송(誦)이 왕위를 계승하
니 그가 바로 성왕이다. 가의(賈誼)606의 『신서(新書)』【「수정어(修政語)」
하】에서는 성왕이 6살에 즉위했다고 하였고, 『회남자』 「요략(要略)」편과 『사
기』 「노주공세가(魯周公世家)」 및 「몽염열전(蒙恬列傳)」, 『후한서』 「환욱
전(桓郁傳)」에서는 모두 성왕이 즉위할 당시 아직 강보에 싸인 아이였다고
하였으며, … 정현은 『상서』 「금등(金縢)」편에 주(注)를 달면서 성왕이 10세
에 즉위했다고 하였다. 『상서』 「위공전(僞孔傳)」607에서는 무왕이 붕어했

---

605 『尙書』 「康誥」, "王若曰, 孟侯, 朕其弟小子封."

606 가의(賈誼, B.C.200-B.C.168): 전한 낙양 사람. 문제의 총애를 받아 약관의 나이로 최연소 박
　사가 되고, 1년 만에 태중대부(太中大夫)가 되었으나 주발(周勃)과 관영(灌嬰) 등의 시기를
　받아 장사왕(長沙王)의 태부(太傅)로 좌천되었다. 4년 뒤 복귀하여 문제의 막내아들 양회왕
　(梁懷王)의 태부가 되었으나 왕이 낙마하여 급서하자 상심한 나머지 한 해 뒤 33살로 죽었다.
　저서에 『신서(新書)』 10권과 『가장사집(賈長沙集)』이 있다. 가태부(賈太傅) 또는 가장사(賈
　長史), 가생(賈生)으로도 불린다.

607 『위공전(僞孔傳)』: 동진(東晉) 원제(元帝) 때 매색(梅賾)이라는 사람이 『고문상서』를 헌상하
　였는데 공안국의 전(傳)까지 모두 58편이었다. 그 내용은 『금문상서』와 일치하는 33편과, 나

을 때 성왕의 나이는 12세였다고 하였다. 이러한 전설들은 무왕의 수명에 관한 전설과 충돌한다. 『예기』「문왕세자(文王世子)」편에서는 무왕이 붕어할 당시 나이가 93세라고 하였는데, 이 말을 신뢰한다면 무왕이 성왕을 낳은 시점은 적어도 81세이고 늦으면 90세 이상에 이른다. 이것은 인간의 생리적 측면에서 볼 때 도저히 이치에 맞지 않는다. 그러나 성왕이 즉위했을 때 비교적 나이가 어렸다는 것은 사실이었다고 보인다. … 하지만 성왕은 즉위한 지 얼마 안 되어 몸소 동정(東征)에 나섰으니 이는 그의 나이가 그렇게 어린 것도 아니었음을 증명하기에 충분하다. 이상의 자료들로부터 추정하면 성왕이 즉위할 당시의 나이는 어쩌면 20세 이상이었을지도 모른다."

"성왕의 나이가 어렸기 때문에 주공이 섭정하여 잠시 천자가 되었다는 설이 있다.【이하 『시자(尸子)』, 『한비자』, 『순자』로부터 주공이 잠시 천자가 되었다는 설들을 인용하고 있는데 생략하기로 한다.】 이러한 견해는 한대에 이르러 더욱 유행하였다. 후세의 학자들 가운데 비록 적지 않은 사람들이 반대 의견을 제출했지만, 지금까지도 일반인들의 마음속에서는 정확한 사실(史實)로 여겨지고 있다."

"선진 시기에 주공이 섭정을 하고 칭왕을 했다는 전설이 전해 내려오면서 한(漢) 이후의 사람들은 『상서』「대고(大誥)」편의 '왕약왈(王若曰, 왕이 다음과 같이 말씀하셨다)'의 '왕'을 주공으로 해석하였는데, 사실 그는 바로 성왕이다. 마찬가지로 「강고(康誥)」편의 '왕약왈'의 '왕'을 주공으로 알고 있지만, 사실 그는 무왕이다. 후세 사람들은 이를 답습하여 자세히 살펴보지도 않고 주공이 칭왕을 했다고 여겼으며, 명문(明文)이 있으니 자연히 역사적

머지 고문(古文) 계통 25편으로 되어 있었다. 이 매색의 헌상본은 위고문(僞古文)이라는 설이 분분하였고, 『공안국전』은 『위공전(僞孔傳)』이라 하여 위서로 낙인찍히기도 했지만 당나라 때에 공영달(孔穎達)이 『상서정의(尙書正義)』를 편찬할 때 이것을 정본으로 삼았기 때문에 널리 세상에 통용되었다.

사실인줄 알고 … 경생(經生)들의 해석상의 오류인 줄은 몰랐다. 그러나 이러한 관념이 사람들 마음속에 깊이 파고들자 왕숙(王肅), 임지기(林之奇),608 초순(焦循),609 유봉록(劉逢祿),610 송상봉(宋翔鳳), 위원(魏源) 같은 일부 사람들이 반대 의견을 내놓기도 했는데, 그러나 이들의 논의에 주의를 기울이고 이해할 수 있었던 사람은 별로 많지 않았다."

"최술(崔述)611의 『풍호고신록(豊鎬考信錄)』에서는 무왕이 붕어했을 때 '주

---

608 임지기(林之奇, 1112-1176): 남송 복주(福州) 후관(侯官) 사람. 자는 소영(少穎), 호는 졸재 (拙齋), 삼산선생(三山先生)으로 불렸다. 고종 소흥 31년(1149) 진사가 되고 교서랑(校書郎), 상서랑(尙書郎) 등을 역임했으며, 적극적인 주전파였다. 당시 조정에서 학자들에게 왕안석 (王安石)이 지은 『삼경의(三經義)』(『모시의(毛詩義)』 『상서의(尙書義)』 『주관신의(周官新 義)』)를 참조하도록 하자 이를 위진의 청담(淸談)과 같은 공담현리(空談玄理)의 학문이라 하 여 극력 반대하였다. 제자로 여조겸(呂祖謙)이 있다. 저서에 『상서전해(尙書全解)』, 『춘추주 례론(春秋周禮論)』, 『논어주(論語注)』, 『맹자강의(孟子講義)』, 『양자해의(揚子解義)』 등이 있다. 주희는 『상서』의 주해 가운데 특히 소식(蘇軾), 왕안석, 임지기, 여조겸 등 4가의 설을 취하였는데, 이들은 각각 간략, 천착(穿鑿), 번다(繁多), 고증에 치우쳤다는 평을 얻었다.

609 초순(焦循, 1763-1820): 청 강소 감천(甘泉) 사람, 자는 이당(理堂). 경사(經史)는 물론 역산 (曆算), 성운(聲韻)에도 조예가 깊었고, 특히 『주역』과 『맹자』 『시경』 등에 정통하였다. 저서 에 『역학장구(易學章句)』, 『역통해(易通解)』, 『주역왕씨주보소(周易王氏注補疏)』, 『예기정 씨주보소(禮記鄭氏注補疏)』, 『상서공씨전소(尙書孔氏傳疏)』, 『논어하씨집해보소(論語何氏 集解補疏)』, 『모시정씨전보소(毛詩鄭氏箋補疏)』, 『춘추좌전두씨집해보소(春秋左傳杜氏集 解補疏)』, 『맹자정의(孟子正義)』 등이 있다.

610 유봉록(劉逢祿, 1776-1829): 청 강소 상주(常州) 사람. 자는 신수(申授). 동중서와 하휴(何休) 의 금문경학을 종주로 삼고 고문경학을 비판했으며, 『좌전』을 유흠의 위작이라고 하는 등 청 대 학술을 후한의 고증학 중심에서 전한의 금문경학으로 전환시키는 계기를 마련하였다. 저 서에 『춘추공양해고(春秋公羊解詁)』와 『공양하씨석례(公羊何氏釋例)』, 『공양춘추하씨답난 (公羊春秋何氏答難)』, 『논어』를 공양가의 설에 의해 해석한 『논어술하(論語述何)』, 『신하난 정(申何難鄭)』, 『의례결옥(議禮決獄)』, 『좌씨춘추고증(左氏春秋考證)』 등이 있다.

611 최술(崔述, 1740-1816): 청 직례 대명(大名) 사람. 자는 무승(武承), 호는 동벽(東璧)이다. 건 륭 27년(1762) 거인(舉人), 지현(知縣)을 지낸 후 저술에만 몰두했다. 상고사에 대한 철저한 고증과 정밀한 분석에 의거하여 구설(舊說)을 비판적으로 수용했다. 저서에 『왕정삼대전고 (王政三大典考)』, 『역괘도설(易卦圖說)』, 『고문상서변위(古文尙書辨僞)』, 『하고신록(夏考

공은 총재(冢宰)로서 섭정을 했다'[612]고 하였는데, 『상서』「주고」제편에 기술된 사실(史實)로 볼 때 이 견해는 신뢰할 만하다. 예를 들어 『상서』「낙고(洛誥)」에서 주공은 성왕을 '왕'이라 부르고 성왕은 주공을 '공(公)'이라 불렀다. 「다방(多方)」에는 '주공왈(周公曰)', '왕약왈(王若曰)'이라는 구절이 보인다. 이 자료들은 모두 이른바 주공이 섭정, 칭왕하던 시대에서 나왔지만, 그들이 보여주는 것은 모두 주공을 공(公)이라 칭하고 성왕을 왕이라 칭했다는 것이다. 이러한 증거로 보아 섭몽득(葉夢得)과 최술의 견해는 사실(史實)에 부합한다고 할 수 있다."

굴 선생이 논저에서 채택한 선진 시대 자료들은 비록 진몽가가 열거한 자료만큼 완전하지는 않지만 상당히 광범위하여 『좌전』, 『국어』, 『일주서』, 『죽서기년』과 같은 자료들이 모두 쓰이고 있다. 그러나 굴 선생의 학문 방식의 최대 특징은 "관념을 선택하여 고집한다"는 점이다. 하나의 관념을 선정하여 고집하기 시작하면, 자신의 관념에 부합하는 자료는 사용하지만 자신의 관념에 부합하지 않는 자료는 대부분 내버려 두고 사용하지 않는다. 자료를 선택하고 방기하는 데 대한 아무런 비판적 해석도 없다. 먼저 하나의 예를 들면 그는 『일주서』「세부편(世俘篇)」에서 무왕이 은나라 주(紂)를 정벌할 당시 "순복하지 않아 미워한 나라[憝國](즉 토벌한 나라)가 99국이었고, 왼쪽 귀를 자른(죽인) 자가 177,779명, 포로가 310,230명"[613][원주2]이었다고 말한 내용을 신뢰

信錄)』, 『상고신록(商考信錄)』 등이 있다.

612 崔述, 『豊鎬考信錄』, "周公蓋以冢宰攝政."

613 『逸周書』「世俘篇」, "憝國九十有九國, 馘磨億有十萬七千七百七十有九, 俘人三億萬有二百三十."

하는데 이 자료가 신기한 것을 좋아하는 그의 관념에 부합했기 때문이다.【원주3】 그런데『일주서』「명당(明堂)」편 제55에서 "그리하여 주공이 무왕을 도와 주(紂)를 정벌하고 천하를 안정시켰다. … 주(紂)를 이긴지 6년 만에 무왕이 붕어하고 성왕이 뒤를 이었는데 어리고 약했기 때문에 천자의 자리에 오를 수가 없었다. 주공이 섭정을 하여 천하의 군주로서 혼란을 안정시키니 6년 만에 천하가 크게 다스려졌다. … 7년째에 성왕에게 정권을 돌려주었다"[614]라고 말한 자료는 한 글자도 언급하지 않았다. 나는 일찍이 여기(『일주서』)서의 이른바 명당(明堂)의 내용을『여씨춘추』「십이기(十二紀)」'서(序)' 및 한 초의 명당에 관한 몇몇 설과 비교해 본 적이 있는데, 여기서의 이른바 명당은 태묘(太廟)의 별칭임이 확실하며 대체로 주나라 초의 구전(舊典)에 속한다는 것,【원주4】 그리고 "7년째에 성왕에게 정권을 돌려주었다"라는 「명당」편의 구절은『상서』「낙고(洛誥)」편의 "주공이 문왕과 무왕이 하늘로부터 받은 명을 크게 보존하기를 7년 동안 하셨다"[615]라는 문장과 정확히 일치한다는 것을 발견하였다. 그러나 굴 선생이 추구한 새로운 관념과는 맞지 않았기 때문에 이를 단 한 글자도 언급하지 않았던 것이다. 진몽가에게는 오히려 이런 상황이 보이지 않는다. 아래에 하나하나 짚어 가며 토론을 진행하고자 한다.

---

614 『逸周書』「明堂」편, "是以周公相武王以伐紂, 夷定天下. 既克紂六年而武王崩, 成王嗣, 幼弱, 未能踐天子之位. 周公攝政君天下弭亂, 六年而天下大治 … 七年致政於成王."

615 『尚書』「洛誥」, "惟周公誕保文武受命惟七年."

3. 무왕, 성왕의 연령 문제

먼저 무왕과 성왕의 나이부터 얘기를 시작해 보자. 굴 선생은 옛것을 의심하고 가짜를 가려내는[疑古辨僞] 학풍으로 이름난 사람이지만, 『예기』「문왕세자(文王世子)」편에 대해서는 그것이 한 초의 어떤 유자(儒者)가 문왕의 이름에 가탁하여 문왕이 어떻게 세자의 도리를 다했는지 보여 줌으로써 평민 출신의 유씨(劉氏) 자제들을 교도하려는 데서 나온 산물임을 믿어 의심치 않았으니 이것은 이상한 일이라고 할 수 있다. 「문왕세자」편은 문왕이 세자였을 때의 일상을 기록한 것으로 선진 문헌에서 이와 호증(互證)할만한 같은 성질의 자료는 발견되지 않는다. 그 안에 문왕과 무왕의 나이에 관한 이야기가 있는데 신화적 고사에 가깝다.

문왕이 무왕에게 말하였다. "너는 무슨 꿈을 꾸었느냐?" 무왕이 대답하였다. "상제[帝]가 저에게 아홉 영(齡)을 주는 꿈을 꾸었습니다." 문왕이 말하였다. "너는 이것이 무엇이라고 생각하느냐?" 무왕이 말하였다. "서쪽에 아홉 나라가 있습니다. 군왕께서 결국 그들을 차지할 것입니다." 문왕이 말하였다. "아니다. 옛날에 연(年)을 영(齡)이라고 불렀다. 치아[齒] 또한 영(齡)이다. 내가 받은 수명이 백 년이요 너는 구십 년이니, 내가 너에게 삼 년을 주겠다." 문왕은 97세에 생을 마쳤고, 무왕은 93세에 생을 마쳤다.616

서주 초기만 해도 신화적인 분위기가 충만하던 때인지라 그것이 신화적 성질을 띠고 있다고 해서 곧바로 이를 허구로 단정할 수는 없다. 그러나 이를 뒷받침할만한 서주의 자료는 없다. 그리고 "군왕(君王)"이라는 말은 종법제도에서 자식이 아버지를 부르는 말이 아닐 뿐만 아니라 이 명사는 춘추 시대 중엽에 유행하기 시작하여 오로지 초(楚)나라 군주를 칭할 때만 사용하였고, 서주와 초나라 군주 외에는 이런 말을 쓰지 않았으니, 위의 자료가 사실(史實)이 아님은 지극히 명백하다. 이러한 고사의 형성은 『맹자』「공손추(公孫丑)」의 "문왕이 덕(德)을 베풀며 백 년을 살다 돌아가셨다"[617]라는 말에 영향을 받은 것으로 보인다. 『상서』「무일(無逸)」편에서 주공은 다음과 같이 말하고 있다. "문왕이 천명을 받은[受命] 때가 중년이었는데, 나라를 누린[享國] 것은 오십 년이었습니다."[618] 주나라 초기에 "수명(受命)"이란 말은 모두 천(天)이 왕자(王者)에게 가하는 명령을 받음, 즉 하늘이 내리는 왕천하(王天下)의 명령을 받는 것을 의미하였고 주나라 초기의 문헌에서는 모두 문왕이 수명한 것으로 되어 있다. 문왕이 주(紂)의 명을 받아 서백(西伯)이 되었는지 아니면 문왕이 생전에 스스로 왕을 칭했는지【아래 참조】의 문제는 일단 논외로 하고, 주나라 사람들은 무왕이 주(紂)를 정벌하고 상(商)을 취하여 그 자리를 대신할 수 있었던 토대는 문왕에 의해 마련된

---

616 『禮記』「文王世子」, "文王謂武王曰, 汝何夢矣? 武王對曰, 夢帝與我九齡. 文王曰, 汝以爲何也? 武王曰, 西方有九國焉, 君王其終撫諸? 文王曰, 非也, 古者謂年齡, 齒亦齡也. 我百, 爾九十, 吾與爾三焉. 文王九十七乃終, 武王九十三而終."

617 『孟子』「公孫丑」上, "且以文王之德, 百年而後崩."

618 『尙書』「無逸」, "文王受命惟中身, 厥享國五十年."

것으로 보았으며 이 점에 대해서는 추호도 의심하지 않았다. 문왕은 중년에 와서야 상(商)을 취하여 천명을 대신하기 위한 토대를 마련하기 시작하였다. 이 중년은 그가 나라를 누린[享國] 50년 안에 들어 있는데, 즉 그는 부친 왕계(王季)를 계승한 후 모두 50년간을 제후로 있었고, 제후로 있는 50년 중의 마지막 9년 동안에 상(商)을 대신하여 왕이 되기 위한 토대를 마련하였다. 『죽서기년』에 의거하면 왕계[619]는 문정(文丁)[620]에 의해 살해되었다고 한다. 이는 결코 문왕이 50세가 되어서야 제후의 지위를 계승했다는 말이 아니다. 그러므로 위에 인용한 주공의 두 마디 말[621]로부터 문왕의 연령이 상당히 높았다고 추정할 수는 있겠지만 문왕이 97세까지 살고 무왕이 93세까지 살았다는 근거는 찾을 수 없다. "문왕이 백 년이나 산 뒤에 돌아가셨다"라는 전설은 대개 이러한 부회로부터 나왔다.

　무왕의 연령에 대해 『노사(路史)』[622] 「발휘(發揮)」편에서는 『죽서기

---

619 왕계(王季): 이름은 계력(季歷). 주나라 태왕(太王)인 고공단보(古公亶父)의 3남이자 문왕의 부친이다. 그의 형 태백(太伯)과 우중(虞仲)은 부친이 계력을 세워 장차 문왕에게 왕위를 넘기려는 뜻을 알고 형만(荊蠻)으로 몸을 숨겼다. 계력은 은나라 무을(武乙) 때 조공을 가서 상으로 토지와 옥, 말을 받았고, 태정(太丁) 2년에 융(戎)을 정벌했으나 패하였으며, 태정 4년에 여무(餘無)의 오랑캐를 물리치고, 7년에 시호(始呼)의 오랑캐를 물리쳤으며 11년 예도(翳徒)의 오랑캐와 싸워 이겼다는 기록이 전한다. 나중에 태정에게 살해당했다.

620 문정(文丁): 저본에는 "왕계위주소살(王季爲紂所殺)"이라 되어있으나 착오가 있는 것 같다. 문정은 주(紂)의 조부이다. 『사기』 권3 「은본기」에는 태정(太丁)으로, 『죽서기년』에는 문정(文丁)으로 되어 있다.

621 『상서』 「무일(無逸)」편에서 주공이 한 말, "문왕이 천명을 받은 것이[受命] 중년이었는데, 나라를 누린[享國] 것은 오십 년이었습니다."

622 『노사(路史)』: 47권, 남송의 나필(羅泌, 1131-1189)이 지은 책으로 전기(前記) 9권, 후기(後記) 14권, 국명기(國名記) 8권, 발휘(發揮) 6권, 여론(餘論) 10권으로 되어 있다. 잡사(雜史)로

년』의 "왕이 붕어하니 나이 54세였다"라는 구절을 인용하고 있다.[623]
이 구절은 임춘부(林春溥)[624]의 『죽서기년보증(竹書紀年補證)』, 주우증(朱右曾)[625]의 『급총기년존진(汲塚紀年存眞)』, 왕국유(王國維)의 『고본죽서기년집교(古本竹書紀年輯校)』, 범상옹(范祥雍)[626]의 『고본죽서기년집교정보(古本竹書紀年輯校訂補)』 등에 채용되고 있으므로 중요한 사료라고 볼 수 있다. 더욱이 주우증이 추가한 고증은 특별히 의의가 있다.

『주서(周書)』【일반적으로 말하는 『일주서(逸周書)』】「명당(明堂)」편에서는 "주(紂)를 이긴 지 6년 만에 무왕이 붕어했다"라고 하였다. 『관자』「소문(小問)」편에서는 "무왕이 은을 정벌하여 이긴 지 7년 만에 붕어했다"라고 하였다. 「작락(作雒)」편에서는 "그해 12월에 호(鎬)에서 붕어했다"라고 하였다. 이는 무왕이 즉위 17년이 되던 겨울에 붕어했음을 말한다. 「탁읍(度邑)」편에서는 "하늘이 은나라의 제사를 흠향하지 않은 지가 발(發, 무왕)이 태어나기 전부터 지금에 이르기까지 60년이니, 신수(神獸)는 교외에 있고 메뚜기

분류되며 노사(路史)는 대사(大史)의 의미이다. 상고 이래 역사, 지리, 풍속, 씨족 등 방면의 전설과 사사(史事)를 기술하였다.

623 『竹書紀年』, "王陟, 年五十四."

624 임춘부(林春溥, 1775-1862): 청 복건 민현(閩縣) 사람. 자는 입원(立源), 호는 감당(鑑塘)이다. 가경 7년(1802) 진사, 한림원 서길사(庶吉士)와 문연각교리(文淵閣校理) 등을 지낸 후 귀향하여 서원에서 강학과 저술에 전념하였다. 저서에 『춘추경전비사(春秋經傳比事)』, 『맹자외서해증(孟子外書解證)』, 『공문사제연표(孔門師弟年表)』, 『전국기년(戰國紀年)』, 『죽서기년보증(竹書紀年補證)』 등이 있다.

625 주우증(朱右曾, 미상-미상): 청 강소 가정(嘉定) 사람. 자는 존로(尊魯) 또는 양보(亮甫)다. 도광 18년(1838) 진사가 되고, 준의지부(遵義知府) 등을 지냈다. 저서에 『주서집훈교석(周書集訓校釋)』, 『시지리징(詩地理徵)』, 『춘추좌전지리징(春秋左傳地理徵)』, 『좌씨전해의(左氏傳解誼)』, 『급총기년존진(汲冢紀年存眞)』 등이 있다.

626 범상옹(范祥雍, 1913-1993): 역사가이자 장서가. 저서에 『고본죽서기년집교정보(古本竹書紀年輯校訂補)』, 『낙양가람기교주(洛阳伽蓝記校注)』가 있다.

[부록 3] 주공단(周公旦)이 즉위, 칭왕(稱王)을 했는지의 문제에 대한 진몽가(陳夢家), …

떼 들에 가득하다"라고 하였다. 이것은 60년 전에 하늘이 재앙을 내려 은나라에 경고했는데 그때 무왕은 아직 태어나지도 않았다는 것을 말한다. 한유(漢儒)들은 문왕이 15세에 무왕을 낳았다고 말하는데, 무왕에게는 위로 또형 백읍고(伯邑考)가 있었다. 무왕은 93세에 생을 마쳤고 당시 성왕의 나이는 겨우 13세였다고 말하는데, 성왕에게는 아래로 또 동모제인 숙우(叔虞)가 있었다. 문왕이 자식을 낳은 것은 어찌 그리도 빠르고, 무왕이 자식을 낳은 것은 어찌 그리도 늦단 말인가?【원주: 공영달(孔穎達), 김리상(金履祥), 진호(陳皓) 모두 이를 의심하여 논변하였다.】지금『죽서』를 가지고 미루어보면 문왕은 즉위한 지 14년에 무왕을 낳았고 당시 문왕의 나이는 61세였다.【삼가 살펴보건대 이 숫자는 문왕이 백 년이나 살고 붕어했다는 설을 잘못 믿은 데서 나온 것이다.】『시경』에서 "친영(親迎)"이라 한 것은 제후의예(禮)가 분명하다. 또 "찬녀(纘女)"[627]라 한 것은 태사(太姒)가 계실(繼室)이 되었음을 가리킨다.【원주: 추 씨(鄒氏)의 설에 의거.】모든 것이 분명하여 의심할 것이 없다. 문왕이 붕어하자 무왕이 37세의 나이로 즉위하였고, 5년 만에 성왕을 낳았으며, 다시 7년 만에 은을 무너뜨리니 당시 나이 48세였다. 특히 은을 무너뜨리고 6년 만에 갑자기 붕어했기 때문에『중용』에서는 "말년에 수명하였다[末受命]"라고 한 것이다. 이때의 말(末)은 만년[晚]이라는 뜻이며 늙은 나이[老]를 말하는 것이 아니다.[628]

---

627 찬녀(纘女):『시』「대아(大雅)」'대명(大明)' 시에 나오는 말이다. "(문왕이) 위수에서 친영하고 … 여사(女事)를 이을 자를 신(莘)나라에서 …[親迎于渭 … 纘女維莘…]" 찬녀는 문왕의 모후인 태임(太任)의 여사(女事)를 이을 만한 여인이란 뜻으로 여기서는 문왕의 비 태사(太姒)를 가리킨다.

628 朱右曾,『汲冢紀年存眞』,"周書(即一般所謂之逸周書)明堂曰, 旣克紂六年而武王崩. 管子小問篇曰, 武王伐殷克之, 七年而崩. 作雒曰, 乃歲十有二月崩鎬. 是武王以十七年冬崩也. 度邑曰, 惟天不享于殷, 自發之未生, 至於今六十年, 夷羊在牧, 飛鴻滿野. 是言六十年前, 天降妖孽以警殷, 時武王猶未生也. 乃漢儒言文王十五而生武王, 武王尙有兄伯邑考. 武王九十三而終, 時成王年僅十三, 而尙有母弟叔虞. 文王生子何其早, 武王生子何其晚?(原註: 孔穎達·金履祥·陳皓, 皆疑而辨之) 今以竹書推之, 則文王卽位十四年而生武王, 時文王年六十一矣(謹按此數字係由誤信文王百年而後崩之說而來). 詩言親迎, 明是諸侯之禮. 言纘女, 則太姒爲繼室

굴 선생은 무왕의 연령을 이야기하면서 『일주서』와 『죽서기년』의 자료에 대해서는 한마디도 언급하지 않았는데, 일단 언급하게 되면 입론의 기초에 영향을 주기 때문이다.

무왕이 죽었을 때의 성왕의 연령에 대한 문제는 진실로 굴 선생이 지적한 바와 같이 수많은 이설이 있다. 그러나 나는 특별히 두 가지 점만 말하고자 한다.

첫째, 선진의 자료들은 모두 "성왕이 어렸다" 이렇게만 말할 뿐 그의 구체적 연령에 대해서는 말한 적이 없다. 예컨대 『일주서』「명당」편에서는 "성왕이 후사가 되었으나 어리고 약하여 천자의 자리에 오를 수 없었다"[629]라고 하였다. 『예문유취(藝文類聚)』권6에 인용된 『시자(尸子)』에서는 "옛날 무왕이 붕어했을 때 성왕은 나이가 어렸다"[630]라고 하였다. 『순자(荀子)』「유효(儒效)」편에서는 "무왕이 붕어했는데 성왕은 어렸다"[631]라 했고, 『예기』「문왕세자」편에서는 "성왕이 어려서 즉위할 수 없었다"[632]라고 하였다. 이는 선진 시대 사람들이 성왕이 어렸다는 것만 알 뿐 그의 확실한 나이를 알지 못했기 때문이었다. 성왕에 대해 "나이가 여섯 살이었다", "강보에 싸인 아이였다", "나이가 열다섯 살이었다", "나이가 열 살이었다"라고 하는 것은 전부 한유(漢儒)

(原註: 本鄒氏說). 皆的然無疑者. 文王崩, 武王年三十七即位, 五年而生成王, 又七年而克殷, 時年四十八. 特以克殷後六年而遽崩, 故中庸云末受命. 末猶晚也, 非老之謂也."

629 『逸周書』「明堂」, "成王嗣, 幼弱, 未能踐天子之位."

630 『藝文類聚』권6 인용 『尸子』, "昔者武王崩, 成王少."

631 『荀子』「儒效」, "武王崩, 成王幼."

632 『禮記』「文王世子」, "成王幼, 不能莅阼."

들의 견해이다. 이러한 견해들은 하나의 고사가 전해 내려오면서 계속 발전한 것이라고 볼 수 있다. 성왕의 나이를 논할 때 이러한 후발의 이설들을 만나면 응당 뒤쫓아 가서 그 본래 모습으로 되돌려야 하며 이러한 설들은 생략하고 넘어간다. 그런데『사기』를 보면「주본기」, 「관채세가」, 「위강숙세가」에서는 모두 "무왕이 붕어했는데 성왕이 어렸다"라고 적고 있는[633] 반면 오직「주공세가」에서만 "성왕이 어렸다"라고 한 다음에 "강보에 싸인 아이였다"라는 구절을 추가하고 있다.[634] "어렸다[少]"는 것과 "강보에 싸여 있다[襁褓之中]"는 것은 내용이 다르다. 살펴보건대『한서』「왕망전」에는 평제(平帝)가 붕어한 후 왕망이 "유사(有司)를 시켜 선제(宣帝)의 현손 23명을 불러 모으게 하고 그중에서 적합한 자를 골라 평제의 뒤를 잇게 하였는데, 현손들의 나이는 강보에 싸인 아이였다"라고 되어 있다.[635] 왕망은 주공에 가탁하여 한을 찬탈한 자이므로『사기』「주공세가」에서 성왕을 "강보에 싸인 아이"라고 표현한 구절은 왕망 당시에 추가된 글자일 가능성이 매우 높다.

둘째, 굴 선생이 말한 "성왕이 즉위했을 당시 어쩌면 20세 이상이었을지도 모른다"라는 설은 절대 성립할 수 없다. 20세가 넘은 황제한테 주공(周公)과 소공(召公)[636]이 여전히 그를 "소자(小子)", "충자(冲子, 어린

---

633 『史記』권4「周本紀」; 권35「管蔡世家」; 권37「衛康叔世家」, "武王崩, 成王少."

634 『史記』권33「周公世家」, "成王少, 在襁褓之中."

635 『漢書』권99上「王莽傳」上, "使有司徵孝宣皇帝玄孫二十三人, 差度(選擇)宜者, 以嗣孝平皇帝之後, 玄孫年在襁褓."

636 소공(召公): 이름은 석(奭)으로 주(周)나라 종실이다. 소백(召伯), 소공석(召公奭)·소강공(召康公)·태보소공(太保召公)으로도 불렸다. 주나라 무왕을 도와 상나라를 멸망시키고 연(燕, 하북성 북부) 땅을 하사받아 연나라의 시조가 되었다. 무왕 사후 태보(太保)가 되어 주공

이)", "충인(沖人)"으로 불렀다는 것은 결코 있을 수 없는 일이다. 굴 선생은 『상서』 「다방(多方)」편의 "5월 정해(丁亥)일에 왕이 엄(奄)나라로부터 와서 종주(宗周)에 이르렀다"라는 구절을 인용하고,[637] 「다방」을 "성왕이 즉위하고 얼마 되지 않아 친히 동정(東征)을 떠났다"는 것으로 보고 이를 입론의 증거로 삼았다. 그러나 굴 선생은 이 "5월"의 사건이 『사기』에서는 주공이 섭정 7년째 정권을 반환한 후에 등장하고, 『상서대전(尙書大傳)』[638]에서는 주공이 섭정한 지 3년째에 등장한다는 것을 전혀 알지 못했다. 만약 이것을 주공이 섭정 7년째 정권을 반환한 후의 일로 본다면 그 나이를 무왕이 죽었을 때의 성왕의 나이로 삼아서는 안 된다. 만약 이것을 주공이 섭정한 지 3년째의 일로 본다면 주공이 어린 군주를 수레에 태우고 동정(東征)을 했다는 전설도 있는데 성왕의 나이가 반드시 20세 이상일 필요는 없다. 『시경』 「빈풍(豳風)」 '파부(破斧)' 시에서는 분명하게 "주공이 동쪽으로 정벌하심은 4국을 바로잡으려 해서이니"[639]라고 하였다. 최소한 무왕 사후 3년간의 동정

단과 함께 성왕을 보필하였다.

637 『尙書』 「多方」, "惟五月丁亥, 王來自奄, 至於宗周."

638 『상서대전(尙書大傳)』: 전한의 복승(伏勝, B.C.264-B.C.170)이 지은 『상서』에 대한 해석서. 복승은 제남(濟南) 사람으로 자는 자천(子賤)이다. 진(秦)나라 때 박사를 지냈으며, 진시황의 분서(焚書) 단행시 벽 속에 『상서』를 숨겼다가 한나라 초에 꺼냈는데 수십 편을 잃어버리고 28편만 남았으며 이것이 『금문상서』이다. 문제는 그가 상서에 정통하다는 말을 듣고 조조(晁錯)를 보내 배우게 했다. 장생(張生)과 구양생(歐陽生) 등이 그에게 배웠고 계속 전해져 구양씨(歐陽氏), 대하후씨(大夏侯氏), 소하후씨(小夏侯氏) 등의 상서학파가 형성되어 모두 학관에 세워지게 되었다. 『상서대전』은 그의 제자인 장생과 구양생 등이 전해 들은 것을 기록한 것이라는 설도 있다.

639 『詩』 「豳風」 '破斧', "周公東征, 四國是皇."

(東征)은 주공에 의해 수행되었고 성왕에 의해 수행되지는 않았다는 것, 이를 뒤집기는 쉽지 않을 것이다. 그런 이유로 피석서(皮錫瑞)의 『금고문상서고증(今古文尙書考證)』에서는 「다방」편 내용의 시점을 두고 오히려 『사기』의 설을 채용하고 있다. 아울러 피석서는 "엄(奄)나라는 세 번 정벌을 당했는데 무왕이 주(紂)를 주벌하고 엄나라를 정벌한 것이 그 하나이다. 주공이 은을 이기고 엄나라를 벤 것이 그 하나이다. 성왕이 친정하면서 엄나라가 또 반란을 일으켜 성왕이 엄나라를 벤 것이 그 하나이다"라고 하였다. 굴 선생은 비판받지 않은 여러 갈래의 설을 가지고 성왕의 연령을 추론하는 근거를 삼아서는 안 된다. 참고로 사신(史臣)의 주공에 대한 칭호에는 두 가지가 있다. 하나는 사후(事後)에 지난 일을 추술(追述)할 때 쓰는 칭호로서, 이러한 칭호는 주공이 정권을 반환한 후 사망할 때까지의 신분을 기준으로 하며 이때는 그를 "주공(周公)"이라 칭한다. 또 하나는 일을 맡고 있을 때의 칭호로서, 말을 하고 있는 시점의 신분을 기준으로 하며 이때는 "왕약왈(王若曰)", "왕왈(王曰)", "주공왈(周公曰)"이라는 칭호를 사용한다. 「다방」편의 "주공왈, 왕약왈(周公曰, 王若曰)"은 앞부분은 사후(事後)의 칭호를, 뒷부분은 일을 맡고 있을 때의 칭호를 사용하고 있다. 만약 앞부분에 "주공왈"이라 써 놓지 않고 곧바로 "왕약왈(王若曰)"이라고 한다면, 바로 앞의 문장 "왕이 엄나라로부터 와서 종주에 이르렀다"와 연결되어 사람들이 "왕약왈(王若曰)" 이하의 말을 성왕이 하는 말로 여길 가능성이 있다. 만약 "주공왈"이라고만 하고 그 다음에 "왕약왈"을 덧붙이지 않으면, 주공이 당시 왕의 신분으로서 교시를 했다는 사실이 불분명해진다. "왕약왈"이라는 말은, 사신(史臣)이 사건을 기록하면서 "왕이 다

음과 같이 말씀하셨다"라고 분명하게 표기함으로써 훈사(訓辭)가 주공의 구술에 의한 것임을 나타내고자 첨가한 말로서, 사신(史臣)이 써 놓은 것이지 주공의 훈사 원고에 들어 있는 말이 아니다. "왕약왈"이라 한 뒤에 다시 또 "왕왈"이라 쓰고 있는 점에서 "왕약왈"이 곧 "왕왈"과 같다는 것을 알 수 있으며, 이는 비단 「다방」한 편만 그런 것이 아니다. 굴 선생이 무엇 때문에 사후(事後)의 칭호를 일을 맡고 있을 당시의 칭호와 혼동하는지 나로서는 이해할 수가 없다. 『사기』「고조본기」에서는 유방을 "패공(沛公)", "한왕(漢王)", "상(上)", "폐하(陛下)"로 칭하고 있는데, 이는 모두가 그 일을 맡고 있을 당시의 칭호이다. 그를 "고조(高祖)"라 부르는 것은 사후(事後)의 칭호이다. 이것은 일종의 상례이다.

『일주서』의 주공에 관한 자료가 대체로 신빙성이 있다면 당시의 상황은 다음과 같아야 한다. 즉 무왕이 상(商)을 정벌하는 대업은 군사적으로는 태공망(太公望)[640]의 공훈이 가장 컸고 정치적으로는 주공의 공로가 가장 컸다. 『일주서』「유무(柔武)」편과 「대개(大開)」편은 모두 무왕이 주공에게 조언을 구하는 내용이고, 「소개(小開)」편과 「업모(鄴謀)」편은 무왕이 주공과 상(商) 정벌을 위한 중요한 계획을 협의하여 결정하는 내용이다. 「무경(武儆)」편은 주공이 무왕에게 하늘의 명을 삼가

---

640 태공망(太公望, 미상): 태공(太公), 강태공(姜太公)으로도 불린다. 성은 강(姜), 이름은 상(尙)이며, 자는 자아(子牙)다. 그의 선조가 여(呂)나라에 봉해졌으므로 여상(呂尙) 혹은 여망(呂望)이라고도 불렀다. 위수(渭水) 강가에서 낚시를 하다가 문왕을 만나 얘기를 나누었는데 문왕이 크게 기뻐하였다고 한다. 일설에 태공 즉 문왕의 조부 고공단보(古公亶父, 太王)가 "장차 성인이 우리나라에 오게 되면 그의 힘으로 나라가 일어날 것이다"라는 말을 했는데 우리 태공(할아버지)이 바라고 기다린 사람이라는 뜻에서 '태공망(太公望)'으로 불렸다고도 한다. 문왕과 무왕을 도와 은나라를 치고 주나라를 세운 공으로 제(齊)나라에 봉해져 시조가 되었다.

고 덕을 밝힐 것을 격려함으로써 상(商)의 정벌을 목전에 둔 무왕의 심리적 두려움과 의심을 안정시키고 있다. 은을 이긴 후 "주공은 큰 도끼[大鉞]를 손에 쥐고 소공은 작은 도끼를 손에 쥐고 무왕의 양 옆에 서 있었다."[641] 『문물(文物)』 5기에 실린 「최근 산동에서 출토된 상(商)·주(周) 시기 청동기의 개괄」이란 글에서는 산동문물관리국이 1955-1956년까지 산동의 익도(益都) 소부둔(蘇埠屯)에서 발굴한 상대(商代)의 대형 무덤 2기 중 한 곳에서 대형·소형의 동월(銅鉞) 각 1점이 발견되었다고 하였다. 1965년 『고고(考古)』 6기에 수록된 「설왕(說王)」이란 글에서는 왕(王) 자가 도끼[鉞]에서 기원한 것이라고 하였다. 또한 대형 동월은 "왕권의 상징으로 사용되었다"라고 하였다. 살펴보건대 대형의 황월(黃鉞)은 대월(大鉞)이라고도 하고 황월이라고도 한다. 『일주서』 「세부」편에 왕이 "황월을 손에 잡았다[秉黃鉞]"라고 한 것으로 보아 「설왕」이란 글의 견해는 신뢰할 만하다. 주공은 당시 이미 무왕을 대신하여 대월(大鉞)을 잡을 수 있는 지위에 있었다. 「대취(大聚)」편에서는 주공이 무왕에게 아버지 문왕(文王)의 치국(治國)의 도리를 일러주고 있으며, 「탁읍(度邑)」편에서는 무왕이 상(商)의 멸망 원인을 경계하면서 장차 주공에게 왕위를 전하려는 뜻을 내비치고 있다. 즉 "지금 나는 형제에게 후사를 잇도록 하려는데, 시초점과 거북점을 쳐 본들 무슨 소용이 있겠는가? 이제 아우를 세워서 [왕위를 전하고자 한다]"[642]라고 하였다. 이 몇 마디 말은 이렇게 해석할 수밖에 없다. 「무경(武儆)」편에서

641 『逸周書』「克殷」, "周公把大鉞, 召公把小鉞以夾王."
642 『逸周書』「度邑」, "於茲乃今, 我兄弟相後. 我筮龜其何所, 即今用建庶建."

는 "주공단에게 후사를 세우도록 명하고 어린 아들 송(誦, 성왕)에게 왕위를 전하는 조서와 보전(寶典)을 들려주도록 하였다"643라고 되어 있다. 이 몇 마디의 글은 완전히 명확하게 해석되지는 않지만, 그러나 대강의 의미는 주공이 왕위를 물려받으려고 하지 않자 무왕이 정식으로 장자인 송(誦)을 태자로 세우고 아울러 주공에게 어린 아들을 부탁했다는 내용으로 볼 수 있다. 무왕이 은을 이긴 지 6년 만에 죽었으므로 주공은 무왕의 유명(遺命)을 받들어 태자 송을 왕으로 세워야 한다. 다만 성왕이 아직 어리고 천하가 안정되지 않은 까닭에 주공이 잠시 왕위에 올라 집권하였고 성왕은 그대로 "태자[儲君]"의 지위에 머물러 있었다. 『상서』「금등(金縢)」편에 보이는 "주공이 장차 유자(孺子)에게 이롭지 못할 것이다"644라는 말은 두 가지로 해석이 가능하다.645 첫째, 주공이 장차 성왕을 모해(謀害)할 것이라는 뜻이다. 둘째, 주공이 죽을 때까지 왕위를 차지하여 물러나지 않을 것이라는 뜻이다. 주공이 정권을 반환하고 성왕이 정식으로 즉위한 이후 주공은 성왕을 모두 "유자왕(孺子王)"이라 불렀고 "유자(孺子)"라고만 부르지 않았는데, 이로부터 만약 "유자"라고만 칭했다면 이는 당시 성왕이 아직 왕위에 오르지 않았다는 증거라고도 볼 수 있다【아래 참조】. 무왕이 죽었을 때 성왕의 나이는 "소(少)", "유소(幼少)", "유약(幼弱)"과 같은 개괄적인 표현 외에 확정적인 나이는 알 수 없다. 여러 가지 추측 중에서도 왕숙(王

643『逸周書』「武儆」, "詔周公旦立後嗣, 屬小子誦文及寶典."
644 무왕이 죽은 후 관숙(管叔)이 동생들과 함께 유언(流言)을 퍼뜨리며 한 말이다.
645『尙書』「金縢」, "公將不利於孺子."

肅)의 "13세"로부터 왕충(王充)의 "15세"까지가 사실에 가까운데, 왜냐하면 통행본 『죽서기년』에 "가을에 왕이 관례(冠禮)를 치렀다"[646]라는 기사와 『대대례기』 「공부(公符)」편 제79의 "성왕이 관례를 치를 때 주공이 축옹(祝雍)으로 하여금 왕에게 축사를 해 주도록 했다"[647]라는 설이 서로 부합하기 때문이다. 앞서 인용한 주우증의 추론이 이 범위에 포함될 수 있다. 주공이 즉위하여 왕을 칭한 지 7년, 성왕이 20세쯤 되자 주공은 성왕에게 정권을 돌려주었는데 그를 여전히 "유자왕(孺子王)"이라고 불렀다. 굴 선생은 문왕이 생전에 이미 왕을 자칭했다고 믿었고, 여왕(厲王) 이후 "공백화(共伯和)[648]가 왕위를 범하여[共伯和干王位]"[649] 14년간 왕위에 있었다는 것도 역사적 사실로 인정하였다. 그렇

---

646 『竹書紀年』 「成王 元年」, "秋, 王加元服."
647 『大戴禮記』 「公符(冠)」 第79, "成王冠, 周公使祝雍祝王." 이어지는 문장은 다음과 같다. "成王冠, 周公使祝雍祝王曰, 達而勿多也. 祝雍曰, 使王近於民, 遠於年, 嗇於時, 惠於財, 親賢使能." 즉 "성왕이 관례를 치를 때에 주공이 축옹에게 말하기를 '축사(祝辭)는 뜻이 통달하면[達] 되는 것이니, 욕심을 내지 말기 바랍니다'라고 하였다. 축옹은 (축사에서) '왕으로 하여금 백성에게 가까이 다가가고, 오래 사는 것을 멀리하고, 아첨하는 무리를 멀리하고, 의(義)를 가까이하고, 백성의 농사철을 빼앗지 말고, 때에 맞게 재물을 베풀고, 현자에게 맡기고 능력 있는 자를 부리게 하여 주소서'라고 말했다."
648 공백화(共伯和): 서주 여왕(厲王)과 선왕(宣王) 시기(B.C.841-B.C.827)에 집정한 제후. 그의 정체를 둘러싼 논의가 분분한데, 공국(共國, 지금의 輝縣)의 국군(國君)으로서 이름이 백화(伯和)라는 설, 위(衛)나라 무공(武公) 희화(姬和)라는 설도 있다. 『죽서기년』에 따르면 B.C.841년 여왕(厲王)의 폭정으로 국인(國人)들이 폭동을 일으키자 여왕은 체(彘)로 달아나고 태자 희정(姬靜, 宣王)은 소목공(召穆公)의 집에 숨었는데, 역사에서는 이 사건을 '체(彘)의 난(亂)'이라 부른다. 공백화가 제후의 천거를 받아 천자의 일을 섭행하면서 공화(共和) 원년이라 하였다. 공화 14년 정권을 선왕에게 넘기고, 자신은 공산(共山)에서 소요하면서 여생을 보냈다. 역사에서는 이 시기를 공화(共和) 시대라 한다.
649 『史記』 권4 「周本紀」, "召公・周公二相行政, 號曰共和." 『索隱』, "若汲冢紀年則云'共伯和干王位'. 共, 音恭. 共, 國; 伯, 爵; 和, 其名; 干, 篡也. 言共伯攝王政, 故云'干王位'也."

다면 성왕의 나이가 아직 어려 주공이 스스로 즉위, 칭왕하여 천하를 평정했다는 선진의 전승은 당시로서는 얼마든지 있을 수 있는 지극히 평범한 사건이 아닌가. 오늘날 우리는 과거 송인(宋人)들처럼 "삼강(三綱)"의 고정관념에 젖어 있는 것도 아닌데 새삼스럽게 또다시 자신도 모르게 그들의 늪에 빠질 필요가 없는 것 같다.

4.「강고(康誥)」의 문제

주공이 즉위하여 칭왕한 사실에 대해 선진 및 양한에서는 어떤 이설
도 없었다. 그러나 진몽가, 굴만리 두 선생은 무비판적으로 사건을 뒤
집을 수 있었으니, 서주의 관련 문헌 자체에서 내증(內證)을 구하는 수
밖에 없다. 먼저 『상서』「강고(康誥)」편부터 살펴보기로 한다.「강고」
편에는 "맹후(孟侯)인 나의 아우 소자(小子) 봉(封)아!"[650]라는 말이 있는
데, '봉'은 위국(衛國)에 처음 분봉된 강숙(康叔)의 이름이고 그는 성왕
의 친숙부이므로 「강고」에 보이는 "왕이 다음과 같이 말씀하셨다[王若
曰]", "왕이 말씀하셨다[王曰]"의 '왕'은 아무리 해도 성왕이 될 수는 없
다. 따라서 송(宋) 이전에는 강숙과 관련된「강고(康誥)」,「주고(酒誥)」,
「재재(梓材)」편에서의 '왕'을 주공이라고 보았다. 그러나 송인(宋人)들
에 오면 이들을 모두 무왕(武王)으로 보기 시작한다. 진몽가와 굴만리
두 선생 역시 「강고」편에 나오는 '왕'을 무왕으로 보았다. 굴 선생은
그에 더해 「주고」편의 '왕'을 성왕이라고 하였다. 우선 「강고」편의 "왕
약왈"의 '왕'이 누구인지 결정해야 할 것이다.

「강고」에 관한 전통적인 견해는 『사기』「위강숙세가(衛康叔世家)」
를 대표로 들 수 있는데 그 내용은 아래와 같다.

---

650 『尙書』「康誥」, "孟侯朕其弟, 小子封."

무왕이 은나라 주(紂)를 이긴 후에 은나라 유민들과 그들이 사는 땅을 주(紂)의 아들인 무경녹보(武庚祿父)에게 봉하여 다른 제후들과 동등하게 대우하고 그들의 조상에 대한 제사를 받들어 끊어지지 않게 하였다. … 그【무경녹보】가 음흉한 마음을 품을까 염려한 나머지 무왕은 자신의 두 아우 관숙과 채숙으로 하여금 무경녹보를 보좌하게 하였다. … 무왕이 붕어하자, 성왕은 나이가 어렸기 때문에 주공단(周公旦)이 성왕을 대리하여 나라를 다스렸다. 관숙과 채숙은 주공을 의심하여 곧 무경녹보와 더불어 난을 일으켰다. … 주공단은 성왕【성왕(成王)의 '成' 자는 후세 사람이 덧붙인 것으로 보인다】의 명령으로 군대를 일으켜 은나라 유민들을 정벌하고 무경녹보와 관숙을 죽이고 채숙은 멀리 추방하였다. 그리고 무경에게 주었던 은나라 유민들을 관할하도록 강숙을 위나라 군주로 봉하였다. … 주공단은 강숙의 나이가 어린 것을 걱정하여 강숙에게 타일러 말하기를【『상서』「강고」편의 내용을 간략히 인용하고 있다】 … 주(紂)가 나라를 망친 원인은 주색에 탐닉했기 때문이라는 것을 그에게 일러 주었다. …「재재(梓材)」라는 글을 지어 군자가 나라를 다스리는 이치를 일깨워 주었다. 그리하여 자신이 쓴 글을 「강고」, 「주고」, 「재재」라고 명명하였다.[651]

『사기』 이전의 관련 자료로는 다음을 들 수 있다.

『좌전』「희공 24년」: 주나라 양왕(襄王)이 적(狄)의 군사를 거느리고 정(鄭)나라를 토벌하려 하자 부신(富辰)이 이를 간하여 말하기를[652] "… 옛날에 주

---

[651] 『史記』 권37 「衛康叔世家」, "武王已克殷紂, 復以殷餘民封紂子武庚祿父, 比諸侯, 以奉其先祀勿絶. … 恐其(武庚)有賊心, 武王乃令其(武王)弟管叔·蔡叔傅相武庚 … 武王旣崩, 成王少, 周公旦代成王治當國, 管叔·蔡叔疑周公, 乃與武庚祿父作亂 … 周公以成(按此字疑係後人所加)王命興師伐殷, 殺武庚祿父·管叔, 放蔡叔; 以武庚殷餘民封康叔爲衛君 … 周公懼康叔齒少, 乃申告康叔曰 … (略引譯康誥之文.) 告以紂所以亡者以淫於酒 … 爲梓材, 示君子可法則. 故謂之康誥·酒誥·梓材以命之."

[부록 3] 주공단(周公旦)이 즉위, 칭왕(稱王)을 했는지의 문제에 대한 진몽가(陳夢家), …

공은 하 · 은의 말세[二叔][653]에 친척을 소원히 하여 멸망에 이른 것을 마음 아파하였습니다. 그리하여 친척을 봉건하여 주나라 왕실의 울타리로 삼았으니 관(管) · 채(蔡) · 성(郕) · 곽(霍) · 노(魯) · 위(衛) · 모(毛) · 담(聃) · 고(郜) · 옹(雍) · 조(曹) · 등(滕) · 필(畢) · 원(原) · 풍(酆) · 순(郇)은 문왕의 소(昭, 아들항렬)이고, ..."[654]

이것은 위(衛)나라가 주공이 관숙을 죽이고 채숙을 추방한 후에 봉해졌음을 증명할 수 있다.

『좌전』「정공 4년」: 위나라의 자어(子魚)가 장홍(萇弘, 周 大夫) 앞에서 위 · 채 두 나라의 지위의 선후를 따지며 말하였다.[655] "... 옛날 무왕이 상(商)을 이기고 성왕이 천하를 안정시킬 때 밝은 덕이 있는 자를 택하여 제후로 세워서 주나라의 울타리[藩屏]가 되게 하였습니다. 그러므로 주공이 왕실을 도와 천하를 다스림에 제후들이 주나라와 화목하였습니다. 노공(魯公, 伯禽)에게 대로(大路)와 대기(大旂)[656] ... 나누어 주고, 【이 명서(命書)를】「백

---

652 『사기』 권4 「주본기」의 기록에 따르면 B.C.639년 정(鄭)나라가 활(滑)나라를 공격하자 양왕은 대부(大夫)인 유손(游孫)과 백복(伯服)을 정나라로 보내 활나라와 화해할 것을 요청했다. 그러나 주나라 왕실의 홀대에 불만을 품고 있던 정나라 문공(文公)은 두 사람을 가두어 버렸고, 분노한 양왕은 적(翟)나라의 도움을 받아 정나라를 공격하려 했다. 부신(富辰)이 만류했지만 양왕은 B.C.637년 적나라의 군대를 이끌고 정나라를 공격했고, 적나라 출신의 적후(翟后)를 왕비로 맞이했다.

653 이숙(二叔):『좌전』 두예 주에서는 '이숙'을 하나라 은나라의 숙세(叔世, 末世)로 풀이하였다. "弔, 傷也. 咸, 同也. 周公傷夏殷之叔世, 疏其親戚, 以至滅亡, 故廣封其兄弟."

654 『左傳』「僖公 24년」, "昔周公弔二叔之不咸, 以封建親戚, 以藩屛周室. 管 · 蔡 · 成 · 霍 · 魯 · 衛 · 毛 · 聃 · 郜 · 雍 · 曹 · 滕 · 畢 · 原 · 酆 · 郇, 文之昭也 ..."

655 정공 4년 주(周)의 유문공(劉文公)이 소릉(召陵)에서 제후들과 회합할 때 위(衛)나라보다 채(蔡)나라에게 먼저 삽혈(歃血)을 하도록 했는데, 채나라의 시조 채숙(蔡叔)이 위나라의 시조 강숙(康叔)에게 형이 되기 때문이었다. 그래서 위나라 자어(子魚)가 이것을 따진 것이다.

656 대로(大路)와 대기(大旂): 대로는 큰 수레, 대기는 날아오르는 용과 내려오는 용을 그린 붉은

금(伯禽)」657으로 명명하고서 소호(少皞)의 옛 땅에 봉하였습니다. 강숙(康叔)에게는 대로와 소백(少帛) ⋯「강고(康誥)」라 명명하고서 은허(殷虛) 땅에 봉하였습니다. ⋯ (노공과 강숙에게) 모두 상(商)나라 제도로써 백성을 인도하고 주나라 법으로써 토지를 구획하게 하였습니다."658

은허는 바로 조가(朝歌)이며 새로 봉건된 위(衛)나라이다. 이것은 「강고」가 강숙이 위(衛)에 봉해질 때 내려진 명서(命書)임을 증명할 수 있다. 이 자료들은 이미 진몽가가 모두 열거하였고 아울러 그는 『사기』「관채세가」의 "강숙 봉(封)과 염계 재(載)는 모두 어렸기 때문에【무왕 때】봉지를 받지 못했다"659라는 기사도 인용하고 있다. 이러한 자료들에 근거할 때 「강고」가 주공이 삼감(三監)을 평정하고 강숙을 위(衛)나라에 봉할 때 훈계한 말이라는 점에는 추호의 의심도 없으며, 「강고」에서 강숙을 "아우[弟]"로 부른 왕은 주공이지 무왕이 아니라는 점 역시 의심할 여지가 없다. 굴 선생은 이러한 자료들에 대해 끝내 한 마디도 언급하지 않았고, 진 씨(진몽가)는 언급은 했지만 비판도 부정도 하지 않은 채 다른 결론을 내놓았다. 앞서 진 씨가 채록한 각종 자료들을 자세히 읽어 보면 모두 그의 결론에 부정적인 증거가 되고 있는데도 진

───

기. 대로와 대기는 모두 동성제후를 봉할 때 하사하였다.

657 백금(伯禽, 미상): 주공단의 맏아들로 자는 백금이며, 금보(禽父)라고도 불렸다. 성왕이 상엄(商奄)의 땅과 은민(殷民) 6족을 백금에게 봉하고 나라 이름을 노(魯), 도읍을 곡부(曲阜)로 정하였다. 46년간 재위했다.

658 『左傳』「定公 4년」 원문은 다음과 같다. "周劉文公合諸侯於召陵, 將長蔡於衛. 因蔡始封之蔡叔, 於衛始封之康叔爲兄, 故衛侯使祝佗(子魚)私於萇弘曰, ⋯ 昔武王克商, 成王定之, 選建明德, 以藩屏周, 故周公相王室以尹天下, 於周爲睦. 分魯公以大路大旂 ⋯ 命以伯禽, 而封於少皞之虛. 分康叔以大路少帛 ⋯ 命以康誥而封於殷虛. ⋯ 皆啓以商政, 疆以周索."

659 『史記』 권35「管蔡世家」, "康叔封·冉季載皆少(武王時)未得封."

씨는 전혀 깨닫지 못하고 있으니, 도무지 이해할 수 없는 일이다.

　　그들은 「강고」를 무왕이 강숙을 강(康) 땅에 봉할 때의 훈고(訓誥)로 설정하기 위해[660] 무엇보다 먼저 「강고」의 첫 단락 즉 "왕약왈(王若曰)" 앞에 쓰인 48자를 잘라 내야만 했다. 48자는 다음과 같다.: "3월 비로소 달의 검은 부분이 생겨나기 시작할 때(16일) 주공이 처음 터를 잡아 동쪽 나라인 낙(洛)에 새로이 큰 읍을 만드셨다. … 주공이 모두 위로하고 권면하여 널리 크게 다스릴 바를 고하셨다."[661] 이 단락의 내용은 주공이 삼감(三監)을 평정한 후 사방의 인민들과 제후들을 불러 모아 낙읍(洛邑)을 경영하기 시작한 상황에 관한 것이다. 만약 다음에 이어지는 "왕약왈"의 왕을 주공으로 인정한다면, 주공이 낙읍 경영의 개시와 동시에 강숙을 위(衛)나라에 봉함으로써 새로운 낙읍 경영과 의각지세(犄角之勢)를 이루도록 한 것으로 해석할 수 있다. 그러나 이렇게 되면 화제가 주공에서 갑자기 무왕으로 건너뛰게 되는데 그럴 수는 없지 않은가? 그래서 소식(蘇軾)부터 시작하여 많은 사람들이 이를 착간(錯簡)이라고 의심하였다. 그러나 앞서 말한 진몽가의 주장 ⑥에서 『한서』 「예문지」를 인용하여 이것이 「소고(召誥)」의 착간이라고 단정한 것은 자료의 인용에서 다소 충실하지 못한 측면이 있다. 『한서』 「예문지」에서는 이렇게 말한다. "유향(劉向)이 중고문(中古文)으로 구양(歐陽) 및 대·소하후(大小夏侯) 3가(家)의 『상서』 경문을 교수(校讎)하였

660　이글 부록3 '2. 역사 속에서의 주공(周公) 문제의 변천과 그 재론'에 있는 진몽가의 『서주동기단대(西周銅器斷代)』 초록 중 ⑥을 참조할 것.

661　『尙書』 「康誥」, "惟三月哉生魄, 周公初基作新大邑于東國洛 … 周公咸勤, 乃洪大誥治."

는데, 「주고(酒誥)」편에는 죽간 하나가 탈락되어 있고 「소고(召誥)」편
에는 죽간 2개가 탈락되어 있다. 대체로 죽간 하나에 글자 25자를 쓰
는 경우 죽간 하나가 탈락되면 탈락된 글자도 25자가 되고, 죽간 하나
에 22자를 쓰는 경우 죽간 하나가 탈락되면 탈락된 글자도 22자가 된
다."[662] 이에 따르면 유향이 교수한 당시 「주고」, 「소고」에만 탈락된
죽간이 있었고, 탈락된 죽간에 대해서는 이미 유향이 중고문(中古文)에
근거하여 교수를 마쳤으며 이때 당연히 중고문에 근거한 보완이 이루
어졌을 것이다. 죽간 한 개의 글자 수는 25자 혹은 22자의 차이가 있
는데, 문자 순서로 보건대 「주고」 죽간이 25자, 「소고」 죽간이 22자가
되어야 한다. 그러나 진 씨의 「예문지」 인용문은 유향의 말 가운데 「주
고」편에 죽간 한 개가 탈락되어 있다는 것과 죽간 한 개의 글자 수는
22자도 있다는 것을 모두 생략하여, 마치 「예문지」에서 「소고」에는
2개의 탈간이 있고 「소고」 죽간의 글자 수는 25자라는 말만 한 것처럼
되어 버렸을 뿐만 아니라, 또 「강고」 서두 부분은 모두 48자인데 이를
50자라고 하여 2개의 죽간 글자 수 50자와 일치시키려고 하고 있는데
이는 아무래도 좀 억지스럽다. 그 때문에 「강고」에서 이 48자를 제거
하는 것은 크게 상관이 없다 해도 제거해야 할 한 가지 이유를 제시하
는 것도 상당히 어려운 일이다.

그다음은 강숙(康叔)의 "강(康)"에 대한 문제이다. 강숙이 위(衛)나라
에 봉해진 것은 삼감(三監)을 평정한 이후의 일이다, 이에 대해서는 진

---

662 『漢書』권30 「藝文志」, "劉向以中古文校歐陽大小夏侯三家經文, 酒誥脫簡一, 召誥脫簡二. 率
簡二十五字者, 脫亦二十五字. 簡二十二字者, 脫亦二十二字."

씨와 굴 씨 모두 번복하지 않았다. 「강고」가 무왕이 내린 명이라면 강숙이 이 당시에 분봉을 받은 것은 위(衛)가 될 수 없고 강(康)이어야 한다, 이것은 송나라 때부터 많은 사람들이 말했던 설을 진 씨와 굴 씨가 계승한 것이다. 『사기』「위강숙세가」에 대한 『색은(索隱)』에는 "강(康)은 기내(畿內)의 국명이다. 송충(宋衷)[663]은 '강숙이 강(康)으로부터 옮겨져 위(衛)에 봉해졌다'라고 하였다. 기내(畿內)의 강(康)은 그 위치를 알 수 없다"[664]라고 되어 있다. 마융(馬融), 왕숙(王肅)의 『위공안국전(僞孔安國傳)』에서도 강숙의 강(康)을 그가 처음 봉해진 기내(畿內)의 국명이라 하였다. 그렇다고 해서 그들이 「강고(康誥)」를 강(康)나라에 봉할 때의 고(誥)라고 간주한 것은 결코 아니다. 정강성(鄭康成, 정현)은 강숙의 강(康)을 시호로 보았다. 피석서(皮錫瑞)[665]의 『금문상서고증』은 정강성의 설을 굳게 신뢰하였다. 진몽가와 굴만리 두 선생은 강숙(康叔)의 강(康)을 강숙이 처음으로 봉해진 나라로 보았을 뿐만 아니라

---

663 송충(宋衷, 미상): 자는 중자(仲子), 송충(宋忠) 혹은 송중자(宋仲子)로도 칭한다. 삼국시대 남양(南陽) 장릉(章陵) 사람. 유표(劉表)가 불러 오업종사(五業從事)로 삼았다. 고문(古文)만을 연구하여 형주학파(荊州學派)에서 가장 영향력이 있었다. 저서로『주역주(周易注)』10권이 있으며 정현의 주와 함께 당시 쌍벽을 이루었다. 그 밖에『태현경주(太玄經注)』,『세본주(世本注)』,『법언주(法言注)』등이 있다.

664 『史記』권37「衛世家」에 대한『索隱』, "康, 畿內國名. 宋衷曰, 康叔從康徙封衛. 畿內之康, 不知所在."

665 피석서(皮錫瑞, 1850-1908): 청 말기 호남 선화(善化, 長沙) 사람. 자는 녹문(鹿門) 또는 녹운(麓雲)이다. 전한의 금문경학자 복승(伏勝)을 숭상하여 사복(師伏)으로 불렸다. 저서에『경학통론(經學通論)』,『상서대전소증(尙書大傳疏證)』,『금문상서고증(今文尙書考證)』,『효경정주소(孝經鄭注疏)』,『정지소증(鄭志疏證)』,『성증론보평(聖證論補評)』,『노례체협의소증(魯禮禘祫義疏證)』,『박오경이의소증(駁五經異義疏證)』,『고문상서소증변정(古文尙書疏證辨正)』등이 있다.

「강고」를 강숙이 처음으로 강(康)나라에 봉해질 때의 고(誥)라고 하였다. 그러나 「강고」의 다음 구절들 "그러므로 너 소자(小子) 봉(封)이 이 동쪽 땅에 있게 되었다.", "은나라의 지혜로운 선왕의 도를 널리 구하여", "은나라의 떳떳한 법으로 처벌을 결단하되", "내가 너에게 고한 말을 들어야만 이에 은나라 백성들을 데리고 내대로 누리리라."[666] 등은 아무래도 강(康)을 주(周)의 "기내에 있는 나라"로 해석할 수 없게 한다. 진 씨는 다음과 같이 말한다. "이 강(康)과 「주고(酒誥)」에 보이는 매방(妹邦)은 아마도 동일 범위 안에 있었을 것이다. 바로 「강고」에서 말하는 동쪽 땅[東土]이 그곳일 것이다." 이 강국(康國)이 매방과 동일 범위 내에 있다고 한다면 무왕이 삼감(三監)을 매방에 봉할 때 강(康)나라는 그 틈새 어딘가에 끼어 있었다는 말인가? 문헌자료와 출토자료에 강나라에 대한 흔적이라도 있는가? 진 씨는 그의 본문에서 그렇게 많은 자료들을 제시했음에도 강나라에 대해서는 털끝만큼의 증거도 제시하지 못했다. 논점을 세울 때는 반드시 증거에 근거해야 한다는 것을 인정한다면 진 씨의 설은 한낱 공중누각에 지나지 않는다. 한편 굴 선생은 그의 대저 『상서석의(尙書釋義)』에서 다음과 같이 말한다. "예로부터 전해진 동기(銅器) 중에 「강후정(康侯鼎)」이 있는데 그 명문에 '강후봉(康侯丰)' 운운이라 되어 있다. 최근 준현(濬縣, 하남성 북부)에서 출토된 동기 중에 강후부(康侯斧)와 뇌(罍), 작(爵), 기형도(奇形刀) 등이 있는데 그 명문에 모두 '강후(康侯)'라는 글자가 있어 그것이

666 『尙書』「康誥」, "肆汝小子封, 在玆東土" "往敷求于殷先哲王" "罰蔽殷彝" "聽朕告汝, 乃以殷民世享."

의심할 바 없이 강숙의 기물임을 증명하고 있다. 처음에 강(康) 땅에 봉해졌으므로 강숙(康叔), 강후(康侯)라고 칭해졌다." 이와 같은 굴 선생의 말은 진 씨의 설로부터 부연한 것이다. 그러나 이는 성립되기 어려운 설이다. 왜냐하면 앞서 인용한 진몽가의 설 ⑥에서 진몽가는 특별히 「강후궤(康侯簋)」를 증거로 제시하였다. 「강후궤」의 명문(銘文)에는 "강후(康侯) 도(圖)를 위(衛)에 봉하였다"[667]라고 분명하게 말하고 있는데, 이는 강숙이 정식으로 위(衛)나라에 봉해졌을 때도 여전히 "강후"로 칭해졌음을 보여준다. 그렇다면 동기에 새겨진 강후(康侯) 두 글자만 가지고 어떻게 그것이 강(康) 땅에 봉해졌을 때의 기물이라고 단정할 수 있겠는가? 더욱이 봉지를 다른 곳으로 바꿀[改封] 때 피봉자는 응당 새로 봉해진 나라를 작명(爵名)으로 삼아야 한다. 예를 들어 최근에 출토된 「의후측궤(宜侯夨簋)」를 보면, 측(夨)은 앞서 건(虔) 땅에 봉해져 건후(虔侯)가 되었는데, "의(宜)"로 개봉하면서 "의후(宜侯)"로 칭해졌다. 그 명문에 "왕이 건후 측(夨)에게 명령하기를 '너를 의(宜)의 제후로 봉한다'라고 하였다. … 의후(宜侯) 측(夨)이 왕의 훌륭함을 크게 칭송하였다. …"라고 한 것이 그 뚜렷한 증거이다.[668] 이로 미루어 보면 강후(康侯)가 위(衛)에 봉해졌을 때는 곧 위후(衛侯)라고 불러야지 강후라고 불러서는 안 된다. 또한 강후와 관련된 동기(銅器)는 진몽가의 『서주동기단대』 초록 ①에서 서술한 바에 의하면 최근 출토된 것으로 근(斤), 무(戊), 모(矛), 선(鱓), 뇌(罍)【이상은 최근에 출토】 등이 있

---

667 「康侯簋」, "征令康侯圖於衛."

668 「宜侯夨簋」, "王令虔侯曰夨, □侯於宜 … 宜侯夨揚王休 …"

고, 「사책치정(乍冊齒鼎)」【강후(康侯) 포함 명문 14자가 있다】, 「강후정(康侯鼎)」【강후봉(康侯丰) 외에 명문 6자가 있다】, 「강후력(康侯鬲)」【강후(康侯) 포함 명문 2자가 있다】 등이 있다. 진몽가의 말에 따르면 "기물의 제작에는 선후가 있으나 모두 성왕 시기 내에 있어야 한다." 즉 강숙이 위(衛)나라에 봉해진 뒤에 제작된 기물이라는 말이다. 만약 진, 굴 두 사람의 설과 같이 강숙이 무왕 시기에 강(康)에 봉해졌기 때문에 강후(康侯)로 칭해진 것이라면, 어째서 위(衛)에 봉해진 후에 제작된 기물에서도 여전히 강후라고 칭하는 것인가? 그는 성왕 시기에 위(衛)나라에 봉해져 지위도 한층 높아졌는데 어째서 위후(衛侯)라고 칭하지 않고 계속 강후라고 칭하는 것이며, 또 어째서 지금까지 "위후봉(衛侯丰)" 혹은 "위후(衛侯)"라는 글자가 새겨진 동기가 한 점도 발견되지 않는 것인가? 이에 대한 하나의 합리적 해석은 강숙(康叔)의 "강(康)", 강후(康侯)의 "강(康)"은 그의 시호이지 그의 봉국이 아니라는 것이다. 당시에는 생전에 시호가 있었는데 일례로 성왕(成王)은 바로 살아있을 때의 시호였다. 그래야만 그가 계속 강숙 혹은 강후로 불릴 수 있으며, 그 외에는 달리 해석할 방법이 없다. 『사기』 「관채세가(管蔡世家)」에는 "강숙을 봉하여 위(衛)나라 군주로 삼으니 그가 바로 위강숙(衛康叔)이다"[669]라고 하였는데, 이는 분명 강(康)을 시호로 삼은 것이다. 또 『사기』 「태사공자서」에서는 "은의 유민을 거두어 강숙을 처음으로 읍에 봉하였다"[670]라고 하였으니, 강숙이 위(衛)에 봉해진 것은 그가 처음으로 수

669 『史記』 권35 「管蔡世家」, "封康叔爲衛君, 是爲衛康叔."
670 『史記』 권130 「太史公自序」, "收殷餘民, 叔封始邑."

봉한 봉토임이 분명하다. 그 이전에는 나이가 어렸기 때문에 분봉을 받지 못했던 것이다. 그가 처음에 강국(康國)에 봉해졌다고 하는 설은 근본적으로 글자만 보고 대강 뜻을 짐작하는[望文生義] 데서 나온 허구이다. 「강고」는 무왕이 처음으로 그를 강국에 봉했을 때의 고(誥)라는 주장은 첫 번째 허구에서 파생된 두 번째 허구이다. 이것은 내가 청동기 상황에 관해 강영(江永),[671] 피석서(皮錫瑞) 두 사람이 세운 입론의 부족함을 보완한 것이다. 어떤 이는 강숙의 아들을 강백(康伯)이라 부르는데 부자가 같은 시호를 써서는 안 된다고 하며 강숙의 강(康) 시호설에 의심을 품기도 한다. 하지만 문왕은 문(文)을 시호로 하였고 주공도 문(文)을 시호로 하였으니【주문공(周文公)】이 예를 적용하면 강(康)이 국명이 아닌 시호의 명칭임을 증명하기에 충분하다. 그렇지 않고 강숙이 처음에 강(康)에 봉해졌기 때문에 강숙, 강후로 칭해졌다고 하면, 그의 아들은 위(衛)나라 군주인 부친을 계승하였는데 어째서 또 강백(康伯)으로 칭해지는 것인가? 채옹(蔡邕)[672]의 '술행부(述行賦)'에서는

___

671 강영(江永, 1681-1762): 청 휘주(徽州) 무원(婺源) 사람. 자는 신수(愼修). 환파(皖派)고증학의 창시자로 대진(戴震)에게 큰 영향을 끼쳐 '강대(江戴)'로 일컬어졌다. 저서에『주례의의거요(周禮疑義擧要)』,『예기훈의택언(禮記訓義擇言)』,『예서강목(禮書綱目)』,『의례석례(儀禮釋例)』,『춘추지리고실(春秋地理考實)』,『고운표준(古韻標準)』,『역변(曆辨)』,『근사록집해(近思錄集解)』등이 있다.

672 채옹(蔡邕, 132-192): 후한 진류(陳留) 어현(圉縣: 하남 杞縣) 사람. 자는 백개(伯喈)이다. 170년 영제(靈帝) 때 동관(東觀)에서 서지 교정에 종사하였으며, 175년 스스로 돌에 경문을 새겨 태학(太學)의 문 밖에 세웠는데 이것이 '희평석경(熹平石經)'이다. 189년 동탁(董卓)에게 발탁되어 시어사(侍御史), 시중(侍中)에서 좌중랑장(左中郎將)까지 올랐으나 동탁이 죽자 투옥되어 옥중에서 사망하였다. 조정의 제도와 칭호에 대하여 기록한『독단(獨斷)』, 시문집『채중랑집(蔡中郎集)』이 있다.

"위(衛)나라 강숙이 봉해진 강토임을 알겠네"[673]라고 하였으니, 이는 채옹 역시 강(康)을 시호로 보았다는 말이다. 따라서 강(康)을 시호로 보는 설은 정현에서 시작된 것이 아니다. 위(衛)에 강숙을 봉할 때 「강고(康誥)」라고 명명한 것은 진(晉) 문공(文公)을 방백(方伯)으로 삼을 때 그 책서를 「문후지명(文侯之命)」[674]이라 한 것과 같다. 그때의 "문(文)"은 시호이고, "강(康)"도 시호이다.

진몽가가 굴 선생과 다른 점은 완벽할 정도로 자료를 인용하고 있다는 점이다. 그러나 그는 인용한 자료 자체에서 결론을 추출하는 것이 아니라 도리어 아무 의거할 자료도 없는 곳에서 결론을 도출한다. 예를 들면 그는 자신의 자료에 근거하여 위(衛)는 조가(朝歌)에 도읍하였고, 또 조가(朝歌)·은허(殷虛)·상허(商虛)·매(沬)·매(妹)·위(衛)·구위(舊衛)는 모두 같은 지역이라고 보았다. 게다가 매(妹)는 바로 「주고(酒誥)」편의 "큰 명을 매방(妹邦)에 밝히노라"[675]에서의 매(妹)를 말한

---

673 채옹의 '술행부(述行賦)': 후한 환제 연희 2년(159)에 지어졌다. 당시는 환관이 권력을 독점하고 조정이 부패하여 굶주리는 사람들이 매우 많았는데, 혼미한 환제는 중상시(中常侍) 서황(徐璜)에게서 채옹이 고금(鼓琴)을 잘한다는 말을 듣고 진류(陳留)태수에게 그를 경성으로 보내도록 명하였다. 채옹은 낙양 근처 언사현(偃師縣)에 이르러 병을 핑계대고 돌아온 후, 도중에 보고 들은 바를 글로 묘사하면서 그 사이사이에 백성들이 당하는 고통과 지식인들이 받는 억압에 대한 분개심을 풀어놓았다. 인용문은 "經圃田而瞰北境兮, 悟衛康之封疆" 구절의 일부로, 포전(圃田)은 지금의 하남 중모현(中牟縣)이다. 『좌전』에서는 포전의 북쪽 경계가 위 강숙의 땅이라고 하였다.

674 「문후지명(文侯之命)」: 유왕(幽王)이 견융(犬戎)에게 살해되자 진(晉) 문후와 정(鄭) 무공(武公)이 태자 의구(宜臼)를 맞이하여 왕으로 세웠는데 그가 바로 평왕(平王)이다. 낙양으로 천도하여 문후를 방백(方伯)으로 삼을 때 책서(策書)를 만들어 명하였다. 사관이 이를 기록하여 편을 만든 것이 『상서』「문후지명(文侯之命)」이다.

675 『尚書』「酒誥」, "明大命于妹邦."

다고 하였다.【앞에 인용한 진몽가의 설 ⑥을 참조할 것.】이것은 모두 맞는 말이다. 진몽가의 말에 따르면 「주고」편의 "큰 명을 매방에 밝히노라"라는 구절은 "큰 명을 조가(朝歌)에 밝히노라" "큰 명을 위(衛)에 밝히노라"와 같은 말로 볼 수 있고 이는 분명 강숙이 위(衛)에 봉해진 이후의 일이다. 그런데 어떻게 "「주고」편과 「재재」편에서 '왕이 말씀하셨다. 봉아![王曰, 封]'로 시작하는 문장은 모두 성왕의 말투가 아니고 무왕이 명한 바이다"라는 결론이 나올 수 있는가? 설마 강숙이 매방에 봉해진 후 무왕이 다시 무덤에서 일어나 한 차례 훈고(訓誥)를 내리기라도 했단 말인가? 이것이 바로 자신의 관념으로 눈앞에 놓인 자료를 왜곡, 말살하는 뚜렷한 증거이다.

굴 선생은 상술한 문제점에 주목하여 그의 대저 『상서석의(尚書釋義)』에서 다음과 같이 말한다. "살펴보건대 매방(妹邦)은 은나라 주(紂)가 도읍한 곳으로 무경(武庚) 혹은 삼감(三監)이 통할했던 땅이다. 강숙의 봉토는 여기까지는 미치지 못했다. 『사기』 및 『상서』 「서서(書序)」의 설이 대체로 맞다." 이것은 곧 「강고」편이 "주공이 성왕의 명으로 강숙에게 고(誥)한 말"임을 인정하는 것이고, 「주고」편의 "왕약왈(王若曰)"에서의 왕이 "사실 그는 성왕"이라고 보는 것이다. 그러나 굴 선생은 다음과 같은 두 가지 점을 홀시하였다. (1) 「강고」에서 "내가 너에게 고한 말을 들어야만 은나라 백성들을 데리고 대대로 누리리라"[676]라고 했는데, 만약 삼감(三監) 평정 후 강숙에게 은의 유민을 주어 위(衛)에 봉하지 않았다면, 다시 말해 매방에 강숙을 봉하지 않았다면,

---

676 『尚書』「康誥」, "聽朕告汝, 乃以殷民世享."

"은나라 백성들을 데리고 대대로 누리리라"라는 말은 누구를 향해서 한 말인가? 굴 선생은 「주고」편의 "매방" 한 단어로부터 「주고」편 속의 왕(王)은 무왕이 아니라고 단정할 수 있었는데, 「강고」편의 "은나라 백성들을 데리고 대대로 누리리라"라는 말을 근거로 「강고」편 중의 왕이 무왕이라고 단정할 수 있는 이유는 무엇인가? (2) 굴 선생은 주대(周代)의 종법과 봉건이 불가분의 관계에 있다는 것을 완전히 간과한 듯하다. 종법은 친친(親親)을 위주로 하는데, 왕은 제후와 명경(命卿)[677]에게 군신의 관계이자 동시에 종법상의 친족 관계이기도 하다. 호칭에 있어서는 친족 관계를 근거로 삼는 경우가 많다. 강숙은 성왕의 친숙부인데, 성왕이 친족 관계를 고려하지 않고 그의 이름을 직접 부르는 일은 불가능하며 이것은 당시의 정치구조를 크게 훼손하는 행위라 할 수 있다. 최소한도 "맹후(孟侯)", "강후(康侯)", "강숙(康叔)"으로 불러야 하며 그 이름을 직접 부를 수는 없다. 『상서』「낙고」편을 보면 정권 교체시(즉 주공의 정권 반환시) 성왕은 주공을 "공(公)"이라 불렀고 결코 그를 감히 "단(旦)" 혹은 "주공단(周公旦)"이라 부르지 않았다. 『시경』「노송(魯頌)」 '비궁(閟宮)' 시에서는 성왕이 백금(伯禽)을 봉하며 명을 내릴 때의 장면을 묘사하기를 "성왕께서 말씀하시기를, 숙부시여, 당신의 맏아들[元子]을 세워 노나라 제후를 삼노니"[678]라고 하였다. 『상서』「강왕지고(康王之誥)」편에서는 대신(大臣)들을 향해 "지금 우리 한

---

677 명경(命卿): 주나라 천자가 임명한 제후의 경(卿)을 말한다. 『左傳』「成公 2년」, "不使命卿鎭撫王室."; 『禮記』「王制」, "大國三卿, 皆命於天子; 次國三卿, 二卿命於天子."
678 『詩』「魯頌」 '閟宮', "王曰叔父, 命爾元子."

두 백부(伯父)들은"[679]이라 하였다. 「여형(呂刑)」편에서는 목왕(穆王)이 그 신하들에게 "백부(伯父)와 백형(伯兄)과 중숙(仲叔)과 계제(季弟)와 [유자(幼子)와 동손(童孫)들이여!]"[680]라고 하였다. 「문후지명(文侯之命)」에 서는 평왕(平王)이 진(晉) 문후에게 "숙부인 의화여!"[681]라고 칭하고 있 다. 『좌전』의 기록에 의하면 주 왕실에서는 동성(同姓)의 제후와 명경 (命卿)을 백부, 숙부, 또는 형제로 칭하고, 이성(異姓)의 제후에 대해서 는 생구(甥舅)라 칭하지 않은 예가 없다. 여기에는 단 한건의 예외도 없다. 따라서 강숙의 이름을 부를 자격이 있는 자는 오직 강숙의 형인 주공이 아니면 안 되고 결코 그의 조카인 성왕의 입에서는 나올 수 없 는 말이다.

이상을 종합하면, 「강고」「주고」「재재」세 편에서의 "왕약왈(王若 曰)", "왕왈(王曰)"의 '왕'은 무왕이 될 수 없고, 성왕일 수도 없으며, 오 직 즉위하여 칭왕을 했던 주공일 수밖에 없다.

---

679 『尙書』「康王之誥」, "今予一二伯父."

680 『尙書』「呂刑」, "王曰, 嗚呼, 念之哉. 伯父・伯兄・仲叔・季弟・幼子・童孫."

681 『尙書』「文侯之命」, "王若曰, 父義和." 의화(義和)는 진 문후(文侯)의 자(字)이며, 『상서』「문 후지명」편을 달리 '의화'라고도 일컫는다.

5. 『상서』에서 「강고」편을 제외한 다른 관련 문헌들

이제『상서』중의 「강고」, 「주고」 이외의 문헌들에 대해 간단히 말해 보기로 한다.

「대고(大誥)」편에서는 주공이 "내가 너희 여러 나라를 데리고 가서 은나라의 도망한 신하들을 치려 한다"[682]라고 하였으니, 이는 무경(武庚)을 토벌할 때 고(誥)한 말이다. 다른 각 편들과 마찬가지로 앞에서는 "왕약왈(王若曰)"이라 하였고 뒤에 가서는 "왕왈(王曰)"이라 하였다. 이때는 바로 주공이 섭정, 칭왕을 하고 있던 시점이므로 「대고」편에서의 '왕'은 모두 주공을 가리킨다는 데 대해서는 양한의 금고문가들 모두 이설이 없다. 굴 선생은 그의 대저『상서석의(尙書釋義)』라는 제목의 글에서 "본 편이 주공에 의해 제작[作於周公]되었는지 아닌지는 확정할 수 없지만 이것이 서주 초년의 작품이라는 점에는 의심의 여지가 없다"라고 하였다. "왕약왈(王若曰)" 밑에는 "왕은 성왕을 말한다"라는 주석을 달아 놓았다. 살펴보건대 「대고」편은 주공이 고명(誥命)한 말을 사신(史臣)이 기록해 놓은 것으로, 오늘날처럼 한 편의 글을 작성하

---

682 『尙書』「大誥」, "予惟以爾庶邦, 于伐殷逋播臣."

여 그 자리에서 읽는 것이 아니기 때문에 중간에 두 차례 "왕왈(王曰)"
이라는 말이 끼워져 있다. 굴 선생의 이른바 "작(作)"이 무엇을 뜻하는
지는 모르겠다. 만약 「대고」편을 기록한 자가 누구인지 모르겠다는
의미라면 사실 이런 종류의 문헌들은 모두 그 기록자를 알아낼 방법이
없다. 만약 누가 말한 것인지 모르겠다는 의미라면, 굴 선생이 이미
"왕약왈(王若曰)"의 '왕'이 성왕이라고 한 이상 자연히 이것은 성왕이
말한 것이 된다. 「대고」편의 "왕약왈"의 '왕'을 성왕으로 본다면 첫 번
째로 다음 구절의 관문을 통과하지 못할 것이다.: "의리로 말한다면 너
희 여러 나라 방군(邦君)과 너희 다사(多士)와 윤씨(尹氏)와 어사(御事)
들이 마땅히 나를 위안하고 권면하기를 '근심으로 수고롭게 하지 마십
시오. 당신의 돌아가신 아버지 영고(寧考)께서 도모하시던 공(功)을 이
루지 않을 수 없습니다'라고 해야 할 것이다."[683] 이 말의 뜻은 응당 다
음과 같아야 한다.: "너희 여러 나라 군주와 신하들은 마땅히 나를 위
안하고 권면하기를 '(정벌할) 걱정에 너무 심려하지 마십시오.【이는『위
공전(僞孔傳)』의 풀이에 의거하였다】.[684] 당신의 부친 문왕[寧考]께서 도모
하신 큰 공을 이룩하지 않을 수 없을 것입니다'라고 말해야 할 것이
다." 「대고」편에는 "영왕(寧王)"을 칭한 예가 7번 있는데, 이 "영왕"이
곧 문왕이라는 점에는 논란의 여지가 없다. "영무(寧武)"를 칭한 예는
한 번 있는데, 영무는 바로 문왕·무왕을 합칭한 것이다. 사망한 부친

---

683 『尙書』 「大誥」, "義爾邦君, 越爾多士尹氏·御事·綏予曰, 無毖于恤, 不可不成乃寧考圖功."
684 『尙書』 「大誥」 전(傳)은 다음과 같다. "汝衆國君臣, 當安勉我曰, 無勞於憂, 不可不成汝寧祖
聖考文武所謀之功."

을 고(考)라 하므로 여기서의 영고(寧考)는 사망한 부친 문왕을 가리킨다는 점 또한 문제가 있을 수 없다. 전편에서 영왕(寧王)이라 칭하면서 여기서만 영고(寧考)라 칭하는 것은 이 구절이 방군(邦君)과 다사(多士)들이 훈고자에게 올리는 말이기 때문이며, 그래서 "당신의 돌아가신 아버지 영왕[寧考]"이라고 했던 것이다. 어찌 문왕의 손자인 성왕을 결부시킬 수가 있는가? 그렇다면 이 훈고자는 주공이 아니면 누구란 말인가? "왕약왈(王若曰)" "왕왈(王曰)"의 '왕'이 주공이 아니라면 또 누구란 말인가?

그러나 굴 선생은 그의 대저 『상서석의』에서 이 문제에 대해 다음과 같이 해석하였다. "영고(寧考)는 즉 문고(文考)이다. 문고는 돌아가신 아버지를 말하며 금문(金文)에 흔히 보이는 말이다. 여기(「대고」편)서의 영고는 무왕을 말한다." 영고가 무왕이면 훈고하는 자는 자연히 성왕이 된다. 살펴보건대 금문에는 흔히 보이는 문고(文考)는 있어도 대체로 "영고(寧考)"는 나온 적이 없다. 문고를 돌아가신 부친의 범칭으로 하는 경우, 문고 아래에 반드시 그 부친의 이름을 붙여 '문고(文考) 모모인'으로 표시해야 한다. 예컨대 「위정(衛鼎)」에서는 "위조(衛肇)가 문고 이중중(已中中)을 위해 정(鼎)을 만들다"[685]라고 하였고, 「헌궤(獻簋)」에서는 "짐의 문고 광부을(光父乙)을 위해 만들다"[686]라고 하였다. 「노후희력(魯侯熙鬲)」에서는 "노후희가 이(彝)를 제작하고 문고 노공(魯公)에게 제사를 올리다"[687]라고 하였다. 「이정(利鼎)」에서는 "짐

---

685 「衛鼎」, "衛肇乍厥文考已中中將鼎."
686 「獻簋」, "乍朕文考光父乙."

의 문고 □백(□伯)을 위해 존정(隩鼎)을 제작하다"[688]라고 하였다. 「광유(匡卣)」에서는 "문고 일정(日丁)을 위해 보배로운 이(彝)를 만들다"[689]라고 하였다. 「사탕보정(師湯父鼎)」에서는 "사탕보가 절하고 머리를 조아리며 짐의 문고 모조(毛弔)를 위해 이(彝)를 만들다"[690]라고 하였다. 주초에 이름이 없이 "문고(文考)"라고만 했다면 이는 반드시 문왕의 자식들이 돌아가신 문왕을 칭할 때만 쓰는 말이다. 이것은 "문조(文祖)"가 돌아가신 조부를 범칭할 경우 문조 다음에 반드시 조부의 이름이 뒤따라 나오고, ─예컨대 「사거방이(師遽方彝)」에서는 "문조(文祖) 타공(它公)을 위해 보배로운 존이[寶隩彝)를 만들다"[691]라고 되어 있다 ─ 뒤따르는 이름이 없이 단지 '문조(文祖)'라고만 썼을 때는 반드시 문왕의 손자들이 자신의 조부인 문왕을 칭할 경우에만 그 말을 사용했던 것과 동일한 상황이다. 그러므로 「강고」편에서는 "(강숙에게 고하는 말) 지금 백성들을 다스리는 것은 장차 네가 문고(文考)(문왕)를 공경히 따름에 있으니"[692]라 하였고, 「낙고」편에서는 "(주공이 성왕에게 하는 말) 왕께서 저에게 (낙읍으로) 오도록 명하시어 당신의 문조(文祖)(문왕)께서 명을 받으신 백성을 이어받아 안정시키고", "내가 소자(昭子, 명군)의 법(法)을 이룬 것은 바로 문조(文祖)(문왕)의 덕을 다한 것입니다"[693]

687 「魯侯熙鬲」, "魯侯熙乍彝, 用享牆厥文考魯公."

688 「利鼎」, "用乍朕文考□白陴鼎."

689 「匡卣」, "用乍文考日丁寶彝."

690 「師湯父鼎」, "師湯父拜稽首乍朕文考毛弔將彝."

691 「師遽方彝」, "用作文且(祖)它公寶阝+奐彝."

692 『尙書』「康誥」, "今民將在祇遹乃文考."

693 『尙書』「洛誥」, "王命予來承保乃文祖受命民." "朕昭子刑乃單文祖德."

라고 하였으니, 굴 선생은 이 문조(文祖)를 모두 문왕으로 해석하지 않을 수 없다. 한편 『일주서(逸週書)』「오권(五權)」편에서는 무왕이 주공단에게 말하기를 "(예전에 하늘이 처음으로 주나라에 대명(大命)을 내리시니) 문고(文考)께서 이를 받으시어"[694]라 하였고, 「본전(本典)」편에서는 주공단이 성왕에게 "신이 문고(文考)로부터 들었사온데"[695] 라고 하였으니, 여기서의 문고는 모두 문왕을 가리킨다. 『상서』「대고」편에서는 문왕을 영왕(寧王)으로 칭하고 있으므로 이 편에서의 "영고(寧考)"는 반드시 문왕을 가리킨다. 문헌이나 금문을 막론하고 단연코 "문고(文考)" 혹은 "영고(寧考)"가 무왕을 지칭한 예는 없다. 하물며 「낙고」편에서는 주공이 성왕에게 "당신의 빛나는 업적을 이루신 돌아가신 아버지 무왕[考武王]"이라 하였고,[696] 『일주서』「대계(大戒)」편에서는 주공이 성왕의 명에 답하며 말하기를 "감히 무고(武考)의 말씀을 일컫자면 이렇게 말씀하셨습니다"[697]라 하였고, 「본전」편에서 성왕 스스로 "내가 무고(武考)로부터 들은 바로는"[698]이라 했던 것은 더 말할 필요도 없다. 그렇게 보면 성왕이 무왕을 '무고(武考)'라 부르는 것은 바로 문왕의 여러 자제들 즉 무왕, 주공, 강숙 등이 문왕을 문고(文考)라 부르는 것과 전적으로 동일한 이치다. 『상서』「대고」편에서는 문왕을 영왕

---

694 『逸周書』「五權」편 원문은 다음과 같다. "維王不豫, 于五日 召周公旦曰, 嗚呼, 敬之哉! 昔天 初降命于周, 維在文考, …"

695 『逸周書』「本典」, "臣聞之文考."

696 『尙書』「洛誥」, "厥乃先烈考武王."

697 『逸周書』「大戒」편, "於敢稱乃武考之言曰."

698 『逸周書』「本典」편, "嗚呼, 朕聞武考."

(寧王)으로 불렀는데, 영고(寧考)라 하면 오히려 죽은 무왕으로 둔갑해 버리니 이것이 바로 개인의 예정된 관념에 따라 사료를 왜곡하는 명백한 일례다. 훈고(訓誥)를 듣는 사람들이 "왕이 말씀하셨다[王曰]"의 왕 면전에서 "그대는 그대의 돌아가신 부친 영왕(寧王)【寧考】께서 도모하신 공업을 완성해야 합니다"라고 했다면 그 왕은 분명 문왕의 아들일 것이다. "왕약왈(王若曰)"의 왕으로 주공 말고 또 다른 사람을 찾을 수 있을까?

다시 한 걸음 더 나아가 「대고」편에서 사용한 명칭의 측면으로부터 간략히 검토해 보겠다. 나는 「대고」편에 명백히 다른 두 종류의 명칭이 있음을 발견하였다. 하나는 "여(予)"자 위주의 호칭으로 간혹 아(我)자, 짐(朕) 자를 사용한다. 예를 들면 "내가[予] 가는 것은 내가[朕] 건너는 곳을 구하기 위해서이다", "내가[予] 감히 (하늘이 내리신 위엄을) 막을 수 없느니라"【원주5】, "영왕(寧王)이 우리에게[我] 큰 보배인 거북을 전해주심은", "나를[予] 돕고 가서 상나라를 어루만져 안정되게 하여 영무(寧武)께서 도모한 공을 잇게 하셨는데", "우리[我] 군사의 일이 아름답게 되어 간 것은 나의[朕] 점이 모두 길하기 때문이다. 이리하여 내가[予] 우리[我] 우방의 임금과 … 에게 고하여 말하기를, '내가[予] 길한 점괘를 얻었으니 내가[予] 너희 여러 나라를 데리고 가서 은나라에서 도망한 신하들을 치겠다'라고 하였다", "내가[予] 하는 일은 하늘이 시키신 것이다", "나는[予] 감히 영왕(寧王)께서 도모하시던 일을 끝까지 마치지 않을 수 없다", "그리하여 나는 크게 우리 우방의 임금들을 변화하게 하며 따르도록 하였다", "내가[予] 어찌 앞서 나라를 편안하게 한 사람들이 도모한 일을 마치지 않겠는가?", "내가[予] 어찌 앞서 나라를 편안하게 한 사람들이 받은 아름다운 명을 마치지 않겠는가?", "옛날에 내가[朕] 무경을 정벌하러 갈 때에 나도[朕] 어렵다고 말하며 날마다 생각하였다", "그러므로 내가[予] 어찌 감히 내 자신에 이르러서 영왕(寧王)의 큰 명을 어루만져 보존하지 않겠는가?", "내가[予] 오래 생각해 보고 말하노니 하늘이 은나라를 망히게 하심이 잡초를 제거하는 농부와 같으니 내가[予] 어찌 감히 나의[朕] 밭일을 마무리하지 않을 수 있겠는가?'라고 한다.", "내가(予) 어찌 감히 거북점을 다 써서 따르지 않을 수 있겠는가?", "이러므로 내가[朕] 크게 너희들을 데리고 동쪽으로 정벌하는 것이다"[699] 등을 들 수 있다. 이상에 보이는 "여(予)", "아(我)", "짐(朕)"은 말할 필요도 없이 "왕약왈(王若曰)"의 '왕'이 1인칭으로 등장한 경우이다.

그런데 이와 별도로 또 한 가지 명칭이 있는데 "충인(沖人)", "소인(小人)"을 위주로 하는 호칭이다. 예를 들면 "크게 생각하건대 우리 어린 사람이[我幼沖人]", "아! 나 소자는[予惟小子] (깊은 물을 건너는 것과 같으니)", "나 소자[予小子]가 공경해야 될 (숙부들이니)",[원주6] "나 어린 사람은[予沖人] 스스로 구휼하지 못할 것이다", "아! 나 소자는[予小子] 감히 상제(上帝)의 명을 폐하지 못하니"[700] 등이 있다. 여기서의 "충인(沖

---

699 『尙書』 「大誥」, "予惟往求朕悠濟." "予不敢比." "寧王遺我大寶龜." "予翼以于敉寧武圖功." "我有大事休, 朕卜並吉, 肆予告我友邦君 … 曰, 予得吉卜, 予惟以爾庶邦于伐殷逋播臣." "予造天役." "予不敢不極卒寧王圖事." "肆予大化誘我友邦君." "予曷其不于前寧人圖功攸終." "予曷敢不于前寧人攸受休畢." "若昔朕共逝, 朕言艱日思." "肆予曷敢不越卬敉寧王大命." "予永念曰, 天惟喪殷, 若穡夫, 予曷敢不終朕畝." "予曷其極卜敢弗于往." "肆朕大以爾東征."

700 『尙書』 「大誥」, "洪惟我幼沖人." "已, 予惟小子." "越予小子考." "越予沖人, 不卬自恤." "已, 予爲小子, 不敢替上帝命."

人)", "소자(小子)"는 누구를 가리키는 것일까? "왕약왈(王若曰)"의 왕이 성왕이라고 주장하는 자들은 바로 이것이야말로 성왕이 스스로를 자칭하는 말이라고 봄으로써 그들의 논증을 강화한다. 위에 들었던 충인, 소자가 만약 성왕이 스스로를 칭하는 말이라면 이것은 1인칭에 해당한다. 『상서』에서 성왕이 말한 것으로 확인되는 대목으로는 「낙고」편만한 것이 없다. 「낙고」편에서 성왕이 1인칭으로서 말한 대목은 아래와 같은 것들이 있다. "왕이 다음과 같이 말씀하셨다. 공(公)께서 나 어린 아들[予沖子]을 밝게 깨우치고 안정시켜야 하며, 공(公)께서 크게 드러난 덕을 거행하여 나 소자[予小子]로 하여금 문왕과 무왕의 업적을 드날리게 하고", "나 어린 아들[予沖子]은 밤낮으로 제사지내는 일을 삼갈 것입니다", "왕이 말씀하셨다. 공(公)이여! 나 소자는[予小子] 곧 물러가서 주(周)(호경)에서 임금 노릇을 하고 공의 후손에게 명을 내리겠습니다."[701] 1인칭인 "충자(沖子)", "소자(小子)"가 모두 "여충자(予沖子)", "여소자(予小子)"의 형식으로 되어 있는 점에서는 예외가 없다. 『상서』 「군석(君奭)」편에서는 "지금 나 소자[予小子] 단(旦)은 바로잡는 일을 잘하지는 못하지만", "이제 나 소자[予小子] 단(旦)은 마치 큰 냇물을 헤엄쳐 가는 것과 같다"[702]라고 하여, 여기서의 1인칭 또한 "여소자(予小子)"의 형식을 취하고 있다. 다시 시대를 거슬러 올라가 「탕서(湯誓)」를 보면 "나 소자[台(我)小子]가 (감히 난을 일으키려는 것이 아니라)"[703]라고

---

701 『尙書』「洛誥」, "王若曰, 公明保予沖子, 公稱丕顯德, 以予小子, 揚文武烈." "予沖子夙夜毖祀." "王曰, 公, 予小子其退即辟於周, 命公後."

702 『尙書』「君奭」, "在今余小子旦, 非克有正." "今余小子旦, 若遊大川."

703 『尙書』「湯誓」, "非台(我)小子, 敢行稱亂."

하여, 여기서의 1인칭도 "나 소자[予(台)小子]"로 되어 있다. 그러나「대고」편에는 "홍유아유충인(洪惟我幼沖人)", "여유소자(予惟小子)"라 하여 "충인(沖人)" "소자(小子)" 앞에 "유(惟)" 자가 하나 더 있다. 이러한 종류의 구법(句法)이 구조상 다르다는 것은 확실한데, 여기에 어떤 특별한 의미라도 있는가?『설문(說文)』10하에 "유(惟)는 생각하다의 뜻이다"[704]라고 하였으니, 유(惟) 자의 의미는 "상사(常思)", "염사(念思)" 등을 모두 포괄하는 사(思)를 뜻한다. 이것이 유(惟) 자의 본래 의미이다. 왕망은『상서』「대고(大誥)」편을 본떠서 그 자신의「대고(大誥)」편을 지었는데 거기서 그는 유(惟)자를 모두 사념(思念)의 뜻으로 새겼다.[705] 그렇게 하면 "여유소자(予惟小子)" 혹은 "여유충인(予惟沖人)"이라는 구절은 곧 "내가 소자를 생각해 보니", "내가 충인을 생각해 보니"라는 의미가 된다. 그럴 경우 거기서의 "소자(小子)", "충인(沖人)"은 1인칭이 아니라 3인칭이 된다. 관숙이 (여러 아우들과 함께) "주공이 장차 유자(孺子)에게 이롭지 못할 것"이라는 유언비어를 퍼뜨렸기 때문에 주공은 동정(東征)을 앞둔 훈고(訓誥)에서 반드시 유자(孺子)를 언급해야 했다. 그런 맥락에서 보면 "여유충인(予惟沖人)"은 "내가 충인을 생각해 보니"

---

704 『說文』10下, "惟, 凡思也."

705 평제(平帝.B.C.9-A.D.6) 사후 왕망은 섭정을 맡는 동시에 선제(宣帝)의 후손인 유영(劉嬰)을 황태자로 봉하였다.(A.D.6) 아직 한 살도 되지 않은 유영을 왕망은 유자(孺子)라고 부르고 스스로를 섭황제(攝皇帝)라고 칭하였다. 이듬해 9월 왕망 타도를 내걸고 적의(翟義)가 반란을 일으키자 두려움을 느낀 왕망은 주야로 어린 황제를 안고 교묘(郊廟)에 기도를 올리는 한편 『상서』「대고(大誥)」편을 모방한「대고(大誥)」를 지어 전국에 반포하였다. 이를 현행『상서』와 대조하면 예컨대 "予惟小子, 若涉淵水"가 왕망의「대고」에서는 "我念孺子, 若涉淵水"로 되어 있다.

의 뜻으로, "여유소자(予惟小子)"는 "내가 소자를 생각해 보니"의 뜻으로 해석될 수 있다. "월아충인(越我沖人)"의 경우에는 앞의 문장과 연결해서 읽어야 한다. 즉 "내가 하는 일은 다 하늘이 시키신 것이다. 내 몸에 큰일을 남겨 주고 어려움을 던져 주시니, 나와 어린 사람[越我沖人] 모두 스스로 구휼하지 못할 것이다."[706] 이 구절의 의미는 "아(我)와 충인(沖人) 모두 이러한 큰 곤란에 봉착하였다"라는 뜻이다. "월여소자고(越予小子考)"의 월(越) 자도 마찬가지로 "이급(以及)"을 뜻한다. "월(越)" 자를 쓴 것은 바로 주공이 자신을 성왕과 연관지어 "주공이 장차 유자(孺子)에게 이롭지 못할 것"이라는 유언비어에 반격하기 위함이었다고 보는 편이 자연스럽지 않은가? 동시에 『상서』「다사(多士)」와 「다방(多方)」편의 훈고(訓詁)에서도 왕은 결코 스스로를 겸양하는[自謙] 뜻에서 "소자(小子)" 혹은 "충인(沖人)"을 자칭한 일이 없는데, 이는 「대고」 중의 "소자" "충인"이 즉위하여 칭왕한 주공이 아니라 주공이 아직 "저군(儲君)"의 자리에 있는 성왕을 가리키는 말임을 증명하기도 한다. 「강고」편에 두 번 나오는 "여유소자(汝惟小子)"의 "유(惟)"는 "수(雖)"와 같은 뜻으로 봐야 한다. 유(惟)와 수(雖)가 통용되었다는 것은 『경전석사(經傳釋詞)』에 이미 설명되어 있다.

호칭으로부터 주공과 성왕의 지위 변천을 판단할 때 「낙고」편이 하나의 분수령이 될 수 있다. 「낙고」편은 주공이 정권을 성왕에게 반환할 때의 상황을 사관이 기록한 것이다. 주공은 "나는 밝은 임금의 정권을 당신에게 돌려줍니다"[707]라고 말하기 시작하는데, 이는 곧 "내가 그

---

706 『尚書』「大誥」, "予造(遭)天役, 遺大投艱於朕躬, 越(以及)我沖人, 不卬自恤."

대의 밝은 임금의 지위를 회복시켜 주겠다"라는 의미이다. 중간에는 성왕이 주공에게 "가르침의 말[誨言]"을 요청한 일과 주공이 성왕에게 대답한 "가르침의 말"이 서술되어 있다. 주공은 또 거듭하여 다음과 같이 말한다. "나는[予] 감히 당신의 명을 폐하지 않을 것이니【성왕의 천명 즉 정권을 폐하지 않을 것이니】, 그대는 가서【그대는 가서 임금의 자리에 올라】 공경히 정사를 행하소서. 저는[予] 농사를 밝게 가르칠 것입니다【물러나 은거하며 농사를 지을 것입니다】." 주공의 말에 이어 성왕은 이렇게 말하였다. "나 소자[予小子]는 물러가서 곧 주(周)에서 임금 노릇을 하고【물러가서 종주(宗周, 鎬京)에서 임금의 자리에 오르고】, 공의 후손에게 명을 내리겠습니다【주공의 아들을 책봉할 것입니다】."[708] 아울러 성왕은 주공을 만류하며 떠나지 못하게 하였다. 정권 교체의 상황을 서술한 다음 사신(史臣)은 "주공이 크게 문왕과 무왕께서 받으신 천명을 보존하기를 7년 동안 하였다"[709]라는 말로 「낙고」편 전체를 총결하고 있는데, 이것은 주공이 즉위하여 칭왕한 것이 모두 7년이었음을 설명한다. 이 문장은 맥락이 분명하여 송인(宋人)들이 군신 간 대의(大義)에 미혹되어 왜곡된 학설을 세운 것을 제외하면 사실 오늘날 사람들이 정론을 뒤집는 문장을 쓸 필요는 없다. 「낙고」를 고하기 이전까지 성왕은 다만 저군(儲君)에 지나지 않았고, 「낙고」를 고할 때 "그대의 밝은 임금의 지위를 회복시켜 주기로" 결정했지만 아직 즉위한 것은 아니므로

---

707 『尙書』「洛誥」, "朕復子明辟."

708 『尙書』「洛誥」, "予不敢廢汝命(不廢成王的天命即政權), 汝往(汝往即君位)敬哉. 茲予其明農哉(退隱於農事)." "予小子其退即辟於周(退而即君位於宗周), 命公後(策封周公之子)."

709 『尙書』「洛誥」, "惟周公誕保文武受命惟七年."

주공은 성왕을 "유자(孺子)"라고 불렀고, "충자(沖子)"라고 불렀으며, "소자(小子)"라고 불렀다. 한 번도 왕이라 칭한 적이 없었다. 사마천과 유흠은 「소고(召誥)」편이 7년 후 정권을 반환할 때 지어진 것으로 보았는데, 따라서 여기서는 주공이 왕을 칭하지 않았고 성왕에 대한 호칭은 "이제 어린 아들[沖子]이 지위를 이으셨으니" 이후로는 줄곧 왕으로 칭하고 있다. 「무일(無逸)」편과 「입정(立政)」편은 주공이 신하의 지위로 물러난 이후 성왕을 가르친 내용이다. 「무일」편에서는 두 차례 "사왕(嗣王)"이라는 표현이 보이고, 「입정」편에서는 처음에 "사천자(嗣天子)인 왕께 아뢰옵니다[告嗣天子王]"라 하였고, 두 번째는 "어린 아들께서 왕이 되셨으니[孺子王矣]", 세 번째는 "모두 어린 아들인 왕께 고하였으니[咸告孺子王矣]", 네 번째는 "지금 문덕이 있는 아들과 문덕이 있는 손자인 어린 아들께서 왕이 되셨으니[今文子文孫孺子王矣]"라고 하였다. 단순히 "유자(孺子)"라고만 불리는 일은 절대 없으며, 더 이상 "어린 아들(沖子)", "어린 사람(沖人)", "'어린 아들(小子)"이라고 부르지 않았다. 이러한 호칭상의 변경은 주공이 즉위하여 7년간 칭왕을 한 뒤에 다시 왕위를 성왕에게 돌려준 사실을 반영한다고 볼 수는 없는가?

또한 「대고」에서 「강고」, 「주고」, 「재재」, 「소고」, 「낙고」, 「다사」, 「군석」, 「다방」, 「입정」편에 이르기까지 모두 문왕(文王)을 크게 칭찬한 반면 무왕은 어쩌다 한 번 언급했을 뿐이며, 「무일」편의 경우에는 전혀 무왕을 언급하지 않았다. 「낙고」편에서는 주공이 성왕을 대면하여 말하면서 한번은 "왕께서 저에게 (낙읍으로) 오라고 명하시어 당신의 문조(文祖)께서 명을 받으신 백성을 이어받아 안정시키고"라 하였고, 다시 "내가 소자(昭子, 성왕)의 법을 이룬 것은 바로 문조[文祖]의 덕을 다한 것입니다"라고 하였으나, 무왕에 대해서는 단 한차례 "그리고 당신의 빛나는 업적을 이루신 돌아가신 아버지 무왕[越乃光烈考武王]"이라 칭하였을 뿐이다.[710] 이러한 상황은 주나라 초기의 시(詩)와도 서로 증명되는데, 주공과 일반 사람들의 마음속에 무왕은 그리 대단한 인물이 아니었을 뿐만 아니라 많은 과실이 있을지도 모르는 준칙으로 삼기에는 부족한 인물로 여겨졌음을 알 수 있다. 그러나 「낙고」와 「고명」편 중 성왕의 입에서 나온 말은 예외 없이 "문왕과 무왕[文武]"을 병칭하고 있는데 이는 그가 무왕의 아들이기 때문이다. 이것 또한 「대고」에서 「다방」편에 이르기까지 "왕약왈(王若曰)", "왕왈(王曰)"의 왕이 성왕이 아니라 주공임에 틀림없다는 것을 증명할 수 있다.

주공이 만약 즉위하여 왕을 칭하지 않았다면 노나라가 어떻게 천자의 예악(禮樂)을 사용할 수 있었겠는가? 그리고 "주공은 풍(豊) 땅에서 병이 들어 죽게 되자 '반드시 나를 성주(成周) 땅에 장사지내어 내가 감히 성왕과 비견될 수 없음[不敢離]【살펴보건대 이(離)는 '부리(附離)'의 이(離)로 해석해야 한다. 즉 비(比)의 뜻이다】을 밝혀 주시오'라고 말하였다. 주공이 죽자 성왕도 역시 겸양하면서 주공을 필(畢)[711] 땅에 장사 지내어 문왕과 함께 모심으로써 자신이 감히 주공을 신하로 여기지 않았음을 분명히 하였다."(『사기』「노주공세가」)[712] 이를 어떻게 설명할 것인

---

710 『尙書』「洛誥」, "王命予來承保乃文祖受命民." "朕昭子刑乃單文祖德" "越(及)乃光烈考武王."

711 필(畢): 지금의 섬서성 함양(咸陽) 북쪽이다.

712 『史記』권33「魯周公世家」, "周公在豊, 病將歿, 曰, 必葬我成周, 以明吾不敢離(按當作'附離'之離解, 卽'比'之意)成王. 周公旣卒, 成王亦讓, 葬周公於畢, 從文王, 以明予小子不敢臣周公也."

가? 제후를 봉건하는 것은 왕자(王者)의 일이다. 『좌전』「희공 24년」 주나라 부신(富辰)은 말하기를 "옛날에 주공은 하·은의 말세에 친척을 소원히 하여 멸망에 이른 것을 마음 아파하였습니다. 그리하여 친척을 봉건하여 주나라 왕실의 울타리로 삼았습니다[藩屏]"라고 하였다. 주공이 왕위에 있지 않았다면 그가 무슨 자격으로 친척들을 봉건했겠는가? 그리고 봉건을 할 때 "문왕의 소(昭)", "무왕의 목(穆)" 외에 또 "주공의 후손"도 있었다.[713] 집안의 재산을 셋으로 나누어 문왕의 후손, 무왕의 후손, 그리고 주공의 후손이 각기 하나씩 차지한 것이나 다름없는데, 이것은 또 무엇을 설명하는가? 더욱이 지금까지 주공(周公)의 주(周)가 바로 주나라 왕실의 국호라는 점에 주의한 사람은 아무도 없었다. 역대로 본조(本朝)의 국호로써 자기 봉읍을 삼은 예가 일찍이 있었던가? 주공이 대표하는 것이 바로 주(周)이기 때문에 그를 주공(周公)이라고 불렀다. 그의 공훈이 지대할 뿐만 아니라 그가 일찍이 7년 간 왕을 칭하고 다시 기꺼이 왕위를 넘겨준 특별한 지위 때문에 붙여진 매우 특별한 칭호이다.

---

713 『左傳』「僖公 24년」, 전문은 다음과 같다. "주나라 왕이 적(狄)의 군사를 거느리고 정(鄭)나라를 토벌하려 하자 부신(富辰)이 간하여 말하기를 '… 친척을 봉건하여 주나라 왕실의 울타리로 삼았으니, 관·채·성·곽·노 … 는 문왕의 소(昭, 아들항렬)이고, 우(邘)·진(晉) … 는 무왕의 목(穆, 손자항렬)이며, 범·장 … 는 주공의 후손입니다[周王將以狄伐鄭, 富辰諫曰: "不可. 臣聞之, 大上以德撫民. 其次親親, 以相及也. 昔周公弔二叔之不咸, 故封建親戚, 以藩屏周. 管·蔡·郕·霍·魯 … 文之昭也. 邘·晉 … 武之穆也. 凡·蔣·邢·茅·胙·祭, 周公之胤也]."

6. 『상서』이외의 두 가지 토론

굴 선생의 글은 역사적 사실과 관련하여 두 가지 좀 더 논의해야 할 점이 있다.

첫째는, 기(棄) 후직(后稷)에 관한 문제이다. 기 후직 이후의 세계(世系)는 실로 굴 선생이 말한 바와 같이 한 번에 정리하기 어려운 묵은 장부와도 같다. 『사기』「주본기(周本紀)」에 보이는 세계에는 탈오가 있음에 틀림없다는 것은 이미 정론이 되다시피 했다. 그러나 "후직이 일어난 시기는 도당(陶唐, 요임금)에서 우하(虞夏, 순임금과 하나라)로 넘어갈 즈음이다"[714]라는 태사공의 말에 대해서는 과거 사람들 대부분이 문제가 없다고 보았다. 반대로 굴 선생은 전목(錢穆)·고힐강(顧頡剛)의 신설을 소개하며 이 두사람의 설이 "비교적 합리적인 것 같다"라고 말했는데 나는 오히려 좀 이상하다는 생각이 들었다. 굴 선생의 글은 다음과 같다.

> 『좌전』「소공 29년」에 채묵(蔡墨)이 말한 내용 중에 "열산씨(烈山氏)에게 주(柱)라는 아들이 있었는데 [농정을 관장하는 직(稷)으로서의 직무를 잘 수행했으므로 죽은 뒤에] 그를 직(稷, 곡신)으로 삼아 하(夏)나라 이전에는 그

714 『史記』권4 「周本紀」, "后稷之興, 在陶唐虞夏之際."

를 제사하였고, 주(周)의 시조 기(棄)도 직(稷)이 되어 [그 직무를 잘 수행했으므로] 상(商) 이래로 그를 제사 지냈습니다"[715]라는 구절이 있다. 고힐강과 사념해(史念海)는 공저 『중국강역연혁사(中國疆域沿革史)』(34쪽)에서 이 자료를 근거로 "만약 전통 관념을 타파한다면 후직을 순임금 조정의 관리로 볼 수는 없을 것이다"라고 하였고, 또『좌전』의 이 기록에 의하면 "기(棄)는 본래 상(商)나라에서 직(稷)의 관직을 맡았음을 알 수 있는데 그래야 세대수와도 잘 부합한다"라고 하였다. 이 설과 전목의 설이 서로 비슷하고 옛 문헌에도 증거가 있으니 비교적 합리적인 것 같다.

살펴보건대 제사 예전(禮典)에 있는 직(稷)은 곡신(穀神)이지 조상신이 아니다. 종교사의 관점에서 볼 때, 현세의 어떤 사람이 종교와 관련된 아무런 기적도 없는데 살아 있는 사람들이 특별한 목적을 가지고 그가 죽은 후에 그를 조상신 이외의 어떤 신으로 받들어 제사를 지낸다는 것은 거의 불가능한 일이다. 인간의 신격화는 필수적으로 역사적인 진화 과정을 거쳐야 하며 그 진화 과정 중에 점차적으로 "인간으로서의 형상"이 "신으로서의 형상"으로 승격된다. 만약 기(棄)가 상나라의 직관(稷官) 신분으로 죽었다면 상나라 사람들이 그를 직신(稷神)으로 받들어 제사를 지내는 것이 가능한 일인가? 또한 그의 강생(降生) 신화가 상대(商代)에 출현한 것도 좀 늦은 감이 있다. 채묵(蔡墨)의 말은 직(稷)이 상(商) 이전의 직관(稷官)이었다는 점, 단 농업 방면에서의 공헌으로 상나라 사람들이 실제로 그 혜택을 입었기 때문에 그를 직신(稷神)으로 제사 지냈다는 점을 증명할 수 있을 뿐이다. 고힐강은 이해

---

715 『左傳』「昭公 29년」, "有烈山氏之子曰柱, 爲稷, 自夏以上祀之. 周棄亦爲稷, 自商以來祀之."

능력이 담력과 너무 조화되지 않는 사학자이고 그래서 의고파의 지도자가 될 수 있었다고 나는 늘 생각한다.

굴 선생은 "옛 문헌에도 증거가 있다"라고 하였는데, 나는 지금 정말로 옛 문헌에 증거가 있는 두 건의 자료를 아래에 인용하겠다.

1. 『좌전』「소공 9년」: 주(周)나라 대부 감인(甘人)이 진(晉)나라 대부 염가(閻嘉)와 염(閻)읍의 토지를 다투었다. … 주나라 왕이 첨환백(詹桓伯)을 사신으로 보내 진나라를 꾸짖어 말하기를 "우리 주나라는 하나라 때부터 후직의 공로로 (봉지를 받아) 위(魏), 태(駘), 예(芮), 기(歧), 필(畢)이 우리의 서방 영토가 되었다"라고 하였다.[716]

2. 『일주서』「상서(商誓【哲】)」[717] 제43: 왕【무왕】이 말하기를, "옛날에 후직이 상제(上帝)의 명을 생각하며 백곡을 파종하여 우(禹)임금에 필적하는 공적을 이루었다. 무릇 천하의 백성으로 후직이 심은 아름다운 곡식으로 제사를 지내지 않는 자가 없었다. 상(商)의 선대 철왕(哲王)들은 상제에게 예를 갖추어 제사하고 □□□□(사직과 종묘에도) 우리 후직의 아름다운 곡식으로 절기의 조화로움을 고하고 만민을 먹여 길렀다. 그리하여 상나라 선대 철왕들이 그의 공로를 생각하며 [왕계(王季, 문왕의 부친)를 명하여 서백(西伯)으로 삼으니] 우리 서토(西土)가 빛나게 되었다."[718]

위의 자료들은 서로 부합하고 또 채묵의 말과도 서로 증명된다. 아

---

716 『左傳』「昭公 9년」, "周甘人與晉閻嘉爭閻田 … 王使詹桓伯辭(訟)於晉曰, 我自夏以后稷. 魏·駘·芮·歧·畢, 吾西土也."

717 철(哲)은 서(誓)와 같다.

718 『逸周書』「商誓(哲)」, "王曰(武王), 在昔后稷, 惟(思念)上帝之言, 克播百穀, 登禹之績. 凡在天下之庶民, 罔不惟后稷之元穀用蒸享. 在商先誓(哲)王, 明祀上帝, □□□□亦惟我后稷之元穀, 用告和, 用胥飲食, 肆商先誓(哲)王, 維厥故, 斯用顯我西土."

울러 『국어』 「주어(周語)」에서 말한 "옛날 우리 선왕은 대대로 후직의 관직을 맡았다",[719] 즉 "대대손손 후직이 되었다"라는 구절도 이를 통해 입증된다. 근래 사람들은 주나라가 "서토(西土)"에서 발흥한 사실(史實)에 대해 "놀랄 만큼 신기한 관념"에 근거하여 그곳을 북토(北土) 태원(太原) 일대로 옮기려고 하는데, 아예 역사를 파탄 내고 있는 것은 아닌가?

둘째, 굴 선생은 『논어』 「태백(泰伯)」편에서 공자가 문왕에 대해 "천하의 3분의 2를 소유하시고도 복종하여 은나라를 섬겼다"[720]라고 말한 두 구절을 인용하며 다음과 같이 말한다.

이것은 사람들 모두가 알고 있는 전통적인 서주의 개국사이다. 그러나 이른 시기에 기술된 사실(史實)들은 오히려 그렇지가 않다. 『시』 「노송(魯頌)」 '비궁(閟宮)' 시에서는 "후직의 후손이 바로 태왕(太王)이시니, 기(歧)산 남쪽 기슭에 거하시며 실로 상(商)나라를 치기 시작하셨네"라 되어 있다.[721] 『후한서』 「서강전(西羌傳)」의 주석에 인용된 『죽서기년』에는 주나라 사람들이 무을(武乙)과 태정(太丁) 때 서락귀융(西落鬼戎)을 쳤고, 연경(燕京)의 융을 쳤으며,[722] 여무(余無)의 융을 쳤고, 시호(始呼)의 융을 쳤고, 예도(翳徒)의 융을 쳤다[723]고 기록되어 있어 계력(季歷)이 강역 개척의 웅지를 품고

719 『國語』 「周語」 上, "昔我先王世后稷." "世世代代爲后稷."

720 『論語』 「泰伯」, "三分天下有其二, 以服事殷."

721 『詩』 「魯頌」 '閟宮', "后稷之孫, 實爲太王. 居歧之陽, 實始剪商."

722 『後漢書』 권87 「西羌傳」, "及子季歷, 遂伐西落鬼戎(竹書紀年武乙三十五年, 周王季伐西落鬼戎, 俘二十翟王也). 太丁之時, 季歷復伐燕京之戎, 戎人大敗周師(竹書紀年曰, 太丁二年, 周人伐燕京之戎, 周師大敗也)."

723 『後漢書』 권87 「西羌傳」, "後二年, 周人克余無之戎, 於是太丁命季歷爲牧師(竹書紀年曰, 太丁四年, 周人伐余無之戎, 克之, 周王季命爲殷牧師也). 自是之後更伐始呼翳徒之戎, 皆克之

있었음을 알게 한다. 『태평어람』 권83에 인용된 『죽서기년』에서는 다음 제을(帝乙) 2년에도 주나라 사람이 상(商)을 쳤다고 분명히 말하고 있다. 갑골문 자료로 볼 때, 은과 주의 관계는 좋을 때도 있고 나쁠 때도 있었다. … 문왕이 태왕의 뒤를 이은 후 … 『시』 「대아」 '황의(皇矣)' 시에서는 문왕이 밀(密)을 쳤다고 하였다. 『상서』 「서백감려(西伯戡黎)」편에서는 서백이 여(黎)를 멸망시켰다고 하였다. 『상서대전』에서는 문왕이 숭(崇)을 쳤다고 하였으며, … 또 『상서』 「강고(康誥)」편에서는 "하늘이 이에 크게 문왕에게 명하여 은나라를 멸하게 하시고 그 명을 크게 받으니, …"【이하에 『시』에 있는 문왕의 수명(受命)과 관련된 자료를 인용하고 있다】라고 하였다. 이러한 문헌들을 보면, 문왕은 이미 자신의 대에 왕을 칭하였고 무왕이 은을 이긴 후 그에게 왕호를 추가하기를 기다릴 필요도 없었음이 증명된다. … 따라서 문왕이 당시 상(商)의 서백(西伯)을 지냈는지도 문제가 된다.

내가 굴 선생의 글을 다 읽고 제일 먼저 느낀 것은, 굴 선생은 서주의 1차 자료들이 모두 완전무결한 상태로 전승되어 내려왔고 굴 선생이 이것들을 전부 다 보았다고 여기는 것 같다는 점이다. 공자 및 전국시대 사람들과 한대의 사마천이 보던 문헌들은 결코 굴 선생 때보다 많지 않다.【원주7】 우리의 상식에 의하면 서주의 1차 자료는 겨우 백분의 일이나 전해졌을 뿐이어서 2차 자료와 이른 시기의 전재(轉載) 자료에 대해서는 반드시 처리에 신중함을 기할 필요가 있다. 두 번째로 느낀 것은, 굴 선생은 주나라 때의 천하통일의 상황과 왕 즉 천자의 지위는 진(秦) 이후의 그것과 같고, 상나라 때의 천하통일의 상황 과 왕의 지위는 주나라 때의 그것과 같다고 보는 듯한데, 이것은 후대의 상황

(竹書紀年曰, 太丁七年, 周人伐始呼之戎, 克之. 十一年, 周人伐翳徒之戎, 捷其三大夫也)."

을 가지고 고대의 사실(史實)을 판단하는 것이다. 사실 진(秦)과 그 이후의 통일은 중앙집권적인 통일이었고, 천자는 지고무상한 존재로서 조금이라도 딴마음을 품은 자는 그를 완전히 타도하지 않고서는 절대 그냥 넘어가는 법이 없었다. 그에 비해 주나라 때의 통일은 당시 "중국(中國)"의 범위 안에서 종법(宗法)적 예제를 골간으로 한 지방분권적 통일이었고, 왕의 지위는 종법적 예제가 행해지는 중국의 범위 내에서는 "(하늘에는 두 개의 태양이 없고) 백성에게는 두 명의 왕이 없는"[724] 존재였지만, 그 범위 밖에 있는 예컨대 초(楚)나라나 월(越)나라가 왕을 칭하는 것은 상관하지 않았다. 제(齊) 환공(桓公)이 초나라를 칠 때도 결코 초나라가 왕을 칭해서는 안 된다고 책망하지는 않았다. 전국 초기 이후가 되면 한층 힘만을 도모할 뿐 다른 것에는 관심이 없었다. 상(商)나라 때의 통일은 예로부터 존재해 온 수많은 독립적 씨족국가들이 하나의 공주(共主)를 승인하는 형태의 통일이었다. 왕의 지배권은 서주에 비해 훨씬 많은 제한을 받았다. 공주(共主)에 대한 씨족국가들의 변화무상한 배반과 복종은 일상적인 현상이었다. 최술(崔述, 1840-1816)은 "옛날에 천자가 덕이 있으면 제후들이 그에게 귀부하고 덕이 없으면 그를 버리고 떠났다"라고 했는데 맞는 말이다. 먼저 이 두 가지 점을 명확히 한 다음 아래에 토론을 진행하려 한다.

다른 문헌으로부터 전재(轉載)한 사료의 신뢰도는 전재자의 성격 및 서술 동기와 관련이 있다. 무엇보다 먼저 우리는 공자가 "옛것을 좋아

---

[724] 『禮記』 「曾子問」에 "曾子問曰, 喪有二孤, 廟有二主, 禮與? 孔子曰, 天無二日, 土無二王, 嘗·禘·郊·社, 尊無二上, 未知其爲禮也"라 되어 있다.

하여 부지런히 지식을 추구하고", "믿음을 가지고 옛것을 좋아하며", "많이 듣고 잘 모르는 것은 뒤로 미루고", "말이 진실하고 믿음직스러웠고", "아는 것을 안다고 하고 모르는 것을 모른다고 하는"[725] 사람이라는 것, 고힐강과 같이 수박 겉핥기식의 얄팍한 지식을 가지고 호언장담하는 사람과는 완전히 성격이 다르다는 것을 알아야 한다. 우리는 먼저 문왕이 "천하의 3분의 2를 소유하시고도 복종하여 은나라를 섬겼다"라고 한 공자의 말에 대해 다른 증거를 찾을 수 있는지 추궁해봐야 한다.

『좌전』「양공 4년」[726]에는 진(晉)나라 한헌자(韓獻子)가 "문왕이 은왕조를 배반한 나라들을 거느리고서 주(紂)왕을 섬겼다"[727]라고 말했다는 얘기가 있다. 『좌전』「양공 31년」에는 위(衛)나라 북궁문자(北宮文子)가 위(衛)나라 군주의 질문에 답하면서 "은나라 주(紂)왕이 문왕을 가둔 지 7년이 되던 해에 제후들이 모두 (제 발로 걸어와서) 문왕을 따라 옥사에 갇히자 이에 주왕은 두려워하여 문왕을 석방하여 돌려보냈다"[728]라고 말했다는 대목이 있다. 『일주서』「정전(程典)」 제12에는 "3월 16일, 문왕이 6주(州)의 제후들을 거느리고 상(商)나라에 들어가 왕사(王事)를 위해 일하였다. 주(紂)왕이 무리들의 참소를 믿고 문왕에게 진노하기를 끝이 없자 제후들이 상나라 왕사를 위해 일하는 것을

---

725 『論語』「述而」, "好古敏以求之" "信而好古";「爲政」, "多聞闕疑";「衛靈公」, "言忠信";「爲政」, "知之爲知之, 不知爲不知."

726 노 양공(襄公, B.C.575-B.C.542): 재위기간은 B.C.572-B.C.542년이다.

727 『左傳』「襄公 4년」, "文王率殷之叛國以事紂."

728 『左傳』「襄公 31년」, "紂囚文王七年, 諸侯皆從之囚, 紂於是懼而歸之."

즐거워하지 않고 문왕에게로 귀부하였다. 문왕이 이를 참을 수 없어 이에 「정전」을 지었다"[729]라고 되어 있다. 이상 세 가지 설은 대체로 일치한다. "6주의 제후들을 거느리고"라는 것은 바로 구주(九州)의 3분의 2에 해당한다. 또 『일주서』 「태자진(太子晉)」[730] 제64에서는 태자진이 말하기를 "문왕 같은 이는 인덕(仁德)을 큰 도로 삼고 자혜(慈惠)를 작은 도로 삼았다. 천하의 3분의 2를 가지고도 사람을 공경함에 차별을 두지 않고 상(商)나라에 복종하여 주(紂)왕을 섬겼다. (6주나 되는 많은) 무리들을 가졌으면서도 도리어 그 몸에 해를 입었으니【유리(羑里)에 갇힌 일을 말함】 이를 일러 인(仁)이라 한다"[731]라고 하였다. 통행본 『죽서기년』에서는 "23년에 서백(西伯)을 유리(羑里)에 가두었다." "29년에 서백을 석방하자 제후들이 서백을 맞아 정(程)으로 돌아갔다"[732]라고 하여 『좌전』에서 주(紂)왕이 문왕을 7년간 가두었다는 서술과 서로 부합한다. 그러나 사람들은 그것은 위작이 분명하므로 인정할 수 없다고 말한다.

---

729 『逸周書』「程典」, "維三月既生魄, 文王合六州之侯, 奉勤於商. 商王用宗讒, 震怒無疆, 諸侯不娛, 逆諸文王, 文王弗忍, 乃作程典." 여기서 '종참(宗讒)'의 '종(宗)'자는 '숭(崇)'과 통가(通假)자이며 이것은 '숭후호(崇侯虎)'를 가리킨다고 보는 설도 있다. 『史記』 권4「周本紀」, "崇侯虎譖西伯於殷紂, 曰西伯積善累德, 諸侯皆嚮之, 將不利於帝, 帝紂乃囚西伯於羑里."

730 태자진(太子晉, B.C.약567-B.C.약546): 주나라 23대 영왕(靈王, 미상-B.C.545)의 적장자로, 성은 희(姬), 이름은 진(晉), 자는 자교(子喬)이다. 부왕 재위 중 이(伊)와 낙(洛) 땅을 순수하다 20세에 죽었다. 이를 슬퍼한 나머지 영왕도 이듬해 죽고 만다. 공자(B.C.551-B.C.479)는 태자진보다 대략 15년 늦게 태어났다.

731 『逸周書』「太子晉」, "如文王者, 其大道仁, 其小道惠. 三分天下而有其二, 敬人無方, 服事如商. 既有其衆, 而返(反)失其身(被囚), 此之謂仁."

732 『竹書紀年』, "二十三年囚西伯於羑里." "二十九年釋西伯, 諸侯逆西伯歸于程."

『일주서』는 내가 여러 번 통독했는데 책 전체의 글과 의미로 보아 공문(孔門)과의 관계는 그다지 깊지 않은 것 같다. 「정전(程典)」과 「태자진(太子晉)」의 말이 모두 공자의 말에 영향을 받아 만들어졌다고 하는 것은 가능성이 별로 없어 보인다. 또한 『좌전』 「양공 4년」의 한헌자의 말과 「양공 31년」의 북궁문자의 말은 단연코 공자보다 앞서 있어 신뢰할 만하다. 문왕이 만약 "복종하여 은나라를 섬지지" 않았다면 주(紂)는 그를 감옥에 가두지 못했을 것이다. 문왕이 만약 천하의 3분의 2를 차지하지 않았다면 설령 대부분의 제후들이 문왕에게 귀부한다 할지라도 "제후들이 모두 (제 발로 걸어와서) 그를 따라 옥사에 갇히는" 일은 없었을 것이다. 이른바 "모두 그를 따라 옥사에 갇히자"라는 것은 모두 문왕을 따라 기꺼이 옥사에 갇히기를 원했다는 뜻으로, 이는 주(紂)왕을 향한 일종의 항의 방식이었다. 문왕은 도대체 살아있을 때 칭왕을 했던 것일까? 당시 그랬을 가능성은 있지만, 그러나 『일주서』 「세부」 제37을 보면 "왕이 열조(烈祖) 태왕(太王), 태백(大伯), 왕계(王季), 우공(虞公), 문왕(文王), 읍고(邑考)를 차례로 올려 은의 죄를 고하였다"[733]라고 하였고, 이에 대한 주우증(朱右曾)의 주석에서는 "'차례로 올렸다'라는 것은 왕의 예(禮)로써 세 명의 왕을 제사하고, 제후의 예로써 태백, 우중, 읍고를 제사지낸 것을 말한다"[734]라고 하였다. 이에 따르면 문왕은 결코 스스로 칭왕을 한 적이 없다고 할 수 있다. 『상

---

733 『逸周書』「世俘」, "王烈祖自太王・太伯・王季・虞公・文王・邑考, 以列升維告殷罪."
734 朱右曾, 『逸周書集訓校釋』「世俘」, "以列升, 謂以王禮祀三王; 以侯禮祀太伯・虞仲・邑考也."

서』「서백감려(西伯戡黎)」편의 서두에는 "서백이 이미 여(黎)나라를 쳐
서 이기거늘 조이(祖伊, 은나라 신하)가 두려워하여 왕[紂王]에게 달려가
고하였다"[735]라고 되어 있다. 이것은 은나라 혹은 주나라 초의 사신(史
臣)이 서술한 문장으로, 문왕이 생전에 사실상 "서백(西伯)"의 지위에
있었다는 것을 말해 준다. 『맹자』「이루(離婁)」편에는 "백이(伯夷)가
… 문왕이 어진 정치를 편다는 소문을 듣고는 '어찌 그에게로 돌아가
지 않겠는가. 나는 서백이 노인을 잘 봉양한다고 들었다'라고 말했
다"[736]라는 대목이 있는데, 맹자가 물려받은 전설에서도 문왕이 생전
에 서백으로 불렸다는 것을 보여 준다. 『여씨춘추』「성렴(誠廉)」편에
는 "옛날 주나라가 장차 일어나려 할 때 어떤 선비[士] 두 사람이 고죽
국(孤竹國)에 살았는데 백이(伯夷)와 숙제(叔弟)라고 불렀다. 두 사람이
말하기를 '내가 듣자니 서쪽에 어떤 시골 제후[偏伯]가 있는데 그는 도
(道) 있는 사람들을 잘 길러 준다고 하니 지금 내가 어찌 이곳에 그대
로 머물러 있겠는가?' 하고는 두 사람이 서쪽 주나라를 향해 갔으나
…"[737]라는 대목이 있는데, 이 전설 역시 문왕이 생전에 "백(伯)"으로 지
냈다는 것을 보여 준다. 모두 『일주서』와 서로 부합되는 내용이다. 이
른바 문왕이 수명(受命)을 했다는 설은 바로 전통적 견해에서처럼 제
후들이 문왕으로 기울어짐에 따라 주나라 사람들이 상(商)나라 정벌을
준비하는 과정에서 문왕이 이미 수명(受命)을 했다고 선전하면서 퍼진

735 『尙書』「西伯戡黎」, "西伯既戡黎, 祖伊恐奔告于王曰."

736 『孟子』「離婁」, "伯夷 … 聞文王作, 興曰, 盍歸乎來, 吾聞西伯善養老者."

737 『呂氏春秋』「誠廉」, "昔周之將興也, 有士亦處於孤竹, 曰伯夷・叔齊. 二人謂曰, 吾聞西方有
    偏伯焉, 似將有道者, 今吾奚爲處乎此哉. 二子西行如周 …"

말이라고 볼 수 있다. 『상서』「대고」 및 「다방」편과 『시경』에 있는 주나라 초기의 작품들을 보면, 문왕이 제후들 사이에서 크게 성망과 신임을 얻고 있었고 무왕이 상(商)을 정벌하고 주공이 반란을 평정하고 교의를 확립할 때도 모두 문왕의 성망에 의지하려 했다는 점에는 의심의 여지가 없다. 그러나 문왕이 스스로 칭왕을 했든 아니든 이것은 "천하의 3분의 2를 소유하고도 복종하여 은나라를 섬겼다"는 구절과 서로 모순되지 않는다. 생전에 칭왕을 하지 않았다고 해서 문왕이 군대를 동원하지 않을 것이라는 뜻은 아니다. 생전에 칭왕을 했다 해도 그가 죽기 9년 전의 일이다. 그리고 문왕이 "천하의 3분의 2를 가지고도 복종하여 은나라를 섬긴" 것은 『일주서』「정전」편과 『좌전』의 북궁문자가 말했듯이 그가 옥사에 갇히기 전의 일이었다.

굴 선생은 상(商)·주(周) 사이의 관계가 "좋을 때도 있고 나쁠 때도 있다"라고 했는데 맞는 말이다. 이것은 당시의 이른바 "천하(天下)"의 구조를 그대로 반영하고 있다. 춘추 시대를 통해 반영된 각 주요국의 주나라 왕에 대한 관계도 대체로 이와 동일하다. 다만 상(商)나라 왕은 멸망하기 이전 수중에 아직 일부의 군사력을 보유하고 있었다. 그러나 굴 선생은 자료를 인용할 때 설사 출처가 동일하고 긴밀한 관련성을 가진 것이라도 자신의 관념과 부합되는 부분만 인용하고 자신의 관념과 부합하지 않는 부분【"복종하여 은나라를 섬겼으며[以服事殷]"】은 가볍게 말살하였다. 예를 들어 굴 선생이 인용한 『태평어람』 권83에 인용된 『죽서기년』 안에는 "34년에 주나라 왕계(王季) 계력(季歷)이 입조하자 상(商)왕 무을(武乙)이 토지 30리, 옥(玉) 10쌍, 말 8필을 하사하였다"[738]라는 구절이 있고, 또 『후한서』「서강전(西羌傳)」의 주(注)에 인용된

『죽서기년』에는 "4년 주나라 사람이 여무(余無)의 융(戎)을 정벌하여 이겼다. 주나라의 왕계(王季)가 명을 받아 은의 목사(牧師)가 되었다"[739]라는 구절이 있다. 또 『진서(晉書)』「동철전(東哲傳)」, 『북당서초(北堂書鈔)』, 『사통(史通)』「의고(疑古)」편 등에 인용된 『죽서기년』에는 "문정(文丁, 太丁)이 계력을 죽였다[文丁殺季歷]"라고 되어 있다. 이러한 자료들을 굴 선생은 한 글자도 인용하지 않았다. 『태평어람』권83에 인용된 "2년에 주나라 사람들이 상(商)을 쳤다"[740]라는 기사는 "문정이 계력을 죽였다"라는 기사 바로 뒤에 나온다. 이것은 문왕이 아버지의 원수를 갚고자 한 것이다. 그러나 "복종하여 은나라를 섬겼다" 이는 문왕이 은나라와 화해했다는 뜻이다. 왕계(王季, 季歷)와 은의 관계를 좀더 포괄적으로 이해한다면 문왕과 주(紂)의 관계, 즉 상(商)나라를 치고, 여(黎)나라를 쳐서 이기고, 복종하여 은나라를 섬기고, 유리(羑里, 하남 안양시)의 감옥에 갇히고, 서백(西伯)으로 임명되는 등 양자간의 관계를 이해하고 인정하기 쉽지 않겠는가?

현재 고전을 읽을 수 있는 사람은 너무 적고 고대사의 탐색에 대해서는 아직도 시작 단계일 뿐이다. 바라건대 모든 사람들이 자기가 이미 얻은 결론을 반성의 출발점으로 삼아 다시 전진 확충해 가면 되지

---

738 『太平御覽』권83에 인용된 『竹書紀年』, "三十四年周王季歷來朝, 武乙賜地三十里, 玉十珏, 馬八匹."

739 『後漢書』권87 「西羌傳」, "後二年, 周人克余無之戎, 於是太丁命季歷爲牧師"에 대한 당(唐) 이현(李賢)의 주에 인용되어 있다. 『竹書紀年』, "太丁四年, 周人伐余無之戎, 克之. 周王季命爲殷牧師也."

740 『太平御覽』권83에 인용된 『竹書紀年』, "文丁殺季歷. 二年周人伐商."

그것을 조기에 정론(定論)으로 간주할 필요는 없다. 그런즉 나의 이 글로 인해 더욱 많은 토론을 불러일으킬 수 있다면 반성에 일조하는 일이 될지도 모르겠다. 토론에서는 모든 사람이 자료를 수집하고 이해하여 기성관념을 타파하고 자료의 전면적이고도 철저한 파악으로부터 새로운 관념을 형성하도록 노력하기를 바란다. 그렇게 되면 토론이 더욱 유익해질 것이다.

　　1972년 8월 12일 밤, 구룡(九龍)의 좁은 방 등불 아래에서.

【원주1】무왕이 주(紂)를 정벌한 연도에 대해서는 굴만리 선생의 「서주사사개술(西周史事槪述)」에 의하면 무려 10가지나 되는 이설(異說)이 있으나 모두 확증은 없다. 이러한 상황에서는 잠시 전통적인 유흠(劉歆)의 『세기(世紀)』의 설을 따르면서 장래의 논정(論定)을 기다리는 것만 못하다. 나는 여기서 "개략적인 숫자"를 사용할 수밖에 없다.

【원주2】나는 여기서 주우증(朱右曾)의 『일주서집훈교석(逸周書集訓校釋)』을 사용했는데 굴 선생이 인용한 문자와 약간의 출입이 있다. 이를테면 "괵마(馘磨)"를 굴 선생은 "괵마[馘魔(歷)]"로 인용하였고, "삼억(三億)"을 "이억(二億)"으로 인용하였다. 굴 선생이 의거한 판본은 당연히 다를 것이다.

【원주3】나는 「세부(世俘)」편이 매우 이른 시기에 나왔다고 믿는다. 따라서 그것은 당시의 실제 상황을 일부 기록하고 있는 동시에 약간의 원시적인 과장이 있다.

【원주4】졸저, 「여씨춘추와 그것이 양한학술정치에 미친 영향[呂氏春秋及其對兩漢學術政治之影響]」을 보라.

【원주5】통행본은 "여불감폐우(予不敢閉于)"로 되어 있다. 금문(今文)에서는 "폐(閉)"가 "비(比)"로 되어 있고, 아래에 "우(于)" 자가 없다.

【원주6】이것은 금문의 해석에 따르면, 삼감(三監)은 또한 너 소자(小子)의 아버지뻘이기 때문에 그들을 공경해야 하고 정벌해서는 안 된다는 의미이다.【"翼不可征"】

【원주7】굴 선생은 「은본기(殷本紀)」에 기록된 주왕(紂王)의 죄악에 대해 단언 내리기를 "태사공의 이런 기록은 대부분 전국 이래의 전설에 근거한 것이다. 초기 사료를 가지고 비교 대조하면 어떤 일들은 옛날에 일어날 수 없었다는 것을 알게 된다. …"라고 하였다. 이러한 말투는 당연히 초기 사료들이 전부 전해지고 굴 선생이 이것을 남김없이 다 보았다고 인정하는 것이다.

부록
4

주공(周公)의 즉위 칭왕(稱王) 문제에
관한 굴만리의 답글에 재답변하다

나는 굴만리(屈萬里) 선생의 대저『상서석의(尙書釋義)』【이하『석의』로 약칭】를 보고 굴 선생의 약간의 의견에 대해 한 편의 글을 써서 토론을 하려고 했지만 미루다가 결국 이루지 못하였다. 그러다 굴 선생의 대문「서주사사개술(西周史事槪述)」【이하「원문(原文)」으로 약칭】을 읽게 되었는데, 이 논문은 중앙연구원 역사어언연구소(歷史語言硏究所)에서 펴내기로 예정된 고대사의 일부로서『석의』에 개진된 굴선생의 약간의 의견은 이를 통해 그 영향력이 더욱 확대될 것으로 본다. 고대사를 덮어 가리는 장애물을 조금이라도 줄이기 위해 나는 거처를 옮겨 다니는 중에도「주공단이 즉위, 칭왕을 했는지의 문제에 대한 진몽가, 굴만리 두 선생과의 토론」【이하「졸문(拙文)」으로 약칭】[741]이라는 글을 써서『동방잡지(東方雜誌)』복간(復刊) 제6권 제7기(1972)에 게재하였다. 즉시로 굴 선생의 답신이 왔는데 장차 한 편의 글을 써서 상세한 답변을 주겠다는 것이었다. 며칠 전 홍콩 중문대학(中文大學) 중국문화연구소에서 굴 선생이『동방잡지』제7권 7기에 기고한「이른바 주공단의 즉위, 칭왕 문제에 관해 서복관 선생에게 삼가 답함」[742]【이하「답문(答文)」으로 약칭】이라는 글을 보내 왔다. 굴 선생이 앞서 응낙한 상세한 답변을 1년이나 기다린 끝에 마침내 읽을 수 있게 되어 무척 기

741 본서 부록3에 있다. 중문 제목은「與陳梦家·屈萬里兩先生商討周公旦曾否踐阼稱王的問題」.
742 중문 제목은「所謂周公旦踐阼稱王問題敬復徐復觀先生」.

쁘고 안심이 되었다. 굴 선생의 대문에서 채용한 방법은 "서선생의 창으로 서선생의 방패를 공격한다"는 것인데, 이는 나의 사고 훈련에 매우 유익하였다. 그러나 삼가 읽기를 마친 후 이 오랜 친구에 대한 창망(悵惘)함이 더욱 깊어져 답변을 하지 않을 수가 없었다.

1

본문에 들어가기에 앞서 먼저 굴 선생이 「답문」에서 내가 인용한 금문(金文) 중 세 글자가 잘못되었음을 지적해 주신 데 대해 감사드려야 한다. 이 세 글자는 내가 일찍이 교정을 거친 바이지만 굴 선생의 지적에 여전히 깊은 감동을 받았다. 또한 「졸문」에서 『상서』 「대고(大誥)」의 "홍유아유충인(洪惟我幼沖人)"을 인용해 놓고, 해석할 때는 실수로 앞의 "여유소자(予維小子)"를 따라 "여유충인(予惟沖人)"이라 잘못 쓴 점, 그리고 사후에 스스로 교정을 보지 않은 점은 비록 「답문」에서 말한 것처럼 "어찌 이런 자료를 쓸 수 있단 말인가"라고 할 정도의 대죄를 저지르지는 않았다 해도, 그러나 어떠한 과실이라도 지적해주시면 감사하지 않을 수 없다.

굴 선생은 「답문」 중 "1. 「대고(大誥)」편에서의 왕이 주공인지에 대한 문제"라는 절에서 『상서』 「서서(書序)」, 『사기』, 『상서대전(尙書大傳)』 등의 자료를 인용하여 내가 「졸문」에서 "주공이 즉위하여 칭왕(稱王)을 한 적이 있는지에 대해 양한과 그 이전의 관련 자료들은 모두 이를 긍정하고 있다. 『상서(尙書)』 관련 문헌 속의 '왕(王)'이 주공인지에 대해서도 금문·고문 경학자들 모두 긍정적인 입장이다"라고 말한 견해를 반박하였다. 그뿐만 아니라 굴 선생은 주공의 즉위·칭왕설이 왕망(王莽)에서 나왔다고 보았다. 그는 "후한 이래로 비로소 왕망의 설을 답습하여 『상서』「대고」편과 기타 관련 편들의 '왕(王)' 자를 주공이라고 말하는 자가 있었다"라고 하였는데, 이것은 후한 이전에는 주공의 즉위·칭왕설이 없었다고 보는 입장이다.

무엇보다 먼저 지적해야 할 것은, 굴 선생의 「원문」과 나의 「졸문」은 이 부분에서 완전히 동일한 진술을 하고 있다는 점이다. 내가 「졸문」에 인용한 굴 선생의 「원문」은 다음과 같다.

"성왕이 어렸기 때문에 주공이 섭정하며 임시 천자 자리에 있었다는 설이 있다.【이하 『시자(尸子)』·『한비자』·『순자』로부터 주공이 임시 천자 자리에 있었던 일과 관련한 설을 인용하고 있는데 생략하기로 한다.】 이러한 설은 한대에 와서 더욱 유행하였다. 후세의 학자들 중에는 반대 의견이 적지 않았으나, 지금도 일반 사람들의 마음속에서는 정확한 사실(史實)로 여겨지고 있다."

"선진시기에 주공이 섭정을 하고 칭왕을 했다는 전설이 전해지면서 한(漢) 이후 사람들은 『상서』「대고(大誥)」편의 '왕약왈(王若曰)'의 왕을 주공으로 해석하였는데, 사실 그는 주공이 아니라 성왕이다. 마찬가지로 「강고(康誥)」편의 '왕약왈'의 '왕'을 주공으로 보았는데, 사실 그는 주공이 아니라 무왕이다. 후세 사람들은 여기에 익숙하여 문제점을 살피지 못하고 주공의 칭왕은 경전에 명문(明文)이 있는 이상 자연히 역사적 사실이라고 여겼으며 ⋯ 경생(經生)들의 해석의 오류임을 알지 못하였다. 그러나 이러한 관념이 사람들 마음속에 깊이 뿌리박고 있었기 때문에 예컨대 왕숙(王肅)·임지기(林之奇)·초순(焦盾)·유봉록(劉逢祿)·송상봉(宋翔鳳)·위원(魏源) 같은 사람들이 반대 의견을 제시했음에도 그러한 논의에 주의를 기울이고 이해할 수 있는 사람은 별로 많지 않았다."

위에 인용한 굴 선생 「원문」의 요점은 다음과 같다. (1) 주공이 임시
천자가 되었다고 하는 선진 시대의 설은 "한대에 와서 더욱 유행하였
다." (2) "주공이 섭정을 하고 칭왕을 했다"는 선진 시대의 전설은 한대
경생들에 의해 「대고」편 등의 해석에 적용되었으나, 굴 선생에 의해
"경생들의 해석의 오류"로 배척당하였다. (3) 주공이 섭정을 하고 칭왕
을 했다는 설을 반대한 것은 위진 시대 왕숙(王肅)으로부터 시작되었
는데, 이로부터 왕숙 이전 사람들은 모두 주공의 섭정과 칭왕을 인정
했다는 것을 알 수 있다. 이상 굴 선생의 요점은 나의 「졸문」의 견해
와 어떤 점에서 차이가 있는가? 굴 선생은 최소한 「답문」에서 자신의
「원문」 중 이 단락에서 진술한 잘못을 먼저 밝힌 다음, 관련된 역사 사
실을 고쳐 써서 관련 역사에 대한 나의 서술의 잘못을 공격할 수 있어
야 한다. 자신의 관련 「원문」은 숨겨 놓고, 자신의 「원문」과 상반된
견해를 제시하면서 「원문」과 똑같은 견해를 가진 나를 공격하는 방법
을 취하는 것은 "서선생의 창으로 서선생의 방패를 공격하는" 것이 아
니라, 굴 선생이 자신의 창으로 자신의 방패를 공격하는 격이다. 그뿐
만 아니라 굴 선생은 한 가지를 간과하고 있는데, 전한 지식인 대부분
이 진(秦)에 반대하는 입장에 있었고 후한 지식인 대부분이 왕망(王莽)
에 반대하는 입장에 있었다는 사실이다. 유흠(劉歆)과 왕망에 의해 편
찬된 『주관(周官)』이 사람들을 기만할 수 있었던 이유는 그 안에 선진
시대 자료들이 많이 포함되어 있어 유가 지식분자들의 요구에 영합하
였기 때문이다. 만약 선진과 전한의 경생들에게 주공의 섭정·칭왕설

이 본래 없었다면 왕망 등이 터무니없이 이 설을 날조한 것이 되는데, 이것은 그의 정치적 야심을 위한 강력한 구실이 될 수 없을뿐더러 왕망을 반대하는 후한 유생들에게도 받아들여지지 않을 것이다. 왕망은 몇몇 참언(讖言)과 부서(符瑞)를 날조했지만, 후한 유생들이 그중에 하나라도 받아들인 것이 있었던가? 특히 왕망은 주공의 섭정 고사를 이용하여 한(漢)을 찬탈한 자로서 후한의 유생들은 왕망에게 큰 사기를 당했다고 여기고 있었다. 양한의 경학은 비록 청나라 사람들이 강조하는 사승(師承) 또는 가법(家法)과 같이 엄격하지는 않지만, 역시 전승에 유서가 있고 훈고(訓詁)에도 일가견이 있었다. 학술의 대세로 비추어 볼 때 주공의 섭정·칭왕이 왕망에게서 비롯되었다는 설은 굴 선생 자신도 이전에는 생각하지 못했던 일이다.

다음으로, 굴 선생이 「답문」에서 입론의 증거로 삼기 위해 인용한 문헌들을 고찰하고자 하는데, 먼저 『상서』「서서(書序)」부터 보기로 한다. 여기서 여담 한 마디를 덧붙이겠다. 「졸문」에서 나는 굴 선생의 대저 『석의』 중의 몇몇 두드러진 관점에 대해 언급하면서 이러한 관점은 진몽가의 설로부터 부연한 것이라고 말하였다. 굴 선생은 이것은 나의 "억측에서 나온 말이며 분명히 사실과는 다르다"라고 하였다. 살펴보건대 굴 선생이 『석의』를 쓸 당시에는 당연히 진 씨(진몽가)의 『서주동기단대(西周銅器斷代)』는 볼 수 없었겠지만, 진 씨가 그보다 앞서 출간한 『상서통론(尙書通論)』은 응당 읽었을 것이다. 이번에 내가 『상서통론』을 정리하여 대략 일독해 보니 굴 선생은 이 책에서 큰 영향을 받았고, 따라서 그것은 나의 억측은 아닌 듯하며 『상서』「서서」에 대한 견해도 그와 마찬가지이다. 나 또한 「졸문」에서 취했던 이 책에 대한 경솔한 태도를 고쳐야 할 것이다. 내 비록 진 씨의 몇몇 의견에는 찬성하지 않는다 해도 연구에 전력을 다하는 그의 근면성과 수많은 증거자료를 인용하는 그의 철저함은 멀리 굴 선생과 내가 미칠 수 있는 바가 아니며, 굴 선생이 그의 영향을 받는 것도 당연하다고 하겠다.

『상서』「서서(書序)」를 둘러싼 논쟁은 매우 많지만, 여기서 는 간단히 지금 우리가 보는 「서서」는 결코 양한시기에 있었던 「서서」의 구본(舊本)이 아니라『위공전(僞孔傳)』에 맞추어 일부 조작이 원문에 가해진 것이라고 말할 수 있을 뿐이다. 가장 명백한 증거가 바로 주공에 대한 서술이다. 굴 선생이 「답문」에서 인용한 「서서」는 다음과 같다.

> 삼감(三監)과 회이(淮夷)가 반란을 일으키자 주공이 성왕을 도와 장차 은의 무경(武庚)을 내치려 하면서 「대고」를 지었다.[743]

또 「강고」편의 「서서」에서는 이렇게 말한다.

> 성왕이 관숙과 채숙을 주벌한 뒤에 (무경이 관할했던) 은나라의 남은 백성을 강숙에게 주어 봉하고 「강고」를 지었다.[744]

그러나『한서』권28하 「지리지」 제8하에는 다음과 같이 되어 있다.

> 하내(河內)는 본래 은의 옛 도읍이다. 주나라는 은을 멸하고 나서 그 기내(畿內) 지역을 세 나라로 나누었는데, 『시』「풍(風)」에 보이는 패(邶)·용

---

743 『尚書』「大誥」'序', "三監及淮夷畔, 周公相成王, 將黜殷命, 作大誥."
744 『尚書』「康誥」'序', "成王既伐管叔蔡叔, 以殷餘民封康叔, 作康誥."

[부록 4] 주공(周公)의 즉위, 칭왕(稱王) 문제에 관한 굴만리의 답글에 재답변하다

(庸)·위(衛) 세 나라가 그것이다. 패(邶, 邶)는 주(紂)의 아들인 무경(武庚)을 봉한 곳이며, 용(庸)은 관숙이 다스렸고, 위(衛)는 채숙이 다스리면서 은의 유민들을 감시하도록 했는데 이를 삼감(三監)이라고 한다. 그러므로 『상서』「서서」에 이르기를 "무왕이 붕어하자 삼감이 반란을 일으켰다. 주공이 이를 주벌하고 그 지역을 모두 아우인 강숙(康叔)에게 봉해 주고 맹후(孟侯)라 불렀으며 주 왕실을 받들어 보좌하도록 했다"라고 하였다.[745]

오늘날 우리가 보는 「서서」는 삼감을 주벌하고 강숙을 봉한 일을 성왕에 결부시켜 놓았다. 그래서 「대고」편과 「강고」편에 보이는 왕을 『위공전(僞孔傳)』에서는 모두 성왕이라고 생각하였다. 그러나 『한서』「지리지」에 인용된 「서서」에서는 삼감의 주벌과 강숙을 봉한 일을 주공에 결부시켜 놓았으며, 그 경우 「대고」「강고」편에 보이는 왕은 당연히 주공이 된다. 그렇다면 우리는 오늘날 통용되는 의견이 분분한 「서서」를 믿어야 할까? 아니면 「지리지」에 인용된 「서서」를 믿어야 할까? 만약 굴 선생이 오늘날 통용되는 「서서」를 믿는다면, 거기서는 분명하게 「강고」는 강숙이 위(衛)에 봉해질 때의 고(誥)라고 말하고 있는데, 굴 선생은 왜 강숙이 강(康)에 봉해질 때의 고(誥)라고 끝까지 고집하는가?

굴 선생은 『사기』와 『상서대전』 등의 자료를 인용하고 있는데, 모든 관련 자료를 사용하여 그 의미를 확정해야 하는지, 아니면 주관에 의지해 자신의 요구에 적합한 몇 마디 구절만을 절취하여 그 의미를

---

745 『漢書』권28下 「地理志」하, "河內本殷之舊都. 周旣滅殷, 分其畿內爲三國, 詩風邶·庸·衛國是也. 邶, 以封紂子武庚. 庸, 管叔尹之. 衛, 蔡叔尹之, 以監殷民, 謂之三監. 故書序曰, 武王崩, 三監畔, 周公誅之, 盡以其地封弟康叔, 號曰孟侯, 以夾輔周室."

결정해야 하는지 나는 모르겠다. 굴 선생은 『사기』에 대해 "성왕이 주공에게 명하여 그를 죽이도록 하였다", "주공이 성왕의 명을 받들었다", "주공이 이에 성왕의 명을 받들었다", "주공단이 성왕의 명령을 받들어"746 등의 어구만을 절취해 "「서서」의 작자와 태사공의 마음속에 「대고」편의 왕은 필연적으로 주공이 아니라 성왕이 될 수밖에 없다"라고 단정하였다. 또 『상서대전』에서 "주공이 성왕의 명을 받들어 무경녹보(武庚錄父)를 죽였다"747라는 구절을 인용하여 "복생(伏生) 역시 「대고」편의 왕을 주공으로 보지 않았음을 알 수 있다"라고 단정하였다(위와 같은 곳). 그러나 『사기』에는 다음과 같은 구절도 있다. "성왕의 나이가 어리고 주나라가 막 천하를 평정한 터라 주공은 제후들이 배반할까 두려웠고 마침내 주공은 섭정하여 국사를 주관하였다."(「주본기」),748 "처음에 관숙과 채숙이 주나라를 배반하자 주공이 이를 토벌한 지 3년 만에 완전히 평정하였다. 그래서 처음에 「대고」를 짓고, 그 다음으로 「미자지명(微子之命)」을 짓고, 그 다음으로 「귀화(歸禾)」, 그 다음으로 「가화(嘉禾)」, 그 다음으로 「강고(康誥)」·「주고(酒誥)」·「재재(梓材)」를 지었는데 그 사건들이 주공의 글에 기록되어 있다."(위와 같은 곳),749 "그 후 무왕이 일찍 붕어하고 성왕은 아직 강보에 싸여

---

746 『史記』권3 「殷本紀」, "成王命周公誅之"; 권4 「周本紀」, "周公奉成王命"; 권33 「魯周公世家」, "周公乃奉成王命"; 권37 「衛康叔世家」, "周公旦以成王命."

747 『太平御覽』권637 刑法部13, "尚書大傳曰 … 周公以成王之命殺祿父."

748 『史記』「周本紀」, "成王少, 周初定天下, 周公恐諸侯畔, 周公乃攝行政當國."

749 『史記』권4 「周本紀」, "初, 管·蔡畔周, 周公討之, 三年而定, 故初作大誥, 次作微子之命, 次歸禾, 次嘉禾, 次康誥·酒誥·梓材, 其事在周公之篇."

있었으므로 주공은 천하가 무왕이 붕어했다는 소식을 듣고 이반할까 두려웠다. 이에 주공은 천자의 자리에 올라[踐阼] 성왕을 대신해 섭정을 하고 국정을 주관하였다."(「노주공세가」),[750] "관숙, 채숙, 무경 등이 과연 회이(淮夷) 사람들을 이끌고 배반하였다. 주공은 곧바로 성왕의 명을 받들어 군대를 일으켜 동쪽으로 토벌을 떠나면서 「대고」를 지었다. 마침내 관숙을 주벌하고, 무경을 죽였으며, 채숙을 추방시켰고, 은의 유민을 거두어 강숙을 위(衛)에 봉하여 [관할하도록 하였다.]"(위와 같은 곳),[751] "성왕이 장성하여 정사를 처리할 수 있게 되자 주공은 바로 성왕에게 정권을 돌려주었고 성왕이 조정에 임하여 정사를 행하였다. 주공이 성왕을 대신하여 통치할 때에는 남면하여 도끼 문양 병풍을 등지고 제후들의 조회를 받았다. (섭정한 지) 7년이 되자 주공은 성왕에게 정권을 돌려주고 북쪽을 향하여 신하의 자리에 섰다."(위와 같은 곳),[752] "성왕이 아직 어려 주공이 섭정하여 나라를 담당하니 소공(召公)이 그를 의심하였다."(「연소공세가」),[753] "무왕이 붕어하고 성왕의 나이가 어려 주공단이 왕실을 전담하였는데, 관숙과 채숙은 주공의 하는 일이 성왕에게 이롭지 못할 것이라 의심하여 무경(武庚)을 끼고 반란을 일으켰다. 주공단이 성왕의 명을 받들어 무경을 토벌하여 죽였다. … 그

---

750 『史記』 권33 「魯周公世家」, "其後武王旣崩, 成王少, 在强葆之中, 周公恐天下聞武王崩而畔, 周公乃踐阼代成王攝政當國."

751 『史記』 권33 「魯周公世家」, "管·蔡·武庚等, 果率淮夷而反, 周公乃奉成王命, 興師東伐, 作大誥. 遂誅管叔, 殺武庚, 放蔡叔, 收殷餘民, 以封康叔於衛."

752 『史記』 권33 「魯周公世家」, "成王長, 能聽政, 於是周公乃還政於成王, 成王臨朝. 周公之代成王, 南面倍依以朝諸侯. 及七年後, 還政成王, 北面就臣位."

753 『史記』 권34 「燕召公世家」, "成王旣幼, 周公攝政當國踐阼, 召公疑之."

린 뒤에 은나라 유민들을 둘로 나누어 그 하나는 미자계(微子啓)를 송(宋)에 봉하여 은의 제사를 잇게 했다. 다른 하나는 강숙을 봉하여 위(衛)나라 군주로 삼으니 이가 바로 위강숙(衛康叔)이다."(「관채세가」)[754] "무왕이 붕어한 뒤 성왕이 아직 어려 주공단이 성왕을 대신하여 나라를 맡아 다스렸다. 관숙과 채숙은 주공을 의심하여 무경녹보(武庚祿父)와 더불어 난을 일으켜 성주(成周, 낙읍)를 공격하려고 하였다. 주공단이 성왕의 명령을 받들어 군대를 일으켜 은을 정벌하였다. … 무경에게 주었던 은의 유민들을 (관할하도록) 강숙을 봉하여 위(衛)나라 군주로 삼고 황하(黃河)와 기수(淇水) 사이의 은허(殷墟)에 거주하게 하였다. 주공단은 강숙의 나이가 적은 것을 걱정하여 강숙에게 타일러 말하기를 … 그리하여 자신이 쓴 글을 「강고」, 「주고」, 「재재」라고 이름하였다."(「위강숙세가」)[755] 이상의 자료들을 종합적으로 판단하면 태사공은 주공이 한때 즉위, 남면하여 국정을 주관했다고 인정하였으며, 여기에는 의심할 여지가 없다. 만약 태사공이 「대고」를 성왕이 지은 것으로, 「강고」를 무왕이 지은 것으로 확신했다면 「태서(太誓)」, 「목서(牧誓)」 등과 마찬가지로 반드시 그것을 「주본기」에 묶어 놓았을 것이다. 앞서 인용한 「주본기」에서는 3년 동안 주공이 지은 「대고」 등 일곱 편을

---

754 『史記』권35 「管蔡世家」, "武王既崩, 成王少, 周公旦專王室, 管叔・蔡叔疑周公之爲, 不利於成王, 乃挾武庚以作亂. 周公旦承成王命, 伐誅武庚 … 從而分殷餘民爲二. 其一, 封微子啓於宋, 以續殷祀. 其一, 封康叔爲衛君, 是爲衛康叔."

755 『史記』권37 「衛康叔世家」, "武王既崩, 成王少, 周公旦代成王治當國. 管叔・蔡叔疑周公, 乃與武庚・祿父作亂, 欲攻成周. 周公旦以成王命興師伐殷 … 以武庚殷餘民封康叔爲衛君, 居河淇間故殷墟. 周公旦懼康叔齒少, 乃申告康叔曰 … 故謂之康誥・酒誥・梓材以命之."

순서대로 분명하게 나열한 다음 마지막에 "그 일들은 주공의 편[周公之篇] 안에 기록되어 있다"라는 말로 끝맺고 있는데, "주공의 편"이라 함은 주공에 관한 기록을 말하는 것이지 「노주공세가(魯周公世家)」만을 말하는 것은 아니다. 태사공이 이처럼 명료하게 「대고」「강고」 등을 주공이 지은 것으로 설명하고 있는데, 그 글속의 '왕'이 "남면하여 도끼 문양 병풍[倍依]을 등지고 제후들의 조회를 받았던" 주공이 아니라면 누구이겠는가? "성왕의 명을 받들어[以成王命]" 이런 식의 어구는 관숙·채숙의 반란이 "주공이 장차 유자(孺子, 성왕)에게 이롭지 못할 것"임을 구실로 일어난 사건임을 감안하면 주공이 이 점을 겨냥하여 이같은 논법을 취했으리라는 것은 당연히 이해할 만하고 여기에는 어떤 모순도 없다. 만약 통용되는 「대고」와 「강고」편의 「서서(書序)」를 합치지 않고 굴 선생과 같이 「대고」편 「서서」만을 베낀다고 가정하면 『사기』와 명확한 차이가 보이지 않는다.

　『상서대전』의 경우, "주공이 천자의 자리에 올라 천하의 정사를 처리하자 관숙은 주공을 의심하였다", "그러므로 노나라로 하여금 교제(郊祭)【천자만이 교제를 지낼 수 있다】를 지내도록 한 것은 성왕이 주공을 예우한 것이다", "주공이 섭정을 한 지 6년에 예악(禮樂)을 제정하였다", "주공이 섭정을 하여 1년째는 혼란을 구제했고, 2년째에 은을 이겼으며, 3년째에 엄(奄)나라를 멸하고, 4년째에 위(衛)나라에 제후를 세웠으며, 5년째에 성주(成周, 낙읍)를 조영하고, 6년째에 예악을 제정하였으며, 7년째에 성왕에게 정권을 반환하였다." 이 구절들과 굴 선생이 인용한 "주공이 성왕의 명을 받들어 무경녹보를 죽였다"는 구절을 합쳐 보면 『사기』의 상황과 꼭 같아 굳이 말을 낭비할 필요가 없

다.[756]

　여기서 내친 김에 굴 선생의 「답문」 가운데 6절 "천조와 칭왕[踐阼與
稱王]"에 대해 간략히 답변하고자 한다. 굴 선생은 다음과 같이 말한다.
"서 선생은 이러한 천조(踐阼)의 자료들을 모두 칭왕(稱王)의 증거로 삼
았지만, 천조 다음에 칭왕이라는 두 글자가 없다는 사실을 무시하였
고, 또 상(相), 가(假), 대(代), 섭(攝) 등의 글자들도 무시하였으며, 그 결
과 선진 및 양한의 경학가들은 모두 주공이 천조하고 칭왕했음을 인정
하였다는 결론에 이르렀는데, 서 선생 자신의 말을 빌리자면 '이것이
바로 개인의 예정된 관념에 따라 사료를 왜곡하는 연구태도의 명백한
일례이다.'" 굴 선생은 뒤에 다시 소공(昭公), 왕망(王莽)이 천조는 했으
나 칭왕은 하지 않았던 사례를 인용하여 증거로 제시하였다. 나는 이
렇게 생각한다. (1) 굴 선생은 「원문」에서 "선진 시대에 주공이 섭정
칭왕했다는 전설이 있었고 그래서 한나라 이후 사람들은 『상서』「대
고(大誥)」편의 '왕약왈(王若曰)'의 '왕'을 주공으로 해석하였다. …"라고
하였다. 굴 선생이 만약 "섭정", "천조"를 "칭왕"으로 여기지 않았다면
위의 말은 어디에서 온 것인가? (2) 만약 천조 다음에 칭왕이라는 말이
없으면 천조를 칭왕의 뜻으로 보아서는 안 된다고 한다면 『대대례기』
「무왕천조(武王踐阼)」편에서 "무왕이 천조(踐阼)하였다"[757]라고만 말하
고 "무왕이 천조칭왕(踐阼稱王)하였다"라고는 하지 않았는데 그렇다면

---

756 『尚書大傳』, "周公身居位, 聽天下爲政, 管叔疑周公."; "故魯郊(按天子始可郊祭), 成王所以禮
　　周公也."; "周公居攝六年, 制禮作樂."; "周公攝政, 一年救亂, 二年克殷, 三年踐奄, 四年建侯衛,
　　五年營成周, 六年制禮作樂, 七年致政成王."; "周公以成王之命殺祿父."

757 『大戴禮記』「武王踐阼」, "武王踐阼."

무왕은 칭왕을 하지 않은 것인가? (3) 앞서 인용한 『사기』 「노주공세가」에서는 "주공이 성왕을 대신하여 통치할 때에는 남면하여 도끼 문양 병풍을 등지고 제후들의 조회를 받았다"라고 하였고, 섭정한 지 7년 만에 주공은 성왕에게 정권을 돌려주고 "북쪽을 향하여 신하의 자리에 섰다"라고 하였다. 북쪽을 향해 선 위치는 신하의 자리이고 남쪽을 향해 선 위치는 당연히 왕의 자리이다. 주공이 만약 남의 신하된 자[人臣]로서 남면을 했다면 이는 명(名)과 실(實)이 서로 침범하는 것으로 이런 체제는 단연코 없다고 할 것이다. (4) "천자(天子)"라는 말은 "왕(王)"과 함께 쓰일 수 있다. 『순자』 「유효(儒效)」편에서는 다음과 같이 말한다. "무왕이 붕어하고 성왕이 어려 주공이 성왕을 도와서 무왕을 뒤이어 천하를 주 왕실에 묶어 둔 일은 천하가 주나라를 배반할까 두려워 했기 때문이다. 천자의 자리[天子之籍][왕념손(王念孫)에 의하면 적(籍)은 자리를 뜻한다]에 올라, … 관숙을 주살하고, 은을 멸망시켰으며, … 71개의 제후국을 세웠다. … 주공이 성왕에게 천하를 돌려주고 천자의 자리를 되돌렸으며 … 북면하여 성왕을 섬겼다. 천자라는 자리는 어린 나이에 맡아서도 안 되고, 임시로 설치할 수도 없는 것이다. … 주공이 전에는 천하를 가졌다가 지금은 천하가 없는 것은 … 그러므로 지손(支孫)으로서 적자(嫡子)를 대신하여도 월권은 아니며, 아우로서 형을 주살하여도 포악은 아니다. 군주와 신하가 자리를 바꾸어도 반역은 아니다."[758] 순자가 전한의 경학에 미친 영향에 대해서는 국학에 조금이

758 『荀子』「儒效」, "武王崩, 成王幼, 周公屛成王而及(繼)武王以屬(繫)天下, 惡天下之倍周也. 履天子之籍(王念孫: 籍者位也) … 殺管叔, 虛殷國 … 立七十一國 … 周公歸周, 反籍於成王 … 北

라도 상식이 있는 자라면 당연히 알고 있는 사실이다.『예기』「명당위
(明堂位)」에서는 "옛날에 주공이 명당의 자리에서 제후들의 조회를 받
을 때, 천자는 부의(斧依, 도끼문양 병풍)를 등지고 남쪽을 향해 섰다"라
고 하였고, 이에 대한 정현의 주에서는 "천자는 주공을 말한다"[759]라고
하였다. 「명당위」에서는 또 "[무왕이 붕어했을 때 성왕이 어렸기 때문에] 주
공이 천자의 자리에 올라[踐天子之位] 천하를 다스렸다"[760]라고 하였다.
천자의 자리에 오른다는[踐] 것은 곧 동쪽의 섬돌 계단을 밟고 올라가
는[踐阼][761] 것으로, 그가 바로 천자(天子)이자 왕(王)이다. (5)『후한서』
「낭의열전(郎顗列傳)」에서는 "폐하께서 천조(踐阼)하시니"[762]라 하였
고,『삼국지·위서(魏書)』「관녕전(管寧傳)」에서는 "폐하께서 천조(踐
阼)하시어 홍업을 이어받으시니"[763]라고 하였으니, 한나라 사람들은
"천조(踐阼)"를 즉위의 뜻으로 간주하였고 천조는 이미 전문 용어가 되

面而朝之. 天子也者, 不可以少(少頃)當也, 不可以假設爲也 … 鄕有天下, 今無天下 … 故以枝
代主, 而非越也. 以弟誅兄, 而非暴也. 君臣易位, 而非不順也."

759 원문은 다음과 같다.『禮記』「明堂位」, "昔者, 周公朝諸侯于明堂之位, 天子負斧依, 南鄕而
立." 이에 대한 정현의 주는 "周公攝王位, 以明堂之禮儀朝諸侯也. 不於宗廟, 辟王也. 天子, 周
公也. 負之言背也. 斧依爲斧文屛風于戶牖之間, 周公於前立焉"이라 하였다. 즉 '負'라는 말은
등진다[背]는 뜻이다. '斧依'는 천자를 상징하는 도끼 문양[斧文]이 그려진 병풍으로 문과 창 사
이에 세워 바람을 막았다. 주공이 그 앞에 서 있었다는 것은 천자의 자리에 섰다는 뜻이다.

760 『禮記』「明堂位」, "周公踐天子之位以治天下."

761 천조(踐阼): 조(阼)는 동쪽 계단을 말하며 주인이 사용하는 계단이다.『예기』「곡례(曲禮)」
하에 "천조하여 제사에 임한다[踐阼, 臨祭祀]"라고 하였는데, 공영달의 소(疏)에 "천(踐)은 밟
는 것이다. 조(阼)는 주인의 계단이다. 천자는 제사에서 동쪽 계단으로 올라간다.…주인의 계
단을 밟고 올라가 일을 행하기 때문에 '천조(踐阼)'라고 한다[踐, 履也. 阼, 主人階也. 天子祭
祀升阼階 … 履主階行事, 故云踐阼也]라고 하였다. 천조(踐阼)는 천조(踐阼)라고도 쓴다.

762 『後漢書』권60「郎顗列傳」, "陛下踐阼."

763 『三國志』권11 魏書「管寧傳」, "陛下踐阼, 纘承洪緒."

었다. 성왕이 아직 천조하지 못했다는 말은 성왕이 아직 왕위에 오르지 못했다는 뜻이며, 주공이 천조했다는 말은 주공이 왕위에 올랐다는 뜻으로, 왕위에 올랐으니 당연히 왕을 칭할 수 있다. (6) 굴 선생은 『상서』「고명(顧命)」편의 "태보(太保)는 … 동쪽 계단으로부터 오르고"[764]라는 구절을 인용한 다음 "소공석(召公奭)이 비록 천조(踐阼)는 했지만 결코 칭왕을 하지는 않았다"라고 말함으로써 주공 또한 천조는 했지만 칭왕한 적이 없다는 것을 증명하고자 하였다. 살펴보건대 「고명」편에서는 소공이 "동쪽 계단으로부터 오르고[由阼階隮]"라고만 했지, 결코 그가 "천조(踐阼)"했다는 말은 하지 않았다. 굴 선생은 어째서 이것을 『의례』「관례(冠禮)」에 나오는 "주인은 현단(玄端)을 입고 검붉은 무릎가리개를 착용하고 동쪽 계단에 선다[立于阼階]"[765]라는 구절과 비교해보지 않았을까? 소공석이 「고명」에서 행한 역할과 주공이 행한 역할은 "비교가 불가할 정도로"【왕국유(王國維)의 『주서고명고(周書誥命考)』참고】현격한 차이가 있다. (7) "섭정(攝政)"의 섭(攝)은 "지(持, 잡다)"로 해석하고, "섭위(攝位)"의 "섭" 혹은 "섭황제(攝皇帝)"의 "섭" 자는 "대(代, 대신하다)"로 해석한다. 주공은 성왕과 친(親)숙질 관계이고, 그는 무왕이 주(紂)를 정벌할 때 이미 "큰 도끼를 손에 쥐는[秉大鉞]"[766] 지위에 있었다. 그의 시대에는 형이 죽으면 동생이 지위를 계승할 수 있었으므

764 『尙書』「顧命」, "太保 … 由阼階隮."

765 『儀禮』「冠禮」의 원문은 다음과 같다. "主人玄端爵韠, 立於阼階下, 直東序, 西面." 조계(阼階)는 주인이 오르고 내리는 계단으로서 동계(東階)라고도 한다. 그에 대해 서쪽 계단은 빈객이 오르고 내리는 계단으로 빈계(賓階)라고도 한다.

766 『逸周書』「克殷」, "周公把人鉞, 召公把小鉞以夾王."

로 주공의 의도는 성왕을 가르치고 길러서 그가 장성하면 바로 왕위를 돌려주려는 것이었다. 『예기』「문왕세자(文王世子)」편의 작자는 주공이 사실상 성왕을 "세자"로 대우했다고 보았다. 한(漢) 왕실의 성은 유(劉)씨이고 왕망의 성은 왕(王)씨였다. 왕망은 집극(執戟)의 "낭(郎)"으로부터 출발하여 외척 관계에 의지해 한 걸음 한 걸음 위로 올라간 사람이다. 그의 시대는 "유씨가 아니면서 왕이 되는 자가 있으면 천하가 함께 그를 칠 것이다"[767]라는 분위기가 지배하였으므로 그의 속셈은 차근차근 단계를 밟아 진짜 황제가 되는 것이었고, "섭황제(攝皇帝)"는 바로 그 하나의 단계였다. 그가 주공에 가탁했다 해서 우리가 그의 처지를 주공의 처지와 동일시할 수 있겠는가? 그렇다 해도 "섭황제"는 여전히 "안한공(安漢公)"의 "공(公)"은 아니며, 사람들이 그를 부를 때도 섭황제라고 불렀지 더 이상 안한공이라고 부를 수 없었다. 그는 섭황제의 지위로 정사에 임한 것이지 안한공의 지위로 정사에 임한 것이 아니다. 주공은 천조(踐阼) 후에도 여전히 "공(公)"의 지위로 정사에 임했던 것일까? (8) 주공은 잠시 천조 칭왕하다가 최후로는 정권을 성왕에게 돌려주려고 했던 사람이기 때문에, 주공의 심리적 관점에서 볼 때나 역사가가 문제의 결과론적 관점에서 볼 때나 모두 "상(相)【보조(輔助)의 상】", "가(假)", "대(代)" 등의 한정어를 사용할 수 있으며 이는 천조, 칭왕했다는 역사적 사실과도 모순되지 않는다. 주공의 상황은 춘추 시대 노나라 은공(隱公, 재위 B.C.722-B.C.712)의 경우와 다소 비슷하다. 『춘추』「은공 원년」을 보면 "원년 봄 주왕(周王) 정월[元年春王正

---

767 『史記』권9「呂后本紀」, "高帝已定天下, 與大臣約曰, 非劉氏而王者, 天下共誅之."

月]"[768]이라 기록되어 있는데, 이에 대해『좌씨전』에서는 "(은공의) 즉위를 기록하지 않은 것은 섭위(攝位)했기 때문이다"[769]라고 하였다.『공양전』에서는 "노나라 은공이 즉위한 것을 말하지 않음은 무엇 때문인가? 은공이 환공(桓公)에게 양위한 뜻을 이룬 것이다"[770]라고 하였다.『곡량전』도『공양전』과 동일하다. 노나라 은공은 노나라 군주의 지위를 섭(攝)하였다. 그러나 그는 군주의 지위로써 정사에 임하고 각국과 서로 왕래했을까, 아니면 "공자(公子)"의 지위로써 정사에 임하고 각국과 왕래했을까? 이러한 확실한 예가 있는데도 여전히 문제를 납득할 수 없다면 정말이지 "나로서는 어떻게 할 수가 없다."

사실, 이상의 모든 문제는 일찍이『순자』「유효(儒效)」편과『사기』「주본기(周本紀)」에 의해 전면적이고 명확한 해답이 제출되었다. 왕숙으로부터 시작된 분란은 터무니없는 분란에 지나지 않는다. 굴 선생의「원문」은 왕숙 이전의 문제에 대한 진술에서는 아무런 착오가 없다. 그러나 그는 진몽가를 지나치게 신복한 나머지 왕숙이 야기한 분란을 가지고 왕숙 이전의 모든 유관 사실(史實)들을 말살하였다. 이것도 아주 괴이한 일이지만,「답문」에서 다시 자기의 관점으로 왕숙 이전의 모든 유관 사실들을 개찬(改竄)하여 양한 및 그 이전 시대의 유관 사실들이 자기의 관점과 일치한다는 것을 인정하려고 하는데, 이처럼 앞에 한 말과 뒤에 한 말이 서로 맞지 않고 수많은 옛 사람들에게 누명을

---

768 『春秋』「隱公 元年」, "元年春王正月."

769 『春秋左氏傳』「隱公 元年」傳文, "不書即位, 攝也."

770 『春秋公羊傳』「隱公 元年」傳文, "公何以不言即位, 成公之志也."

덮어씌워 한때의 승리를 얻는 행위는 참으로 해서는 안 되는 일이다.

2

이상으로 사실상 모든 문제가 풀렸다고 본다. 그러나 나에 대한 굴 선생의 책망에 대해 간단하게라도 답변하지 않는다면 굴 선생은 내가 도피하는 줄로 생각할지도 모른다.

굴 선생의 「답문」 중 "2. 「대고」편의 '홍유아유충인(洪惟我幼沖人)' 및 '여유소자(予惟小子)'의 해석 문제"라는 단락은 내가 「대고」편의 구법(句法) 구조상의 차이로부터 「대고」편의 소자(小子), 충인(沖人)이 도대체 누구를 가리키는지 연구한 것을 반박하는 내용이다. 무엇보다 먼저 내가 설명해야 할 것은, 나는 두 가지 서로 비슷하면서도 실제로는 차이가 있는 어구들을 추출하여 비교한 다음 다시 해석을 진행하여 결론을 얻었다는 점이다. 예를 들면 다른 곳에서는 "여소자(予小子)"라고 칭하는데, 「대고」편에서는 "여유소자(予惟小子)"라고 칭하는 경우가 있다. 「대고」 중에는 "여(予)", "짐(朕)", "아(我)"라 칭할 때도 있고 또 "소자(小子)", "충인(沖人)" 등으로 칭할 때도 있는데 양자를 서로 비교하여 어째서 이런 차이가 있는지 살펴보고자 하였다. 나의 해석을 비평하려면, 첫째, 문구상 이러한 차이가 있음을 인정하는가 안 하는가? 둘째, 만약 인정한다면 어째서 이러한 차이가 있는지 답을 해야 할 것이다. 굴 선생은 두 가지 어구 상의 차이를 대비시킨 나의 방법론을 말살한 채 한 방면의 자구만을 쫓아서 비평하고 있는데, 이것은 비교를 통한 진정한 문제제기를 회피하고 나의 논법과는 전혀 상관없는 말을 하는

　　　[부록 4] 주공(周公)의 즉위, 칭왕(稱王) 문제에 관한 굴만리의 답글에 재답변하다

것이다. 굴 선생은 「대고」편의 "홍유아유충인(洪惟我幼沖人)" 구절의
"홍유(洪惟)" 두 글자가 발성사(發聲詞)라는 주장을 견지하였다. 그러나
『경전석사(經典釋詞)』에서는 "홍(洪)은 시작할 때 내는 소리이다"라고
했을 뿐,[771] 왕 씨(저자 왕인지)가 "홍유(洪惟)" 2자를 한데 묶은 것도 발
성사라고 해석한 적은 결코 없다. 왕 씨는 또 말하기를 "해석하는 자들
은 모두 홍(洪) 자를 크다[大]의 뜻으로 풀이하는데, 이는 잘못이다"라
고 하였다. 그런데 양수달(楊樹達)[772]이 감탄해 마지않았던 증운건(曾
運乾)[773]의 『상서정독(尙書正讀)』은 이 구절에 대해 다음과 같이 해석하
고 있다. "홍(洪)은 대(代)의 뜻이다. 『이아(爾雅)』「석고(釋詁)」에 보면
… 유충인(幼沖人)은 성왕(成王)을 가리킨다."[774] 『이아』는 주로 『시』와
『서』의 훈고(訓詁)를 귀납하여 이루어진 문헌으로, 선진 혹은 전한의
경학가들이 홍(洪) 자를 대(代)의 뜻으로 해석한 것은 확실하다. 종합
하면, 설사 어구 중 첫 번째로 나오는 유(惟) 자가 발성사로 해석될 수
있고, 어구 중 첫 번째로 나오는 홍(洪) 자가 발성사로 해석될 수 있다

---

771 『經傳釋詞』, "洪, 發聲也."

772 양수달(楊樹達, 1885-1956): 호남 장사(長沙) 사람. 자는 우부(遇夫), 호는 적미(積微). 평생
    문자학 연구에 헌신했고 금석문과 갑골문, 고문자, 훈고, 음운, 수사(修辭) 등에 정통했다. 저
    서에 『마씨문통간오(馬氏文通刊誤)』, 『한서보주보정(漢書補注補正)』, 『적미거소학금석논
    총(積微居小學金石論叢)』, 『적미거금문설(積微居金文說)』, 『적미거소학술림(積微居小學述
    林)』, 『적미거금문여설(積微居金文餘說)』, 『논어소증(論語疏證)』, 『한서규관(漢書窺管)』, 『중
    국수사학(中國修辭學)』등이 있다.

773 증운건(曾運乾, 1884-1945): 호남 익양(益陽) 사람. 자는 성립(星笠). 성음(聲音)과 훈고를 깊
    이 연구했고, 1926년 동북대학교에서 문자학과 경학을 강의했다. 저서에 『모시설(毛詩說)』,
    『유모고독고(喩母古讀考)』, 『상서정독(尙書正讀)』등이 있다.

774 曾運乾, 『尙書正讀』, "洪, 代也. 見爾雅釋詁 … 幼沖人, 目(指)成王也."

하더라도, 아마도 두 번째로 나오는 "유(惟)" 자를 발성사로 해석하기는 매우 어려울 것이다. 『상서정의』에 인용된 왕숙의 주석에서는 "홍(洪)" 자를 대(大)의 뜻으로, "유(惟)" 자를 염(念)의 뜻으로 해석하였다. 『한서』 「적의전(翟義傳)」에는 "홍유아유충유자(洪惟我幼沖孺子)"라 되어 있는데, 이에 대한 안사고(顏師古)의 주석에서는 "홍(洪)은 크다[大]는 뜻이다. 유(惟)는 생각하다[思]의 뜻이다. 충(沖)은 어리다[稚]의 뜻이다. 어린 아이를 깊이 생각한다는 말이다. …"라고 하였다.[775] 여기서의 유(惟) 자를 사(思) 자로 해석한 것은 보편적인 통의(通義)로 볼 수 있다. 굴 선생은 내가 「강고」편의 "여유소자(汝惟小子)"의 "유(惟)"를 "수(雖)"의 뜻으로 해석한 반면 「대고」편의 "여유소자(予惟小子)"의 유(惟)를 사념(思念)의 뜻으로 해석한 것을 두고 내 관념에 따라 취사선택한 것이라고 꼬집었다. 그러나 한 권의 책에서 심지어는 한 편, 한 구절 안에서도 동일한 글자가 다른 뜻으로 해석되는 경우가 있다는 것은 기본적인 상식에 속한다. "여유소자(予惟小子)", "여유소자(汝惟小子)"에 대해서 굴 선생은 아마도 주어인 여(予)와 여(汝)의 차이에 주의를 기울이지 않은 듯하다. 굴 선생은 다시 「낙고(洛誥)」 「강왕지고(康王之誥)」 「문후지명(文侯之命)」편에서 왕이 자신을 "여충자(予沖子)" "여소자(予小子)"와 같은 말로 자칭한 예들을 인용하여, 「다사(多士)」 및 「다방(多方)」편에서 왕이 자신을 단지 "아(我)" "짐(朕)" "여(予)"라고만 칭한 것을 근거로 「대고」편의 "소자(小子)" "충인(沖人)"은 "왕약왈(王若曰)"의 왕(王)이 스스로를 칭하는 말이 아니라고 추정한 나의 설을 반박하였다.

---

775 『漢書』 권84 「翟義傳」의 안사고 주, "洪, 大也, 惟, 思也, 沖, 稚也, 大思幼稚孺子 …"

살펴보건대 「대고」, 「다사」, 「다방」편은 주공이 왕의 신분으로 "다방 (多邦)", "상왕의 사들[商王土]", "사국과 다방(四國多方)"을 향해 발표한 훈고로서 이는 임금이 신하를 향해 하는 말이다. 「낙고」는 성왕이 "숙부(叔父)"에게 하는 말이다. 「강왕지고」의 첫 단락은 강왕이 책명을 받는 의례를 행할 때 작성한 답사(答詞)로서 당시 그는 아직 종묘의 제사를 지내기 전이었다. 정식으로 즉위한 후에 "한두 백부(伯父)들"[776]을 대면하여 한 말이다. 「문후지명」은 평왕이 "숙부 의화(義和)" 즉 동성(同姓)의 존장(尊長)자에게 하는 말이다. 이상 세 가지는 모두 군신(君臣)의 입장에서 말하는 것이 아니라 종법상 친친(親親)의 입장에서 말하는 것인데, 이 점은 내가 「졸문」에서 이미 지적한 바이다. 주대(周代) 종법제도에 대한 한 점 지식도 없으면서 주대의 역사에 대해 큰소리로 장담할 수 있다니 이는 학술계의 괴현상이다.

3

굴 선생의 「답문」 "3. 「대고」에 나오는 영고(寧考)가 오직 문왕(文王)만을 가리키는지의 문제"는 "영고는 무왕(武王)이 아니면 안 된다"라는 입장을 견지한 것이다. 「대고」를 성왕(成王)의 말이라고 보는 설은 『위공전(僞孔傳)』에서 비롯되었다고 하는데, 송(宋) 사람들은 "군신대의(君臣大義)"라는 관념 때문에 이러한 설을 계승하였다. 『위공전』은 공영달의 『상서정의(尚書正義)』에 채택되면서 권위를 갖게 되었다. 채침

---

776 『尚書』「康王之誥」, "今予一二伯父."

(蔡沈)[777]의『서경집전(書經集傳)』은 팔고문(八股文)에 채택되면서 관학(官學)이 되었다. 그러나 청대는 경학에서 업적을 남겼는데,『상서』전서에 주석을 가한 경학자들 중에는 「대고」편의 "왕약왈(王若曰)"의 왕(王)을 주공으로 인정하지 않는 사람이 없었다. 예컨대 강영(江永)의『상서집주음소(尙書集注音疏)』, 왕명성(王鳴盛)의『상서후안(尙書後案)』, 유봉록(劉逢祿)의『상서금고문집해(尙書今古文集解)』, 진교종(陳喬樅)[778]의『금문상서경설고(今文尙書經說考)』, 손성연(孫星衍)[779]의『금고문주소(今古文注疏)』, 피석서(皮錫瑞)의『금문상서고증(今文尙書考證)』, 근대인 증운건(曾運乾)의『상서정독(尙書正讀)』등이 그것이다. 그들은「대고」가 주공에서 나왔다고 믿었기 때문에 「대고」 중의 "영왕(寧王)"은 당연히 문왕(文王)을 가리키고, 「대고」 중의 "영고(寧考)" 또한 당연히 주공의 돌아가신 아버지[亡父] 즉 문왕을 가리킨다고 보았다. 설령『위공전』이라는 계통의 사람들이 모두 영왕(寧王)을 문왕으로 인정한다 해도 "영고(寧考)"가 무왕이라고 말하는 사람은 한 명도 찾을 수 없다.

---

777 채침(蔡沈, 1167-1230): 남송 복건 건주(建州) 사람. 자는 중묵(仲默), 구봉선생(九峰先生)으로도 불렸다. 경원당금(慶元黨禁) 때 부친을 따라 도주(道州)로 유배를 갔다가 부친 사후 구봉(九峰)에 은거하면서『상서』의 주석 작업을 시작한 지 10여년 만에『서집전(書集傳)』을 완성했다. 여러 학설을 종합하고 주석이 명석하여 원나라 이후 과거시험을 위한 필독서가 되었다.

778 진교종(陳喬樅, 1807-1867): 청 복건 민현(閩縣) 사람. 자는 박원(樸園), 수자(樹滋)다. 민현의 학자들이 정주학(程朱學)만을 추숭하는 데 반대하고 부친의 유업을 계승하여『예기정독고(禮記鄭讀考)』,『노시유설고(魯詩遺說考)』,『제시유설고(齊詩遺說考)』,『한시유설고(韓詩遺說考)』,『금문상서경설고(今文尙書經說考)』등을 완성했다.

779 손성연(孫星衍, 1753-1818): 청 강소 양호(陽湖) 사람. 자는 연여(淵如), 백연(伯淵)이다. 저서에『상서금고문주소(尙書今古文注疏)』,『주역집해(周易集解)』,『하소정전교정(夏小正傳校正)』,『명당고(明堂考)』,『공자집어(孔子集語)』,『안자춘추음의(晏子春秋音義)』,『사기천관서고증(史記天官書考証)』등이 있다.

왜냐하면 「대고」에서는 7번이나 영왕(寧王)을 모두 문왕이라고 언급하고, 한 번은 "영무(寧武)"의 "영(寧)"을 문왕이라 하고 "무(武)"를 무왕이라 언급하였는데, 갑자기 "영고(寧考)"를 무왕이라고 하는 것은 훈고학적 상식으로 허용되지 않기 때문이다. 그래서 『위공전』은 비록 "왕약왈(王若曰)"의 왕을 성왕(成王)으로 보기는 했지만, "영왕(寧王)"에 대해서는 "천하를 편안하게 한 왕이니 문왕을 이른다"[780]라고 말하는가 하면, "영고(寧考)"에 대해서는 부득이 이를 두 사람으로 나누어 앞의 "영(寧)" 자를 "영조(寧祖)"라고 하였는데 성왕에게 당연히 문왕은 할아버지가 된다. 뒤의 "고(考)"자를 "성고(聖考)"라고 하였는데 이는 당연히 성왕의 망부(亡父) 무왕을 가리킨다. 그들은 어찌하여 이처럼 우회적인 해석을 하는 것인가? 왜냐하면 이미 「대고」가 성왕에서 나왔다고 했으므로 세차(世次)상 영고(寧考)를 성왕의 망부 무왕으로 해석할 수 없고, 이미 영왕(寧王)을 문왕으로 해석한 이상 훈고학적으로 영고를 망부 무왕으로 만들 수 없기 때문이다. "영고"를 "무왕"으로 해석한 사람은 오직 진몽가와 진몽가의 설을 계승한 굴 선생뿐이다. 여기까지 서술하면 「대고」가 주공에서 나온 것인지 아니면 성왕에서 나온 것인지 해답을 얻었을 것이다.

굴 선생은 "이 영(寧) 자에 대해 이전 사람들은 모두 안녕(安寧)의 의미로 해석하였다"라고 말한다. 이어서 그는 오대징(吳大澂)[781]의 말을

---

780 『尙書正義』「大誥」, 傳文, "安天下之王, 謂文王也."

781 오대징(吳大澂, 1835-1902): 청 강소 오현(吳縣) 사람. 본명은 대순(大淳)이고 자는 지경(止敬), 청경(淸卿)이며 호는 원헌(恒軒), 각재(愙齋)이다. 동치 7년(1868) 진사가 되고 좌부도어사(左副都御史), 호남순무(湖南巡撫) 등을 역임하였다. 금석문과 고기물(古器物), 고문자를

인용하여 영(寧) 자는 금문(金文) 중의 "문(文)" 자에서 유래한 것으로 "어떤 것은 심(心)의 의미를 따르며 영(寧) 자와 글자 형태가 유사하다", "따라서 「대고」편에 나오는 이들 영(寧) 자는 모두 문(文) 자의 잘못임을 알겠다"라고 하였다. 굴 선생의 말은 상당히 모호해서 보는 사람들로 하여금 영왕(寧王)을 문왕으로 해석하는 설이 오대징에서 비롯된 것으로 생각하게 만든다. 사실 영왕을 문왕으로 해석하는 데 대해서는 앞에서 말했듯이 지금까지 이설이 없다. 그러므로 영(寧)이라는 글자를 안녕(安寧)의 뜻으로 풀이하는 것은 문왕을 왜 영왕이라고 부르는지의 질문에 대한 답이 되는데, 이것은 글자의 뜻(문왕은 천하를 편안하게 한 자)으로부터 이 문제에 답한 것이다. 손이양, 오대징의 경우는 "글자 형태[字形]의 착오"라는 관점에서 이 문제에 답하고 있을 뿐이며 영왕, 영고가 왜 문왕이 되는지의 문제에 대해서는 상관하지 않는다. 아울러 나는 손이양, 오대징 두 사람의 이같은 해석에도 상당한 문제점이 있다고 본다. 금문에는 "문(文)" 자 좌변에 옥(玉)자를 더한 민(玟) 자가 문(文) 자 좌변에 심(心)자를 더한 민(忞) 자보다 더 많지만, 전적에는 문왕(文王)을 민왕(玟王)으로 써 놓은 예가 발견되지 않는다. 그런데 어찌하여 금문에서 민(忞) 자로 등장하던 글자가 전적 안에서는 이 자형이 잘못되어 영(寧) 자로 등장하는 것인가? 「대고」는 먼저 금문으로 주조되고 다시 이 금문의 기록을 전적으로 옮겨 적었다는 말

깊이 연구했다. 저서에 역대 도량형제도를 고증한 『권형도량실험고(權衡度量實驗考)』, 『각재집고록(窓齋集古錄)』, 『항헌길금록(恒軒吉金錄)』, 『설문고주보(說文古籀補)』, 『고옥도고(古玉圖考)』 등이 있다.

　　[부록 4] 주공(周公)의 즉위, 칭왕(稱王) 문제에 관한 굴만리의 답글에 재답변하다

인가? 그렇다 하더라도 「대고」에 이미 무왕(武王)의 "무(武)" 자가 있고, 또 「졸문」에서 지적했듯이 성왕은 자신의 망부(亡父) 무왕을 모두 "무고(武考)"라고 불렀는데, 왜 여기서 갑자기 자신의 망부를 "문고(文考)"라고 부르는 것인가? 이는 결코 있을 수 없는 일이다. 설령 글자를 잘못 옮겨 적었기 때문이라 해도, "민(忟)" 자가 "무(武)" 자로 잘못 옮겨지는 일은 결단코 없을 것이다. 그러므로 영고(寧考)를 무왕으로 보는 진몽가의 설은 어떤 입장에서도 성립될 수 없는데도 학술계는 대체로 굴 선생만을 신복하고 있을 뿐이다.

계속해서 굴 선생은 "문고(文考)를 망부에 대한 범칭으로 볼 경우 문고 다음에 반드시 그 망부의 이름이 뒤따라 나와 '문고(文考)모모인'의 형식을 취한다"라는 나의 견해를 전력을 다해 공격하였다. 굴 선생이 나의 주장을 완전히 뒤집을 수 있다 해도 상술했듯이 영고(寧考)를 무왕이라고 하는 진몽가의 오류를 옹호할 수는 없을 것이다. 왜냐하면 「대고」편에서는 오로지 영고만을 칭하고 문고(文考)라 칭한 적이 없으며, 금문에서는 문고만 있을 뿐 영고는 발견되지 않기 때문이다. 하물며 나의 견해는 문자상으로만 수정해야지 원칙에 있어서는 결코 번복될 수 없는 것이다. 왜냐하면 고유명사가 변화 발전하여 일반명사가 되는 것은 지극히 보편적인 현상이기 때문이다. "문고(文考)"는 주나라 초기에 고유 명칭이었으며 이는 "무고(武考)"가 고유 명칭이었던 것과 마찬가지다. 그런 이유로 「졸문」에서는 "주나라 초기에 단지 문고(文考)라고만 칭하면 이는 필시 문왕의 아들들이 죽은 문왕을 칭하는 말일 것이다"라고 하였고 이어서 3가지 증거를 제시하였다. 재차 말하기를, 무왕의 아들인 성왕은 반드시 죽은 무왕을 "무고(武考)"라고 불렀다고 하였고 이어서 4가지 증거를 제시하였다. 이러한 견고한 논증을 굴 선생은 어째서 우회하여 지나갈 뿐 한 마디 언급도 하지 않는 것인 가? 굴 선생은 무왕, 성왕, 강왕 시대의 문헌과 금문 속에서 단지 "문고 (文考)"라고만 칭한 경우 그것이 문왕을 가리키지 않았던 사례를 찾을 수 있었던가? 문고가 발전하여 망부(亡父)를 일컫는 통칭으로 변화한 것은 아무리 빨라도 소왕(昭王) 이전으로 올라가지는 않는다. 굴 선생 은 문고라고만 칭하고 문고 뒤에 이름을 붙이지 않은 경우가 "이루 셀 수 없을 정도로 많다"고 했는데, 이는 나로 하여금 그것을 세어 보지 않을 수 없게 만들었다. 우성오(于省吾)[782]의 『쌍검치길금문선(雙劍誃 吉金文選)』에 있는 4백 78종의 기물【『저초문(詛楚文)』, 『석고문(石鼓文)』, 『도빈명(刀批銘)』은 들지 않음】 가운데 문고(文考)【문조(文祖)】 다음에 문 고의 이름이 붙은 것이 39종이다. 문고의 이름이 붙지 않은 것이 16종 이다. 오개생(吳闓生)[783]의 『길금문록(吉金文錄)』에 있는 4백 14종의 기 물 가운데 문고 다음에 문고의 이름이 붙어 있는 것이 모두 40종이고, 문고의 이름이 없는 것이 10종이다. 2인이 수록한 기물은 중복되는 것 이 많다. 공통된 특징은 이들이 모두 서주 소왕(昭王) 이후, 그리고 동 주시기의 기물이라는 점이다. 문고 다음에 이름이 붙지 않은 것은 대

---

782 우성오(于省吾, 1896-1984): 고문자학자. 자는 사박(思泊), 호는 쌍검치주인(雙劍誃主人). 저 서에 『갑골문자석림(甲骨文字釋林)』, 『쌍검치은계병지(雙劍誃殷契駢枝)』(이하 속편, 3편), 『쌍검치길금문선(雙劍誃吉金文選)』, 『쌍검치길금도록(雙劍誃吉金圖錄)』 등이 있다.

783 오개생(吳闓生, 1877-1950): 호는 북강(北江). 저서에 『좌전미(左傳微)』, 『좌전문법독본(左 傳文法讀本)』, 『북강선생문집(北江先生文集)』, 『상서대의(尚書大義)』, 『주역대의(周易大 義)』, 『길금문록(吉金文錄)』 등이 있다.

체로 동주 시기의 기물이면서 또 희성(姬姓) 이외의 기물이 대부분이다. 그러나 명문 안에 기물 제작자의 이름이 있기 때문에 비록 문고【문조(文祖)】의 이름을 붙이지 않더라도 그가 누구의 문고【문조】인지 명백하게 알 수가 있는데, 그렇지 않다면 그 문고는 의지할 데 없는 외로운 고혼(孤魂)과 다르지 않다. 문고【문조】의 이름이 붙어 있는 기물들을 보면, 우성오 책의 경우 왕(王)과 제후[君]의 하사에 의해 기물을 제작했는지 설명이 없는 경우가 4건이고, 나머지는 모두 왕과 제후의 하사에 의해 기물을 제작한 것이다. 오개생 책의 경우 왕과 제후의 하사에 의한 제작인지 설명이 없는 경우가 2건이고, 나머지는 모두 왕과 제후의 "하사【사(賜)】"에 의해 기물을 제작하였다. 문고【문조】의 이름이 붙지 않은 기물들을 보면, 우성오 책의 경우 6건이 왕과 제후의 하사에 의해 제작되었고, 나머지는 모두 "자작(自作)한" 기물이다. 오개생 책의 경우 5건이 왕과 제후의 하사로 제작되었고, 나머지는 모두 "자작한" 기물이다. 그중 「사여정(師艅鼎)」의 경우 "그에게 문고의 보정(寶鼎)을 만들도록 하다"[784]라는 말의 어투로 보아 "사여에게 금(구리)을 하사한" 왕이 제작을 명한 것으로 보인다. 개략적으로 말해 문고【문조】의 이름을 칭했다면 군주 앞에서는 신하의 이름을 말한다[785]는 원칙에 따른 것으로 보인다. 문고의 이름을 칭하지 않은 기물은 대부분 "자작한" 것들인데, 자작할 때는 자신의 돌아가신 조부나 부친의 이름을 일컬어서는 안 된다. 그 밖에는 예외로 볼 수 있거나 원인을 알 수 없는

---

784 「師艅鼎」, "其作厥文考寶鼎."
785 『禮記』「曲禮」上, "父前子名, 君前臣名." 정현 주에서는 "對至尊, 無大小皆相名"이라 하였다.

경우이다. 위의 통계는 혹 누락이 있을 수도 있으나 대체로 틀리지 않는다.

이상을 종합하여 얻은 결론은 다음과 같다. (1) 문고【문조】가 고유 명칭에서 통칭으로 변화한 것은 서주 소왕(昭王) 이후의 일이다. (2) 문고【문조】를 통칭으로 쓸 경우 반드시 그 뒤에 문고의 이름이 붙거나 혹은 앞에 기물 제작자의 이름이 들어 있다. 이것은 서주시기에 대해 말하면 고유 명칭으로서의 문고와 서로 혼동되지 않도록 하기 위함이고, 동주 이후와 이성(異姓)에 대해 말하면 사람들이 기물의 주인공을 식별할 수 있도록 하기 위함이다. 굴 선생은 "「대고」편에서 '왕약왈(王若曰)'의 왕(王)이 성왕인 이상 성왕의 영고(寧考)【문고(文考)】는 당연히 무왕이 아니면 안 된다"라고 하였다. 이것을 바꾸어 "「대고」 중의 '영고(寧考)'는 '영왕(寧王)' 바로 뒤에 따라 나온다. 영왕을 문왕으로 인정하지 않을 수 없다면 영고 역시 부득이 망부로서의 문왕임을 인정할 수밖에 없다. 그러므로 '왕약왈(王若曰)'의 왕은 영고의 아들인 주공일 수밖에 없다" 이렇게 말할 수는 없을까? 굴 선생이 "문고노공(文考魯公)"은 결코 그 고(考)의 이름이 아니라고 지적한 점에 대해서는, 두보(杜甫)는 구체적인 한 사람이지만 "두공부(杜工部)"는 범칭(泛稱)임을 지적하는 것과 다르지 않다. 굴 선생은 또 『상서』「요전(堯典)」의 "문조(文祖)"를 인용하여 무언가 주장을 했지만, 굴 선생이 일찍이 주장하기를 「요전」은 전국 시대의 작품이라고 하였으니 "주나라 초"의 상황에 대한 증거로 삼기는 어려우며, 이 모두가 논의에 붙일 만한 것이 못 된다.

굴 선생의 「답문」 "4. 「강고(康誥)」의 문제" 무엇보다 먼저 굴 선생은 이렇게 말한다. "「소고(召誥)」, 「낙고(洛誥)」편의 기록에 의하면, 성왕 7년 2월, 소공(召公)이 먼저 낙수(洛水) 일대에 도착하여 거주할 곳을 살폈고, 3월 중에 주공도 그곳에 와서 낙읍(洛邑)을 조영하기 시작했다. … 성왕 3년에 이미 강숙(康叔)을 위(衛)에 봉했는데, 어째서 4년이나 지난 후 주공이 낙읍을 조영할 때에 가서야 그(강숙)에게 임명의 고서(誥書)를 내린 것일까? … 서 선생은 '주공이 낙읍의 조영을 시작함과 동시에 강숙을 위(衛)에 봉하였다'라고 했는데, 이런 생각은 어떤 '자료에서 추출하여 얻어 낸' 것인지 모르겠다." 우선 한마디로 간단하게 답을 드린다면 내가 「강고」, 「소고」, 「낙고」 및 관련 자료에서 추출한 것은 다음과 같다. 「강고」는 아래와 같다.

「강고」:
3월 비로소 달의 검은 부분이 생겨나기 시작할 때[哉生魄](16일) 주공이 처음 터를 닦아 동쪽 나라인 낙(洛)에 새로이 대읍을 만드셨다. 사방의 백성들이 크게 화합하여 모이자 … 크게 다스릴 바를 고하셨다.[786]

「소고」:
2월 16일에서 6일이 지난 을미(乙未)일에 왕(성왕)이 아침에 주나라 도읍으로부터 와서 풍(豊)에 이르렀다. 태보(太保, 소공)가 주공보다 먼저 가서 살 곳을 살폈다. 이윽고 3월 병오(丙午)일 초사흘에서 3일이 지난 무신(戊申)일

---

[786] 『尙書』「康誥」, "惟三月哉生魄, 周公初基作新大邑于東國洛, 四方民大和會. … 乃洪大誥治."

에 태보가 아침에 낙읍(洛邑)에 이르러 살 곳을 점쳤다. 점괘를 얻고 나서 경영하였다. 3일이 지난 경술(庚戌)일에 태보가 여러 은(殷)나라 백성들로 하여금 낙수(洛水)의 물굽이에 자리를 조성토록 하였다. 5일이 지난 갑인(甲寅)일에 자리가 이루어졌다. 다음 날 을묘(乙卯)일에 주공이 아침에 낙읍에 이르러 새 도읍을 경영하는 것을 두루 살펴보았다. …[787]

「낙고」:
주공이 절하고 머리를 조아리며 말했다. "… 제가 을묘일 아침에 낙사(洛師)에 이르러, 황하의 북쪽과 여수(黎水)를 점치고 나서 다시 간수(澗水)의 동쪽과 전수(瀍水)의 서쪽을 점쳤는데, 모두 거북의 균열이 낙수(洛水)로 먹어 들어갔습니다. …"[788]

과거 사람들은 「강고」편에서 "주공이 처음 터를 닦아 동쪽 나라인 낙(洛)에 새로이 대읍을 만드셨다"라 했을 때의 "새로운 대읍[新大邑]"과 「소고」편에 나오는 "살 곳을 살폈다[相宅]"에서의 "살 곳[宅]"을 혼동했기 때문에 낙읍 조영의 시간에 있어서도 "4년", "5년", "7년"으로 뒤엉켜 분간이 되지 않았다. 『상서대전(尙書大傳)』에서는 "주공이 섭정을 하여 1년째는 혼란을 구제했고, 2년째에 은나라(유민)를 정벌하고, 3년째에 엄(奄)나라를 멸하고, 4년째에 위(衛)나라에 제후를 세웠으며, 5년째에 성주(成周, 낙읍)를 조영하고, 6년째에 예악을 제정하였으며, 7년

---

787 『尙書』「召誥」, "惟二月既望. 越六日乙未, 王朝步自周, 則至於豐. 惟太保(召公)先周公相宅. 越若來三月丙午朏. 越三日戊申, 太保朝至於洛, 卜宅. 厥既得卜, 則經營. 越三日庚戌, 太保乃以庶殷攻位于洛汭. 越五日甲寅, 位成. 若翼日乙卯, 周公朝至于洛, 則達觀于新邑營 …"

788 『尙書』「洛誥」, "周公拜手稽首曰 … 予惟乙卯, 朝至於洛師. 我卜河朔黎水, 我乃卜澗水東, 瀍水西, 亦惟洛食(非) …."

째에 성왕에게 정권을 반환하였다"라고 하였다.[789] 은나라(유민)를 정벌하고 엄나라를 멸하는 데 모두 3년이 걸렸다. 4년째에 위(衛)나라에 제후를 세웠으니 이는 은과 엄을 평정한 이후 주나라의 세력을 동북과 동, 동남쪽으로 확장하기 위해서이며, 강숙을 위나라에 봉한 것은 바로 이해였다. 『일주서』「탁읍(度邑)」편에 의하면 무왕이 은나라를 이기고 나서 은나라의 세족대가(世族大家)들을 천사(遷徙)시켜 그들로 하여금 주나라만을 따르도록 하였는데[依天室][790] 이는 "낙수(洛水)의 어귀에서 이수(伊水)의 어귀로 이어지는"[791] 하나의 새로운 정치중심을 세우려는 의도에서였다. 주공은 삼감(三監)의 난을 평정하고 위(衛)에 제후를 봉건하였으며, 정치세력의 확장에 따라 무왕이 예정한 계획을 더욱 절실하게 실현할 필요가 있었다. 위(衛)에 제후를 봉건하는 동시에 새로운 대읍을 만들기 위해【터를 닦기】시작하였는데 무엇이 이상하다는 것인가? 증운건(曾運乾)은 「소고」편의 "살 곳을 살폈다[相宅]"라는 구절에 대해 해석하기를 "아마도 이전에 이곳에서 경영한【4년에 '터를 닦아 새로운 대읍을 만든 일'】것은 성곽과 구혁(溝洫)을 설치하는 일이고, 지금 여기서【소공이】살펴본 것은 궁실의 위치와 조묘(朝廟)의 형태일 것이다. 방위를 분별하여 바로잡고 도성을 건설하고 논밭을 구획

---

789 『尙書大傳』, "周公攝政, 一年救亂, 二年伐殷, 三年踐奄, 四年建侯衛, 五年營成周, 六年制禮作樂, 七年致政成王."

790 천실(天室): 본래는 하늘의 성수(星宿)가 포열(布列)해 있는 위치를 뜻하는 말로 고대에 도읍을 정하고 궁실을 세울 때 모두 여기에 의거하였으므로 국도(國都)를 가리키는 말로 쓰였다. 『史記』「周本紀」, "王曰, 定天保, 依天室, 悉求夫惡, 貶從殷王受."

791 『逸周書』「度邑」, "自雒汭延於伊汭."

정리하는 것은 실로 수개월 만에 끝낼 수 있는 일이 아니다"라고 하였다. 이처럼 "새로운 대읍을 만드는 일[作新大邑]"과 "살 곳을 살피는 일[相宅]"을 명확하게 구별한다면 4년에 강숙을 봉함과 동시에 새로운 대 정치중심 도시를 경영하기 시작했다는 것은 4년에는 낙읍 조영의 계획을 수립하고【정현은 기(基)를 모(謀)의 뜻으로 풀이했다】, 실제로 5년에 공사를 하기 시작하여, 7년에 이르러 성곽과 수로의 규모를 갖추고, 다시 소공이 와서 보고 궁실과 조묘(祖廟)의 위치를 정함으로써 이 새로운 정치중심의 건설을 완성하였다, 이렇게 보는 편이 정세 전개상 자연스럽고 4년, 5년, 7년의 논쟁도 모두 해결되지 않겠는가? 「소고」편에서 주공이 "새 도읍을 경영하는 것을 두루 살펴보았다[達觀于新邑營]"라고 한 것은 바로 새 도읍의 건립이 대체로 완성되었고 그래서 주공이 한 차례 순시할 수 있었음을 말해 준다. "태보가 여러 은(殷)나라 백성들로 하여금 낙수(洛水)의 물굽이에 자리[位]를 조성하도록 하였다"[792]라는 구절에서의 "자리[位]"는 바로 『일주서』「작락(作雒)」편에서 "5궁의 자리를 정했다[乃位五宮]"라고 했을 때의 자리[位]를 말하며 이것이 그 확실한 증거이다. 이러한 대규모의 중대한 정치중심지를 건립하는 일을 어떻게 7년이나 미루다가 이제야 착수할 수 있으며, 7년 만에 착수에 들어간 후 또 어떻게 두 달 정도 만에 완공할 수 있단 말인가? 나는 「강고」편 앞부분의 48자가 착간(錯簡)이 아니라고 분명하게 말할 수 있다.

이어서 굴 선생은 강숙이 먼저 강(康)에 봉해졌다가 다시 위(衛)에

792 『尙書』「召誥」, "太保乃以庶殷攻(治)位于洛汭."

봉해졌다는 일부 설을 인용한 다음 「강고」는 강숙이 앞서 강(康)에 봉해졌을 때의 고(誥)라고 말한다. 나는 우선 한나라 이래로 강숙이 먼저 강에 봉해졌다는 설은 있지만 「강고」가 강숙이 강국에 봉해졌을 때의 고(誥)라는 설은 결코 없었다는 점을 말해 두겠다. 이러한 기이한 견해는 진몽가에 의해 만들어졌고 굴 선생으로 계승되었다. 따라서 강숙이 먼저 강(康) 땅에 봉해졌다는 증거로 굴 선생이 인용한 자료들은 「강고」가 강숙이 강에 봉해졌을 때의 고(誥)라고 주장하는 자신의 결론과는 전혀 무관하다. 옛사람들 중에는 어째서 「강고」가 강숙이 강국에 봉해졌을 때의 고(誥)라고 말하는 이가 한 명도 없는 것일까? 왜냐하면 「강고」편의 내용은 모두 "은나라 유민들[殷餘民]"을 어떻게 통치할 것인지에 관해 말하고 있기 때문이다. 만약 강숙이 처음에 주나라 기내(畿內)에 있는 강(康)에 분봉되었다고 한다면 강(康)에서는 은의 유민들을 찾아볼 수 없으니 「강고」 전편은 허튼 소리가 되고 만다. 굴 선생은 그의 잘못된 설을 미봉하기 위해 "강숙의 옛 봉지는 영천(潁川, 하남성 禹州市)에 있었다"라는 주장을 고수하였고, "황하 이남, 지금의 하남성 남부지대의 거주민은 은대에도 은나라 왕 치하의 민중이었다. 강숙이 강(康)에 봉해졌다면 당연히 '은나라 백성들[殷民]을 데리고 대대로 누릴'[793] 수 있지 않겠는가?"라고 하였다. 다시 말해 강숙이 봉해진 영천의 인민들도 은나라 백성[殷民]이라 부를 수 있다는 것이다. 굴 선생의 위의 진술은 고대사의 상식이 심각하게 결여된 것이다. 은주 시대는 여전히 씨족을 국가의 골간으로 삼고 있었다. 은(殷)이라는 씨족에

---

793 『尙書』「康誥」, "聽朕告汝, 乃以殷民世享."

속하고 왕기(王畿) 안에 있는 사람이라야 "은민(殷民)"이라 칭할 수 있다. 따라서 「강고」편에 보이는 은민은 "무경에게 주었던 은나라 유민들(殷餘民)을 (관할하도록) 강숙을 봉하여 위(衛) 군주로 삼았다"(『사기』「위강숙세가」)[794]라고 했을 때의 은나라 유민을 의미할 뿐이다. 바로 『좌전』「정공(定公) 4년」위(衛)나라의 자어(子魚)가 말했던 바 "은민칠족(殷民七族)"[795]이 그것이다. 미자(微子)는 송(宋)나라에 봉해졌는데 지금의 상구(商丘)에 해당하며, 여전히 일부 은나라 유민들을 거느리고 있었으므로 『사기』「송세가」에서 "그러므로 은나라 유민들도 그를 매우 받들고 사랑하였다"[796]라고 하였다. 주나라는 "넓은 땅 위에 왕의 신하 아닌 자가 없지만"[797] 오직 주나라 왕기(王畿) 내에 있는 백성들만이 주나라 사람[周人], 주나라 백성[周民]으로 칭해졌다. 노(魯), 위(衛), 정(鄭), 진(晉)나라는 모두 주(周)와 동성의 나라이지만 단지 노나라 사람[魯人], 노나라 백성[魯民], 위나라 사람[衛人], 위나라 백성[衛民]으로 칭해졌을 뿐이다. 정(鄭)과 진(晉)의 경우도 이와 마찬가지이며 이는 『좌전』, 『국어』 등의 전적에 확실한 자료가 있어 상고할 수 있다. 『한서』「지리지」하남군(河南郡)편에는 "낙양은 주공이 은나라의 완고한 백성들을 옮긴 곳으로 이곳이 성주(成周)이다"라고 하고, 또 "주나라는

---

794 『史記』 권37 「衛康叔世家」, "以武庚殷餘民, 封康叔爲衛君."

795 원문은 다음과 같다. 『左傳』「定公 4년」, "周劉文公合諸侯於召陵 … 將長蔡於衛. 因蔡始封之蔡叔, 於衛始封之康叔爲兄, 故衛侯使祝佗(子魚)私於萇弘曰, … 分康叔以大路·少帛 … 殷民七族, 陶氏·施氏·繁氏·錡氏·樊氏·饑氏·終葵氏. … 命以「康誥」, 而封於殷虛."

796 『史記』 권38 「宋世家」, "故殷之餘民, 甚戴愛之."

797 『詩』「小雅」'北山', "率天之下, 莫非王土. 率土之濱, 莫非王臣." 이 두 구절은 『좌전』「소공(昭公) 7년」 및 『맹자』「만장(萬章)」상에도 인용되어 있다.

은을 멸하고 그 기내(畿內)를 세 나라로 나누었는데, 『시』「풍(風)」에 보이는 패(邶)·용(庸)·위(衛)가 그것이다"라고 하였다. 또 "패·용의 백성들을 낙읍으로 옮겼다"라고 하였다.⁷⁹⁸ 이로부터 낙읍의 은나라 백성은 황하 이북에 있던 옛 은나라 기내(畿內) 지역에서 옮겨 온 사람들임을 알 수 있다. 영천군(穎川郡)은 『후한서』「군국지(郡國志)」유소(劉昭)의 주에 의하면 "낙양의 동남쪽 5백 리에 있다"⁷⁹⁹라고 되어 있는데, 굴 선생은 이곳(영천군)의 백성들도 '은나라 백성'으로 부를 수 있다고 하니 참으로 기괴한 일이 아닐 수 없다. 게다가 「강고」편에는 굴 선생이 인용한 "은나라 백성들을 데리고 대대로 누리리라"⁸⁰⁰라는 구절 외에 또한 "은나라의 지혜로운 선왕의 도를 널리 구하여", "너는 크게 멀리 상나라의 노성한 사람들을 생각하여", "은나라 백성들을 화합하고 보호하며", "은나라의 떳떳한 법으로 처벌을 결단하되", "나는 오직 이 은나라의 현명한 선왕의 덕으로 백성들을 편안히 다스려 은나라의 선왕과 같아지려 할 것이니"⁸⁰¹와 같은 구절들이 있다. 이것이 기내(畿內)에 있는 강(康)에 봉할 때의 말투란 말인가?

사실 굴 선생의 「답문」에는 아직 주요한 문제에 대한 답이 없다.:

(1) 『좌전』「정공 4년」: 위(衛)나라 자어(子魚)가 주 왕실에서 보낸

---

798 『漢書』권28하 「地理志」8下, "雒陽, 周公遷殷頑民, 是爲成周"; "周旣滅殷, 分其畿內爲三國, 詩風邶·庸·衛是也"; "遷邶·庸之民於雒邑."

799 『後漢書』志20 「郡國志」, "穎川郡(注: 秦置. 雒陽東南五百里)."

800 『尙書』「康誥」, "聽朕告汝, 乃以殷民世享."

801 『尙書』「康誥」, "往敷求於殷先哲王." "汝丕遠惟商耉成人." "應保殷民." "罰蔽殷彝.";"我時其惟殷先哲王德, 用康乂民作求."

장홍(萇弘)을 보고 말하였다. "주공이 성왕을 도와 천하를 다스림에 …
강숙(康叔)에게는 대로와 소백(少帛)과 천패(綪茷), 전정(旃旌), 대려(大
呂), 그리고 은민칠족(殷民七族)인 도씨(陶氏)·시씨(施氏)·번씨(繁
氏)·기씨(錡氏)·번씨(樊氏)·기씨(饑氏)·종규씨(終葵氏)를 나누어 주
었습니다. 봉토의 경계를 무부(武父) 이남에서부터 포전(圃田)의 북쪽
경계까지로 정하였습니다. 담계(聃季, 주공의 동생)에게 토지를 주고 도
숙(陶叔)에게 백성을 주어 이를「강고(康誥)」로 명명하고 은허(殷虛) 땅
에 봉하였습니다. 모두 상(商)나라 제도로써 백성을 인도하고 주나라
법으로써 토지를 구획하게 하였습니다."[802] 이 분명하고도 왜곡할 수
없는 자료에 대해 굴 선생은 왜 한 마디도 언급하지 않는 것일까?

(2)「강후궤(康侯簋)」명문: "강후(康侯)를 위(衛) 땅에 봉하도록 명하
였다."[803]「의후측궤(宜侯夨簋)」의 예에 비추어 볼 때 만약 강숙(康叔)
【강후(康侯)】의 '강(康)'이 앞서 강(康) 땅에 봉해졌기 때문에 붙여진 것
이라면 위(衛) 땅으로 개봉(改封)되었을 때는 위후(衛侯)로 고쳐 불러야
한다. 어째서 강숙이 위(衛)에 봉해진 뒤 지금까지 그를 위숙(衛叔), 위
후(衛侯)로 부른 예가 없는 것일까?

(3) 발견된 강후(康侯)의 기물들은 "기물의 제작연대에 선후가 있지
만 모두 성왕 시기 내에 제작된 것으로 보인다"라고 한 진몽가의 설에

---

802 『左傳』「定公 4년」, "周劉文公合諸侯於召陵 … 將長蔡於衛. 衛侯使祝佗(子魚)私於萇弘曰:
'… 故周公相王室以尹天下 … 分康叔以大路·少帛·綪茷·旃旌·大呂, 殷民七族, 陶氏·施
氏·繁氏·錡氏·樊氏·饑氏·終葵氏. 封畛土略, 自武父以南, 及圃田之北竟. … 聃季授土,
陶叔授民, 命以「康誥」, 而封於殷墟. 皆啓以商政, 疆以周索.'"
803「康侯簋」, "征令康侯圖(封)於衛."

의거하면 모두 강숙이 위(衛)나라에 봉해진 이후의 기물들이다. 어째서 위(衛)에 봉해진 후에도 여전히 강후라 부르고 위후(衛侯)라고는 부르지 않는 것일까?

5

이상 주요 쟁점들에 대한 답변은 대략 마쳤다. 이제 다시 굴 선생의 "5.「주고(周誥)」에서의 주공의 칭왕설에 관한 반증" 및 "7. 여설(餘說)의 몇 가지 문제"에 대해 간단히 답해 보겠다.

나는 『사기』에 근거하여 『상서』「다방(多方)」편은 주공이 정권 반환 이후 사국(四國)에 내린 훈시의 말이라고 결론지었다. 「다방」편은 "5월 정해(丁亥)일에 왕이 엄(奄)나라로부터 와서 종주(宗周)에 이르렀다. 주공이 말하였다[周公曰]. 왕이 말씀하셨다[王若曰]"라는 말로 시작하는데,[804] 이에 대해 나는 다음과 같이 해석하였다. "만약 앞부분에 '주공왈(周公曰)'이라 써 놓지 않고 곧바로 '왕약왈(王若曰)'이라고 했다면 바로 앞의 '왕이 엄나라로부터 와서 종주에 이르렀다'라는 구절과 이어지기 때문에 사람들이 '왕약왈' 이하의 말을 성왕이 하는 말로 여길 가능성이 있다. 만약 '주공왈'이라고만 하고 그 다음에 '왕약왈'을 덧붙이지 않으면, 주공이 당시 왕의 신분으로 교시한 사실이 불분명해진다." 왕명성(王鳴盛)의 『상서후안(尙書後案)』에서는 이렇게 말하고 있다. "내 생각에 「대고」는 주공 자신이 군중(軍中)에 있었기 때문에

---

804 『尙書』「多方」, "惟五月丁亥, 王來自奄, 至於宗周. 周公曰, 王若曰."

왕에 가탁하여 자신의 지위를 강화한 것이다. 「다방」편은 개선을 하고 돌아와 【왕이 엄나라로부터 와서】고(誥)를 지었기 때문에 왕명을 칭함이 마땅하나 그 문장은 사실 주공으로부터 나온 것이다."[805] 이것은 「대고」편에서는 '왕약왈(王若曰)'의 앞에 '주공왈(周公曰)'을 덧붙이지 않았는데 왜 「다방」편에서는 '주공왈(周公曰)'을 덧붙여야 하는지 이유를 설명한다. 증운건(曾運乾)의 『상서성독(尙書正讀)』에서는 다음과 같이 말한다. "지금 살펴보건대 주공이 '왕약왈(王若曰)'을 칭하는 것은 '왕의 뜻을 대신하여 이러이러한 말을 한다'라고 말하는 것과 같다. 이것【「다방」편】은 정권 반환 이후의 고명(誥命)인데, (만약 '왕약왈'만 쓰게 되면) 여전히 왕의 뜻을 대신한다는 혐의를 받을 우려가 있어 사관이 '왕약왈(王若曰)'의 앞에다가 '주공(周公)'을 덧붙여 그 점을 명확히 한 것이니, 성왕의 뜻이라고 말은 하지만 실은 주공의 말인 것이다."[806] 성왕은 이미 친정을 하고 있었는데도 대외적인 훈고(訓誥)를 함에 있어서는 여전히 주공의 손을 빌려야 했으니, 그렇다면 그(성왕)가 아직 즉위하기 이전의 관련 훈고는 반드시 주공으로부터 나왔다고 결론내릴 수 있다. 주공은 그 당시 신하의 위치로 물러나 있었는데도 성왕을 대신하여 훈고할 때는 여전히 "왕약왈"이란 말로 시작해야 했으니, 그렇다면 그가 섭정하고 있을 때의 훈고는 반드시 "왕약왈"이라 해야 하고 "왕약왈(王若曰)"은 반드시 주공이 되어야 한다는 결론을 내릴 수 있을

---

805 王鳴盛, 『尙書後案』, "愚謂大誥周公身在軍中, 故假王自重. 此凱還(王來自奄)作誥, 當稱王命, 而其詞實出周公."

806 曾運乾, 『尙書正讀』, "今按周公稱王若曰, 猶言攝王意云然也. 此(多方)爲還政以後誥命, 嫌仍爲攝王意, 故史於王若曰上加周公以明之, 言成王之意, 周公之辭也."

것이다. 굴 선생은 이에 대해 반증할 수 있는가? 「다사(多士)」편의 상황도 「다방」편과 마찬가지다. 나는 사관이 사실을 기록할 때, 어떤 사람의 직위에 대해서 사건 당시의 칭호가 있고, 가장 마지막 직위로써 그 사람의 평생 직위로 삼는 칭호가 있다고 말했는데, 이것은 정설에 속한다. 굴 선생이 믿지 않는다고 해도 그만이다. 굴 선생은 「소고」편에서 소공이 주공을 공(公)이라고 칭한 구절을 인용하여 반박하고 있는데, 만약 이곳의 글을 고립적으로 본다면 굴 선생의 설은 성립될 수 있다. 그러나 유관 자료들을 서로 관련지어 검토해보면, 주공이 임시 왕으로서 천하를 다스리고 있는 이상 주공과 소공 두 사람이 마주보고 나눈 이야기는 상대적으로 대내적인 사적인 대화임을 알 수 있고, 이 때 주공은 이미 낙읍에서 종주로 돌아가면 바로 성왕에게 왕위를 넘겨주기로 결정했으므로 이러한 상황을 감안하면 소공이 주공을 공(公)이라 부르는 것도 사실 이해할 수 있는 일이다. 그리고 "수명(受命)"은 모두 "즉위"한 해를 가리킨다. 소공은 말하기를 "왕께서 수명하심은 끝없는 아름다움이나 또한 끝없는 근심입니다. 아! 그 어찌 삼가지 않을 수 있겠습니까?"[807]라고 하였다. 이것은 바로 성왕이 장차 정식으로 즉위하는 것을 경계하는 말투이다. 이를 통해서도 성왕 7년 3월 이전에 성왕은 결코 수명도 하지 않았고 즉위도 하지 않았음을 증명할 수 있다. 이는 바로 그 이전의 왕은 모두 주공이었다는 것을 증명한다. 「낙고」편은 사관이 주공과 성왕의 정권 교체 시의 상황을 기록한 문장으로, 성왕이 주공을 공(公)이라 칭하는 것은 소공이 주공을 공이라 칭하

---

807 『尙書』「召誥」, "惟王受命, 無疆惟休, 亦無疆惟恤. 嗚呼, 曷其奈何弗敬."

는 상황과 동일한 맥락으로 대내적 언사에 속한다. 그러나 주공은 성
왕을 유자(孺子)라 칭하여 성왕이 아직 정식으로 즉위하지 않았음을
보여주는데, 이로부터 그 이전에는 아직 즉위한 적이 없었다는 것을
알 수 있다.

「졸문」은 주 왕실의 종법제도하에서 강숙은 성왕의 숙부이기 때문
에 성왕이 직접 강숙의 이름인 봉(封)을 부를 수는 없으며, 따라서 결
코 굴 선생의 말대로 「주고」의 "왕약왈(王若曰)"의 왕(王)은 성왕이라고
할 수 없다는 것을 지적함과 동시에 몇 가지 증거를 제시하였다. 굴 선
생이 어떻게 반박할 수 있을지 나는 모르겠다. 반박을 하려면 주나라
왕이 그의 웃어른에 대해 직접 그 이름을 불렀던 사례를 제시해야 한
다. 굴 선생은 금문에서 직접 그 이름을 불렀던 예를 인용하여 결론내
리기를 "명서(命書)의 일반적 체례는 반드시 명을 받는 자의 이름을 명
기하도록 되어 있음을 볼 수 있는데, 이는 바로 '군주 앞에서 신하는
그 사람의 이름을 말한다'[808]라는 예(禮)와 부합한다"라고 하였다. 굴
선생은 금문에서 그 이름을 직접 칭했던 기물은 반드시 왕이 그의 동
생과 자질(子姪) 및 그보다 더 아래 항렬의 사람들을 칭하거나 혹은 기
물을 만든 사람이 왕에 대해 자칭할 때만 이름을 직접 일컬었다는 것
은 생각하지 못했다. 주대(周代)의 문헌 가운데 명서(命書)에서 왕이 그
의 웃어른의 이름을 직접 칭했던 예가 하나라도 있는가?『상서』,『시』,
『좌전』,『국어』에 모두 명서가 있으니 굴 선생이 한번 조사해 보면 될
것이다. 굴 선생이 "군주 앞에서 신하는 그 사람의 이름을 말한다"라

---

808 『禮記』「曲禮」上, "父前子名, 君前臣名." 정현 주, "對至尊, 無大小, 皆相名."

는 구절을 인용하여 주대(周代)의 군주는 그 신하의 이름을 직접 불렀다는 증거로 삼은 데 대해서는 더욱 놀라지 않을 수 없다. 『예기』「곡례(曲禮)」하의 "군주 앞에서 신하는 (누구를 거론할 때) 그 사람의 이름을 말한다"라는 구절에 대해 정현 주에서는 "지존한 분을 대면해서는 큰 사람이나 어린 사람이나 모두 서로 이름을 말한다"라고 하였고, 소(疏)에서는 『좌전』「성공 16년」 언릉(鄢陵)에서 전투를 하고 있던 중 난침(欒鍼)이 진(晉)의 군주 앞에서 그 아버지인 난서(欒書)의 이름을 불렀던[809] 사례를 인용하고 있다. "군주 앞에서 신하는 (누구를 거론할 때) 그 사람의 이름을 말한다", 이것은 군주 앞에서는 자신의 웃어른이라도 직접 그 이름을 부른다는 것을 말함인데, 굴 선생이 어째서 이런 평범한 훈고(訓詁)조차도 분간하지 못하는 것인지 나는 모르겠다. 굴 선생이 왕망의 사례를 인용함에 이르러서는 그야말로 말도 안 되는 말을 하고 있으니 논변할 필요도 없다. 한마디로 정리하면 굴 선생이 제시한 것은 오직 굴 선생 한 사람만을 위한 반증일 뿐이다.

그 다음으로 굴 선생의 「원문」에서는 무왕이 사망했을 때 성왕의 나이는 20세 이상이었다고 했고, 「졸문」에서는 주공이 섭정을 한 지 7년째에 성왕이 20세를 넘겼을 것이라 하여 서로 7년간의 시간차가 있어 굴 선생의 설과는 맞지 않는다. 나는 무왕이 은을 정벌하고 나서 도대체 6년 후에 죽었는지 7년 후에 죽었는지에 대해 논증을 한 적이 없는데, 왜냐하면 이것은 논쟁의 중점도 아니고 6년 혹은 7년이란 1년

809 『禮記』「曲禮」上 공영달 소, "君前臣名者, 成十六年, 鄢陵之戰, 公陷於淖, 欒書欲載晉侯, 鍼曰書退. 鍼是書之子, 對晉侯而稱書, 是於君前臣名其父也."

의 차이는 계산방식이 달라서 생긴 것일 수도 있기 때문이다. 그렇기 때문에 주우증(朱右曾)도 이에 대해서는 논증을 하지 않았다. 그런데 이것이 어떻게 "나의 입론의 기초에 영향을 미칠" 수가 있겠는가? 나는 성왕이 아직 즉위하기 전에는 주공이 그를 유자(孺子), 충인(沖人)이라고만 불렀다고 했다. 성왕이 즉위한 후에는 주공이 그를 "유자왕의(孺子王矣)"라고 불렀다. 굴 선생은 말하기를 "여기서의 왕은 동사로 쓰였다", "서 선생은 '유자왕(孺子王)'을 하나의 명사로 보았는데 나는 그가 '의(矣)' 자를 어디에 두었는지 모르겠다"라고 하였다. 생각건대 나는 '유자왕(孺子王)'을 두 개의 명사로 사용하였다. "유자왕의(孺子王矣)"에 대해서는 "어린 아들이 왕이 되셨으니!"라고 번역을 해야 "의(矣)" 자가 설 자리를 갖게 된다. 왕(王) 자가 동사로 쓰일 때는 두 가지 뜻이 있다. 그 하나는 "귀부하다[歸往]"[810] "조현하다[朝見]"의 뜻으로, 예컨대 『시경』 「상송(商頌)」 '은무(殷武)' 시에서 "저 저(氐)와 강(羌)으로부터 감히 와서 왕으로 받들지 않는 이가 없다[莫敢不來王]"[811]라고 했을 때의 왕이 그것이다. 또 하나는, 천하를 갖지 않았던 자가 천하를 얻었다는 뜻으로서, 이는 창업의 군주를 가리키는 말로 『맹자』의 이른바 "천하의 왕이 되다[王天下]"의 왕이 그것이다. "유자왕의(孺子王矣)"에서의 왕(王)은 절대로 "귀왕(歸往)" 또는 "조현(朝見)"과 같은 동사로 쓰일 수 없는데, 그렇게 쓰인다면 "어린 아들이 귀부하였다" 또는 "어린 아들이 조현(朝見)하였다"라는 말이 되기 때문이다. 또 성왕은 왕위를 계승한

---

810 귀부하다[歸往]: 『穀梁傳』 「莊公 3년」에는 "其曰王者, 民之所歸往也"라 하였다.
811 『詩』 「商頌」 '殷武', "昔有成湯, 自彼氐羌, 莫敢不來王."

군주이므로 왕(王) 자는 "천하를 얻었다"라는 뜻의 동사로도 쓰일 수 없다. 그럴 경우 "어린 아들이 천하를 얻었다"라는 말이 되기 때문이다. 굴 선생은 이런 평이한 구절을 이해하는 데 무슨 문제가 있기에 나의 "유자왕(孺子王) 설이 성립될 수 없다면 유자(孺子)만으로 칭한 경우 성왕이 아직 왕위에 즉위하지 않았음을 증명한다는 나의 주장도 절대 불가능함을 알 수 있다"라고 말하는 것인지 나로서는 알 수가 없다.

『상서』는 본래 다루기 힘든 책이자 가장 문제가 많은 책이기도 하다. 그러나 굴 선생의 글은 갈수록 더 멀어지고 있다. 일반인들을 위해 『상서』를 이해하는 방법을 찾는다고 하면 나는 책임지고 증운건의 『상서정독』을 추천하고 싶다. 이 책은 민국 25년(1936)에 쓰여졌고, 내가 과거에 전혀 알지 못했던 호남(湖南)의 학자이다【민국 34년(1945) 1월에 별세하셨다】. 그분의 책을 읽고 나는 바로 양수달이 말했던 것과 똑같은 느낌을 받았다. "학문함으로써 그 생각을 돕고, 생각함으로써 그 학문을 돕는다." "성음(聲音)과 훈고와 말투로써 옛 말씀의 진정한 의미를 추구한다. 그 정밀함과 신중함, 자세하고 빈틈이 없으며, 사실을 토대로 진리를 탐구하는 자세로 말하면 동시대 학문하는 사람들 중에 그에 맞설 자가 없다." 물론 나는 그가 『상서』의 구절과 문제를 완전히 풀 수 있다고 말하는 것은 아니다.

민국 63년(1974) 2월 7일, 구룡(九龍)에서

저자

서복관(徐復觀, 1903-1982)

서복관은 1903년 1월 31일 중국 호북성 희수현(浠水縣) 서가요(徐家坳) 마을 가난한 농촌에서 태어났다. 아버지에게 기초교육을 받았고, 무창 제일고등사범학교(1918-1923)와 국학관(1923-1926)에서 엄격한 국학 훈련을 받았다. 1928년 일본으로 건너가 경제학을 공부하고 사회주의 사상을 대량 흡수하였으며, 경제적 지원 부족으로 1929년 일본 사관학교 중국팀 23기에 입학하였다. 1931년 9·18사건으로 귀국하여 군직을 맡았다. 1937년 낭자관(娘子關) 전투와 1938년 무한(武漢) 보위전 실전에 참여하였다.

1943년 5월에서 10월 사이 군령부 소장(少將) 연락참모로 연안(延安)에 파견되어 그곳에서 모택동(毛澤東), 주은래(周恩來)와 여러 차례 개인적인 접촉을 가졌다. 중경(重慶)으로 돌아간 후, 「중공 최신 동태」 보고서로 장개석(蔣介石)에게 알려지면서 그의 막료로 발탁되어 점차 최고 의사결정에 참여하게 되었다. 1948년 3월 소작농이 소작료를 토지 매입비로 하여 토지를 취득할 수 있도록 하는 내용의 토지개혁 방안을 제출하였고 이 방안은 1953년 대만에서 시행되었다. 1951년 이념이 맞지 않아 국민당을 탈당하고 대학에 부임하면서 학문을 시작하였다. 그는 100여 년 동안 중국에서 유일하게 군사·정치의 실무 경험을 갖춘 유교학자였다.

서복관은 공자와 맹자 및 『논어』를 종지로 삼고 '수신(修身)'과 '치국(治國)'의 도는 반드시 보편적인 실천 가능성을 가져야 한다고 믿었다. 그러므로 20세기 이래 중국의 학자들이 다투어 서양을 모방하고 사변(思辨)적 방법으로 중국 전통사상을 '철학화(哲學化)'하는 데만 전념해 온 학문적 성과는 '관념의 유희'일 뿐 공자·맹자의 도와는 아무 관련이 없다고 보았다. 서복관은 이렇게 말한다. "공자의 가르침에 의해 개척된 세계는 현실 생활 속의 '정상인(正常人)'의 세계이다. 사람과 사람이 들어가야 하고, 들어갈 수 있는 평안한 세계이다. 사람이 플라톤의 이상형 세계에 들어갈 수 있겠는가? 헤겔의 절대정신의 세계로 들어갈 수 있겠는가?" 서복관의 연구는 사상사를 중심으로 예술과 문학도 함께 다루고 있다. 그는 선진(先秦) 사상이 전제(專制) 통치를 거치면서 왜곡되었다고 보았다. 그래서 그는 이렇게 말한다. "나는 중국 문화가 원래 가지고 있는 민주 정신을 다시 활짝 터놓아 흐르게 하고 싶다. 이것은 '옛 성인을 위하여 끊어진 학문을 잇는[爲往聖繼絶學]' 일이다. 그것은 일부 정신으로 하여금 민주 정치를 지지하도록 만든다. 이것은 '만세를 위하여 태평을 여는[爲萬世開太平]' 일이다[역주: "爲往聖繼絶學, 爲萬世開太平"은 장재(張載)의 『근사록(近思錄)』에 나오는 말이다]. 정치가 민주적이지 않으면 태평도 있을 수 없다."

　저서로는 『중국사상사논집』(1959), 『중국인성론사 － 선진편』(1963), 『중국예술정신』(1966), 『중국문학논집』(1966), 『공손룡자강소(公孫龍子講疏)』(1966), 『석도지일연구(石濤之一研究)』(1969), 『양한사상사』 권1(1972), 『양한사상사』 권2(1976), 『황대치양산수장권적진위문제(黃大癡兩山水長卷的眞僞問題)』(1977), 『양한사상사』 권3(1979), 『유가정치사상여민주자유인권(儒家政治思想與民主自由人權)』(문집, 1979), 『주관성립지시대급기사상성격(周官成立之時代及其思想性格)』(1980), 『중국문학논집속편』(1981), 『중국사상사논집속편』(1982), 『중국경학사적기초』(1982) 등이 있다. 1982년 4월 1일 별세하였다.

　중국의 고난시대를 겪으며 서복관은 강한 '서민적 줄거리'[곽제용(郭齊勇) 교수의 말]를 가진 300여만 자의 시사평론을 썼으며, 1949년부터 1982년까지 대만과 홍콩에서 가장 권위 있는 평론가였다. 　　　　　　출처: 서복관 선생 아들 서무군(徐武軍) 제공

역자

김선민(金羨珉)

연세대학교 사학과 졸업, 동 대학원 석·박사 취득. 전 연세대학교 연구교수.
역서로 『황제사경 역주(黃帝四經譯註)』(2011), 『아시아 歷史와 文化 2: 中國史 中世』(1999), 『古代中國』(1995), 논문으로 「魏晉교체기 관리의 喪禮와 公除」(2019), 「兩漢 이후 皇帝短喪制의 확립과 官人三年服喪의 入律」(2007) 등이 있다.

문정희(文貞喜)

연세대학교 사학과 졸업, 동 대학원 석·박사 취득. 연세대학교 중국연구원 연구교수.
역서로 『역주 중국 정사 외국전 1: 사기 외국전 역주』(2009), 『역주 중국 정사 외국전 2: 한서 외국전 역주 상』(2009), 『역주 중국 정사 외국전 6: 남제서·양서·남사 외국전 역주』(2010), 『역주 중국 정사 외국전 7: 위서 외국전 역주』(2010), 『天空의 玉座—중

국 고대제국의 조정과 의례』(2002), 『양한사상사』 1권-상(2022), 『삼례도집주』 2권 (2023), 『구당서 예의지』 2, 『신당서 예악지』 1, 『구오대사 예지 악지』(이상 공역), 『구당서 예의지』 1(2023)과 논문으로 「고대 중국의 출행의식과 여행금기」(2008), 「일서(日書)를 통해 본 고대 중국의 질병관념과 제사습속」(2017) 등이 있다.

양 한 사 상 사

Intellectual History of
the Han Dynasties